Der Gläubigerschutz bei der grenzüberschreitenden Verschmelzung von Kapitalgesellschaften unter Beteiligung einer GmbH

Schriftenreihe zum Gesellschafts- und Kapitalmarktrecht

Herausgegeben von Lutz Michalski,
Axel Jäger und Klaus-Rudolf Wagner

Band 36

PETER LANG
Frankfurt am Main · Berlin · Bern · Bruxelles · New York · Oxford · Wien

Christoph R. Wolter

Der Gläubigerschutz bei der grenzüberschreitenden Verschmelzung von Kapitalgesellschaften unter Beteiligung einer GmbH

PETER LANG
Internationaler Verlag der Wissenschaften

Bibliografische Information der Deutschen Nationalbibliothek
Die Deutsche Nationalbibliothek verzeichnet diese Publikation in der Deutschen Nationalbibliografie; detaillierte bibliografische Daten sind im Internet über http://dnb.d-nb.de abrufbar.

Zugl.: Hannover, Univ., Diss., 2011

D 89
ISSN 1619-117X
ISBN 978-3-631-63552-0

www.peterlang.de

Danksagung

Die vorliegende Arbeit wurde im Wintersemester 2010/2011 vom Fachbereich Rechstwissenschaften der Universität Hannover als Dissertation angenommen.

Die Erstellung dieser Arbeit wäre ohne tatkräftige Unterstützung anderer, denen ich an dieser Stelle herzlichst danken möchte, nicht möglich gewesen.

Besonderer Dank gilt meinem Doktorvater Prof. Dr. Bernd Oppermann, LL.M., der mir bei der Wahl des Bearbeitungsthemas Freiraum gewährte und mir im Verlauf der gesamten Bearbeitungszeit stets mit Rat und Tat zur Seite stand. Zu Dank verpflichtet bin ich zudem Frau Prof. Dr. Buck-Heeb für die zügige Erstellung des Zweitgutachtens. Ebenfalls bedanke ich mich beim Verband der Vereine Creditreform e. V. und der Creditreform Hannover-Celle Bissel & Kruschel KG für die Zurverfügungstellung von internen Auswertungen und Statistiken.

Zutiefst dankbar bin ich zudem meinen Eltern, die meine gesamte Ausbildung sowie auch die Höhen und Tiefen dieser Promotion mit Verständnis und größtmöglicher Unterstützung begleitet haben. Ihnen ist diese Arbeit gewidmet.

Hannover, im September 2008 Christoph Reinhold Wolter

Inhaltsverzeichnis

Abkürzungsverzeichnis

aA	andere Ansicht
AcP	Archiv für civilistische Praxis
ABl.	Amtsblatt der Europäischen Gemeinschaft
Abs.	Absatz
a. E.	am Ende
AG	Die Aktiengesellschaft, Zeitschrift für das gesamte Aktienwesen
AktG	AKtiengesetz
Art.	Artikel
Aufl.	Auflage
AuR	Arbeit und Recht
BegRegE	Begründung des Gesetzesentwurfs der Bundesregierung
BB	Der Betriebs-Berater
Bd.	Band
Beschl.	Beschluss
BFuP	Betriebswirtschaftliche Forschung und Praxis
BGBl.	Bundesgesetzblatt
BGH	Bundesgerichtshof
BT-Drucks.	Drucksache des deutschen Bundestages
bzw.	beziehungsweise
DB	Der Betrieb
DNotZ	Deutsche Notar Zeitschrift
DStR	Deutsches Steuerrecht
E	Entscheidung
EBLR	European Business Law Review
EG-Vertrag	Vertrag über die Europäische Gemeinschaft
Einl.	Einleitung
EU	Europäische Union
EUG	Europäisches Gericht 1. Instanz
EuGH	Gerichtshof der Europäischen Gemeinschaften
EuZW	Europäische Zeitschrift für Wirtschaftsrecht
EWS	Europäisches Wirtschafts- und Steuerrecht

FamFG	Gesetz über das Verfahren in Familiensachen und die Angelegenheiten der freiwilligen Gerichtsbarkeit
f .	und eine folgende
ff.	und folgende
Fn	Fußnote
FS	Festschrift
GesRZ	Der Gesellschafter. Zeitschrift für Gesellschafts- und Unternehmensrecht
GmbH	Gesellschaft mit beschränkter Haftung
GmbHG	Gesetz betreffend die Gesellschaften mit beschränkter Haftung
GmbHR	GmbH-Rundschau
GS	Gedächnisschrift
HGB	Handelsgesetzbuch
h. M.	herrschende Meinung
Hrsg.	Herausgeber
IfW	Institut für Weltwirtschaft
IPrax	Praxis des Internationalen Privat- und Verfahrensrechts
i. S. v.	im Sinne von
i. V. m.	in Verbindung mit
JR	Juristische Rundschau
JuS	Juristische Schulung
JZ	JuristenZeitung
KfW	Kreditanstalt für Wiederaufbau
KTS	Zeitschrift für Insolvenzrecht
KG	Kammergericht
KOM	Kommission
LG	Landgericht
lit.	litera
MDR	Monatsschrift für Deutsches Recht
mwN	mit weiteren Nachweisen
NJW	Neue Juristische Wochenschrift
Nr.	Nummer

NZA	Neue Zeitschrift für Arbeitsrecht
NZG	Neue Zeitschrift für Gesellschaftsrecht
ÖStZ	Österreichische Steuerzeitung
OLG	Oberlandesgericht
RabelsZ	Rabels Zeitschrift für ausländisches und internationales Privatrecht
RG	Reichsgericht
RIW	Recht der Internationalen Wirtschaft
Rn	Randnummer
Rs.	Rechtssache
RWI	Rheinisch-Westfälisches Institut für Wirtschaftsforschung
S.	Seite
SE	Societas Europaea
Slg.	Sammlung der Rechtsprechung des Gerichtshofs der Europäischen Gemeinschaft
u.a.	unter anderem
Urt.	Urteil
vgl.	vergleiche
VO	Verordnung
Vorb.	Vorbemerkung
WM	Wertpapier-Mitteilungen
z.	zum
z.B.	zum Beispiel
ZfRV	Zentrum für Rechts- und Verwaltungswissenschaften
ZGR	Zeitschrift für Unternehmens- und Gesellschaftrecht
ZHR	Zeitschrift für das gesamte Handels- und Wirtschaftsrecht
ZIP	Zeitschrift für Wirtschaftsrecht
ZPO	Zivilprozessordnung
ZVglRWiss	Zeitschrift für vergleichende Rechtswissenschaft
ZZPInt	Zeitschrift für Zivilprozess International

Erster Teil: Einführung

A. Einleitung

Am 24.04.2007 ist das Zweite Gesetz zur Änderung des Umwandlungsgesetzes im Bundesgesetzblatt verkündet worden und am folgenden Tag in Kraft getreten.[1] Es dient in erster Linie der Umsetzung der Richtlinie 2005/56/EG des Europäischen Parlaments und des Rates vom 26. Oktober 2005 über die Verschmelzung von Kapitalgesellschaften aus verschiedenen Mitgliedstaaten[2] (RiLi 2005/56/EG)[3], die seit dem 15.12.2005 in Kraft ist und durch die Mitgliedstaaten nach Art. 19 Abs. 1 RiLi 2005/56/EG bis zum Dezember 2007 umzusetzen war.[4]

Zweck der Richtlinie war es vorrangig, dem gewachsenen Bedürfnis der europäischen Kapitalgesellschaften an Kooperation und Reorganisation Rechnung zu tragen.[5] Die Verschmelzung von Kapitalgesellschaften unterschiedlicher Rechtsform, die dem Recht verschiedener Mitgliedstaaten unterliegen, sollte erleichtert werden, um auf diese Weise zur Vollendung und zum reibungslosen Funktionieren des Binnenmarkts beizutragen.[6] Die Rechtsvorschriften der Mitgliedstaaten mussten die grenzüberschreitende Verschmelzung einer Kapitalgesellschaft aus einem Mitgliedstaat mit einer Kapitalgesellschaft aus einem anderen Mitgliedstaat gestatten, wenn das innerstaatliche Recht der betreffenden Mitgliedstaaten Verschmelzungen zwischen Unternehmen solcher Rechtsformen erlaubt.[7]

Gläubigerschutzbelange wurden von der Richtlinie nur am Rande behandelt. Im Übrigen ordnete der Richtliniengeber an, dass für diesen Bereich die Vor-

---

1 BGBl. 2007, 542. In Kürze wird bereits das Dritte Gesetz zur Änderung des Umwandlungsgesetzes, welches der Umsetzung der RiLi 2009/109/EG (ABl. L 259 vom 2.10.2009, S. 14 ff.) dient, in Kraft treten. Das Gesetz wurde jüngst (27.05.2011) im Bundestag in 2. und 3. Lesung beschlossen und am 17.06.2011 vom Bundesrat verabschiedet. Bei der dem Gesetz zugrunde liegenden RiLi 2009/109/EG handelt es sich um eine Änderungsrichtlinie, die die Richtlinien 77/91/EWG, 78/855/EWG, 82/891/EWG und 2005/56/EG modifiziert. Die in dieser Arbeit abgehandelte Thematik wird von der Richtlinie ebenso wie die Gesetzesänderung allerdings nicht tangiert. Vgl. hierzu ausführlich sogleich unter: Erster Teil, C.

2 ABl. Nr. L 310 v. 25.11.2005, 1 ff.

3 Im Folgenden auch: RiLi.

4 Die RiLi 2005/56/EG wurde zwischenzeitlich durch die RiLi 2009/109/EG (ABl. L 259 vom 2.10.2009, S. 14 ff.) – dort unter Art. 4 – geringfügig modifiziert. Geändert wurden die Art. 6 (Bekanntmachung des Verschmelzungsplanes) und ganz geringfügig Art. 15 (Vereinfachte Formalitäten).

5 Erwägungsgrund (1), RiLi 2005/56/EG.

6 Erwägungsgrund (1), RiLi 2005/56/EG.

7 Erwägungsgrund (1), RiLi 2005/56/EG.

schriften und Modalitäten des geltenden innerstaatlichen Rechts – „*angesichts des grenzüberschreitenden Charakters der Verschmelzung*“[8] – gelten. Auf Grundlage dieser Vorgaben führte der deutsche Gesetzgeber mit der Gesetzesänderung mehrere Vorschriften ein, die den Gläubigerschutz für Fallgruppen der grenzüberschreitenden Verschmelzung in erheblicher Abweichung zur bisherigen Rechtslage regeln.

Diese Besonderheiten werfen – mangels Vorgaben durch den europäischen Richtliniengeber – erhebliche Fragen auf, denen im Rahmen dieser Arbeit nachgegangen werden soll. So ist bereits unklar, ob und in welchem Umfang die Richtlinie die mitgliedstaatlichen Gesetzgeber ermächtigt, von der Richtlinie nicht vorgegebene Gläubigerschutzbestimmungen für die grenzüberschreitende Verschmelzung zu erlassen. Ferner ist zu klären, inwieweit und warum unterschiedliche Gläubigerschutzregelungen für verschiedene Verschmelzungskonstellationen zur Anwendung kommen. Zur Beantwortung dieser Fragestellungen werden die Gefährdungslagen, denen die Gläubiger im Rahmen der innerstaatlichen und grenzüberschreitenden Verschmelzung ausgesetzt sind, vertieft untersucht. Als Beispiel dient die Verschmelzung unter Beteiligung einer deutschen GmbH. Diese bietet sich für eine Untersuchung aus zweierlei Gründen an: Erstens bestehen in Bezug auf die Gesellschaften mit beschränkter Haftung in den Mitgliedstaaten – anders als bei den Aktiengesellschaften[9] – noch erhebliche Unterschiede, insbesondere hat noch keine Angleichung der Kapitalaufbringungs- und Kapitalerhaltungsregeln stattgefunden. Zweitens trat zum 01.11.2008 in Deutschland das MoMiG[10] in Kraft. Im Zuge dieser Gesetzesänderung entflammte in Deutschland eine hitzige Diskussion über die Gläubigerschutzfunktion des Stammkapitals. Der Gesetzgeber entschied sich zwar letztlich dafür, den Mindesthaftungsfond beizubehalten; ob das Stammkapital bei der GmbH allerdings heute noch eine Gläubigerschutzfunktion erfüllt, bleibt aber umstritten.

---

8 Art. 4 Abs. 2 RiLi 2005/56/EG.

9 Bei den Aktiengesellschaften sind etwa die Kapitalschutzregelungen harmonisiert worden, vgl.: Zweite gesellschaftsrechtliche Richtlinie 77/91/EWG, veröffentlicht in ABl. Nr. L 26 v. 31.01.1977, S. 1.

10 Gesetz zur Modernisierung des GmbH-Rechts und zur Bekämpfung von Missbräuchen, BGBl. I S. 2026.

B. Historisches

Mehr als vierzig Jahre war die Europäische Union damit befasst, eine einheitliche Regelung transnationaler Fusionen von Gesellschaften innerhalb des Gemeinschaftsgebietes zu entwickeln. So wurde bereits 1965 eine Arbeitsgruppe aus Regierungsvertretern und Kommissionsangehörigen unter der Leitung des französischen Gesellschaftsrechtlers *Prof. Berthold Goldmann* eingesetzt, die am 27.09.1972 den Entwurf eines Übereinkommens über die internationale Verschmelzung von Aktiengesellschaften[11] vorlegte.[12] Grundlage für diese Arbeiten war Art. 220 EGV a. F..[13] Nach dem dritten Spiegelstrich dieser Vorschrift leiten die Mitgliedstaaten Verhandlungen untereinander ein, um die gegenseitige Anerkennung der Gesellschaften im Sinne des Artikels 48 Absatz 2, die Beibehaltung der Rechtspersönlichkeit bei Verlegung des Sitzes von einem Staat in einen anderen und die Möglichkeit der Verschmelzung von Gesellschaften, die den Rechtsvorschriften verschiedener Mitgliedstaaten unterstehen, sicherzustellen. Die Arbeiten an dem damaligen Entwurf wurden in der Folge – nachdem sie bereits ins Stocken geraten waren – nach der Erweiterung des Gemeinsamen Marktes durch den Beitritt Großbritanniens, Irlands und Dänemarks wieder aufgenommen und bis zum Jahre 1980 fortgeführt. Allerdings konnten sie nicht erfolgreich beendet werden. Der Entwurf enthielt zwar Lösungsvorschläge zum Übergang der Arbeitsverhältnisse für den Fall einer Verschmelzung.[14] Nicht geregelt war hingegen das schwierigere Problem der Gestaltung der Mitbestimmung der Arbeitnehmer in den Organen des verschmolzenen Unternehmens.[15]

---

11 Entwurf eines Übereinkommens über die internationale Verschmelzung von Aktiengesellschaften und Bericht zu diesem Entwurf vom 27.09.1972 (DOK.-Nr. DOK 529/XIV/72); Text des Entwurfs auch abgedruckt bei: *Lutter*, Europäisches Gesellschaftsrecht, S. 351 ff.

12 Vertiefend zu dem damaligen Entwurf: *Beitzke* in FS-Hallstein, S. 15ff; *Herrmann* in AG 1969, S. 348 ff.; *Mertens* in JR 1970, S. 321 ff.; *Bärmann* in FS-Kaufmann, S. 13 ff.; *Pipkorn* in ZHR 136 (1972), S. 499; *derselbe* in ZHR 137 (1973), S. 35 ff.; *Koppensteiner* in RabelsZ 1975, S. 406 ff.

13 Der damalige Entwurf vom 27.09.1972.

14 Vertiefend hierzu: *von Alversleben,* S. 92 ff.

15 Probleme bereitete auch die steuerrechtliche Behandlung internationaler Verschmelzungen, die in dem Entwurf ebenfalls nicht geregelt wurde; ein Kompromiss wurde insofern gefunden mit der Richtlinie 90/434/EWG des Rates vom 23. Juli 1990 über das gemeinsame Steuersystem für Fusionen, Spaltungen, die Einbringung von Unternehmensanteilen und den Austausch

Letztlich konnte in Bezug auf diese Frage keine Einigung erzielt werden und das Vorhaben der Aushandlung eines Übereinkommens wurde aufgegeben.

Ein zweiter Versuch zur Rechtsvereinheitlichung der grenzüberschreitenden Fusion stammt aus dem Jahre 1984. Der damalige Vorschlag für eine 10. gesellschaftsrechtliche Richtlinie über die grenzüberschreitende Verschmelzung von Aktiengesellschaften[16] wurde im Dezember 1984 durch die Kommission angenommen und im Januar 1985 dem Europäischen Parlament vorgelegt. Inhaltlich nahm er im Wesentlichen die Lösungen der am 9.10.1978 vom Ministerrat verabschiedeten 3. gesellschaftsrechtlichen Richtlinie über die nationale Fusion[17] auf.[18] Wiederum war das praktisch schwierigste Problem die Gestaltung der Mitbestimmung der Arbeitnehmer in den Organen des verschmolzenen Unternehmens. Hier befürchteten Staaten mit hohem Mitbestimmungsniveau, dass internationale Fusionen als Mittel zur Flucht aus der Arbeitnehmermitbestimmung genutzt würden.[19] Um die mitbestimmungsrechtlichen Schwierigkeiten zu überwinden, ging die Kommission so weit, dass sie in Art. 1 Abs. 3 der Richtlinie einen Nichtanwendungsvorbehalt vorschlug, nach dem – bis zu einer späteren Koordinierung[20] – ein Mitgliedstaat die Richtlinie nicht anzuwenden braucht, wenn die grenzüberschreitende Verschmelzung dazu führt, dass ein Unternehmen nicht mehr die Voraussetzungen für die Vertretung der Arbeitnehmer in den Unternehmensorganen erfüllt.[21] Da sich eine Verabschiedung der Strukturrichtlinie allerdings nicht abzeichnete, wurde schnell klar, dass der Nichtanwendungsvorbehalt rein tatsächlich – also entgegen seiner Intention – keinen Übergangscharakter haben würde.[22] Die sich daraufhin abzeichnenden Wettbewerbsnachteile für die

---

von Anteilen, die Gesellschaften verschiedener Mitgliedstaaten betreffen, ABl. Nr. L 225, S. 1.

16 Vorschlag für eine zehnte Richtlinie des Rates über die grenzüberschreitende Verschmelzung von Aktiengesellschaften vom 14.1.1985 (DOK.-Nr. DOK (84) 727 endg.) Abl. EG Nr. C 23 vom 25.1.1985, S. 11; im Folgenden: RL-E 1984.

17 Richtlinie 78/855/EWG – Abl. EG Nr. L 295/36 vom 20.10.1978, ins deutsche Recht transponiert durch das Verschmelzungsrichtlinie-Gesetz vom 25.10.1982 – BGBl. 1982 I S. 1425.

18 Vgl. ausführlich zum damaligen Richtlinienvorschlag: *Ganske* in DB 1985, S. 581 ff.; *Kolvenbach* in DB 1986, S. 1973 (1975 f.); vgl. auch die Erläuterung des Richtlinienvorschlages bei *Lutter,* Europäisches Unternehmensrecht, S. 257 ff.

19 Andererseits befürchteten Staaten mit niedrigem Mitbestimmungsniveau die Entstehung mitbestimmungsrechtlicher Schwierigkeiten.

20 Eine solche sollte durch die geplante 5. gesellschaftsrechtliche Richtlinie (sog. Strukturrichtlinie) erfolgen, deren Verabschiedung sich allerdings bei weitem nicht so problemlos darstellte, wie dies bei Einführung des Vorbehalts gedacht war.

21 Vgl. zu den Erwägungen des Nichtanwendungsvorbehalts die Präambel des Richtlinienentwurfs, Präambel RL-E 1984.

22 So waren etwa die Bedenken bei: *Ganske* in DB 1985, S. 581 (583).

Mitgliedstaaten mit hohem Mitbestimmungsniveau führten dazu,[23] dass weiterhin keine Einigung erzielt werden konnte und der erste Richtlinienvorschlag schließlich versandete. Erst im Jahre 1998 wurde die Vorlage einer neuen Version des Richtlinienvorschlages – nunmehr auf der Grundlage des modifizierten Art. 100 A EGV – angekündigt, wozu es aber nicht kam.[24]

Bewegung kam in den Prozess einer Rechtsharmonisierung auf dem Gebiet des internationalen Verschmelzungsrecht dann durch den überraschenden Durchbruch bei der Schaffung einer Europäischen Aktiengesellschaft. Am 08.10.2001 wurde nach jahrelangen Verhandlungen die Verordnung zur Europäischen Aktiengesellschaft[25] nebst Richtlinie[26] verabschiedet. Mitenthalten war eine Kompromisslösung zur Arbeitnehmermitbestimmung im Unternehmen.[27] Als ersten Schritt zog die Kommission zum Ende des Jahres ihren ersten Vorschlag für eine zehnte Gesellschaftsrechtsrichtlinie von 1985 zurück.[28]

Die von der Kommission bereits im September 2001 mit Reformüberlegungen auf dem Gebiet des Gesellschaftsrechts beauftragte Expertengruppe[29] unter der Leitung des Niederländers *Jaap Winter* legte im darauffolgenden November ihren Abschlussbericht vor.[30] Darin wurde die Notwendigkeit der Erleichterung von Unternehmensrestrukturierungen innerhalb der Europäischen Union betont.[31] In

23 So bereits prognostiziert mit einer dementsprechenden pessimistischen Prognose für die Verabschiedung der Richtlinie: *Ganske* in DB 1985, S. 581 (583 f.); ebenso die Kritik in der *Stellungnahme des Wirtschafts- und Sozialausschusses*, Abl. EG 1985 Nr. C 303/27; *Eyles* Niederlassungsfreiheit der Kapitalgesellschaften in der Europäischen Gemeinschaft1990, S. S. 220 f.; *Däubler* in DB 1988, 1850 (1853); derselbe in Breit, Europäischer Binnenmarkt, S. 27; *Kolvenbach* in DB 1986, 1973 (1975).

24 *Boucourechliev* in RIW 1999, S. 1 (5).

25 Verordnung (EG) Nr. 2157/2001 des Rates vom 8.10.2001 über das Statut der Europäischen Gesellschaft (SE), ABl. EG Nr. L 294 vom 10.11.2001, S. 1.

26 Richtlinie 2001/86/EG des Rates vom 8.10.2001 zur Ergänzung des Statuts der Gesellschaft hinsichtlich der Beteiligung der Arbeitnehmer, ABl. EG Nr. L 294 vom 10.11.2001, S. 22.

27 Vertiefend zur Arbeitnehmermitbestimmung in der SE: *Herfs-Röttgen* in NZA 2001, 424; *Wissmann* in FS-Wiedemann 2002, S. 685; *Herfs-Röttgen* in NZA 2002, 358, 424; *Gruber/Weller* in NZG 2003, 297; *Kraushaar* in BB 2003, 1614.

28 Mitteilung der Kommission vom 21.12.2001, Dokument: KOM (2001) 763 endgültig/2, S. 22, abrufbar unter:
http://eur-lex.europa.eu/LexUriServ/LexUriServ.do?uri=COM:2001:0763:FIN:DE:PDF.

29 „Hochrangige Expertengruppe auf dem Gebiet des Gesellschaftsrechts".

30 Veröffentlicht auf der Seite der Kommission unter:
http://ec.europa.eu/internal_market/company/docs/modern/report_de.pdf.

31 (vorige Fn.), Kap. VI 1 unter Verweis auf die Stellungnahmen zum Konsultationspapier der Expertengruppe (veröffentlicht unter:
http://ec.europa.eu/internal_market/company/docs/modern/consult_de.pdf.

ihrer Antwort[32] auf den Abschlussbericht bestätigte die Kommission diese Einschätzung und kündigte kurzfristig die Vorlage eines neuen Vorschlags für eine Richtlinie an.[33] Am 18.11.2003 legte die Kommission den neuen Vorschlag für eine Richtlinie über die Verschmelzung von Kapitalgesellschaften aus verschiedenen Mitgliedstaaten[34] vor. Er stützte sich auf die Ermächtigungsgrundlage von Art. 44 Abs. 2 lit. g EGV über den Erlass von Richtlinien zur Koordinierung der Schutzbestimmungen im Bereich des Gesellschaftsrechts.[35] Danach entscheidet der Rat zur Verwirklichung der Niederlassungsfreiheit für eine bestimmte Tätigkeit – nach Anhörung des Wirtschafts- und Sozialausschusses – im Mitentscheidungsverfahren des Art. 251 EGV (gemeinsam mit dem Europäischen Parlament).[36]

Am 26.11.2004, also nach für Brüsseler Verhältnisse außergewöhnlich schleunigen Verhandlungen, konnte eine politische Einigung über den Inhalt der Richtlinie erzielt werden.[37] Auch im Europäischen Parlament kam es zu einer schnellen Verabschiedung der Richtlinie. Der zuständige Berichterstatter des Rechtsausschusses des Europäischen Parlaments, der deutsche Abgeordnete *Lehne*, strebte von vornherein an, dass das Parlament der Linie des Rates so weit wie möglich folgen sollte, um eine Verabschiedung nach nur einer Lesung zu ermöglichen und ein zeitraubendes Vermittlungsverfahren zwischen Rat und Parlament zu ver-

32 Die „Mitteilung der Kommission an den Rat und das Europäische Parlament – Modernisierung des Gesellschaftsrechts und Verbesserung der Corporate Governance in der Europäischen Union – Aktionsplan", abrufbar unter: http://eur-lex.europa.eu/LexUriServ/LexUriServ.do?uri=CELEX:52003DC0284:DE:NOT; die Mitteilung ist die Antwort der Kommission auf verschiedene Arbeitsergebnisse, zu denen auch der Abschlussbericht, der *Winter*-Bericht, zählt (vgl. hierzu die Einleitung der Mitteilung).

33 Vgl. hierzu: Die „Mitteilung der Kommission an den Rat und das Europäische Parlament – Modernisierung des Gesellschaftsrechts und Verbesserung der Corporate Governance in der Europäischen Union – Aktionsplan", 3.4, Rn 22.

34 Vorschlag für eine Richtlinie des Europäischen Parlaments und des Rates über die Verschmelzung von Kapitalgesellschaften aus verschiedenen Mitgliedstaaten vom 18.11.2003, Dokument: KOM (2003) 703 endgültig 2003/0277 (COD), abrufbar unter: http://eur-lex.europa.eu/LexUriServ/LexUriServ.do?uri=COM:2003:0703:FIN:DE:PDF.

35 Vorschlag für eine Richtlinie des Europäischen Parlaments und des Rates über die Verschmelzung von Kapitalgesellschaften aus verschiedenen Mitgliedstaaten vom 18.11.2003, Dokument: KOM (2003) 703 endgültig 2003/0277 (COD), S. 8.

36 Im Rahmen der Ausarbeitung der Richtlinie stellte sich die Frage nach der Notwendigkeit einer zusätzlichen Kompetenzgrundlage über Art. 44 EGV hinaus, da zweifelhaft war, ob dieser der Gemeinschaft im Bereich der geregelten Mitbestimmung eine ausreichende Kompetenz bietet, vgl. hierzu etwa *Grünwald* ÖStZ 2004, S. 373.

37 Ratsdokument 15315/04, abrufbar unter: http://register.consilium.europa.eu/pdf/de/04/st15/st15315.de04.pdf.

meiden.[38] Auf Grundlage seines Berichts[39] billigte das Parlament in seiner Plenarsitzung am 13.05.2005 den Ratstext im Wesentlichen[40] und äußerte nur geringfügige Änderungswünsche. Die geänderte Fassung wurde dann durch den Rat endgültig verabschiedet.[41]

Die Umsetzungsfrist für die Richtlinie lief gem. Art. 19 Abs. 1 RiLi 200/56/EG Ende 2007 ab. In zahlreichen Mitgliedstaaten wurde die Richtlinie freilich erst vor Kurzem umgesetzt.[42] Der deutsche Gesetzgeber entschied sich hingegen vor dem Hintergrund der noch kurz vor Inkrafttreten der Richtlinie ergangenen Sevic-Entscheidung, das Umwandlungsgesetz zügig zu ändern.[43] Bereits im Februar 2006 legte das Bundesministerium für Justiz einen Referentenentwurf vor, der neben einigen punktuellen Änderungen des innerstaatlichen Umwandlungsrechts insbesondere gesellschaftsrechtliche Regelungen zur Umsetzung der Richtlinie enthielt und damit zugleich den in der Sevic-Entscheidung postulierten Anforderungen Rechnung trug.[44] Der Vorschlag wurde von der Bundesregierung am 09.08.2006 in überarbeiteter Form als Regierungsentwurf übernommen.[45] Dieser Entwurf wurde dann durch den Bundestag in seiner Sitzung am 01.02.2007 mit nur geringfügigen Modifikationen nach dritter Lesung verabschiedet.[46] Nachdem das Gesetz am 09.03.2007 den Bundesrat passiert hatte, trat es am 25.04.2007 und somit weit vor Ablauf der den Mitgliedstaaten eingeräumten Frist zur Umsetzung in Kraft.

---

38 *Neye* in ZIP 2005, S. 1893 (1894).

39 Europäisches Parlament, Dokument A6 0089/2005, abrufbar unter: http://www.europarl.europa.eu/sides/getDoc.do?pubRef=-//EP//NONSGML+REPORT+A6-2005-0089+0+DOC+PDF+V0//DE.

40 Ratsdokument 8728/05, abrufbar unter: http://register.consilium.europa.eu/pdf/de/05/st08/st08728.de05.pdf.

41 Zuvor erfolgten freilich die üblichen Redaktionsarbeiten, bei denen die Artikel mit Überschriften versehen, teilweise neu gegliedert und in einer anderen Reihenfolge angeordnet wurden. Kritisch hierzu: *Neye* in ZIP 2005, S. 1893 (1894).

42 Vgl. hierzu *Matthias-Gabriel Kremer* in der Börsenzeitung vom 03.03.2010, S. 2.

43 Vgl. hierzu die Begründung zum Referentenentwurf eines zweiten Gesetzes zur Änderung des Umwandlungsgesetzes, S. 2, abrufbar unter: http://www.bmj.de/media/archive/1149.pdf.

44 RefE zu einem zweiten Gesetz zur Änderung des Umwandlungsgesetzes, S. 2, abrufbar unter: http://www.bmj.de/media/archive/1149.pdf.

45 RegE zu einem zweiten Gesetz zur Änderung des Umwandlungsgesetzes, BT-Drs. 16/2919.

46 Vgl. den Bericht des Rechtsausschusses: BT-Drs. 16/4193.

C. Europarechtliche Vorgaben

Der verschmelzungsrechtliche Schutz der Gläubiger war zum Zeitpunkt des Inkrafttretens der RiLi 2005/56/EG durch die dritte gesellschaftsrechtliche Richtlinie 78/855/EWG[47] für den Bereich der innerstaatlichen Verschmelzung von Aktiengesellschaften zumindest leicht vorgeprägt. Die innerstaatliche Verschmelzung von GmbH's war hingegen europarechtlich nicht geregelt. Nach Art. 13 Abs. 1 RiLi 78/755/EWG müssen die Mitgliedstaaten *„ein angemessenes Schutzsystem für die Interessen der Gläubiger der sich verschmelzenden Gesellschaften"* zur Verfügung stellen. Demnach müssen die Rechtsvorschriften der Mitgliedstaaten nach Art. 13 Abs. 2 RiLi 78/755/EWG zumindest vorsehen, *„dass diese Gläubiger Anspruch auf angemessene Garantien haben, wenn die finanzielle Lage der sich verschmelzenden Gesellschaften einen solchen Schutz erforderlich macht und die Gläubiger nicht schon derartige Garantien haben."* Der Schutz kann hierbei für die Gläubiger der übernehmenden Gesellschaft und für die Gläubiger der übertragenden Gesellschaft unterschiedlich sein.[48] Hinsichtlich der konkreten Art und Weise der Ausgestaltung der Schutzmechanismen – insbesondere Zeitpunkt und Mittel des Gläubigerschutzes – macht der Richtliniengeber hingegen keine Vorgaben. Insgesamt steckt Art. 13 RiLi 78/755/EWG bei der Ausgestaltung des verschmelzungsrechtlichen Gläubigerschutzes einen weiten Rahmen, der freilich nur für die innerstaatliche Verschmelzung von Aktiengesellschaften gilt.

Die 10. gesellschaftsrechtliche Richtlinie setzt für den Schutz der Gläubiger im Bereich der *grenzüberschreitenden* Verschmelzung zwar teilweise Akzente, überlässt diesen Bereich aber im Übrigen ausschließlich den nationalen Rechtsordnungen. Art. 4 Abs. 1 lit. b RiLi 2005/56/EG sieht insofern vor, dass – sofern die Richtlinie nicht etwas anderes bestimmt – eine Gesellschaft, die sich an einer grenzüberschreitenden Verschmelzung beteiligt, die Vorschriften und Modalitäten des für sie geltenden innerstaatlichen Rechts einhalten bzw. erledigen muss.[49] Hierunter fallen nach Art. 4 Abs. 2 RiLi 2005/56/EG insbesondere auch Bestimmungen über das die Beschlussfassungen betreffende Verfahren und – angesichts

47 Sogenannte „Fusionsrichtlinie" betreffend die Verschmelzung von Aktiengesellschaften, ABl. L 295 vom 20.10.1978, S. 36.

48 Vgl. Art. 13 Abs. 2 RiLi 78/755/EWG.

49 Art. 4 Abs. 1 lit. b RiLi 2005/56/EG.

des grenzüberschreitenden Charakters der Verschmelzung – über den Schutz der Gläubiger der sich verschmelzenden Gesellschaften.

Auch die Änderungsrichtlinie 2009/109/EG macht insofern keine weitergehenden Vorgaben. So beschränken sich bereits die persönlichen Anwendungsbereiche der durch die Richtlinie 2009/109/EG geänderten Richtlinien 77/91/EWG[50], 78/855/EWG und 82/891/EWG[51] auf die Rechtsform der *Aktiengesellschaft.* Die somit einzig verbleibenden Änderungen der RiLi 2005/56/EG betreffen teilweise ebenfalls die Rechtsform der Aktiengesellschaft oder sind für den Gläubigerschutz irrelevant.[52]

---

50 Sogenannte „Kapitalrichtlinie" betreffend die Gründung der Aktiengesellschaft sowie für die Erhaltung und Änderung ihres Kapitals, ABl. L26 vom 31.01.1977, S. 1.

51 Sogenannte „Spaltungsrichtlinie" betreffend die Spaltung von Aktiengesellschaften, ABl. L 378 vom 31.12.1982, S. 47.

52 Geändert wurden insofern die Art. 6 (Bekanntmachung des Verschmelzungsplanes) und 15 (Vereinfachte Modalitäten) der RiLi 2005/56/EG. Die Änderung in Art. 15 betrifft den Fall des Upstream-Mergers, also die Verschmelzung einer Tochter auf ihre Mutter-*Aktiengesellschaft.* Die Änderung des Art. 6 RiLi 2005/56/EG sieht vor, dass den Gesellschaften die Alternative eröffnet wird, den Verschmelzungsplan über ihre Internetseiten zu veröffentlichen. Diese Änderung stand allerdings unter dem Vorbehalt, dass der betreffende Mitgliedsstaat von seinem Recht Gebrauch macht, stattdessen eine Veröffentlichung über eine zentrale elektronische Plattform zu verlangen. Der deutsche Gesetzgeber hat unter Ausnutzung dieser Option an den bisherigen Regelungen § 61 UmwG und § 122d UmwG festgehalten. Danach ist der Verschmelzungsplan zum Register einzureichen und es hat eine Hinweisbekanntmachung gem. § 10 HGB auf dem gemeinsamen Registerportal der Länder „www.handelsregister.de" Dem folgend sind die durch das Dritte Gesetz zur Änderung des Umwandlungsgesetzes vorgesehenen Änderungen für die vorliegende Arbeit ohne Belang.

D. Begriffe

I. Umwandlung

Das UmwG enthält keine Definition des Umwandlungsbegriffs.[53] Vielmehr beschränkt sich § 1 Abs. 1 UmwG darauf, die verschiedenen Umwandlungsarten aufzuzählen: Verschmelzung (§§ 2–1221 UmwG), Spaltung (Aufspaltung, Abspaltung, Ausgliederung, §§ 123–173 UmwG), Vermögungsübertragung (§§ 174–189 UmwG) und Formwechsel (§§ 190–304 UmwG). Entsprechend dem im Gesellschaftsrecht vorherrschenden Typenzwang ist diese Aufzählung abschließend; andere Arten der Umwandlung sind nur dann zulässig, wenn sie in anderen Bundes- oder Landesgesetzen zugelassen oder angeordnet sind.[54] Das bedeutet, dass vor der Einführung des UmwG bereits bestehende Umwandlungsmöglichkeiten erhalten geblieben sind.[55]

Charakteristisches Merkmal der Umwandlung i. S. d. UmwG und damit der in § 1 Abs. 1 UmwG aufgeführten Umwandlungsarten ist, dass die einzelnen Vermögensgegenstände und die einzelnen Verbindlichkeiten der übertragenden Rechtsträger nicht – wie sonst im deutschen Recht vorgesehen – durch Einzelübertragung an die übernehmenden und neuen Rechtsträger übertragen werden, sondern eine Gesamtrechtsnachfolge oder eine entsprechende Sonderrechtsnachfolge stattfindet, die den Vermögensübergang erheblich erleichtert oder gar erst möglich macht.[56] Damit existiert mit dem jetzt geltenden UmwG ein – wenn auch

53 Versuche einer Definition wurden und werden im Schrifttum gleichwohl vorgenommen: Rechtsformänderung unter Beibehaltung der Identität des Rechtsträgers und ohne Vermögensübertragung (*Lutter/Leinekugel* in ZIP 1999, S. 261); Umstrukturierung von Unternehmen durch Übergang von Vermögen von einem oder mehreren übertragenden Rechtsträgern auf einen oder mehrere übernehmende Rechtsträger im Wege der Gesamt- oder Sonderrechtsnachfolge bei gleichzeitiger Übertragung von Anteilen an den übernehmenden Rechtsträgern auf die übertragenden Rechtsträger bzw. deren Gesellschafter und/oder Gewährung einer sonstigen Gegenleistung (Semler/Stengel-*J. Semler*, § 1 Rn 10).

54 Begründung zum Gesetzesentwurf, BT-Drucks. 12/6699, S. 80.

55 So etwa alle Formen der Anwachsung, § 738 BGB, oder die gesetzlich geregelten Umstrukturierungsmöglichkeiten öffentlich-rechtlicher Anstalten, wie die Verschmelzung von Sparkassen aufgrund Landesrechts.

56 Begründung zum Gesetzesentwurf, BT-Drucks. 12/6699, S. 72; dies ergibt sich konkret aus der Formulierung „als Ganzes“ in den betreffenden Vorschriften des UmwG, vgl. etwa: § 2 UmwG für die Verschmelzung.

nur mittelbar – eindeutiger Umwandlungsbegriff mit einem klar abgrenzbaren Inhalt.

II. Verschmelzung

Die Verschmelzung stellt nach der Systematik des UmwG den Grundtatbestand der Umwandlung dar. Neben ihr sieht das Gesetz als Formen der Unternehmensumwandlung im dritten Buch die Spaltung (§§ 123–173 UmwG), im vierten Buch die Vermögensübertragung (§§ 174–189 UmwG) und im fünften Buch den Formwechsel (§§ 190–304 UmwG) vor, für deren Regelungen allerdings weitreichend auf die Vorschriften zur Verschmelzung verwiesen wird.[57]

1. Formen der Verschmelzung

Der Begriff der Verschmelzung ist in § 2 UmwG legaldefiniert. Danach unterscheidet das Gesetz zwischen zwei Formen, der Verschmelzung durch die Aufnahme (§ 2 Nr. 1 UmwG) und der Verschmelzung durch Neugründung (§ 2 Nr. 2 UmwG). Bei der Aufnahme wird das Vermögen eines oder mehrerer Rechtsträger[58] als Ganzes auf einen anderen bereits bestehenden Rechtsträger[59] übertragen, während bei der Verschmelzung durch Neugründung der übernehmende Rechtsträger erst gegründet wird.

a. Verschmelzung durch Aufnahme

Die Verschmelzung durch Aufnahme ist als gesetzlicher Regelfall konzipiert (§§ 4–35 UmwG).[60] Demnach finden – abgesehen von den Sonderregelungen der §§ 36–38 UmwG – die für die Aufnahme geltenden Bestimmungen weitgehend auch auf die Fälle der Neugründung Anwendung.[61]

---

57 Vgl. etwa: Für die Spaltung § 125 UmwG; für die Vermögensübertragung §§ 176, 180, 186, 188; für den Formwechsel §§ 192 Abs. 1, 198 Abs. 3, 204 UmwG.

58 Im Folgenden auch: übertragender Rechtsträger, Übertragender; Überträger, übertragende Gesellschaft.

59 Im Folgenden auch: Zielgesellschaft, aufnehmende Gesellschaft; übernehmender Rechtsträger.

60 Dies entspricht auch der tatsächlichen Umwandlungspraxis, in der die Aufnahme den überwiegenden Teil der Unternehmensverschmelzungen darstellt.

61 Vgl. § 36 Abs. 1 UmwG.

Bei der Verschmelzung durch Aufnahme wird das Vermögen eines oder mehrerer Rechtsträger[62] (übertragende Rechtsträger) auf einen anderen, bereits bestehenden Rechtsträger (übernehmender Rechtsträger) übertragen. Dabei geht der übertragende Rechtsträger unter, während der übernehmende Rechtsträger mit dem übernommenen Vermögen fortbesteht.

b. Verschmelzung durch Neugründung

Bei der Verschmelzung durch Neugründung wird das gesamte Vermögen von mindestens zwei übertragenden Rechtsträgern auf einen gleichzeitig neu entstehenden Rechtsträger übertragen. Der grundlegende Unterschied zur Verschmelzung durch Aufnahme ist mithin, dass der übernehmende Rechtsträger erst durch die Verschmelzung entsteht.

Der Nachteil der Verschmelzung durch Neugründung besteht insbesondere darin, dass alle bereits bestehenden Unternehmen Vermögen übertragen und damit bei Grundbesitz steuerpflichtig sind. Hinzu kommt, dass eine Reihe von Rechtsverhältnissen auch durch eine Gesamtrechtsnachfolge nicht übergeht, obwohl an deren Fortbestand ein Interesse besteht. Ein weiterer Nachteil liegt in den mit einer solchen Verschmelzung einhergehenden Mehrkosten, die durch die Gründung des Zielobjektes entstehen.

2. Merkmale der Verschmelzung

Allen Verschmelzungen i. S. d. Umwandlungsgesetzes gemeinsam sind gewisse Charakteristika. Diese ergeben sich aus der Legaldefinition der Verschmelzung, die sich zu Beginn des 2. Buches in § 2 UmwG („Verschmelzung“) findet. Nach der Regelungskonzeption des Umwandlungsgesetzes gelten diese Merkmale sowohl für inländische als auch für grenzüberschreitende Verschmelzungen, die als 10. Abschnitt des 2. Teils ebenfalls in das 2. Buch des UmwG inkorporiert worden sind.[63]

62 Das UmwG verwendet bewusst den Begriff „Rechtsträger“ und nicht Unternehmen oder Gesellschaft. Damit ist das Gesetz grundsätzlich auch auf solche juristischen Einheiten anwendbar, die betriebswirtschaftlich oder rechtlich nicht als Unternehmen zu qualifizieren wären. Da im Folgenden aber die grenzüberschreitende Verschmelzung von Kapitalgesellschaften untersucht wird, wird abweichend von der bewusst offenen Regelung der allgemeinen Vorschriften des UmwG auch von „Gesellschaften“ oder „Unternehmen“ gesprochen.

63 Vgl. hierzu unten 2. Teil A.

a. Verbindung zweier oder mehrerer Rechtsträger

Ausgangspunkt der Verschmelzung ist, dass es zu einer Verbindung zweier oder mehrerer Unternehmen durch den Übergang aller Aktiva und Passiva mindestens eines, nämlich des liquidationslos erlöschenden Rechtsträgers auf den aufnehmenden oder neu zu bildenden Rechtsträger kommt.[64]

b. Gesamtrechtsnachfolge

Hierbei setzt § 2 UmwG begriffsnotwendig voraus, dass das Vermögen des zu übernehmenden Rechtsträgers im Wege der Gesamtrechtsnachfolge („als Ganzes") auf einen anderen – den übernehmenden oder neu zu gründenden – Rechtsträger übertragen wird. Das Vermögen umfasst gemäß § 20 Abs. 1 Nr. 1 UmwG sowohl die Aktiva als auch die Passiva.[65] Hierzu gehören auch die nicht bilanzierten Vermögensgegenstände.[66] Maßgeblicher Zeitpunkt für die Gesamtrechtsnachfolge ist der der Eintragung in das Handelsregister.[67] Mit dieser erfolgt die Vermögensübertragung auf den übernehmenden Rechtsträger ipso iure.[68] Ein gutgläubiger Erwerb von Gegenständen ist damit ausgeschlossen.[69] Entscheidend ist vielmehr allein die wahre Rechtslage.[70] Demzufolge ist es auch unschädlich, wenn ein Gegenstand von Überträger und Übernehmer als fremd (also im Eigentum eines Dritten stehend) angesehen wird.[71] Die Gesamtrechtsnachfolge ist zwingend;[72] dem widersprechende Vorschriften sind nichtig.[73] Einzelverfügungen über Gegenstände können allerdings bis dahin wirksam vorgenommen wer-

---

64 Lutter-*Lutter/Drygala,* § 2 Rn 20.

65 Vgl. zu den einzelnen Gegenständen Goultier/Knopf/Trulloch-*Bermel,* § 20 Rn 12 ff.; Schmitt/Hörtnagl/Stratz-*Stratz,* § 20 Rn 33; Lutter-*Grunewald,* § 20 Rn 12 ff.; Semler/Stengel-*Kübler,* § 20 Rn 8 ff.; Kallmeyer-*Marsch-Barner,* § 20 Rn 3 ff.

66 Schmitt/Hörtnagl/Stratz-*Stratz,* § 20 Rn 27.

67 §§ 20 Abs. 1 Nr. 1, 36 Abs. 1 UmwG.

68 Goultier/Knopf/Trulloch-*Bermel,* § 20 Rn 8.

69 Dies ergibt sich daraus, dass ein gutgläubiger Eigentumserwerb einen rechtsgeschäftlichen Erwerb und nicht – wie im Falle der Verschmelzung – eine gesetzlich angeordnete umfassende Rechtsnachfolge im Wege der Universalsukzession voraussetzt, vgl. grundlegend hierzu etwa: *Hager*, S. 96 ff.

70 Goultier/Knopf/Trulloch-*Bermel,* § 20 Rn 9.

71 Lutter-*Grunewald,* § 20 Rn 10; Semler/Stengel-*Kübler,* § 20 Rn; Kallmeyer-*Marsch-Barner,* § 20 Rn 4.

72 Kallmeyer-*Marsch-Barner,* § 2 Rn 9; Schmitt/Hörtnagl/Stratz-*Stratz,* § 20 Rn 3, 24; Semler/Stengel-*Kübler,* § 20 Rn 8.

73 Kallmeyer-*Marsch-Barner,* § 2 Rn 9; Lutter-*Lutter/Drygala,* § 2 Rn 21; Schmitt/Hörtnagl/Stratz-*Stratz,* § 20 Rn 27.

den.[74] Möglich ist es bis dahin auch, Dritten Ansprüche – etwa auf Übereignung eines Gegenstandes oder Abtretung – einzuräumen. Solche Rechte gehen mit der Eintragung als Verbindlichkeit auf den übernehmenden Rechtsträger über.[75]

c. Auflösung ohne Abwicklung

Die Verschmelzung führt gemäß § 2 UmwG zwingend zu einer Auflösung ohne Abwicklung[76] des übertragenden Rechtsträgers.[77] Das Fortbestehen des übertragenden Rechtsträgers kann also nicht vereinbart werden.[78] Die Auflösung erfolgt gemäß § 2 UmwG ohne Abwicklung. Damit entspricht der umwandlungsrechtliche Auflösungsbegriff nicht der sonst im Gesellschaftsrecht verwendeten Terminologie, die für diesen Fall eine anschließende Liquidation notwendigerweise vorsieht.[79] Vielmehr wächst dem übernehmenden oder neuen Rechtsträger das Vermögen des übertragenden Unternehmens liquidationslos zu.

Dass die Auflösung der übertragenden Gesellschaft ohne Abwicklung erfolgt, ist Konsequenz der Gesamtrechtsnachfolge. Sinn und Zweck der Liquidation ist es, die Gesellschaftsgläubiger zu befriedigen und das verbleibende Vermögen unter den Gesellschaftern aufzuteilen.[80] Wesen der Gesamtrechtsnachfolge ist hingegen, dass sowohl die Aktiva als auch die Passiva auf den übernehmenden Rechtsträger übergehen und somit mangels Vermögensmasse an sich schon kein Raum für eine Abwicklung des übertragenden Unternehmens bleibt.[81] Den Gläubigern steht nach dem Abschluss des Verschmelzungsvorgangs somit der aufnehmende bzw. neue Rechtsträger zur Befriedigung zur Verfügung. Auch ist grundsätzlich keine Verteilung des Gesellschaftsvermögens unter den bisherigen Gesellschaftern notwendig, da dieses dem übernehmenden Rechtsträger vollständig zuwächst und die Gesellschafter daran nunmehr beteiligt sind.[82]

---

74 Schmitt/Hörtnagl/Stratz-*Stratz,* § 20 Rn 24; Lutter-*Grunewald,* § 20 Rn 8; Semler/Stengel-*Kübler,* § 20 Rn 8.

75 Semler/Stengel-*Kübler,* § 20 Rn 8; Lutter-*Grunewald,* § 20 Rn 8.

76 Die Formulierung „können" zu Beginn von § 2 UmwG ist insofern irreführend und nicht auf dieses Begriffsmerkmal zu beziehen, vgl. etwa OLG Celle, Beschluss v. 14.07.1988, AZ 1 W 18/88, WM 1988, S. 1375; gleichwohl wird vertreten, zur Klarstellung in den Verschmelzungsvertrag aufzunehmen, dass die Umwandlung „unter Auflösung ohne Abwicklung" erfolge (MünchVertragsHdb-*Hoffmann-Becking*, XI. 1. § 1, Anm. 1).

77 Diese Regelung entstammt Art. 3 Abs. 1, 4 Abs. 1 RiLi 78/855/EWG.

78 Kallmeyer-*Marsch-Barner,* § 2 Rn 11.

79 Vgl. §§ 131, 145 ff. HGB für die OHG und KG; §§ 60 ff. GmbHG für die GmbH; §§ 262, 264 ff. AktG für die AG.

80 Baumbach/Hueck-*Haas,* § 60 Rn 2.

81 Grundlegend hierzu: *Claussen*, S. 42 f. für das Erbrecht; S. 76 für vertragliche Pflichten bei der Umwandlung.

82 Vgl. § 2 UmwG; ausführlich sogleich unter: Erster Teil D. II 2. d.

d. Anteilsgewährung

aa. Grundsatz

Schließlich sind den Anteilsinhabern des übertragenden Rechtsträgers grundsätzlich[83] Anteile bzw. Mitgliedschaftsrechte des übernehmenden bzw. des neuen Rechtsträgers zu gewähren.[84] Die Gesellschafter der übertragenden Gesellschaft erhalten also eine „Gegenleistung“ für den mit dem Erlöschen dieser Gesellschaft einhergehenden Anteilsverlust in Form gleichwertiger Anteile oder Mitgliedschaftsrechte.[85] Der Anteilserwerb erfolgt ispo iure mit der Eintragung der Verschmelzung im Handelsregister. Unerheblich ist, ob die Anteile durch Kapitalerhöhung neu geschaffen worden sind,[86] ob der übernehmende Rechtsträger sie als eigene Anteile gehalten hat oder ob sie sich im Vermögen eines der übertragenden Rechtsträger befanden.[87] Gegenleistungen anderer Art (etwa Anteile anderer Rechtsträger, Geld oder Sachwerte, Übernahme von Verbindlichkeiten) sind grundsätzlich nicht zulässig. Möglich sind allenfalls bare Zuzahlungen durch den Übernehmer zum Ausgleich von Spitzenbeträgen; diese sind allerdings auf 10 % begrenzt.[88] Der Ausschluss anderer Gegenleistungen und die Begrenzung von Zuzahlungen ist eine Folge des verschmelzungsrechtlichen Grundsatzes der weitestmöglichen Erhaltung der Gesellschafteridentität.[89]

bb. Ausnahmen

Eine Ausnahme besteht gemäß § 20 Abs. 1 Nr. 3, 2. HS UmwG für die dort abschließend aufgeführten Fälle:

---

83 Eine Ausnahme besteht mit § 20 Abs. 1 Nr. 3, 2. HS UmwG, vgl. hierzu: Semler/Stengel-*Kübler,* § 20 Rn 77; Lutter-*Grunewald,* § 20 Rn 59ff (62).

84 Semler/Stengel-*Stengel,* § 2 Rn 40; Kallmeyer-*Marsch-Barner,* § 2 Rn 10; Lutter-*Lutter/Drygala,* § 2 Rn 22.

85 Kritisch hierzu: *Mertens* in AG 1994, S. 66 (76).

86 Goultier/Knopf/Trulloch-*Bermel*, § 2 Rn 23.

87 Semler/Stengel-*Kübler,* § 20 Rn 74.

88 vgl. §§ 54 Abs. 4 (GmbH), 68 Abs. 3 (AG), 78, 68 Abs. 3 (KGaA) UmwG.

89 Ob es sich hierbei um einen umwandlungsrechtlichen Grundsatz oder lediglich um eine disponible Grundregel handelt, ist umstritten, vgl. insofern die zusammenfassende Darstellung bei *Limmer* in FS-Widmann, S. 55 f. und *Winter* in FS-Lutter, S. 1279 ff.; einen Grundsatz befürwortend: Goultier/Knopf/Trulloch-*Bermel,* § 2 Rn 22, Grundsatz der Kontinuität der Mitgliedschaft: Semler/Stengel-*Stengel,* § 2 Rn 40; *Decher* in Kölner Umwandlungsrechtstage, S. 214; Lutter-Decher § 202 Rn 16; Widmann/Mayer-*Mayer,* § 5 Rn 24.5; *Sagasser/Bula/Brünger*, O Rn 112; *Priester* in DNotZ 1995, S. 427 (449); *Kallmeyer* in ZIP 1994, S. 1746; ablehnend: *Kallmeyer* in GmbHR 1996, S. 80 (81); *Priester* in DB 1997, S. 560 (562 ff., 567); *Huber*, S. 154 ff.

Demnach kommt es zunächst zu keinem Anteilstausch, wenn der übernehmende Rechtsträger Anteile am übertragenden Rechtsträger hält. Dasselbe gilt für Dritte, die solche Anteile im eigenen Namen, aber für Rechnung des übernehmenden Rechtsträgers halten. Durch diese Regelung soll verhindert werden, dass der übernehmende Rechtsträger letztlich Anteile an sich selbst erwirbt.[90] Denn würde es hier zu der gesetzlich angeordneten Anteilsgewährung kommen, würde der übernehmende Rechtsträger als Ersatz für seine Anteile am übertragenden Rechtsträger Mitgliedschaftsrechte seiner eigenen Gesellschaft erhalten.[91]

Ebenfalls ist der Erwerb für die eigenen Anteile des übertragenden Rechtsträgers ausgeschlossen, da die gesetzliche Grundlegung auch in diesem Fall dazu führen würde, dass eigene Anteile des übernehmenden Rechtsträgers entstünden.[92]

Über die in § 20 Abs. 1 Nr. 1 S. 1, 2. HS UmwG genannten Fälle hinaus wird eine Ausweitung auf verschiedene Fallgruppen diskutiert.

So wird teilweise vertreten, den Ausschluss für Dritte i. S. v. § 20 Abs. 1 Nr. 1 UmwG unter bestimmten Umständen auf von der übertragenden Gesellschaft beherrschte Tochterunternehmen, die Anteile an dem übertragenden Rechtsträger halten, auszudehnen. Problematisch gestaltet sich bei einer solchen uneingeschränkten Annahme allerdings die Rechtsstellung der außenstehenden Anteilsinhaber der Gesellschaft. Denn diese wären einem ersatzlosen Vermögensabfluss ausgesetzt. Demzufolge wird eine solche Ausdehnung – wenn überhaupt – nur für eine 100%ige Tochtergesellschaft des übernehmenden Rechtsträgers befürwortet.[93]

---

90 Semler/Stengel-*Kübler,* § 20 Rn 76.

91 Demselben Grundgedanken entspringen auch die Regelungen der §§ 54 Abs. 1 Nr. 1 UmwG und 68 Abs. 1 Nr. 1 UmwG, wonach einem solchen Rechtsträger, sofern er als AG oder GmbH organisiert ist, eine Kapitalerhöhung zur Durchführung der Fusion untersagt ist; denn eine solche Kapitalerhöhung würde Anteile schaffen, die als eigene Mitgliedschaftsrechte im Vermögen der sie emittierenden Gesellschaft enden würden.

92 Der Gesetzgeber hatte bei dieser Regelung vornehmlich die AG und GmbH im Blick, da bei diesen die Aufbringung und Erhaltung des Grund- bzw. Stammkapitals gefährdet ist, wenn sich die Gesellschaften (teilweise) selbst gehören. Diesem Verständnis entsprechen auch §§ 54 Abs. 1 Nr. 1 UmwG (für die GmbH) und § 68 Abs. 1 Nr. 1 UmwG (für die AG), die für solche Fälle eine Kapitalerhöhung des übernehmenden Rechtsträgers zwingend untersagen, ausführlich hierzu *Huber,* S. 157 ff.

93 Kallmeyer-*Marsch-Barner,* § 20 Rn 30, der einen Ersatz im Innenverhältnis zwischen Mutter- und Tochtergesellschaff nach § 311 AktG befürwortet; ablehnend: Semler/Stengel-*Kübler,* § 20 Rn 77 und ihm folgend Lutter-*Grunewald,* § 20 Rn 59 ff. (62 ff.) mit dem überzeugenden Argument, dass dies zu einer Kapitalentziehung bei der Tochter ohne Gegenleistung führen würde. Folge dessen wäre wiederum eine Benachteiligung der Gläubiger des Tochterunternehmens.

Ebenfalls diskutiert wird eine Ausnahme für den Fall, dass der Anteilsinhaber auf eine Anteilsgewährung verzichtet.[94] Insofern wird als Argument angeführt, dass Mitgliedschaften, wenn sie nicht gewünscht werden, auch nicht aufgezwungen werden dürfen.

Ein Interesse hieran hätten hingegen zunächst die aktuellen Gläubiger der übernehmenden Gesellschaft, denn durch die Beteiligung weiterer Anteilsinhaber wäre das Grund- bzw. Stammkapital oder die Zahl der haftenden Personen erhöht.[95] Diese sind indessen auch sonst gegen nachteilige Veränderungen des ihnen zum Vollstreckungszugriff offenstehenden Vermögens nur insoweit geschützt, als es um – causa societas erfolgende – Zuwendungen an die Anteilseigner zu Lasten des gebundenen Kapitals geht.[96] Solche stehen bei der Verschmelzung allerdings nicht in Rede. Destinatäre von zu gewährenden Anteilen bzw. Barzahlungen sind hier stets Gesellschafter der übertragenden Gesellschaft.[97]. Dass für das Umwandlungsrecht insofern das Gleiche gilt, kommt in § 29 UmwG zum Ausdruck, der die Möglichkeit einer Barabfindung der Anteilsinhaber der übertragenden Gesellschaft vorsieht. Denn hiernach kommt es zu einem Vermögensabfluss bei dem übernehmenden Rechtsträger, den dessen Gläubiger ersatzlos und ohne Einflussnahmemöglichkeit hinnehmen müssen.

Ebenfalls betroffen bei einem Anteilsverzicht sind die Interessen der aktuellen Gläubiger des übertragenden Rechtsträgers. Denn durch den mit der Verschmelzung einhergehenden Schuldnerwechsel kraft Gesetzes haben diese ein grundsätzlich schützenswertes Interesse daran, dass das ihnen haftenden Vermögen – im Hinblick auf mit ihnen nun konkurrierende Gläubiger der übernehmenden Gesellschaft – möglichst ebenfalls erhöht wird. Dass diese Interessenlage letztlich der Zulässigkeit eines Verzichts auf Anteilsgewährung nicht entgegenstehen kann, ergibt sich allerdings wiederum im Wege eines argumentum e fortiori aus § 29 UmwG.[98] Denn der nach dieser Vorschrift zulässige Vermögensabfluss an die Anteilsinhaber der übertragenden Gesellschaft bewirkt für die betroffenen Gläubiger im Vergleich zu einem bloßen Verzicht auf die Gewährung neuer Anteile ein deutlich nachteiligeres Ergebnis. Gleichwohl stellt der Gesetzgeber

94 Befürwortend: *Ihrig* in ZHR 160 (1996), S. 317 ff.; *Winter* in FS-Lutter, S. 1279 (1280 ff.); Semler/Stengel-*Kübler,* § 20 Rn 79; Lutter-*Grunewald,* § 20 Rn 64; Kallmeyer-*Marsch-Barner,* § 20 Rn 29;

95 I. d. S. auch OLG Hamm, Urt. v. 20.04.1988, AZ: 15 W 84/87, DB 1988, S. 1538; BayOLG, Beschluss v. 24.05.1989, AZ: 3 Z 20/89, DB 1989, S. 1558; OLG Frankfurt, Beschluss v. 20.03.1998, AZ: 20 W 60/98, ZIP 1998, S. 1191.

96 *Ihrig* in ZHR 160 (1996), S. 317 (334 f.).

97 Selbst wenn die Anteilsinhaber des übernehmenden Rechtsträgers an der übertragenden Gesellschaft beteiligt sind, erhalten diese zu gewährende Anteile bzw. eine Barabfindung nach § 29 UmwG in ihrer Eigenschaft als Gesellschafter des übertragenden Unternehmens

98 *Winter* in FS-Lutter, S. 1279 (1283).

die Entscheidung hierüber ohne Berücksichtigung etwaiger Gläubigerinteressen einzig den Gesellschaftern anheim. Für den insofern schwächeren Fall des bloßen Verzichts auf die Gewährung neuer Anteile kann dementsprechend nichts anderes gelten.

III. Gläubigerschutz

Zivilrechtlich betrachtet ist Gläubiger jeder, der gegen einen Schuldner einen Anspruch hat, also berechtigt ist, ein Tun oder Unterlassen zu verlangen (§ 194 Abs. 1 BGB).

1. Gläubigerschutz im Gesellschaftsrecht

Der Schutz der Gläubiger ist gefestigter Bestandteil der Rechtsordnung und als Rechtsprinzip im Gesellschaftsrecht weitgehend anerkannt.[99]

Über eine Gläubigerbeziehung ist im Gesellschaftsrecht mit einem Unternehmen eine Vielzahl von Interessengruppen verbunden. Dazu gehören streng genommen auch Gesellschafter und Arbeitnehmer, da auch diese schuldrechtliche Ansprüche gegen die Gesellschaft haben. Als Gläubigerschutz wird deshalb im Gesellschaftsrecht allgemein der Interessenschutz derjenigen Personen verstanden, die der Gesellschaft Kredit gewähren oder denen die Gesellschaft aus anderen Gründen zu einer Leistung verpflichtet ist.[100]

2. Arten des Gläubigerschutzes im Umwandlungsrecht

Zu trennen ist bei der Betrachtung des Gläubigerschutzes zwischen den konkreten Altgläubigern der betroffenen Gesellschaften einerseits und potentiellen neuen Gläubigern – als Teil des die verschmelzenden Unternehmen umgebenden Rechtsverkehrs – andererseits.

a. Institutioneller Gläubigerschutz

Der Schutz der letztgenannten Gruppe ergibt sich bereits aus den allgemeinen Grundsätzen des Gesellschaftsrechts. Nach dem System der Normativbestim-

99 Grundlegend: *Wiedemann*, S. 516.
100 *Wiedemann*, S. 514 f.

mungen ist die Gründung von juristischen Personen von der Rechtsordnung nicht generell freigegeben, sondern an Voraussetzungen geknüpft.[101] Dies drückt sich für Kapitalgesellschaften und Genossenschaften darin aus, dass vor der Registereintragung eine Solvenzkontrolle dahingehend besteht, dass das von ihnen angegebene Vermögen tatsächlich aufgebracht oder wenigstens gedeckt ist.[102] Diese Kontrolle dient auch dem Schutz von potentiellen Gläubigern. Sofern es bei der Umwandlung dazu kommt, dass Vermögen auf einen neu entstehenden Rechtsträger übertragen wird – wie im Fall der Verschmelzung durch Neugründung – oder zur Änderung der Haftungsverfassung eines bestehenden Rechtsträgers führt – wie bei der Verschmelzung zweier unterschiedlich strukturierter Kapitalgesellschaften durch Aufnahme –, ist zu berücksichtigen, dass das Umwandlungsrecht allein die Vereinfachung der Umstrukturierung oder Reorganisation von Unternehmen bezweckt, nicht dagegen der Ermöglichung strukturändernder Maßnahmen dient.[103] Dass diese Vereinfachungsregeln nicht zu einer Umgehung der für die Zielgesellschaft geltenden Normativbestimmungen führen sollen, ist evident.[104] Folglich ist durch das Umwandlungsrecht sicherzustellen, dass der Schutz potentieller neuer Gläubiger weiterhin ausreichend gewährleistet ist.

Die Schutzwürdigkeit der zukünftigen Gläubiger erschließt sich darüber hinaus aber auch durch einen Blick auf die mit der Verschmelzung einhergehenden Folgen. Die potentiellen Neugläubiger – als Teil des Rechtsverkehrs – sind schon deswegen schützwürdig, weil sie ein Grundvertrauen in die Solvenz des Rechtsträgers hegen. Es soll vermieden werden, dass potentielle Neugläubiger infolge der Verschmelzung den Rechtsträger nach dessen Umwandlung haftungs- und kapitalmäßig unzureichend ausgestattet vorfinden.[105]

Zusammenfassend ist festzustellen, dass der Schutz der potentiellen Neugläubiger auf generalpräventiven Erwägungen fußt, die sich nach objektivem Recht bestimmen.[106] Man spricht insofern auch von einem „institutionellen Gläubigerschutz".[107]

---

101 Vgl. hierzu sogleich in diesem Teil unter F. I. 1.

102 *K. Schmidt*, S. 194.

103 Vgl. die amtliche Begründung bei: *Ganske*, Regierungsentwürfe, S. 11.

104 *K. Schmidt* in ZGR 1993, S. 366 (369).

105 *Petersen*, S. 16ff.

106 *K. Schmidt* in ZGR 1993, S. 366 (367).

107 Vgl. zur Unterscheidung von individuellem und institutionellem Gläubigerschutz im Umwandlungsrecht: *K. Schmidt* in ZGR 1993, S. 366 (377); ihm folgend: *Schöne*, S. 61ff.; *Wolf* in ZIP 1996, S. 1200 (1202); *Petersen*, S. 16ff.

b. Individueller Gläubigerschutz

Das Interesse der konkreten – individuellen – Altgläubiger besteht hingegen vorrangig in der Sicherung der Erfüllung ihrer konkreten Forderungen. Allen Altgläubigern gemeinsam ist zunächst, dass es durch die Verschmelzung zu einem Rechtsformwechsel ihres Schuldners kommen kann, mit dem eine – wie auch immer geartete – Schwächung ihrer Gläubigerposition einhergeht.[108]

Die Interessen der Altgläubiger der übertragenden Gesellschaft sind darüber hinaus in besonderem Maße dadurch tangiert, dass sie mit der Eintragung der Verschmelzung ihren bisherigen Schuldner verlieren.[109] Zwar tritt an dessen Stelle die übernehmende Gesellschaft.[110] Im Unterschied zum Altschuldner können sich die Gläubiger ihren Neuschuldner allerdings nicht aussuchen; vielmehr wird ihnen dieser ipso iure aufgedrängt.[111] So kann sich beispielsweise dessen wirtschaftliche Situation im Vergleich zu der des Altschuldners nachteilig darstellen.[112] Auch kann mit der Verschmelzung ein Rechtsformwechsel einhergehen, der zu einem erheblichen Vertrauensverlust beim Gläubiger führt.[113] Fragen, die sich in diesem Zusammenhang stellen, sind etwa die Nachhaftung bzw. die Enthaftung von Unternehmen und persönlich haftenden Gesellschaftern bei haftungsbeschränkenden Umwandlungsvorgängen.[114]

Für die Altgläubiger der übernehmenden Gesellschaft bleibt es demgegenüber für den Fall der Verschmelzung durch Aufnahme dabei, dass sie ihren Schuldner behalten. Durch die Verschmelzung müssen sie nunmehr allerdings mit Gläubigern des übertragenden Rechtsträgers konkurrieren. Mit diesem „Gläubigerzuwachs" geht häufig eine Erhöhung des Insolvenzrisikos beim Schuldner einher.[115] Ein weiteres Risiko besteht darin, dass das im Wege der Gesamtrechtsnachfolge auf das übernehmende Unternehmen übergegangene Aktivvermögen des übertragenden Rechtsträgers nicht zwingend dessen Schulden abdeckt.[116]

108 Semler/Stengel-*Maier-Reimer,* § 22 Rn 23 mit dem Beispiel einer Verschmelzung einer AG auf eine GmbH; *K. Schmidt* in ZGR 1993, 367 (368 f.) nennt als Beispiel die Verschmelzung einer Kapitalgesellschaft auf eine Personengesellschaft.

109 Vgl. § 20 Abs. 1 Nr. 1 UmwG; zu beachten ist in diesem Zusammenhang freilich § 224 UmwG.

110 Vgl. § 20 Abs. 1 Nr. 1 UmwG.

111 *Naraschewski* in GmbHR 1998, S. 356; Lutter-*Grunewald,* § 22 Rn 3.

112 *Naraschewski* in GmbHR 1998, S. 356.

113 Dies könnte etwa beim Wechsel auf eine „Private Company Limited by Shares" der Fall sein, die zumindest in Deutschland keinen guten Ruf genießt, vgl. insofern eine Umfrage von Foerderland.de, http://www.foerderland.de/fileadmin/pdf/Umfrage-Mini-GmbH.pdf

114 Etwa die Verschmelzung einer Personengesellschaft auf eine Kapitalgesellschaft.

115 Lutter-*Grunewald,* § 22 Rn 4.

116 Lutter-*Grunewald,* § 22 Rn 4.

Der Schutz der Altgläubiger ist explizit in § 22 UmwG geregelt.[117] Nach dieser Vorschrift können die Gläubiger der beteiligten Rechtsträger, die mangels Fälligkeit ihrer Ansprüche nicht sofort Befriedigung verlangen können und deren Ansprüche durch die Verschmelzung gefährdet sind, eine Sicherheitsleistung verlangen.[118] Daneben existieren im UmwG noch zahlreiche andere Gläubigerschutzvorschriften, die den unterschiedlichen „Stadien"[119] der Umwandlung Rechnung tragen.[120]

117 Vgl. hierzu ausführlich unter: Zweiter Teil C. II. 1.

118 Semler/Stengel-*Maier-Reimer*, § 22 Rn 1.

119 *Petersen,* S. 62 f. unterteilt in zwei Zeitabschnitte und einen Fixpunkt: Das Vorher und Nachher in Bezug auf den Fixpunkt Umwandlung.

120 Vgl. insofern die Darstellung bei: *Petersen,* S. 236, der beispielsweise auf die Nachhaftung (§ 45 UmwG) und die Organhaftung (§ 45 UmwG) verweist.

E. Betroffene Interessengruppen bei der Verschmelzung

Bei der Verschmelzung von Unternehmen werden die Interessen verschiedener Gruppen betroffen. Ziel des Umwandlungsgesetzes ist es, das Interesse der Unternehmen an einer möglichst ungestörten Anpassung ihrer Struktur an die sich verändernden Umstände des Wirtschaftslebens[121] einerseits und die Belange der Interessengruppen[122] andererseits zu einem gesunden Ausgleich zu bringen.

I. Anteilsinhaber

Zu den Letzteren zählen sowohl die Anteilsinhaber der übertragenden als auch des übernehmenden Rechtsträgers. Beide Gruppen haben ein schützenswertes Interesse daran, nicht nur über die wesentlichen Grundlagen der Verschmelzung informiert zu werden, sondern auch über diese mitzuentscheiden.

Dass die Interessen der Anteilsinhaber der übertragenden Gesellschaft bei der Verschmelzung tangiert sind, ist bei einem Blick auf die damit einhergehenden Rechtsfolgen evident. Denn ihre Rechtspositionen werden durch eine solche Umwandlung fundamental beeinflusst. Mit der Verschmelzung wird das übertragende Unternehmen ohne Abwicklung aufgelöst, wobei das gesamte Vermögen auf das übernehmende Unternehmen übergeht.[123] Damit erlöschen die bisherigen Mitgliedschaftsrechte der Anteilsinhaber.[124] Infolgedessen besteht das vordergründige Interesse der Anteilsinhaber der übertragenden Gesellschaft in der Regel darin, dass sie nicht gegen ihren Willen anteilslos gestellt werden – was durch die vom Gesetz angeordnete Gewährung von Anteilen oder Mitgliedschaften des übernehmenden Rechtsträgers grundsätzlich[125] gewährleistet wird – und dass ihnen für den Verlust ihrer Mitgliedschaftsrechte an der übertragenden Gesellschaft eine gleichwertige Beteiligung an dem übernehmenden Rechtsträger gewährt wird.

121 So die Regierunsbegründung, abgedruckt bei: Goutier/Knopf/Tulloch, S. 1.

122 So die Regierunsbegründung, abgedruckt bei: Goutier/Knopf/Tulloch, S. 1.

123 Vgl. § 2 UmwG; ausführlich zur Universalsukzession bereits zuvor unter: 1. Teil, D. II. 2. b.

124 Vgl. §§ 36 Abs. 1, 20 Abs. 1Nr. 2 UmwG.

125 Freilich bestehen von diesem Grundsatz Ausnahmen, vgl. hierzu ausführlich: 1. Teil, D. II. 2. d. bb.

Umgekehrt sind die Interessen der Anteilsinhaber des Übernehmers derart berührt, dass erstens ihr Verbleib in der Gesellschaft sichergestellt sein muss und zweitens durch die Aufnahme der Anteilsinhaber der übertragenden Gesellschaft ihre eigenen Mitgliedschaftsrechte nicht geschmälert werden.

Umgesetzt wird das Beteiligungsbedürfnis der Anteilsinhaber im Wesentlichen durch den Verschmelzungsbeschluss (§ 13 UmwG), der von den Anteilsinhabern zu fassen ist. Damit entscheiden die Anteilsinhaber aller an der Verschmelzung beteiligten Rechtsträger über die Billigung des Verschmelzungsvertrages. Der Verschmelzungsbeschluss ist eine gesellschaftsrechtliche Grundlagenentscheidung. Denn sowohl bei der übertragenden als auch bei der übernehmenden Gesellschaft ist die Grundlage – nämlich die Existenz bzw. grundlegende Innenstruktur – des Unternehmens betroffen.[126] Grundlagengeschäfte können nicht von den Geschäftsführern einer GmbH getroffen werden, sondern sind ausschließlich von den Gesellschaftern vozunehmen.[127] Folglich scheidet auch eine satzungsmäßige Übertragung auf andere Organe aus.[128] Damit ergibt sich ein Zustimmungserfordernis der Gesellschafter regelmäßig bereits nach den für die jeweilige Gesellschaft geltenden Vorschriften.[129]

Dem Verschmelzungsbeschluss geht der Verschmelzungsbericht voraus, der sicherstellt, dass die Anteilsinhaber bereits zu einem frühen Zeitpunkt über die wesentlichen Aspekte der Umwandlung informiert werden. Er soll den Anteilsinhabern eine zuverlässige Beurteilungsgrundlage für den zu fassenden Verschmelzungsbeschluss liefern.[130] Insofern ist es erforderlich, dass die Wertverhältnisse der beteiligten Gesellschaften so weit dargelegt werden, dass das insgesamt vorhandene Material eine Stichhaltigkeitskontrolle der im Verschmelzungsvertrag vorgesehenen Umtauschwerte (§ 5 Abs. 1 Nr. 3 UmwG) erlaubt.[131] Dazu müssen unter anderem die konkreten Unternehmenswerte mitgeteilt werden. Ausgenom-

---

126 Vgl. etwa Lutter-*Lutter/Drygala*, § 13 Rn 4.

127 Statt aller: Roth/Altmeppen-*Altmeppen*, § 37 Rn 19 mwN.

128 Für den Verschmelzungsbeschluss: Schmitt/Hörtnagl/Stratz-*Stratz*, § 13 Rn 11; Widann/Mayer-*Heckschen*, § 13 Rn 42, 68; Lutter-*Lutter/Drygala*, § 13 Rn 4; Semler/Stengel-*Gehling*, § 13 Rn 10.

129 Einen Gesellschafterbeschluss sieht das GmbHG gemäß § 53 Abs. 1 GmbHG für den Fall der Satzungsänderung vor; zwar stellt die Verschmelzung des Unternehmens selbst keinen solchen Fall dar, jedoch betrifft die Grundlage des Unternehmens und ist daher wie eine Satzungsänderung zu behandeln, vgl. Lutter/Hommelhoff-*Lutter/Hommelhoff*, § 53 Rn 3; *Marquardt* in MünchGesRHdb, § 22 Rn 4; das Gleiche gilt für § 119 AktG, vgl. zu dem dort herrschenden Streit, ob es überhaupt ungeschriebene Hauptversammlungszuständigkeiten gibt, Heidel-*Pluta*, § 119 AktG Rn 16 ff. mwN.

130 OLG Frankfurt, Urt. v. 22.08.2000, AZ: 14 W 22/00, ZIP 2000, S. 1928 (1930); OLG Düsseldorf, Beschluss v. 15.03.1999, AZ: 17 W 18/99, ZIP 1999, S. 793 (795); OLG Hamm, Beschluss v. 04.03.1999, AZ: 8 W 11/99, ZIP 1999, S. 798 (801); *Ganske* in WM 1993, S. 1117 (1122).

131 OLG Frankfurt, Beschluss v. 22.08.2000, AZ: 14 W 23/00, ZIP 2000, S. 1928 (1930).

men sind hingegen Informationen, deren Preisgabe ein geschütztes Geheimhaltungsinteresse der Gesellschaft entgegensteht.[132]

Schließlich stellt sich in Bezug auf die Anteilsinhaber die Frage, ob und – gegebenenfalls – unter welchen Voraussetzungen ihnen die Möglichkeit eingeräumt werden muss, die Gesellschaft gegen eine entsprechende Entschädigung zu verlassen. Gründe hierfür können beispielsweise sein, dass sich Anteilsinhaber beim Verschmelzungsbeschluss gegen die Umwandlung ausgesprochen haben und ihnen gleichwohl eine Beteiligung an einem neuen bzw. veränderten Rechtsträger aufgedrängt wird oder sich ihre Beteiligungsverhältnisse grundlegend verändert haben (beispielsweise, wenn sie nunmehr eine krasse Minderheitsbeteiligung haben).

Eine wichtige Schutzvorschrift für Anteilsinhaber stellt insofern § 29 UmwG dar.[133] Danach besteht in bestimmten Fällen die Verpflichtung der übernehmenden Gesellschaft, den Anteilsinhabern der übertragenden Gesellschaft den Erwerb ihrer Anteile gegen eine Barabfindung anzubieten. Umgekehrt sieht die Vorschrift ein Austrittsrecht der Anteilsinhaber – wiederum gegen Barabfindung – vor.

II. Inhaber von „Sonderrechten"

Der ersten Gruppe nahestehend – aber nicht zuzuordnen – sind die Inhaber von Rechten *in* einem übertragenden Rechtsträger, die kein Stimmrecht gewähren (sogenannte Sonderrechte[134]). Hierunter fallen Mitgliedsrechte, die nicht dem gesetzlichen Normaltypus der jeweiligen Mitgliedschaft entsprechen, da ihnen kein Stimmrecht zukommt, und sonstige schuldrechtliche Beteiligungen, die partiarisch ausgestaltet, also etwa mit Gewinnanteilen eines Gesellschafters vergleichbar oder damit verknüpft sind.[135] Unter die erste Gruppe fallen etwa die Gesellschafter einer GmbH oder Personengesellschaft, denen ein Stimmrecht

132 Vgl. § 8 Abs. 2 UmwG.

133 *Ganske*, Referentenentwurf, S. XII.

134 Vgl. hierzu § 23 UmwG, amtliche Überschrift: „Schutz der Inhaber von Sonderrechten"; zu der Missverständlichkeit der Betitelung als „Sonderrechte" vgl. *Hüffer* in FS Lutter, S. 1227 (1230).

135 Semler/Strengel-*Kalss*, § 23 Rn 7. Nach h. M. fallen hingegen bloße Tantiemen nicht hierunter; begründet wird dies vor allem damit, dass die bloße Beteiligung an Gewinnen keine derart starke Rechtsstellung vermittelt, dass eine besondere, über die Stellung eines Gläubigers hinausgehende Absicherung erforderlich ist, vgl. Lutter- *Grunewald* § 23 Rn 21; Kallmeyer-*Marsch-Barner*, § 23 Rn 8; Schmitt/Hörtnagl/Stratz-*Stratz* § 23 Rn 8; Semler/Strengel-*Kalss*; aA: Goutier/Knopf/Tullloch-*Bermel* § 23 Rn 10.

nach der Satzung bzw. dem Gesellschaftsvertrag nicht zusteht.[136] Zur zweiten Gruppe zählen die Inhaber von Wandel- und Optionsanleihen, weil sie das Recht haben, den Rückzahlungsanspruch gegen Aktien einzutauschen bzw. Aktien der Emittentin zu bestimmten Konditionen zu erwerben (§ 221 Abs. 1 AktG).[137]

Die Gemeinsamkeit und zugleich Besonderheit dieser beiden Gruppen besteht darin, dass der Gesetzgeber ihre Rechtstellung derart begünstigt, dass sie zwar über die bloße schuldrechtliche Gläubigereigenschaft hinausgeht, die Berechtigten andererseits aber mangels Stimmrecht von der Mitwirkung bei der Verschmelzung ausgeschlossen sind und sie somit einen entscheidenden Unterschied zu der Rechtsstellung eines regulären Anteilsinhabers aufweisen. Um dem Rechnung zu tragen und eine „Verwässerung"[138] der Rechte dieser Personengruppe zu verhindern, hat sie der Gesetzgeber durch § 23 UmwG gesondert geschützt. Nach der Vorschrift sind den Sonderrechtsinhabern gleichwertige Rechte beim übernehmenden Rechtsträger zu gewähren. Die Ausgestaltung dieser neuen Rechte muss gemäß § 5 Abs. 1 Nr. 7 UmwG in den Verschmelzungsvertrag aufgenommen werden. Dies dient allerdings vor allem dem Schutz der Anteilsinhaber, über sämtliche mit der Verschmelzung einhergehenden Gegenleistungen informiert zu werden.[139]

III. Arbeitnehmer

Weiterhin sind die Interessen der Arbeitnehmer der an der Verschmelzung beteiligten Unternehmen von der Umwandlung betroffen.[140] Durch die Verschmelzung

---

136 Schmitt/Hörtnagl/Stratz-*Stratz* § 23 Rn 6; Semler/Stengel-*Kalss* § 23 Rn 9, zur umstrittenen Frage, ob hierunter auch die Inhaber stimmrechtloser Vorzugsaktien fallen, vgl. Semler/Stengel-*Kalss*, § 23 Rn 10 f. mwN.

137 *Hüffer* in FS Lutter, S. 1227 (1230); Lutter-*Grunewald* § 23 Rn 14; Semler/Stengel-*Kalss*, § 23 Rn 5.

138 Vgl. die Regierungsbegründung, in der der Verwässerungsschutz als tragender Gesetzeszweck des § 23 UmwG genannt wird: BegRegE, abgedruckt bei: *Ganske*, Regierungsentwürfe. Vorbild von § 23 UmwG war der alte § 347a AktG, der seinerseits auf Art. 15 der 3. Richtlinie vom 9.10.1978 (78/855/EWG) beruht; anders als § 347a AktG a. F. ist § 23 UmwG aber nicht abschließend.

139 Die Offenlegung von Sonderrechten einzelner Anteilseigner soll darüber hinaus die nicht begünstigten Anteilsinhaber in die Lage versetzen, die Einhaltung des allgemein anerkannten gesellschaftsrechtlichen Gleichbehandlungsgrundsatzes zu überprüfen, vgl. etwa BGH, Urt. v. 06.10.1960, AZ: II ZR 150/58, BGHZ 33, 175 (186); BGH, Urt. v. 11.11.1965, AZ: II ZR 122/63, BGHZ 44, 245 (256); vertiefend dazu: *K. Schmidt,* § 16 II 4 lit. b.

140 Zwar wurde der Arbeitnehmerschutz nicht als Gesetzesziel benannt; dass dieser eine der zentralen gesetzgeberischen Interessen war, ergibt sich allerdings aus der Gesetzesbegründung, vgl. insofern *Ganske* Umwandlungsrecht, 2. Auflage, 1995, S. 50.

ändert sich möglicherweise ihr Arbeitgeber. Auch kann durch die Umwandlung die innerbetriebliche Zuordnung des Arbeitgebers betroffen sein. Es kann infolge der Verschmelzung dazu kommen, dass bei dem übertragenden Unternehmen die gesetzlichen Voraussetzungen für die Unternehmensmitbestimmung wegfallen.

Zum Schutze der Arbeitnehmer sind etwa die sich aus der Verschmelzung für sie ergebenden Folgen im Verschmelzungsvertrag aufzuzeigen.[141] Sodann ist der Verschmelzungsvertrag oder sein Entwurf dem Betriebsrat zuzuleiten,[142] damit dieser möglichst frühzeitig eine sozialverträgliche Durchführung der Verschmelzung sicherstellen kann.

IV. Gläubiger

Schließlich wird durch das UmwG die Gruppe der Gläubiger der an der Verschmelzung beteiligten Unternehmen geschützt. Deren besondere Schutzwürdigkeit wird im Umwandlungsrecht als selbstverständlich angesehen.[143]

1. Abgrenzungen

Nach dem allgemeinen Zivilrecht ist ein Gläubiger jeder, der gegen einen Schuldner einen Anspruch hat, also berechtigt ist, ein Tun oder Unterlassen zu verlangen.[144] Demnach würde die Gruppe der Gläubiger an sich die vorbehandelten Arbeitnehmer, Anteilsinhaber oder auch Inhaber von Sonderrechten umfassen. Allerdings ergeben sich für diese Gruppen erhebliche Besonderheiten im Vergleich zu den „sonstigen Fremdkapitalgläubigern“. So charakterisiert etwa Arbeitnehmer und Gesellschafter, dass beide am Innenleben der Gesellschaft teilnehmen. Während die Gesellschafter das Eigenkapital der Gesellschaft[145] zur Verfügung stellen, bringen die Arbeitnehmer ihre Arbeitskraft als (Produktions-) Faktor in das Unternehmen ein[146].

---

141 § 5 Abs. 1 Nr. 9 UmwG.

142 § 5 Abs. 3 UmwG.

143 Vgl. *K. Schmidt* in ZGR 1993, S. 366 (367): „*Der Gläubigerschutz bei Umwandlungs-, Verschmelzungs- und Spaltungsfällen bedarf im Kern keiner besonderen Begründung*“ oder *Petersen*, S. 9: „*Die besondere Bedeutung des Gläubigerschutzes für das Umwandlungsrecht ist so selbstverständlich, dass es fast Schwierigkeiten bereitet, sie eigens zu belegen*“.

144 So die Definition in § 194 Abs. 1 BGB.

145 Bei der GmbH durch die Leistung der Stammeinlage auf das Stammkapital, § 5 GmbHG; bei der AG durch die Aufbringung des Grundkapitals durch die Gründer, §§ 6, 7 AktG.

146 *Fehrenbacher*, S. 424.

a. Arbeitnehmer

Die besondere Beziehung der Arbeitnehmer zur Gesellschaft drückt sich in concreto dadurch aus, dass sie aufgrund ihres persönlichen Arbeitseinsatzes einerseits an Wertsteigerungen des Unternehmens teilhaben wollen und andererseits durch unternehmerische Entscheidungen der Gesellschaft in besonderem Maße betroffen sind, weil diese gegebenenfalls die Sicherheit ihres Arbeitsplatzes und damit ihre finanzielle Lebensgrundlage tangieren. Als Folge dessen haben die Arbeitnehmer bzw. die sie repräsentierenden Gewerkschaften Informations- und Beteiligungsbedürfnisse, die von dem bloßen Bedürfnis der Sicherung des schuldrechtlichen Anspruchs – in diesem Fall auf Zahlung des vertraglich geschuldeten Arbeitsentgelts – zu separieren sind. Sie betreffen keine handels- oder gesellschaftsrechtlichen Gemengelagen sondern bezwecken den speziellen Ausgleich von Arbeitnehmer- und Arbeitgeberinteressen. Ebenso steht das beschäftigende Unternehmen in einer besonderen Beziehung zu seinen Arbeitnehmern. Denn ohne einen entsprechenden Faktoreinsatz seiner Arbeitnehmer kann das Unternehmen seinen Betrieb nicht aufrechterhalten. Auch erhält der Arbeitnehmer durch sein Mitwirken an der Gesellschaft zwangsläufig besondere Kenntnisse, die ihn insbesondere von außen stehenden schlichten Fremdkapitalgläubigern unterscheiden. Als Folge dieser Nähebeziehung unterliegt der Arbeitnehmer mit Aufnahme des Arbeitsvertrages einer allgemeinen Verschwiegenheitspflicht, die sich zum einen als vertragliche Nebenpflicht aus dem Arbeitsvertrag und zum anderen aus §§ 823 Abs. 1, Abs. 2, 826 BGB, §§ 1, 3, 17 UWG ergibt.[147] Umgesetzt werden diese besonderen Interessenlagen konsequenterweise außerhalb des Handels- und Gesellschaftsrechts in den Arbeitnehmermitbestimmungs[148]- und -informationsvorschriften[149]. Darüber hinaus bestehen für die Arbeitnehmer besondere Schutzvorschriften im Umwandlungsrecht.[150]

b. Anteilsinhaber

Aus offensichtlichen Gründen genießen die Anteilsinhaber ebenfalls eine besondere Stellung. Denn sie haben eine Mitgliedschaft an der Gesellschaft. Auf-

---

147 Vgl. hierzu ErfK-*Preis,* § 611 BGB Rn 711 ff.; ob und inwiefern diese mit der Beendigung des Arbeitsvertrages noch fortdauert, ist im Einzelnen umstritten, vgl. hierzu *Gödde*, S. 108 ff..

148 Durch die Mitwirkung im Aufsichtsrat, vgl. etwa für die AG § 7 MitBestG.

149 Exemplarisch genannt sei § 106 BetrVG, wonach eine Unterrichtungspflicht des Unternehmens gegenüber dem Wirtschaftsausschuss in wirtschaftlichen Angelegenheiten besteht; auch hat dieser gem. § 108 Abs. 5 BetrVG unter Beteiligung des Betriebsrates ein Einsichtsrecht in die Bilanz sowie die Gewinn- und Verlustrechnung. Gemäß § 81 BetrVG trifft den Arbeitgeber eine Unterrichtungs- und Erörterungspflicht.

150 Vgl. etwa: § 134 UmwG.

grund dieser Stellung nehmen sie an den unternehmerischen Entscheidungen der Gesellschaft teil und bilden hierfür ein Organ[151].[152] Die Ausgestaltung der Teilnahme an der Unternehmensleitung divergiert allerdings je nach Gesellschaftsform erheblich. So wird die AG gemäß § 76 Abs. 1 AktG vom Vorstand geleitet. Die Hauptversammlung, die die Mitglieder repräsentiert, entscheidet hingegen grundsätzlich nur in den Fällen des § 119 AktG. Bei der GmbH ist das oberste Willenbildungsorgan die Gesellschafterversammlung.[153] Grundsätzlich kann diese in jeder Angelegenheit entscheiden mit der Folge, dass der Geschäftsführer an den Beschluss gemäß § 37 GmbHG als Weisung gebunden ist.[154] Die starke Stellung der Gesellschafter in der GmbH manifestiert sich auch darin, dass es im Verhältnis von Geschäftsführung und Gesellschaftern grundsätzlich keine Geheimnisse gibt, da den Letzteren gemäß § 51a GmbHG ein uneingeschränktes Auskunfts- und Einsichtsrecht zusteht. Da dieses Recht gemäß § 51a Abs. 3 GmbHG zwingenden Charakter hat, kann es nicht abbedungen werden. Zwar existiert mit § 131 AktG ein mitgliedschaftsrechtliches und somit individuell ausgestaltetes Auskunftsrecht der Aktionäre. Dieses ist aber im Unterschied zu dem der GmbH-Gesellschafter nicht umfassend. So ist das Auskunftsrecht, um Missbräuchen vorzubeugen, dahingehend beschränkt, dass die Auskunft zur sachgemäßen Beurteilung eines Gegenstandes der Tagesordnung erforderlich sein muss.[155] Darüber hinaus können sich die Aktionäre durch Einsicht der nach § 175 Abs. 2 AktG auszulegenden Unterlagen (wie etwa: Jahresabschluss, Einzelabschluss nach § 325 Abs. 2 lit. a HGB, Lagebericht und Bericht des Aufsichtsrates) weitere unternehmensinterne Informationen verschaffen.[156]

Neben besonderen Informationsrechten haben die Anteilsinhaber grundsätzlich einen Anspruch auf Gewinnbeteiligung.[157] Damit geht das Interesse

151 So erfolgt die Willensbildung der GmbH zumindest teilweise in der Gesellschafterversammlung, vgl. insofern §§ 46ff. GmbH; bei der AG gilt dies für die Hauptversammlung: § 12 Abs. 1 AktG, mit dem Grundsatz: „one share – one vote".

152 Gerade bei der GmbH hat die Gesellschafterversammlung eine sogenannte Allzuständigkeit. Das bedeutet, dass die Gesellschafter nach der Konzeption des GmbH-Rechts grundsätzlich jede Geschäftsführungsmaßnahme an sich ziehen können, soweit nicht zwingendes Recht entgegensteht (vgl. Lutter/Hommelhoff-*Bayer*, GmbHG, § 46 Rn 1). Insoweit besteht ein uneingeschränktes Weisungsrecht gegenüber der Geschäftsführung (vgl. Baumbach/Hueck-*Zöllner*, § 46 Rn 91).

153 Statt aller: Roth/Altmeppen-*Altmeppen*, § 37 Rn 5.

154 Zwar ist der Geschäftsführer das Geschäftsführungsorgan der GmbH, die Gesellschafter haben aber eine in jeder Hinsicht übergeordnete Geschäftsführungskompetenz.

155 Vgl. insofern *Hüffer*, § 131 Rn 12.

156 Diese Vorlagepflicht erweitert sich noch für börsennotierte Aktienunternehmen gemäß § 175 Abs. 2 S. 1 a. E. AktG und für Konzernmutterunternehmen gemäß § 175 Abs. 2 S. 3 AktG.

157 Die Gesellschafter der GmbH haben grundsätzlich einen Anspruch auf einen Anteil am jährlichen Bilanzgewinn bzw. an dem Jahresüberschuss, sog. Gewinnrecht, § 29 GmbHG; jedem

der Gesellschafter ebenfalls weit über die bloße Sicherung eines Anspruchs auf Erfüllung einer schuldrechtlichen Verbindlichkeit – hier etwa der Gewinnbeteiligung – hinaus.

2. Zwischenergebnis

Nach alledem ist die Interessenlage der Arbeitnehmer, der Gesellschafter und der Inhaber von Sonderrechten von der der schlichten Fremdkapitalgläubiger verschieden und somit für die Beurteilung der Schutzbedürftigkeit der Gläubiger als einheitliche Interessengruppe auszuklammern.[158] Denn diese haben zwar – ebenso wie andere Gläubiger – ein Interesse an der Sicherung ihrer schuldrechtlichen Ansprüche gegenüber der Gesellschaft, also *reine* Gläubigerinteressen. Ihre Besonderheit gegenüber den sonstigen Gläubigern ergibt sich allerdings durch ihre gruppenspezifischen Interessen und Rechte, die in ihrer speziellen Beziehung zu der Gesellschaft wurzeln und sie von den sonstigen Gläubigern fundamental unterscheiden. Aufgrund ihrer besonderen Nähe zum Unternehmen und der hieraus resultierenden spezifischen Interessenlage sowie der durch zahlreiche Sonderregeln geprägten Rechtsstellungen lassen sich deren Schutzinteressen aber nicht ohne Weiteres von den allgemeinen Gläubigerinteressen trennen. Insbesondere sind die übrigen Gläubiger in vielen Bereichen gerade aufgrund eines Informationsdefizits schutzwürdig, während Arbeitnehmer oder auch Gesellschafter aufgrund ihrer Sonderstellung anderweitig geschützt sind oder zumindest einen Informationsvorsprung genießen.

Diese Trennung entspricht im Übrigen auch dem allgemeinen Verständnis im Verschmelzungsrecht, wo Gläubiger, Gesellschafter und Arbeitnehmer regelmäßig als drei verschiedene, jeweils zu schützende Personengruppen behandelt werden.[159]

Gleiches gilt für die Richtlinie 2005/56/EG, in deren Erwägungsgründen die drei vorgenannten Gruppen verschiedentlich Erwähnung finden.

Aktionär steht grundsätzlich das sogenannte Dividendenrecht zu, d.h. das Recht auf einen Anteil am Bilanzgewinn, § 60 Abs. 1 AktG.

158 Eine derartige Trennung erfolgt ohne nähere Begründung auch bei: Semler/Stengel-*J. Semler/ Stengel*, Einleitung A Rn 24ff.; PersGes-Hdb-*Haritz/Bärwaldt* § 9 Rn 29ff.; wie hier auch *Fehrenbacher*, S. 424; anders etwa das Verständnis der 4. gesellschaftsrechtlichen Richtlinie, wonach der Begriff „Dritter“ allgemein zu verstehen ist und auch Arbeitnehmer umfasst, vgl. hierzu: EuGH, Urteil v. 4.12.1997 – Rs. C-97/96–Verband deutscher Daihatsu-Händler e. V./ Daihatsu Deutschalnd GmbH, Slg. 1997–I, 6843, sub. Ziff. 19ff.

159 Vgl. beispielsweise: Semler/Stengel-*J.Semler/Stengel*, Einleitung A Rn 23ff.

So wird in Erwägungsgrund 5 klargestellt, dass zum Schutz der Interessen der Gesellschafter und Dritter für jede der sich verschmelzenden Gesellschaften sowohl der gemeinsame Plan für die grenzüberschreitende Verschmelzung als auch der Abschluss der grenzüberschreitenden Verschmelzung im entsprechenden öffentlichen Register offen gelegt werden. Zum Schutz der Interessen der Gesellschafter und Dritter sollten die Rechtsfolgen einer grenzüberschreitenden Verschmelzung angegeben werden, wobei danach zu unterscheiden ist, ob es sich bei der aus der Verschmelzung hervorgehenden Gesellschaft um eine übernehmende oder eine neue Gesellschaft handelt.[160] Schließlich werden die Arbeitnehmer umfangreich in den Erwägungsgründen 12 und 13 behandelt. Demnach sollen die Rechte der Arbeitnehmer mit Ausnahme der Mitbestimmungsrechte[161] weiterhin den Vorschriften der Mitgliedstaaten unterliegen. Freilich gibt es in dem Bereich der Arbeitnehmerrechte aufgrund zahlreicher Richtlinien eine weitreichende Harmonisierung.[162]

---

160 Vgl. Erwägungsgrund 8 der RiLi 2005/56/EG.

161 Dazu wird in Erwägungsgründen 13 und 14 umfangreich Stellung genommen.

162 So in der Richtlinie 98/59/EG des Rates vom 20. Juli 1998 über Massenentlassungen, in der Richtlinie 2001/23/EG des Rates vom 12. März 2001 über die Wahrung von Ansprüchen der Arbeitnehmer beim Übergang von Unternehmen, Betrieben oder Unternehmens- oder Betriebsteilen, in der Richtlinie 2002/14/EG des Europäischen Parlaments und des Rates vom 11. März 2002 zur Festlegung eines allgemeinen Rahmens für die Unterrichtung und Anhörung der Arbeitnehmer in der Europäischen Gemeinschaft sowie in der Richtlinie 94/45/EG des Rates vom 22. September 1994 über die Einsetzung eines Europäischen Betriebsrats oder die Schaffung eines Verfahrens zur Unterrichtung und Anhörung der Arbeitnehmer in gemeinschaftsweit operierenden Unternehmen und Unternehmensgruppen.

F. Gläubigerschutzinstrumente im GmbH-Recht

Der Gläubigerschutz genießt im Gesellschaftsrecht eine vorrangige Stellung.[163] Dies gilt unabhängig von der konkreten Ausgestaltung der Gläubigerstellung. So werden Verbraucher, Unternehmer, Banken, Lieferanten, Vertrags- und Deliktsgläubiger im Wesentlichen gleich geschützt, obwohl sie im Einzelfall der Gesellschaft deutlich näher stehen können, als dies etwa bei bloßen Anlagegesellschaftern der Fall ist. Der rechtsethische Grund hierfür liegt in der Verteilung der Verlustgefahr und dem Gesichtspunkt der Risikoverteilung.[164] Gesellschafter sind an der Leitung und somit an den unternehmerischen Entscheidungen einer Gesellschaft beteiligt.[165] Sie genießen im Unterschied zum Fremdkapitalgläubiger regelmäßig eine Beteiligung am Gewinn der Gesellschaft.[166] Die Fremdkapitalgläubiger sind in Bezug auf das Unternehmen hingegen außen stehend. Dies drückt sich insbesondere darin aus, dass sie keinen organschaftlichen Einfluss auf Personal- und Sachfragen durch Stimmrechte ausüben. Auch unterliegen sie in aller Regel einem Wissensminus. Zwar haben sie grundsätzlich gewisse Auskunftsansprüche und damit Informationsrechte,[167] die sie sich auch vertraglich zusichern lassen können. Deren Verletzung führt allerdings nicht zur Unwirksamkeit unternehmerischer Entscheidungen, sondern gegebenenfalls allein zu Schadensersatzansprüchen des Gläubigers.

---

163 *Wiedemann*, S. 516.

164 *Wiedemann*, S. 515.

165 Insbesondere für die GmbH als personalisierte Kapitalgesellschaft mit einer Allzuständigkeit der Gesellschafterversammlung trifft dies zu. Denn nach der Konzeption des GmbH-Rechts kann sie grundsätzlich jede Geschäftsführungsmaßnahme an sich ziehen, soweit nicht zwingendes Recht entgegensteht (vgl. Lutter/Hommelhoff-*Bayer*, GmbHG, § 46 Rn 1). Insoweit besteht ein uneingeschränktes Weisungsrecht gegenüber der Geschäftsführung (vgl. Baumbach/Hueck-*Zöllner*, § 46 Rn 91).

166 Die Gesellschafter der GmbH haben grundsätzlich einen Anspruch auf einen Anteil am jährlichen Bilanzgewinn bzw. an dem Jahresüberschuss, sog. Gewinnrecht, § 29 GmbHG; jedem Aktionär steht grundsätzlich das sogenannte Dividendenrecht zu, d. h. das Recht auf einen Anteil am Bilanzgewinn, § 60 Abs. 1 AktG.

167 Das BGB kennt zwar keine allgemeine Auskunftspflicht. Nach Treu und Glauben ergibt sich aus § 242 BGB allerdings eine Auskunftspflicht, wenn die zwischen den Parteien bestehende Rechtsbeziehung es mit sich bringt, dass der Gläubiger in entschuldbarer Weise über einen Umstand im Ungewissen ist, der für sein Recht erheblich ist, vgl. insofern Palandt-*Heinrichs*, § 260 Rn 8 ff.

Diese Situation zugrunde gelegt, birgt das Auftreten von Kapitalgesellschaften als selbständige Rechtsträger im Rechtsverkehr für Außenstehende und damit insbesondere für Gläubiger – im Unterschied zu den Naturalparteien – besondere Gefahren. Insbesondere die Haftungsbeschränkung, die für Kapitalgesellschaften charakteristisch ist,[168] führt zu einem besonderen Schutzbedürfnis der Gläubiger. Deshalb wird das Erfordernis von Gläubigerschutzvorschriften für Kapitalgesellschaften von niemandem in der Rechtsprechung und der Literatur in Frage gestellt.[169]

Den vielfältigen Schutzbedürfnissen der Gläubiger wird bei der GmbH in verschiedener Weise Rechnung getragen.

I. System der Normativbestimmungen, Registrierungssystem

Es existiert für deutsche Kapitalgesellschaften ein System von Normativbestimmungen. Das bedeutet etwa, dass die Gründung einer GmbH zwar grundsätzlich genehmigungsfrei ist, allerdings gesetzlich vorgeschriebene Mindestvoraussetzungen eingehalten werden müssen damit die Gesellschaft in das Handelsregister eingetragen wird.[170] Hierunter fallen etwa: das rechtswirksame Zustandekommen des Gesellschaftsvertrages; die Zulässigkeit des Gesellschaftszwecks und des Unternehmensgegenstandes (§ 1 GmbHG); die Form des Gesellschaftsvertrages (§ 2 GmbHG); die Individualisierung des Unternehmensgegenstandes (§ 3 GmbHG); die Firma und der Sitz (§ 4 GmbHG); Stammkapital und -einlage sowie deren vollständige Übernahme (§ 5 GmbHG); die Mindesteinzahlung und Sicherung (§ 7 GmbHG); das Vorliegen der Versicherungen nach § 8 Abs. 2, 3 GmbHG sowie gegebenenfalls erforderlicher Genehmigungen (§ 8 GmbHG). Die Erfüllung dieser Voraussetzungen wird staatlich geprüft.[171] Der Registerzwang dient

168 So steht für die Verbindlichkeiten der deutschen Kapitalgesellschaften grundsätzlich nur das Gesellschaftsvermögen als Haftungsmasse zur Verfügung, vgl. § 1 Absl S. 2 AktG für die AG und § 13 Abs 2 GmbHG für die GmbH. Hierbei handelt es sich um eine gesetzliche Entscheidung, die keineswegs zwangsläufig war. So käme etwa auch eine subsidiäre Ausfallhaftung der Gesellschafter in Betracht, vgl. hierzu *K. Schmidt*, § 18 IV 1.; zu den Grundsätzen der Haftung der deutschen Kapitalgesellschaften ausführlich: *Fehrenbacher*, S. 320.

169 Statt aller: *Fehrenbacher*, S. 319.

170 § 9c GmbHG; danach wird eine GmbH nur eingetragen, wenn sie ordnungsgemäß errichtet und angemeldet ist. Diese ungenaue Formulierung ist umfassend zu verstehen. Geprüft werden also vom Registergericht alle formellen und materiellen Eintragungsvoraussetzungen.

171 In Deutschland durch das Registergericht; damit wird das Registergericht als eine Art Wirtschaftsaufsichtsbehörde tätig. Entscheidender Unterschied zu einer Genehmigungsbedürftigkeit ist, dass kein staatlicher Zwang zur Erfüllung der Eintragungsvoraussetzungen ausgeübt

der Publizität[172] und hat weiterhin eine Kontrollfunktion. Letztere gestaltet sich derart, dass durch das Registergericht eine Solvenzkontrolle vorgenommen wird, indem es vor der Eintragung einer GmbH prüft, ob diese das von ihr angegebene Vermögen auch tatsächlich aufgebracht hat.[173] Verhindert werden soll hierdurch das Entstehen zweifelhafter Rechtsträger, was zumindest auch den Schutz potentieller Gläubiger bezweckt.[174]

II. Registerpublizität

Die Registerpublizität erfüllt ebenfalls eine wichtige Gläubigerschutzfunktion. Denn das Handelsregister hat die Aufgabe, wesentliche Rechtsverhältnisse der Unternehmer bzw. Unternehmen zu offenbaren und über im Handelsverkehr rechtserhebliche Tatsachen Auskunft zu geben (sogenannte Publizitätsfunktion). Hierzu werden am Handelsverkehr teilnehmende Personen, zu denen auch die Kapitalgesellschaften zählen, verpflichtet, für den Geschäftsverkehr relevante Tatsachen zu veröffentlichen.[175] Mit der (Nicht-) Bekanntmachung dieser Tatsachen im Handelsregister werden vom Gesetzgeber bestimmte Rechte und Pflichten verbunden. Damit bezweckt er unter anderem auch den Verkehrsschutz.[176] Denn der Gesetzgeber geht davon aus, dass auf Seiten des Geschäftsverkehrs, zu dem auch die Gläubiger der betroffenen Personengruppen zählen, ein Informationsdefizit herrscht.[177] Andererseits dient die Registerpublizität auch dem Interesse des eingetragenen Unternehmens selbst an der Publizität richtiger Ein-

---

wird, sondern die Eintragung bei Fehlen der Voraussetzungen schlicht unterbleibt. Vgl. zu der Abgrenzung des in diesem Zusammenhang diskutierten Konzessionssystems und des Systems der freien Körperschaftsbildung: *K. Schmidt*, S. 194; nach dem zwischen den materiellen und formellen Voraussetzungen für die Zuerkennung der Rechtsfähigkeit unterschieden werden müsse; das System der Normativbestimmungen betreffe demnach nur die materielle Frage der Rechtsfähigkeit, während das Konzessionssystem sich mit formellen Fragen beschäftige.

172 Vgl. hierzu sogleich unter: Erster Teil F II. Dass die Registerpublizität neben dem Schutz des Eintragenden und des Publikums im Allgemeinen auch den Gläubigerschutz bezweckt, ist seit langem anerkannt. Vgl. hierzu grundlegend: *Goldschmidt*, S. 269; anders noch: *Ehrenberg*, S. 532 f., der den Standpunkt vertrat, dass das Handelsregister ursprünglich allein den Schutz des Eintragenden bezweckt habe.

173 Damit herrscht in Deutschland für Kapitalgesellschaften ein Registrierungsverfahren, denn die Rechtsfähigkeit erlangen die Kapitalgesellschaften erst mit Eintragung. Das Registrierungsverfahren wird von K. Schmidt auch als Alternative zum Konzessionssystem angesehen, vgl. *K. Schmidt*, S. 194.

174 Grundlegend: *Wiedemann*, S. 207.

175 Statt aller: Ebenroth/Boujong/Joost/Strohn-*Schaub* § 8 Rn 48 mwN.

176 *K. Schmidt* in JuS 1977, S. 209 ff.

177 *Chiusi* in AcP 202 (2002), S. 494 (507).

tragungen.[178] So hat es gemäß § 15 Abs. 2 HGB die Möglichkeit, sich vor der Inanspruchnahme durch Dritte zu schützen. Denn die Eintragung entfaltet im Interesse des Eintragungspflichtigen vertrauenszerstörende Wirkung, weil ab diesem Zeitpunkt ein gutgläubiger Dritter grundsätzlich nicht mehr schutzwürdig ist.[179]

Mit der Registerpublizität geht noch ein weiterer wichtiger Gläubigerschutzaspekt einher. Denn es ist allgemein anerkannt, dass das Registergericht berechtigt und verpflichtet ist, die anzumeldenden Tatsachen in formeller und materieller Hinsicht zu prüfen.[180] Die Aufgabe des Handelsregisters wird im Hinblick auf die vorgenannte verkehrsschützende Publizitätsfunktion allgemein darin gesehen, materiell zutreffende Tatsachen und Verhältnisse zu publizieren,[181] was eine materiell-rechtliche Kontrolle durch das Registergericht verlangt.[182] Hierbei darf das Registergericht nach weitgehend anerkannter Meinung grundsätzlich darauf vertrauen, dass die angemeldeten Tatsachen der Wahrheit entsprechen.[183] Ergeben sich auf Grundlage der vorzunehmenden Plausibilitätskontrolle keine Anhaltspunkte für mögliche sachliche Unrichtigkeiten der Anmeldung, sieht der Richter von weiteren Ermittlungen ab und verfügt die Eintragung. Werden also gegenüber dem Registergericht Tatsachen oder Verhältnisse angemeldet, die für Gläubiger von Relevanz sind, ist das Registergericht beim Vorliegen entsprechender Anhaltspunkte berechtigt und verpflichtet, diese in formeller und materieller Hinsicht auf ihre Richtigkeit zu überprüfen.

---

178 *K. Schmidt* in JuS 1977, S. 209; *Fehrenbacher*, S. 186f.; vgl. insofern auch § 15 Abs. 2 HGB, wonach dem zur Eintragung Verpflichteten die Möglichkeit eröffnet wird, sich vor der Inanspruchnahme durch Dritte zu schützen.

179 Ebenroth/Boujong/Joost/Strohn-*Gehrlein* § 15 Rn 16, 20; vertiefend zu den Schutzkonzept der Registerpublizität *Fehrenbacher*, S. 186ff.

180 RG, Urt. v. 24.01.1930, AZ: III 75/29, RGZ 127, 153 (156); RG, Urt. v. 24.03.1933, AZ: II 398/32, RGZ 140, 174 (181); BGH, Urt. v. 04.07.1977, AZ: II ZB 4/77, NJW 1977, S. 1879 (1880); BGH, Urt. v. 09.03.1981, AZ: II ZR 54/80, WM 1981, 400; ebenso das ganz herrschende Schrifttum, vgl. etwa: Staub-*Koch*, HGB, § 8 Rn 79ff.; Ebenroth/Boujong/Joost/Strohn-*Schaub*, § 8 Rn 131; MünchKomm-*Krafka*, HGB, Band 1, § 8 Rn 59 mwN.

181 Staub-*Koch*, § 8 Rn 81 mwN.

182 Staub-*Koch*, § 8 Rn 81.

183 RG, Urt. v. 24.03.1933, AZ II 398/32, RGZ 140, 174 (181); BGH, Urt. v. 18.02.1991, AZ: II ZR 104/90, NJW 1991, 1758; OLG Düsseldorf, Urt. v. 29.03.1995, AZ 3 Wx 568/94, GmbHR 1995, S. 592; zum ganz herrschenden Schrifttum vgl etwa: Ebenroth/Boujong/Joost/Strohn-*Schaub*, § 8 Rn 135; MünchKomm-*Krafka*, HGB, Band 1, § 8 Rn 62 mwN.

III. „System des Mindeststammkapitals“

Das System der Mindeststammkapitals stellt nach traditionellem Verständnis einen „Eckpfeiler“ der Finanzverfassung von Aktiengesellschaft und Gesellschaft mit beschränkter Haftung dar und dient dem Gläubigerschutz.[184] Das Stammkapital der GmbH bildet traditionell das Korrelat zu der Haftungsbeschränkung der Gesellschafter.[185] Das Stammkapital wurde vom Gesetzgeber rechtspolitisch auch als „angemessener Preis für die Rechtswohltat der beschränkten Haftung“[186] bezeichnet.

Da das Risiko der Gesellschafter aufgrund der beschränkten Haftung grundsätzlich auf ihre Einlage begrenzt ist, dient zur Befriedigung der Gläubiger ausschließlich das Gesellschaftsvermögen. Reicht dieses nicht aus, kann in der Regel nicht auf das Vermögen der dahinter stehenden Gesellschafter zurückgegriffen werden.[187] Die Idee des Stammkapitals ist hierbei, dass es als Garantieziffer einen Betrag festlegt, der mindestens als Reinvermögen zur Befriedigung der Gesellschaftsgläubiger zur Verfügung steht.

1. Historischer Ursprung des Kapitalschutzes

Das Mindestkapitalerfordernis wurde im deutschen Gesellschaftsrecht mit dem GmbHG 1892[188] eingeführt.[189] Das Gesetz sah in § 5 Abs. 1 erstmalig ein gesetzliches Mindestkapitalerfordernis von 20.000 Mark[190] bei einer Mindesteinlage von 500 Mark vor. Die Funktion dieser Vorschrift war nach der Geset-

---

184 *Schön* in ZHR 166 (2002), S. 1. *Wiedemann*, S. 557 f. bezeichnet den Kapitalschutz als „Kulturleistung ersten Ranges“.

185 *Priester* in 100 Jahre GmbH, S. 159; Baumbach/Hueck-*Hueck/Fastrich*, § 5 Rn 1.

186 BT-Drucks. 8/3908, S. 69.

187 Zur Durchgriffshaftung bei der GmbH: Vgl. den Überblick bei: Baumbach/Hueck-Hueck/Fastrich, § 13 Rn 19 ff. mwN auf Literatur und Rechtsprechung.

188 Gesetz v. 20.04.1892, RGBl., S. 477, im Folgenden: GmbHG 1892; Normativbestimmungen ohne ein Mindestkapitalerfordernis zur Kapitalaufbringung und -erhaltung existierten für die AG schon zuvor mit der Aktienrechtsnovelle 1870 (HGB in der Fassung des Gesetzes vom 11.06.1870).

189 Ausführlich zur Entstehungsgeschichte des GmbHG 1892: *Koberg*, S. 35 ff.

190 Im Vorfeld war von *Robert Esser* noch ein Mindestkapital von 25.000 Mark gefordert worden; im Rahmen des Gesetzgebungsverfahren gab es für die Umsetzung eines Stammkapitals eine Reihe unterschiedlicher Vorschläge: Die Handels- und Gewerbekammer Mittelfranken sprach sich in ihrer Stellungnahme zum Regierungsentwurf etwa aufgrund der Unterschiedlichkeit von Gesellschaftsgründungen gegen ein festes Mindestkapital von 20.000 Mark aus; ähnlich die Stellungnahme der Handels- und Gewerbekammer Heilbronn, die 10.000 Mark forderte, in diesem Sinne auch *Oechelhäuser*, der als Rerent des Deutschen Handelstages ebenfalls für

zesbegründung, einerseits „*die Entstehung einer Ueberzahl unbedeutender und ungenügend fundirter Gesellschaftsbildungen zu verhueten*“ und andererseits „*ein gewisses Interesse der Theilnehmer an den Schicksalen des gemeinsamen Unternehmens zu gewährleisten*“.[191] Eine weitere zentrale Funktion des Mindestkapitals lässt sich dem Regierungsentwurf zum GmbHG 1892 entnehmen.[192] So wurde eine Haftungsregelung in Anlehnung an die bergrechtliche Gewerkschaft ausdrücklich mit dem Argument abgelehnt, dass den Gläubigern bei der neu zu schaffenden Gesellschaft – im Unterschied zur bergrechtlichen Gesellschaft mit dem bestehenden Bergwerk – kein ausreichendes Vermögen zur Verfügung stehe, welches als Sicherungsobjekt anstelle der unbeschränkten Haftung diene.[193] Denn bei der neuen Gesellschaftsform sei nicht einmal garantiert, dass bestimmte Betriebsanlagen auf Dauer die Grundlage des Unternehmens bildeten.[194] Ein Sicherungsobjekt müsse den Gläubigern aber zur Verfügung stehen.[195] Dies könne nur dadurch gewährleistet werden, dass ein bestimmtes Mindestkapital und bestimmte Mindesteinlagen vorgeschrieben würden.[196] Ebenfalls sah das Gesetz zur Kapitalerhaltung vor, dass Vermögen, welches zur Erhaltung des Stammkapitals dient, nicht ausgezahlt werden durfte.[197]

Insgesamt führten eindeutig Gläubigerschutzaspekte zur Einführung eines festen Stammkapitals. Das Mindestkapital sollte den Gläubigern nach dem Willen des Gesetzgebers als Befriedigungsobjekt dienen und einen Ausgleich für die Haftungsbeschränkung schaffen.

2. Funktionen des Mindeststammkapitals im Einzelnen

Aus dem Vorstehenden lässt sich bereits erkennen, dass dem Mindeststammkapital verschiedene gläubigerschützende Funktionen zugeordnet werden.

---

eine Herabsetzung auf 10.000 Mark eintrat, Protokolle des 27. Deutschen Handelstages am 15. und 16. Januar 1892, Berlin 1892, S. 35 ff., Archiv der IHK Frankfurt am Main, Slg. SB 3 (VO).

191 Begründung zum GmbHG-Entwurf vom 11.02.1892, Stenographische Berichte über die Verhandlungen des Reichstages, 8. Legislaturperiode, 1. Session, Bd. V, Anlagen, Aktenstück Nr. 660, S. 3734.

192 Entwurf eines Gesetzes betreffend die Gesellschaften mit beschränkter Haftung nebst Begründung und Anlagen (im Folgenden: Amtliche Ausgabe) Berlin 1891.

193 Amtliche Ausgabe, S. 38.

194 Amtliche Ausgabe, S. 38.

195 Amtliche Ausgabe, S. 38.

196 Amtliche Ausgabe, S. 38.

197 § 30 GmbHG 1892; bezüglich der Haftung und der Sicherung des Stammkapitals galten im Übrigen die gleichen Grundsätze wie bei der AG, vgl. §§ 19–23 GmbHG 1892.

a. Mindesthaftungsfond

Zuvorderst zu nennen ist die Funktion als Mindesthaftungsfond.[198] Als Ausgleich für die begrenzte Haftung der Gesellschafter sollte nach dem Willen des Gesetzgebers den Gläubigern das Gesellschaftsvermögen als Haftungsmasse zur Verfügung stehen. Sichergestellt wird durch das Mindestkapital, dass sich im Vermögen der Gesellschaft zumindest zum Gründungszeitpunkt das angegebene Kapital wiederfindet. Freilich sieht das Gesetz vor, dass für die Eintragung der GmbH in das Handelsregister lediglich die Hälfte des gesetzlichen Mindestkapitals aufgebracht sein muss.[199] Eine dauerhafte Erhaltung des Stammkapitals sieht das GmbHG hingegen nicht vor. Denn die Kapitalerhaltungsregeln sichern nicht den grundsätzlichen Erhalt eines dem Garantiekapital entsprechenden Vermögens. Sie schützen nur gegen eine Bereicherung der Gesellschafter zulasten des Mindestkapitals.

b. Seriositätsschwelle

Ebenfalls – zumindest mittelbar – gläubigerschützend ist die Funktion des Stammkapitals als Seriositätsschwelle.[200] Der Gesetzgeber von 1892 ging davon aus, dass ein Mindestkapital von 20.000 Mark bei einer Mindesteinlage von 500 Mark die erforderliche „*Garantie für die Ernstlichkeit*“[201] der Unternehmensgründung sicherstellen würde. Hierbei hatte er allerdings nicht unmittelbar den Schutz der Gläubiger im Blick, sondern vielmehr den der Mitgesellschafter.[202] Durch die Aufbringung des Mindestkapitals, das vom Gläubiger selbst zu leisten war, sollte für die Gesellschafter die verbindliche Gewissheit geschaffen werden, dass alle Mitglieder der Gesellschaft das gemeinsame Gesellschaftsziel tatsächlich unterstützen und nicht etwa Konkurrenztätigkeiten zu ihrer eigenen Gesellschaft ausübten.[203] Es sollte gewährleistet werden, dass „*ein gewisses Interesse*

---

198 Rein begrifflich ist diese Funktionszuordnung allerdings ungenau, denn Haftungsmasse der Gläubiger ist das Gesellschaftsvermögen. Das Stammkapital bildet allerdings eine Garantieziffer, die das Gesellschaftsvermögen – zumindest durch zweckentfremdendes Verhalten von Gesellschaftern – nicht unterschreiten soll.

199 § 7 Abs. 2 S. 2 GmbHG.

200 Grundlegend zu diesem Zweck des Mindeststammkapitals die Untersuchung von *Ballerstedt* in ZHR 135 (1971), S. 383 (385).

201 Begründung zum GmbHG-Entwurf vom 11.02.1892, Stenographische Berichte über die Verhandlungen des Reichstages, 8. Legislaturperiode, 1. Session, Bd. V, Anlagen, Aktenstück Nr. 660, S. 3735.

202 Ebenso: *Krüger*, S. 233; aA: *Vonnemann*, S. 46

203 *Fromm*, S. 76; dem folgend: *Krüger*, S. 234.

der Theilnehmer an den Schicksalen des gemeinsamen Unternehmens“[204] besteht. Zu berücksichtigen ist hierbei freilich, dass der Betrag von 20.000 Mark, der als Stammkapital vorgesehen war, zum damaligen Zeitpunkt einen vielfachen Wert im Vergleich zu heute repräsentierte, der sogar ausreichte, um ein Eigenheim zu errichten.[205] Vor diesem Hintergrund war nach der Intention des Gesetzgebers bereits die Verpflichtung zur persönlichen Aufbringung des Mindeststammkapitals durch Mindeststammeinlagen von je 500 Mark durch die Gründungsgesellschafter ausreichend, um die „Ernstlichkeit“ zu indizieren.[206]

c. Soliditätsindiz

Weiterhin verfolgt das Stammkapital eine Funktion als Soliditätsindiz.[207] In Abgrenzung zur „Seriosität“ bezieht sich die Solidität auf die wirtschaftliche Leistungsfähigkeit und damit unmittelbar auf die Rechtsbeziehung zu den Gläubigern, während die Seriosität die Innenbeziehung der Gesellschafter zueinander betrifft und damit lediglich mittelbar eine gläubigerschützende Funktion besitzt.[208] Historischer Anknüpfungspunkt und Grund für das Bedürfnis einer „Mindestsolidität“[209] war einerseits, dass zum Ende des 19. Jahrhunderts eine Skepsis der herrschenden Klasse gegenüber einer Rechtsform bestand, die aufgrund ihrer sehr verschiedenenartigen Zwecke nicht notwendigerweise Betriebsanlagen benötigte.[210] Insbesondere die weitreichenden Nutzungsmöglichkeiten

204 Begründung zum GmbHG-Entwurf vom 11.02.1892, Stenographische Berichte über die Verhandlungen des Reichstages, 8. Legislaturperiode, 1. Session, Bd. V, Anlagen, Aktenstück Nr. 660, S. 3734.

205 *Barz* in GmbH-Reform, S. 37 ff.

206 *Fromm*, S. 79.

207 *Fromm*, S. 81 ff.; *Krüger*, S. 221 ff.

208 Ebenso: *Krüger*, S. 232.

209 *Fromm*, S. 82.

210 Vgl. insofern den Entwurf 1892, S. 32: „*Für die Gewerkschaften mit ihrem durch die Natur des Bergbaus bedingten, in festen Bahnen sich bewegenden Geschäftsbetriebe hat dieses System sich als ausreichend und zweckentsprechend erwiesen. Für eine Gesellschaftsform dagegen, welche für sehr verschiedenartige, nicht einmal notwendig an dauernde Betriebsanlagen irgendeiner Art gebundene Betriebsanlagen irgendwelcher Art gebundene Unternehmungen geeignet sein soll, kann die unveränderte Anwendung des bezeichneten Systems nicht in Frage kommen. Hier wird vielmehr die notwendige Unterlage der Gesellschaft nicht anders als durch die Aufbringung eines bestimmten, jedermann kenntlichen Gesellschaftskapitals zu beschaffen sein, welche den dauernden Grundstock des Unternehmens und zugleich ein bestimmtes Befriedigungsobjekt für die Gesellschaftsgläubiger bildet. Ohne Sicherung eines solchen Stammkapitals darf die Gesellschaft nicht als errichtet gelten, und zur Verhütung ungenügend fundierter Unternehmungen ist im Gesetz ein Mindestbetrag sowohl für das Stammkapital selbst als für die auf dasselbe zu leistende Einlage des Gesellschafters festzusetzen*“.

der GmbH stießen in diesem Zusammenhang auf Bedenken.[211] Denn die GmbH sollte nach dem Gesetzesentwurf jedwedem Zweck offen stehen, „namentlich gemeinnützigen Zwecken".[212] Durch das Erfordernis eines Mindeststammkapitals nebst Mindeststammeinlagen glaubte man finanziell weniger gut ausgestattete Gruppen, namentlich soziale Vereinigungen und Gewerkschaften, ausschließen und den Zugang zur Gesellschaft auf wohlhabende Bürger beschränken zu können.[213]

Neben diesem staatspolitischen Aspekt erhoffte man sich zumindest im Entstehungszeitpunkt ein berechtigtes Vertrauen des Rechtsverkehrs in den Vertragspartner „GmbH" schaffen zu können.[214]

d. Risikobeteiligung

Als weitere – mittelbar gläubigerschützende – Funktion wurde dem Stammkapital die einer Risikobeteiligung der Unternehmer zugeordnet.[215] Grundgedanke ist hierbei, dass die Gesellschafter der GmbH aufgrund ihrer beschränkten Haftung zu risikoreichen Geschäften und damit einem „moral hazard" neigen könnten.[216] Die Einheit von Herrschaft und Haftung im Personengesellschaftsrecht führt dazu, dass der Handelnde die Konsequenzen seiner Geschäftspolitik unmittelbar selbst durch seine persönliche Haftung trägt. Er wird daher grundsätzlich in seinem Verhalten durch diese Haftung beeinflusst , die risikoadvers und gesellschaftserhaltend und damit im Endeffekt gläubigerschützend wirkt. Im Kapitalgesellschaftsrecht entfällt diese natürliche Verhaltenssteuerung zum einen durch

211 Dies insbesondere vor dem Hintergrund, dass für die GmbH kein Konzessionssystem sondern ein System von Normativbestimmungen eingeführt wurde. So bestand zur damaligen Zeit von Seiten der wohlhabenden, besitzenden Bürger ein besonderes Misstrauen gegenüber Sozialisten aller Schattierungen und Gewerkschaften. Ein stattliches Stammkapital nebst Mindesteinlage wurde insofern als beste Gewähr für eine politische und sozialpolitische Zuverlässigkeit angesehen, vgl. hierzu: *Fabricius* in GmbHR 1970, S. 137 (138 f.); *Wiethölter* in Probleme der GmbH-Reform, S. 11 ff. (36). Solche Argumente für ein Stammkapital sind freilich überholt.

212 Entwurf 1892, S. 30.

213 Diesem Ansinnen zugeordnet werden kann das Motiv, „ [...] *die Entstehung einer Ueberzahl unbedeutender* [...] *Gesellschaften zu verhueten*", vgl. Begründung zum GmbHG-Entwurf vom 11.02.1892, Stenographische Berichte über die Verhandlungen des Reichstages, 8. Legislaturperiode, 1. Session, Bd. V, Anlagen, Aktenstück Nr. 660, S. 3734. Ausführlich hierzu *Fabricius* in GmbHR 1970, S. 137 (138 f.).

214 Deswegen auch Soliditäts-„Indiz". Schon 1892 erhoffte sich der Gesetzgeber lediglich, „*die Entstehung einer Ueberzahl unbedeutender und ungenügend fundirter Gesellschaftsbildungen zu verhueten*".

215 *Wiedemann,* S. 565.

216 *Klose-Mockroß*, S. 65.

die Zulassung der Fremdorganschaft und zum anderen dadurch, dass die Gesellschafter grundsätzlich nicht persönlich haften.

Das Stammkapital soll insofern ein verhaltenssteuerndes Substitut darstellen. Derjenige, der ein beträchtliches Eigenkapital für eine Unternehmung einsetze, werde seine Entscheidungen wohlüberlegt abwägen.[217] Zudem seien unternehmerische Einrichtungen ohne persönliches Risiko der handelnden Personen für die wirtschaftliche Umwelt potentiell gefährliche Gebilde; deshalb solle es wenigstens den Unternehmern nicht gar zu leicht gemacht werden, solche gefährlichen Gebilde in die Welt zu setzen.[218] In diesem Zusammenhang wurde auch die Metapher eines sogenannten „Eintrittspreises" für die beschränkte Haftung bemüht.[219]

e. Verlustpuffer

Eine weitere gläubigerschützende Funktion wurde dem Stammkapital insoweit zugeschrieben, dass es als ein Puffer für Verluste der Anfangszeit des Unternehmens diene.[220] Im Unterschied zu der Funktion als Mindesthaftungsfond, der den Gläubiger unmittelbar schützen soll, kommt der Funktion als Verlustpuffer wiederum eine mittelbar gläubigerschützende Funktion zu, indem sie in der häufig defizitären Anfangszeit dem Fortbestand des Unternehmens diente, also der Unternehmenskontinuität.[221] Der Ausgangspunkt dieser Überlegung ist insolvenzrechtlicher Natur. Denn gem. § 19 InsO stellt die „Überschuldung" einer juristischen Person einen Eröffnungsgrund für ein Insolvenzverfahren dar. Eine Überschuldung liegt gem. § 19 Abs. 2 InsO dann vor, wenn das Vermögen des Schuldners die bestehenden Verbindlichkeiten nicht mehr deckt.[222] Dieser Insolvenzgrund berücksichtigt, dass den Gläubigern keine natürliche Person, sondern lediglich ein beschränkter Vermögensbestand haftet. Wenn die Aktiva des Schuldners nicht mehr ausreichen, um die Verbindlichkeiten abzudecken, entsteht für die Gläubiger automatisch die Gefahr, mit ihren Forderungen auszufallen.

---

217 *Wüst* in JZ 1989, S. 817 (818); wenn auch mit der Einschränkung, dass der Verlust durch die Haftungsbeschränkung als nicht derart relevant erscheint, wie dies bei einer persönlichen Haftung der Fall ist.

218 *Lutter* in FS-Riesenfeld, S. 164 (168).

219 *Wiedemann* in Wiedemann/Bär/Dabin, S. 5 (18).

220 *Büschgen* in GmbHR 1974, S. 25 (26); *Kalter* in KTS 1970, S. 275; *Lutter* in FS-Riesenfeld 1983, S. 167ff; *Lutter* in ZGR 1982, S. 244 (249); *Lutter/Hommelhoff* in ZGR 1979, S. 31 (59), *Meißner,* S. 12 (24); *Weitbrecht*, S. 13; *Mülbert* in Der Konzern 2004, S. 151 (155).

221 *K. Schmidt* in JZ 1984, 771 (772); *Bitz/Hemmerode/Rausch*, S. 136.

222 Maßgeblich für die Beantwortung dieser Frage ist die sog. Überschuldungsbilanz. Ausführlich dazu: Baumbach/Hueck-*Haas*, § 64 Rn 47a ff.

In der häufig defizitären Anfangszeit eines Unternehmens stellt das Eigenkapital regelmäßig den „Puffer“ dar, der verhindert, dass das Reinvermögen der Gesellschaft negativ ist.[223] Mit anderen Worten kann die Gesellschaft grundsätzlich bis zur Höhe des Eigenkapitals Verluste hinnehmen, ohne dass ihr aus rechtlichen Gründen die „Lebensfähigkeit“ abzusprechen ist.[224]

3. Bedenken gegen die Gläubigerschutzfunktion

Die Erforderlichkeit oder auch Nützlichkeit eines Mindeststammkapitals wird seit längerer Zeit diskutiert.[225] Die Rechtsprechung des EuGH zur Niederlassungsfreiheit von Kapitalgesellschaften[226], der die Zulässigkeit von Auslandsgesellschaften in Deutschland feststellte, die darauffolgende Zunahme englischer „private companies limited by shares“ im deutschen Rechtsraum sowie die konstant hohen Zahlen an GmbH-Insolvenzen sind insofern Wasser auf die Mühlen der Kritiker.

a. Mindesthaftungsfond

Gegen die Funktion des Stammkapitals als Mindesthaftungsfond wird zunächst zu Recht eingewandt, dass Haftungsfond der Gesellschaftsgläubiger nicht das Stammkapital, sondern vielmehr das Gesellschaftsvermögen sei.

Auch erlaubt dies – wenn überhaupt – nur für den kurzen Zeitraum der Gesellschaftsgründung eine Aussage über den tatsächlich vorhandenen Haftungsfond.[227] Denn nur für die juristische Sekunde der Unternehmensgründung ist das Stammkapital regelmäßig gleichbedeutend mit dem Gesellschaftsvermögen.[228] Für die

---

223 Freilich gibt es neben dem Stammkapital auch andere Gestaltungsmöglichkeiten für die Schaffung eines derartigen „Puffers“: So sehen viele Gesellschaftsverträge sog. Nachschusspflichten und die Führung von Rücklagenkonten vor, die gerade auch eine Überschuldung der Gesellschaft in der Anfangszeit verhindern sollen. Gleiches gilt für die Verpflichtung zur Zahlung eines Agios oder eines sonstigen Aufgeldes, vgl. hierzu Baumbach/Hueck-*Hueck/Fastrich*, § 3 Rn 39 ff.

224 *Vonnemann*, S. 33.

225 Vgl. etwa die Diskussionen im Rahmen der GmbH-Novelle 1980, beispielsweise bei: *Geßler* in BB 1969, S. 589 (590); *Raiser*, S. 21 (22); *Büschgen* in GmbHR 1974, S. 25 f.

226 EuGH, Urt. v. 09.03.1999 – Rs. C-212/97 – Centros, Slg. 1999, I–01259; EuGH, Urt. v. 5.11.2002 – Rs. C-208/00 – Überseering, Slg. 2002, I–09919; EuGH, Urt. v. 30.09.2003 – Rs. C-167/01–Inspire Art, Slg. 2003, I–10155.

227 *Grunewald/Noack* in GmbHR 2005, S. 189.

228 Denkbar sind freilich vom Stammkapital unabhängige, dieses übersteigende Finanzierungen, die Gesellschaftsvermögen schaffen, wie etwa ein Aufgeld.

weitere Entwicklung der Gesellschaft stellt das Stammkapital hingegen nur noch eine Berechnungsgröße dar, die den Kapitalerhaltungsregeln genügen muss. Diese stellen lediglich sicher, dass das zur Erhaltung des Stammkapitals erforderliche Vermögen nicht durch Zuwendungen an die Gesellschafter geschmälert wird. Im Übrigen kann mit dem Stammkapital im Rahmen des Geschäftsbetriebs frei gearbeitet werden und es deshalb rasch verbraucht sein kann.[229] Folglich lässt das Stammkapital grundsätzlich keinen Rückschluss auf die tatsächlich vorhandene Haftungsmasse der Gesellschaft zu.[230] Ebenso wie bei einem Einzelkaufmann kommt es bei der GmbH für die Frage des tatsächlichen Vorhandenseins von haftbarem Kapital letztlich also darauf an, mit welchem Geschick das Unternehmen mit den vorhandenen Mitteln gearbeitet hat.

Einen nennenswerte Schutzfunktion kann dem Stammkapital als Mindesthaftungsfond der Gläubiger nach alledem zu Recht nicht zuerkannt werden.

b. Seriositätsfunktion

Die Seriositätsfunktion des Stammkapitals wird heute ebenfalls überwiegend verneint.[231] Begründet wird dies zunächst pauschal damit, dass es in einer privatwirtschaftlich-individualistisch organisierten, von Privatautonomie ausgehenden Gesellschaft keiner Vorsorge des Staates bedürfe, um Gesellschafter für ihre Gesellschaft zu aktivieren.[232] Andere lehnen eine Tauglichkeit des Stammkapitals für einen derartigen Zweck mit der Begründung ab, dass die bei der Gründung einer Gesellschaft aufzubringende Leistung keinen Hinweis auf die persönliche Integrität der Gründer zulasse.[233] Gleiches gelte für ein späteres Pflichtbewusstsein dieser Personen bezüglich ihrer Gesellschafterobliegenheiten.[234] Als Beleg hierfür werden die Insolvenzstatistiken der GmbH angeführt, die sich nach der Anhebung des Mindeststammkapitals im Rahmen der GmbH-Reform 1980 nicht verbesserten.[235]

---

229 Vgl. hierzu: *Schön* in Der Konzern 2004, S. 162 (165); *Kallmeyer* in GmbHR 2004, S. 377 (378) spricht insofern von einer „*Momentaufnahme*", die nahezu „*bedeutungslos*" sei.

230 Statt vieler: *Blaurock* in FS Raiser, S. 3 (9).

231 *Bauer* S. 137 f. mit der Aussage, diese Funktion werde „*nicht mehr ernsthaft vertreten*"; *Fabricius* in GmbHR 1970, S. 137 (139); *Haas* in DStR 2006, S. 993 (994 f.); *Kreuzer* in ZIP 1980, S. 597 (599); *Krüger*, S 236; *Zimmer*, S. 327; Roth/Altmeppen-*Roth* Einl. 25;. aA: *Fromm*, S. 81; *K. Schmidt*, Gesellschaftsrecht, § 18 II 4 a.

232 *Fabricius* in GmbHR 1970, S. 137 (139); *Bauer*, S 137 f.

233 *Haas* in DStR 2006, S. 993 (994 f.); *Kreuzer* in ZIP 1980, S. 597 (599); *Grunewald/Noack* in GmbHR 2005, S. 189.

234 *Roth* in FS-Doralt, S. 479 (482).

235 1979: 2383 Insolvenzen; 1980: 3038 Insolvenzen; 1981: 4296 Insolvenzen (Statistisches Bundesamt, WiSta 2/1981, S. 105; Wista 1982, S. 98); auch relativ kam es zu einem Anstieg der

c. Soliditätsindiz

Insbesondere die Funktion des Stammkapitals als Soliditätsindiz wird heute weit überwiegend als überholt angesehen.[236] Die gesellschaftspolitischen Erwägungen, die das Ziel verfolgten, gewissen Interessen- und Personengruppen den Zugang zur GmbH zu erschweren, sind aus heutiger Sicht freilich unrechtmäßig.[237]

Neben dem im Vordergrund stehenden politischen Aspekt des Soliditätsindizes stand allerdings auch ein wirtschaftlicher Gedanke.[238] Das Stammkapital sollte – wie vorstehend beschrieben – ein gerechtfertigtes Grundvertrauen in die „wirtschaftliche Leistungsfähigkeit" der GmbH schaffen. Eine derartige „wirtschaftliche Leistungsfähigkeit" kann denklogisch nur als Zahlungsfähigkeit verstanden werden. Im Umkehrschluss sollte also einer Zahlungsunfähigkeit und damit einer Insolvenz der Gesellschaft entgegengewirkt werden.[239] Dass das Stammkapital heutzutage noch eine derartige Funktion erfüllt, wird von Teilen der Literatur verneint bzw. stark bezweifelt.[240]

d. Risikobeteiligungsfunktion

Gegen die Funktion des Eigenkapitals als verhaltenssteuerndes Element wird zuvorderst eingewandt, dass es nicht wirksam sei. Zunächst setze eine wirksame Einflussnahme auf die Gesellschafter voraus, dass diese im Rahmen von unternehmerischen Entscheidungen beteiligt seien.[241] Durch das im Kapitalgesellschaftsrecht geltende Prinzip der Fremdorganschaft sei eine solche aber nicht gewährleistet. Außerdem werde ein verhaltenssteuernder Effekt dadurch ausgehöhlt, dass der dem Gesellschafter drohende Verlust auf das von ihm aufgebrachte Vermögen beschränkt wird. In diesem Zusammenhang kann verstärkend

---

Insolvenzen: 1979: 112 v. 10.000; 1980: 126 v. 10.000; 1981 158 v. 10.000 (Statistisches Bundesamt WiSta 2/1981 105).

236 *Bauer*, S. 136 f.; *Krüger*, S. 221 ff.; *Fabricius* in GmbHR 1970, S. 137 ff.; *Wiethölter*, S. 11 ff.; *Fromm*, S. 82 ff.

237 *Krüger*, S. 222 f. unter Verweis auf die gängigen Kommentierungen zu § 54 BGB, etwa Staudinger-*Weick*, § 54 Rn 2.

238 Vgl. insofern *Fabricius* in GmbHR 1970, S. 137 (139 f.).

239 Vgl. insofern § 17 Abs. 1 InsO, der die Zahlungsunfähigkeit als allgemeinen Eröffnungsgrund für ein Insolvenzverfahren nennt; (1) „*Allgemeiner Eröffnungsgrund ist die Zahlungsunfähigkeit.*" (2) „*Der Schuldner ist zahlungsunfähig, wenn er nicht in der Lage ist, die fälligen Zahlungsverpflichten zu erfüllen. Zahlungsunfähigkeit ist in der Regel anzunehmen, wenn der Schuldner seine Zahlungen eingestellt hat.*"

240 *Haas* in DStR 2006, S. 993 (994 f.); *Roth* in FS-Doralt, S. 479 (482); *Blaurock* in FS-Raiser, S. 3 (12).

241 *Krüger*, S. 231.

angeführt werden, dass mit dem Inkrafttreten des MoMiG[242] die Fremdübernahme von Stammeinlagen zugelassen wurde und dementsprechend Stammeinlagen nunmehr nicht mehr zwingend von jedem Gesellschafter persönlich aufzubringen sind.[243] Demzufolge ist heute nicht einmal mehr gewährleistet, dass ein Gesellschafter überhaupt persönlich an dem aufgebrachten Stammkapital beteiligt ist.

Dem kann allerdings entgegengehalten werden, dass eine derartige Pauschalisierung die gesellschaftsrechtliche Realität verkennt. Sicherlich trifft es zu, dass eine Fremdorganschaft mit geringer Einflussnahme der Gesellschafter auf die als reine Publikumsgesellschaft ausgestaltete GmbH zutrifft. Das Gros der Gesellschaften mit beschränkter Haftung stellen hingegen die personalisierten Kapitalgesellschaften dar, die aus weniger als sechs Gesellschaftern bestehen.[244] In derartigen Gesellschaften gibt es regelmäßig erhebliche Einflussnahmen der einzelnen Gesellschafter. So gehören etwa Mitarbeitsverpflichtungen zu den gängigen Regelungen in Gesellschaftsverträgen. Ebenso findet sich kaum ein Gesellschaftsvertrag, der nicht erhebliche Zustimmungserfordernisse der Gesellschafterversammlung vorsieht.[245]

Schwerer wiegen hingegen die Bedenken, die gegen die Höhe des Stammkapitals als wirksame Verhaltenssteuerung bestehen. Insofern werden vor allem zwei Argumente bemüht:

Erstens sei ein Stammkapital von lediglich 25.000 €, wovon zur Gründung nur die Hälfte – also 12.500 € – aufgebracht werden müsse, nicht geeignet, eine derartige Beeinflussung sicherzustellen.[246]

Zweitens müsse berücksichtigt werden, dass das Stammkapital nur anfänglich aufgebracht werden muss und damit gerade nicht dauerhaft zur Befriedigung der Gläubiger zur Verfügung steht. Denn die Kapitalerhaltungsregeln schützen lediglich gegen eine Bereicherung der Gesellschafter aus dem vorhandenen Vermögen. Ein Schutz gegen anderweitig bedingte Verluste bieten die Kapitalschutzregeln hingegen nicht. Das Stammkapital fungiert vielmehr als Betriebsvermögen, mit dem gewirtschaftet werden kann. Ist aber kein Vermögen mehr vorhanden, so hätten die Gesellschafter aufgrund der beschränkten Haftung nichts mehr zu verlieren – eine Verhaltenssteuerung sei gerade nicht mehr anzunehmen.[247]

---

242 Gesetz zur Modernisierung des GmbH-Rechts und zur Bekämpfung von Missbräuchen, BGBl. I S. 2026.

243 Vgl. § 5 Abs. 2 S. 2 GmbHG n. F.

244 Durchschnittlich hat die GmbH 1,6 Gesellschafter (interne Zahl des Verbandes der Vereine Creditreform e. V. vom 27.02.2009).

245 Vgl. etwa. *Münchener Vertragshandbuch*, IV. 21., § 8 Abs. 5.

246 *Krüger*, S. 231.

247 *Krüger*, S. 231.

e. Verlustpuffer

Als Hauptargument gegen die Tauglichkeit des Stammkapitals als wirksamer Verlustpuffer wird wiederum zuerst die Höhe des gesetzlich vorgeschriebenen Stammkapitals genannt.[248] Insofern wird insbesondere auf das Verhältnis des anfänglich effektiv aufzubringenden Vermögens von 12.500 € zu dem tatsächlichen Geschäftsvolumen der Gesellschaften verwiesen. Denn bereits die anfängliche Ausstattung der meisten Unternehmen erfordere weit mehr Finanzmittel, als durch das gesetzlich vorgeschriebene Stammkapital zum Schutze der Gläubiger bereitgestellt werden.[249] Folglich werde – zumindest heute[250] – gerade kein wirksamer Schutz vor den Anfangsverlusten der Unternehmungen geleistet.[251]

Wenn aber durch das gesetzliche Mindestkapital ein derartiger Schutz nicht vermittelt werde, könne man es auch bei den bestehenden gesetzlichen Schutzmechanismen der Insolvenzordnung belassen, die für den Fall der Überschuldung zwingende Insolvenzantragspflichten vorsehen.[252] Denn der Unternehmer werde hierdurch bereits mittelbar zur Schaffung eines Verlustpuffers angehalten, der im Übrigen auch den individuellen wirtschaftlichen Risiken entspreche.[253]

Eine solche Allgemeingültigkeit und -tauglichkeit wird dem festen Mindeststammkapital als Verlustpuffer insbesondere aufgrund der Diversifizierung der Geschäftszwecke aber abgesprochen.[254] So sei es etwa evident, dass die wirtschaftlichen Risiken und die notwendige finanzielle Ausstattung einer Automobilfabrik ungleich höher seien als die einer Bananengroßhandlung.[255]

---

248 *Krüger*, S. 220 f., S. 212 unter Verweis auf den Fall der Deutschland Fernseh-GmbH; *Hachenburg/Behrens*, Einl. Rn 682; Scholz-*Winter*, § 5 Rn 2.

249 *Fischer* in AG 1959, S. 310.

250 Dass zum Zeitpunkt des Inkrafttretens des GmbHG 1892 ein solcher Schutz durch das im Verhältnis beträchtlich höhere Stammkapital noch vermittelt wurde, wird weitgehend bejaht. Bejahend: *Vetter* in ZGR 2005, S. 788 (800); *Heidinger* in DNotZ 2005, S. 97 (104); *Goette* in DStR 2005, S. 197 (198); *Oelkers* in GesRZ 2004, S. 360 (365); *Fromm*, S. 84; aA.: *Krüger*, S. 221.

251 *Krüger*, S. 221; in diesem Sinne auch: *Bauer*, S. 136 f.; *Schärtl* in GmbHR 2007, S. 345 (346) bezeichnet einen derartigen Schutz durch das Mindeststammkapital gar als *„offensichtlich unbrauchbar"*.

252 *Krüger*, S. 221; durch das MoMiG wurden die Insolvenzantragspflichten gerade in Bezug auf die Fälle der sog. „Unternehmensbestattungen" noch einmal verschärft, vgl. insofern insbesondere § 15a InsO.

253 *Derselbe*, S. 221.

254 *Derselbe*, S. 221.

255 *Lutter* in FS-Riesenfeld, S. 164 (169).

f. Stellungnahme

Zuzugeben ist den Gegnern eines gesetzlich fixierten Mindeststammkapitals, dass spätestens mit dem Inkrafttreten des MoMiG zum 01.11.2008 eine Seriositätsfunktion des Stammkapitals Rechtsgeschichte ist. Der gesetzgeberische Wille bestand ursprünglich darin, durch die persönliche Aufbringung des Stammkapitals eine Verhaltenssteuerung der Beteiligten derart zu schaffen, dass diese *„zumindest ein gewisses Interesse an den Schicksalen des gemeinsamen Unternehmens“*“[256] haben. Hierbei sah der Gesetzgeber mehr in der Aufbringung der einzelnen Stammeinlagen durch die Gesellschafter denn in der Erbringung des Stammkapitals als Gesamtheit die Seriositätsschwelle. Mit dem MoMiG müssen die Gesellschafter allerdings nicht mehr zwingend ihre Stammeinlagen übernehmen.[257] Eine persönliche Spürbarkeit der Gründung ist insofern für den einzelnen Gesellschafter nicht mehr gewährleistet. Freilich war eine verhaltenssteuernde Funktion bereits zuvor höchst zweifelhaft, denn ob diese durch eine persönliche Mindeststammeinlage von 100 € noch entfaltet werden konnte, dürfte zu Recht infrage gestellt worden sein.

Ausgangspunkt für die Kritik an den Funktionen des Stammkapitals als Verlustpuffer sowie als Soliditätsindiz ist im Kern jeweils, dass bezweifelt wird, dass das Stammkapital wirksam einer Insolvenz der Unternehmung vorbeugen kann.[258] Angeführt werden in diesem Zusammenhang insbesondere die Insolvenzstatistiken der GmbH für den Zeitraum um die GmbH-Reform 1980. Diese vermögen als Beleg für eine Untauglichkeit des Stammkapitals als Schutz gegen Unternehmensinsolvenzen bei einer näheren Betrachtung allerdings nicht zu überzeugen. Richtig ist zwar, dass es sowohl zu einem absoluten als auch einem relativen Anstieg der Insolvenzen der GmbH in dem relevanten Zeitraum 1979–1981[259] kam. Gleichwohl ist der von den Gegnern des Stammkapitals daraus gefolgerte Schluss keinesfalls denklogisch, wie es bei einer oberflächlichen Betrachtung der isolierten Zahlen noch erscheinen mag. Zunächst kam es in dem betreffenden Zeitraum

256 Entwurf eines Gesetzes betreffend die Gesellschaft mit beschränkter Haftung nebst Begründung, Anlage B, Auszug aus dem von den preußischen Handelskammern und kaufmännischen Kooperationen erstatteten Gutachten, Berlin 1892, S. 40, zu § 5.

257 § 5 Abs. 2 GmbHG a. F.: *„Kein Gesellschafter kann bei Errichtung der Gesellschaft mehrere Stammeinlagen übernehmen.*“; § 5 Abs. 2 S. 2 GmbHG n. F.: *„Ein Gesellschafter kann bei Errichtung der Gesellschaft mehrere Stammeinlagen übernehmen*“ (Hervorhebungen durch den Verfasser).

258 Vgl. insofern etwa: *Krüger*, S. 225 ff., 221; *Bauer*, S. 113 ff.

259 1979: 2383 Insolvenzen; 1980: 3038 Insolvenzen; 1981: 4296 Insolvenzen (Statistisches Bundesamt, WiSta 2/1981, S. 105; Wista 1982, S. 98); auch relativ kam es zu einem Anstieg der Insolvenzen: 1979: 112 v. 10.000; 1980: 126 v. 10.000; 1981 158 v. 10.000 (Statistisches Bundesamt WiSta 2/1981 105).

insgesamt zu einem Anstieg von Unternehmensinsolvenzen mit der Folge, dass bei allen Rechtsformen gleichermaßen die Insolvenzzahlen anstiegen.[260] Zudem galten nach der GmbH-Reform 1980 gem. Art. 12 Übergangsregelungen. Zwar sah das Gesetz bei der Anhebung des Mindeststammkapitals von 20.000 DM auf 50.000 DM keine Ausnahmen vor, so dass die Neuregelung sowohl neue als auch bestehende GmbH's traf. Den bestehenden Gesellschaften mit einem Stammkapital von weniger als 50.000 DM[261] wurde allerdings eine Übergangszeit zur Anhebung des Stammkapitals bis zum 31.12.1985 eingeräumt.[262] Insofern lassen die Insolvenzstatistiken von 1980 und 1981 zumindest für bereits bestehende Unternehmen keine Rückschlüsse zu. Insolvenzen von neugegründeten Gesellschaften, für die bereits das erhöhte Stammkapital galt, konnten hingegen für 1980 und auch für 1981 aufgrund der kurzen Geltungsdauer der GmbH-Reform 1980 nur einen äußerst geringen Einfluss auf die Insolvenzstatistiken haben. Im Übrigen ist die allgemeine Insolvenzquote in den ersten beiden Jahren nach Gründung bereits allgemein äußerst gering.[263] Zusammenfassend lassen sich aus den genannten Statistiken keine belastbaren Aussagen über die Tauglichkeit des Stammkapitals zur Vermeidung von Unternehmensinsolvenzen herleiten.

Ein längerfristiger Vergleich von Insolvenzquoten belegt hingegen, dass haftungsbeschränkte Rechtsformen weitaus insolvenzanfälliger sind als Einzelunternehmen und „klassische“[264] Personengesellschaften.[265] Die Befürchtung der

260 1979: 2383 Insolvenzen; 1980: 3038 Insolvenzen; 1981: 4296 Insolvenzen (Statistisches Bundesamt, WiSta 2/1981, S. 105; Wista 1982, S. 98); auch relativ kam es zu einem Anstieg der Insolvenzen: 1979: 112 v. 10.000; 1980: 126 v. 10.000; 1981 158 v. 10.000 (Statistisches Bundesamt WiSta 2/1981 105).

261 Das betraf ungefähr 2/3 aller bestehenden GmbH's, vgl. Hachenburg-*Ulmer*, 7. Auflage, Anh. zu § 30 Rn 8.

262 Bis zu diesem Zeitpunkt mussten die Gesellschaften einen Gesellschafterbeschluss über die Erhöhung des Stammkapitals oder die Umwandlung der Gesellschaft zur Eintragung in das Handelsregister angemeldet haben, andernfalls wurden sie mit dem dem Ablauf des Stichtages aufgelöst, Vgl. Art. 12 § 1 Abs. 1 der Novelle, abgedruckt bei: *Gersch/Herget/Marsch/Stützle*, S. 249 ff. (269).

263 Zwar ist im Allgemeinen gut ein Drittel der insolventen Unternehmen nicht älter als drei Jahre, hierbei ist nach statistischen Erhebungen allerdings das dritte Jahr das deutlich insolvenzanfälligste, vgl. insofern *Gösche* Insolvenzen und wirtschaftlicher Wandel, 1985, S. 44.; nach Zahlen der Creditreform Wirtschaftsdatenbank liegt die Insolvenzquote im ersten Jahr bei 39, im zweiten Jahr bei 134 und im dritten Jahr bei 287 (von 10.000).

264 Die „kombinierte“ Rechtsform der GmbH & Co. KG ist zwar stabiler als die Kapitalgesellschaften, aber gleichfalls überdurchschnittlich insolvenzanfällig.

265 Vgl. insofern die jährlichen Insolvenzstatistiken der WiSta sowie des Statistischen Bundesamtes mit einer Aufschlüsselung nach Rechtsformen der Unternehmensinsolvenzen. Eine Langzeitstatistik ist abgedruckt bei: *Meyer* in GmbHR 2004, S. 1417 (1422). So ergab sich bezogen auf 10.000 Unternehmen folgende Insolvenzhäufigkeit: Einzelunternehmen: 67; Personengesellschaften: 60; GmbH: 146; KG aA und AG: 160.

Befürworter eines Mindeststammkapitals, dass die Gesellschafter der GmbH aufgrund der Haftungsbeschränkung zu weniger überlegten und deshalb risikoreicheren Geschäften neigen, ist vor diesem Hintergrund berechtigt. Einzeluntersuchungen zu GmbH-Insolvenzen haben gezeigt, dass gerade Gesellschaften, die lediglich mit dem Mindeststammkapital gegründet wurden, zu Insolvenzen neigen.[266] Die Stimmen in der Literatur, die einen Zusammenhang von Eigenkapitalhöhe und Insolvenzwahrscheinlichkeit bezweifeln[267], stehen damit im Widerspruch zu der statistisch erfassten Realität. Denn diese Statistiken lassen im Umkehrschluss die Vermutung zu, dass eine Verbindung zwischen Stammkapital und Insolvenzwahrscheinlichkeit besteht.[268] Ein aussagekräftiges Szenario zum Einfluss des Stammkapitals auf die Lebensdauer einer Unternehmung bieten nach der hier vertretenen Ansicht insbesondere die Insolvenzstatistik der „private company limited by shares“[269] in Deutschland und ein Vergleich dieser Insolvenzzahlen mit denen der sonstigen Rechtsformen. So wiesen die Zahlen für Unternehmensinsolvenzen von „sonstigen Gesellschaften“ in der nach Rechtsformen gegliederten Übersicht des Statistischen Bundesamtes im Jahr 2007 erstmals die höchste Quote aller Rechtsformen auf, nachdem diese Gruppe im Jahr 2002 noch neben den Einzelkaufleuten die geringste Insolvenzanfälligkeit hatte. Die Veränderung dieses Bildes wird eindeutig der Ltd. zugeordnet, da die einzige ansonsten nennenswerte Gesellschaftsform in der betreffenden Gruppe die eingetragene Genossenschaft ist, die als eine der beständigsten Rechtsformen überhaupt gilt. Bestätigt wird diese Einschätzung auch durch einen Vergleich der Geschäftseinstellungsquoten von GmbH und Limited. Während die Quote bei der Limited nach aktuellen Zahlen bei ca. 30 % liegt, beläuft sich der Anteil der nicht mehr aktiven bzw. gelöschten GmbH's an allen jemals eingetragenen Unternehmen dieser Rechtsform auf lediglich 12 %.[270] Aggraviert wird dieses bereits deutliche Ergebnis, wenn man die Zahlen genauer betrachtet. So wird die Statistik deutlich dadurch geschönigt, dass die Limited als Gesellschaftsform in Deutschland sehr jung ist. Ihre gründungsstärksten Jahrgänge in Deutschland waren die Jahre 2005 und 2006.[271] Berücksichtigt man, dass statistisch gesehen

266 Morstiefer/Rödl/Mischon-*Rödl*, S. 22 (30); Creditreform Jahresbericht 1981, S. 13.

267 *Krüger*, S. 226 unter Verweis auf: *Schneider* in DB 1986, 2293 ff.; *Rogusch*, S. 243 ff.; *Büschgen* in BFuP 1975, S: 93 (101 ff.).

268 So liegt die Insolvenzwahrscheinlichkeit von Kapitalgesellschaften, die mit dem Mindestkapital gegründet wurden, im Allgemeinen mit 2,4 % erheblich höher als die von besser kapitalisierten Gesellschaften mit 1,5 %, vgl. *Engel/Kohn/Sahm/Spengler* in KfW,Creditreform, IfM, RWI, ZEW (Hrsg.), MittelstandsMonitor 2008, S. 78.

269 Kurz: Limited oder Ltd.

270 *Engel/Kohn/Sahm/Spengler* in MittelstandsMonitor 2008, S. 37 (74).

271 2005: 5253; 2006: 6697; Zahlen bei *Engel/Kohn/Sahm/Spengler* in MittelstandsMonitor 2008, S. 37 (71).

die Unternehmensinsolvenzen in den ersten beiden Jahren nach Gründung relativ gering sind, dürfte sich die Quote der Betriebsaufgaben bei der Limited in Zukunft erheblich erhöhen.[272] Gestützt wird diese Annahme durch einen Blick auf den Anteil der Betriebsaufgaben in dem ersten starken Gründungsjahrgang der Limited in Deutschland, 2003, als die Quote der Geschäftseinstellungen bereits bei 53 % lag.

Nicht aussagekräftig sind nach der hier vertretenen Ansicht hingegen die Vergleiche mit den insofern mangels Trennung undifferenzierten Insolvenzstatistiken in anderen Volkswirtschaften, etwa für die „corporations" in den USA[273] oder die Limited in England[274].[275] Solche Vergleiche lassen nicht nur außer Betracht, dass für gleiche Zeiträume in den betreffenden Staaten vollkommen unterschiedliche gesamtwirtschaftliche Ausgangslagen herrschten, sondern auch, dass aufgrund der unterschiedlichen Struktur des Gesellschaftsrechts[276] derartige Statistiken keine verwertbaren Aussagen zur Funktionsfähigkeit des Stammkapitals zulassen. Eine aussagefähige Vergleichbarkeit bietet hingegen eine Zusammenschau der Insolvenzzahlen und Betriebsaufgaben der in Deutschland agierenden Rechtsformen unter Einbeziehung der Limited und zukünftig vor allem der UG.

Sieht man von den Gründungskosten einschließlich des aufzubringenden Stammkapitals und der Gründungsdauer[277] ab, ist die Gründung einer Ltd. für einen in Deutschland tätigen Unternehmer mit keinen nennenswerten Vorteilen verbunden. Vielmehr begibt er sich mit dem englischen Recht regelmäßig in eine unbekannte Rechtsordnung und damit auch in eine komplizierte – weil fremdsprachliche – Behördenkommunikation, die sich etwa in der Pflicht zur jährlichen Einreichung einer Jahresbilanz sowie einer Gewinn- und Verlustrechnung in englischer Sprache niederschlägt, was regelmäßig mit zusätzlichen Kosten verbunden ist. Dass die geringe Grundausstattung der Limited bei gleichzeitiger Haftungsbeschränkung ein entscheidendes Kriterium für die Wahl dieser

272 Stichtag für die hier verwerteten Daten der Creditreform war der 11.09.2007.

273 So aber *Krüger*, der zum Beleg des mangelnden Einflusses des Stammkapitals auf die Insolvenzanfälligkeit etwa unterstützend darauf verweist, dass die Insolvenzhäufigkeit bei corporations in den USA 1989 bei 65 von 10.000 lag, während die Zahl für GmbH's in Deutschland bei 134 von 10.000 lag.

274 So aber offenbar: *Dannemann* in Schröder, S. 11 (17 ff.).

275 Ebenso: *Wilhelmi* in GmbHR 2006, S. 13 (15); *Fleischer* in DStR 2000, S: 1015 (1019); *Eidenmüller/Engert* in GmbHR 2005, S. 43 (437).

276 Der Vergleich mit der Insolvenzanfälligkeit der Limited in England hinkt schon deswegen, weil es dort kein derart differenziertes Bild an Rechtsformen gibt und die Limited dort offenbar auch diejenigen Unternehmen umfasst, die in Deutschland als Einzelkaufmann oder Personengesellschaft betrieben werden, ebenso: *Dannemann* in Schröder, S. 11 (17 f.); *Wilhelmi* in GmbHR 2006, S. 13 (15).

277 Das MoMiG hat insofern freilich erhebliche Erleichterung für die GmbH-Gründung gebracht.

Rechtsform in Deutschland war bzw. ist, wird dadurch bestätigt, dass die weit überwiegende Zahl der in Deutschland gegründeten Limiteds mit einem Grundkapital von unter 100 Pfund ausgestattet ist.[278] Als Gründe für eine Anfälligkeit der Limited eignen sich neben ihrer tatsächlich geringen Grundausstattung ihre vorgenannten Besonderheiten aber allesamt nicht. Zusammenfassend kann deshalb davon ausgegangen werden, dass das maßgebliche Kriterium für die Anfälligkeit der Ltd. in Deutschland die fehlende Verpflichtung zur Aufbringung eines Stammkapitals unter gleichzeitiger Zuerkennung der Haftungsbeschränkung ist.

Betrachtet man nun die konkrete Insolvenzanfälligkeit der Ltd. im Vergleich zu den anderen Kapitalgesellschaften in Deutschland, ergibt sich ein deutliches Bild: Für die GmbH & Co. KG ergab sich 2009 eine Insolvenzhäufigkeit von 89,04 von 10.000, der GmbH von 148,52 von 10.000, der AG von 189,77 von 10.000, während die Ltd. eine Häufigkeit von 329,97 von 10.000 aufwies.[279] Damit ist die Insolvenzhäufigkeit der Ltd. die mit Abstand größte. Die wirtschaftlichen Rahmenbedingungen der hier im Vergleich stehenden Unternehmungen waren im Wesentlichen identisch, da die einbezogenen Zahlen Unternehmungen mit tatsächlichem Sitz in Deutschland betreffen. Gegen eine derartige Schlussfolgerung könnte eingewandt werden, dass Insolvenzen stets durch eine Vielzahl von Faktoren beeinflusst werden. Genannt werden in diesem Zusammenhang stets individuelle Defizite in der Unternehmensführung, die Bedeutung der Risikodiversifizierung und die Branchenzugehörigkeit.[280] All diesen Faktoren kann ein Einfluss zwar nicht grundsätzlich abgesprochen werden. Allerdings handelt es sich hierbei vornehmlich um einzelfallbezogene Einflüsse, die einerseits alle Gruppen gleichermaßen treffen[281] und andererseits schwer fremdsteuerbar sind.[282] Das erste und wichtigste Formerfordernis des positiven Rechts ist allerdings die Forderung nach einer Allgemeinheit des Gesetzes.[283] Denn die Kernaufgabe eines Gesetzgebers besteht stets darin, dass er „nicht nach dem Einzelfall, sondern zukunfts-

278 Nur 17% der neu gegründeten Limited's weisen eine Kapitaleinlage von mehr als 1.000 € auf (interne Zahl des Verbandes der Vereine Creditreform e. V. vom 27.02.2009).

279 Diese Statistik beruht auf internen Zahlen des Verbandes der Vereine Creditreform e. V. Sie setzt sich zusammen aus den absoluten Insolvenzzahlen der betroffenen Unternehmen im Jahre 2009 und den Unternehmensbestandszahlen zum 30.05.2010. Die hierbei entstehenden Ungenauigkeiten sind derart gering, dass sie sich im Bereich der zweiten Nachkommerstelle auswirken.

280 *Meyer* in GmbHR 2002, S. 242 (254); *Büschgen* in GmbHR 1974, S. 45 (49 f.); *Fromm*, S. 82; *Klose-Mokroß*, S. 69.

281 Andernfalls müsste man Gründern einer Limited eine besondere Nachlässigkeit zusprechen.

282 Der deutsche Gesetzgeber hat indessen versucht, insofern regelnd einzugreifen, als er zumindest von der Geschäftsführerstellung gewisse Personengruppen mit der Einführung des MoMiG ausgeschlossen hat, vgl. § 6 Abs. 2 S. 2 GmbHG.

283 *Röhl/Röhl*, S. 299.

orientiert und für die Allgemeinheit entscheidet"[284]. Es ist zuzugeben, dass böswillige oder sonst unbelehrbare Unternehmer durch ein Stammkapital nicht davon abgehalten werden, unverantwortliche Entscheidungen zu treffen, wie es etwa gegen eine verhaltenssteuernde Wirkung des Stammkapitals vorgebracht wird. Dies betrifft aber den Einzelfall. In der Allgemeinheit kann dem Stammkapital bei einer Betrachtung der vorgenannten Insolvenzzahlen hingegen ein positiver Einfluss auf die Insolvenzanfälligkeit von Kapitalgesellschaften nicht abgesprochen werden.[285]

Ebenfalls ist zuzugeben, dass etwa das gegenwärtige Stammkapital von 25.000 € in aller Regel unter dem tatsächlichen Eigenkapitalbedarf der meisten Unternehmungen liegen dürfte.[286] Das ist seiner allgemeinen Schutzfunktion allerdings nicht abträglich. Zwar würden die Wirkungen des Mindestkapitals mit seiner Höhe ansteigen.[287] Dass es überhaupt wirkt, setzt jedoch nicht voraus, dass es sich um das bei individueller Betrachtung betriebswirtschaftlich optimale Mindestkapital handelt. Zudem besteht die Zielsetzung des Stammkapitals nicht darin, einen vollständigen Schutz der Gläubiger zu gewährleisten.[288] Ein solcher vollständiger Schutz ist einerseits unrealistisch und kann selbst bei einer persönlichen Haftung der Gesellschafter nicht sichergestellt werden.[289] Schließlich soll dem Gläubiger nur ein hinnehmbarer Ausgleich für die Haftungsbeschränkung der Gesellschafter verschafft werden.

Fraglich bleibt schließlich, ob das Stammkapital bei einer Abwägung der betroffenen Interessen einen gangbaren Weg zum Gläubigerschutz darstellt oder diesem sonstige Wertungsgesichtspunkte entgegenstehen. So wird teilweise die Ansicht vertreten, dass den Vorteilen, die das Mindestkapital für die Gläubiger

---

284 *Aristoteles,* Rhetorik, 1354b.

285 In diesem Sinne auch: *Niemeier* in ZIP 2007, S. 1794 (1799 ff.); ähnlich auch *Priester* in Die GmbH-Reform in der Diskussion, S. 1 (8); *Priester* in ZIP 2005, S. 921 ff.

286 Ebenso: *Meyer/Hermes* in GmbHR 2005, S. 807 (811).

287 Für eine derartige These sprechen im Übrigen auch interne Statistiken der Creditreform Rating AG, wonach die Insolvenzwahrscheinlichkeit bei Kapitalgesellschaften, deren Grundausstattung den Betrag des gesetzlichen Mindestkapitals nicht übersteigt, mit 2,37 % erheblich höher ist als von solchen, die besser kapitalisiert sind (1,54 %), zitiert bei: *Engert* in GmbHR 2007, S. 337 (339).

288 So schon der historische Gesetzgeber, dessen Ziel es lediglich war, „[...] *die Entstehung einer Ueberzahl unbedeutender und ungenügend fundirter Gesellschaftsbildungen zu verhueten* [...]" und andererseits „[...] *ein gewisses Interesse der Theilnehmer an den Schicksalen des gemeinsamen Unternehmens zu gewährleisten [...]",* vgl. Entwurf eines Gesetzes betreffend die Gesellschaft mit beschränkter Haftung nebst Begründung, Anlage B, Auszug aus dem von den preußischen Handelskammern und kaufmännischen Kooperationen erstatteten Gutachten, Berlin 1892, S. 40, zu § 5.

289 Ebenso: *Wilhelmi* in GmbHR 2006, S. 13 (20).

bietet, unverhältnismäßige Nachteile[290] bei der Gründung einer Kapitalgesellschaft gegenüberstünden und es deshalb abzulehnen sei.[291] So wurde im Rahmen der Diskussionen um das MoMiG angeführt, Jungunternehmer, die noch keine größeren Summen aufbringen könnten, würden durch das Stammkapitalerfordernis von der Kapitalgesellschaft ausgeschlossen.[292] Derartige Überlegungen sind jedoch spätestens[293] seit der Einführung der haftungsbeschränkten Unternehmergesellschaft[294] überflüssig und stehen der Beibehaltung des Stammkapitals bei der GmbH nicht mehr entgegen.[295]

Andererseits stellt das Stammkapital bei der GmbH als wirtschaftsethische Minimalbedingung sicher, dass eine unternehmerische Betätigung nicht gänzlich so verläuft, dass Erfolg dem Unternehmer, Misserfolg dagegen ausschließlich dem Rechtsverkehr zufällt. Es verkörpert bei der GmbH den kontinentaleuropäischen Gedanken des „legal capital". Insofern stellt das Stammkapital keinesfalls eine nicht hinnehmbare Hürde auf dem Weg zu unternehmerischer Tätigkeit dar, sondern bietet – gerade ob des mit 12.500 € tatsächlich aufzubringenden Kapitals, das der Gesellschaft zudem als Arbeitskapital zur Verfügung steht – auch unter rechtsethischen Gesichtspunkten einen gesunden Ausgleich der widerstreitenden Interessen.

---

290 Genannt wird in diesem Zusammenhang insbesondere: Kleine und mittlere Unternehmen, die keine entsprechenden Mittel zur Verfügung haben, werden von der Kapitalgesellschaft ausgeschlossen (*Krüger*, S. 257); Wettbewerb würde verhindert.

291 *Mülbert* in Der Konzern 2004, S. 151 (154); *Haas* in DStR 2006, S. 993 (997, 999).

292 *Krüger*, S. 256 unter Verweis auf *Escher-Weingart*, S. 16.

293 Bereits zuvor besaßen Unternehmensgründer die Möglichkeit, mit der Ltd. eine Kapitalgesellschaft mit einem Pfund Mindesteinlage zu gründen; ebenfalls ließen Kritiker des Stammkapitals häufig unerwähnt, dass daneben stets der Weg einer Personengesellschaft möglich ist. In diesem Zusammenhang wurde auch die Frage aufgeworfen, ob für eine Unternehmung, die nicht in der Lage ist, die tatsächlich erforderlichen 12.500 € für eine Haftungsbeschränkung zu finanzieren, der Weg einer persönlichen Haftung sowieso angemessener ist, vgl. insofern *Eidenmüller/Engert* in GmbHR 2005, S. 433 (437 f.).

294 § 5a GmbHG n. F.; die Unternehmergesellschaft versucht den Interessenkonflikt „Gläubigerschutz" versus „Förderung von Unternehmensgründungen" durch die Thesaurierungspflicht zu lösen; ob diese den erhofften Gläubigerschutz tatsächlich schafft, ist angesichts der leichten Umgehungsmöglichkeiten („Anhebung des Geschäftsführergehalts") zu bezweifeln, vgl. hierzu ausführlich: *Klose* in GmbHR 2009, S. 294ff; *Veil* in GmbHR 2007, S. 1080 (1083).

295 In diesem Sinne auch: Begründung des Rechtsausschusses zur Beschlussempfehlung des Bundesrates zum MoMiG vom 24.06.2008, BT-Drs. 16/9737, S. 94.

4. Zwischenergebnis

Im Resümee ist festzustellen, dass dem Stammkapital nach wie vor eine wichtige Gläubigerschutzfunktion zukommt. Es dient weiterhin als wirtschaftliches Soliditätsindiz und Verlustpuffer und erfüllt eine Risikobeteiligungsfunktion, alles mit dem Ziel, vorschnelle Insolvenzen zu verhindern.

IV. Kapitalaufbringung und -erhaltung

Gesichert wird die Existenz des Mindestkapitals einerseits durch das Prinzip der Kapitalaufbringung und andererseits durch das Prinzip der Kapitalerhaltung.[296] Diese Instrumentarien sollen das Vertrauen der Gläubiger auf das Vorhandensein des ausgewiesenen Kapitals schützen und einen unkontrollierten Abfluss an die Gesellschafter verhindern.

1. Kapitalaufbringung

Das Prinzip der Kapitalaufbringung gewährleistet, dass ein dem Grund- bzw. Stammkapital entsprechendes Vermögen tatsächlich aufgebracht wird. Sichergestellt wird es durch ein System von Schutzvorschriften.[297]

So darf die Anmeldung der Gesellschaft gem. § 7 Abs. 2 GmbHG erst erfolgen, wenn die Hälfte des Mindeststammkapitals gem. § 5 Abs. 1 GmbHG, also 12.500 EUR, aufgebracht worden ist.[298] Das Gericht kann zur Kontrolle die Vorlage von Einzahlungsbelegen verlangen.[299] Dies nach dem MoMiG indessen nur, wenn das Gericht im Rahmen der Prüfung nach § 9c GmbHG erhebliche Zweifel an der Richtigkeit der Angaben hat. Werden Sacheinlagen geleistet, muss für das Gericht nachprüfbar sein, dass diese die angegebene Werthaltigkeit haben,

---

296 Vgl. hierzu etwa: *Schärtl* in GmbHR 2007, S. 344 (346).

297 Kapitalaufbringungsvorschriften sind bei der GmbH: die Übernahme von Stammeinlagen in Höhe des vollen Stammkapitals durch die Gesellschafter bei der Gründung (§§ 3 Abs. 1, 5 GmbHG); die Vorschriften über die Sachgründung (§§ 5 Abs. 4, 7- 9, 9c, 10, 19 GmbHG); die Mindesteinlagepflicht vor der Anmeldung der Gesellschaft zum Handelsregister (§ 7 Abs. 2 GmbHG); Regelungen zur Leistung auf die Stammeinlage(§§ 19–23 GmbHG); Ausfallhaftung der Gesellschafter bei nicht zu erbringenden Einlagen (§ 24 GmbHG).

298 Die Fälligkeit der Reststammeinlage ergibt sich vorrangig aus dem Gesellschaftsvertrag. Ist kein fester Zahlungstermin bestimmt, so werden die restlichen Bareinlagen erst fällig, wenn die Gesellschafter die Einforderung beschließen, § 46 Nr. 2 GmbHG.

299 § 8 Abs. 2 S. 2 GmbHG.

§ 8 Abs. 1 Nr. 5 GmbHG. Erreicht der Wert der Sacheinlagen im Zeitpunkt der Anmeldung der Gesellschaft zur Eintragung nicht den Nennbetrag des dafür übernommenen Geschäftsanteils, hat der Gesellschafter in Höhe des Fehlbetrags eine Einlage in Geld zu leisten.[300] Von der Verpflichtung zur Erbringung von Einlagen kann ein Gesellschafter gem. § 19 Abs. 2 S. 1 GmbHG nicht befreit werden. Zulässig ist es hingegen, dass ein Gesellschafter mehrere Geschäftsanteile übernimmt. Die Erfüllung der Einlageverpflichtung erfordert einen vollwertigen, unbeschränkten und definitiven Vermögenszufluss an die Gesellschaft.[301] Hierbei ist auch ein „Hin- und Herzahlen" zulässig, sofern die Gesellschaft einen vollwertigen Rückgewähranspruch erhält, der jederzeit fällig ist oder werden kann.[302] Werden eingeforderte Bareinlagen nicht rechtzeitig eingezahlt, so sind gem. § 20 GmbHG Verzugszinsen zu entrichten. Nach erneuter Aufforderung kann sodann der Geschäftsanteil des säumigen Gesellschafters gem. § 21 GmbHG zugunsten der Gesellschaft verlustig erklärt werden. Soweit eine Stammeinlage weder vom Zahlungspflichtigen noch durch einen Verkauf des Geschäftsanteils gedeckt werden kann, haben die übrigen Gesellschafter den Fehlbetrag nach dem Verhältnis ihrer Geschäftsanteile aufzubringen.[303]

Wurde die Gesellschaft nicht ordnungsgemäß errichtet und angemeldet, hat das Gericht gem. § 9c Abs. 1 S. 1 GmbHG die Eintragung der GmbH in das Handelsregister abzulehnen.[304] Hierunter fällt auch die fehlerhafte Erbringung der notwendigen Stammeinlageleistungen.[305] Wurden Sacheinlagen nicht nur unwesentlich überbewertet, findet gem. § 9c Abs. 1 S. 2 GmbHG ebenfalls keine Eintragung statt.[306] Dies ist ein scharfes Schwert, weil die Eintragung in das Handelsregister für die Entstehung der GmbH gemäß § 11 Abs. 1 GmbHG konstitutiv wirkt[307] und erst mit ihr die Haftungsbeschränkung der Gesellschafter eintritt.[308]

Insgesamt bestehen in Deutschland erhebliche Schutzmechanismen zur Sicherstellung der realen Aufbringung des für die Anmeldung erforderlichen Mindeststammkapitals in Höhe von 12.500 EUR. Durch das MoMiG ist es allerdings zugunsten einer erleichterten und beschleunigten Unternehmensgründung zu einem Absinken des Schutzniveaus gekommen.

300 § 9 Abs. 1 S. 1 GmbHG.
301 Baumbach/Hueck-*Hueck/Fastrich*, § 19 Rn 16f.
302 § 19 Abs. 5 GmbHG.
303 § 24 GmbHG.
304 Für die AG: § 38 AktG.
305 Statt aller: Scholz-*Winter/Veil*, Band I, § 9c Rn 28.
306 § 9c Abs. 1 S. 2 GmbHG.
307 Statt aller: Baumbach/Hueck-*Hueck/Fastrich*, § 11 Rn 1, 2.
308 Scholz-*Schmidt*, Band I, § 11 Rn 118, 138.

2. Kapitalerhaltung

Damit der dem Stammkapital innewohnenden Garantiefunktion auch nach der erfolgten Gründung der Gesellschaft weiterhin Rechnung getragen wird, existieren Kapitalerhaltungsvorschriften. Diese sollen sicherstellen, dass das zur Erhaltung des Stammkapitals erforderliche Vermögen nicht durch Zuwendungen an die Gesellschafter geschmälert wird.

Zentrale Kapitalerhaltungsvorschrift ist § 30 GmbHG, wonach an die Gesellschafter keine Zahlungen erfolgen dürfen, wenn und soweit nicht das Gesellschaftsvermögen das Stammkapital übersteigt. Ergänzt wird diese Vorschrift durch § 31 GmbHG. Danach sind zu Unrecht empfangene Zahlungen zurückzuerstatten. Außerdem sieht § 31 Abs. 3 GmbHG eine Ausfallhaftung der übrigen Gesellschafter für uneinbringliche Rückzahlungsforderungen vor.

Besteht für das satzungsmäßige Stammkapital damit eine gewisse Bindung, existiert eine solche für Rücklagen bei der GmbH grundsätzlich nicht. Zunächst besteht gem. § 29 Abs. 2 GmbHG bei der GmbH im Unterschied zur AG im Regelfall keine Pflicht zur Bildung von Rücklagen.[309] Ferner können Rücklagen bei der GmbH grundsätzlich mangels abweichender vertraglicher Regelung ohne weiteres aufgelöst und an Gesellschafter ausgeschüttet werden.[310] Auch insofern besteht ein erheblicher Unterschied zur AG, bei der gemäß § 150 Abs. 4 AktG i. V. m. § 272 Abs. 2 Nr. 1–3 HGB die Kapitalrücklage derart strengen Regeln unterliegt, dass sich praktisch die gleiche Bindung ergibt wie beim Grundkapital.

Anderes gilt für den Fall der Kapitalherabsetzung, §§ 58 ff. GmbHG. Zweck einer Kapitalherabsetzung wird häufig die Beseitigung einer Unterbilanz (Überwiegen der Summe der Passivposten über die Summe der Aktivposten) sein.[311] Sie kann aber auch der Rückzahlung von Teilen des Stammkapitals dienen. In jedem Fall mindert die Kapitalherabsetzung die Bindung des vorhandenen Gesellschaftsvermögens durch Verringerung des Haftungsfond und stellt damit ähnlich den Fällen des § 30 GmbHG einen die Gläubigerinteressen tangierenden Vorgang dar.[312]

---

309 Eine Ausnahme besteht in den Fällen der §§ 33 GmbHG, 272 Abs. 4 HGB. Anders freilich gem. § 5a Abs. 3 GmbHG für die Unternehmergesellschaft. Bei der AG besteht hingegen gem. § 150 Abs. 1 AktG eine generelle Pflicht zur Bildung einer Rücklage, die gesetzlich gem. § 150 Abs. 2 AktG erst dann endet, wenn der in sie eingestellte Betrag und die nach § 272 Abs. 2 Nr. 1–3 HGB in die Kapitalrücklage eingestellten Beträge zusammen 10% des Grundkapitals erreichen.

310 Etwas anderes gilt für gesetzlich vorgeschriebene Rücklagen nach § 272 Abs. 2–4 HGB.

311 Baumbach/Hueck-*Zöllner*, § 58 Rn 1.

312 Roth/Altmeppen-*Roth*, § 58 Rn 1.

Zur Sicherung der Gläubiger sind diese im Falle einer ordentlichen Kapitalherabsetzung zunächst gem. § 58 Abs. 1 Nr. 1 GmbHG über den Kapitalherabsetzungsbeschluss zu informieren. Hierzu ist der Beschluss bekannt zu machen. Gläubiger, die sich daraufhin bei der Gesellschaft melden und der Kapitalherabsetzung nicht zustimmen, sind gem. § 58 Abs. 1 Nr. 2 GmbHG wegen der erhobenen Ansprüche zu befriedigen oder sicherzustellen. Erst nach erfolgter Befriedigung bzw. Sicherstellung dieser Gläubiger darf die Gesellschaft die Kapitalherabsetzung zum Handelsregister anmelden.[313] Die Anmeldung darf gem. § 58 Abs. 1 Nr. 3 GmbHG erst nach Ablauf eines Jahres seit der öffentlichen Bekanntmachung des Kapitalherabsetzungsbeschlusses erfolgen.

Anders als im beschriebenen Falle darf eine Kapitalherabsetzung zum Zwecke des Ausgleichs von Wertminderungen oder zur Deckung sonstiger Verluste gem. § 58a GmbHG vereinfacht – also ohne Beteiligung der Gläubiger – vorgenommen werden. Hintergrund ist, dass bei der Sanierung von Gesellschaften eine Kapitalherabsetzung oftmals zum Ausgleich einer Unterbilanz erforderlich wird. Die Kautelen des Gläubigerschutzes des § 58 GmbHG machen die Kapitalherabsetzung aber umständlich und schwierig und werden deshalb als hinderlich angesehen. Damit der Gläubigerschutz über § 58a GmbHG nicht umgangen werden kann, unterliegen die durch die Herabsetzung frei werdenden Beträge in den Fällen des § 58a GmbHG allerdings nach § 58b GmbHG strengen Bindungen.[314]

Zusammenfassend zeigt sich, dass die Kapitalerhaltung im GmbHG durch eine Stammkapitalbindung bezweckt wird. Sie verhindert indessen nicht, dass das Stammkapital als Haftungsfond durch operative Verluste aufgezehrt wird.[315] Auch stellt es keineswegs sicher, dass die Höhe des Stammkapitals dem individuellen Eigenbedarf der jeweiligen Unternehmung entspricht.

V. Rechnungslegungsvorschriften

Eine ebenfalls wichtige Gläubigerschutzfunktion erfüllen die Rechnungslegungsvorschriften, die für die GmbH in Ergänzung der §§ 238ff, 264 ff. HGB in

313 Vgl. § 58 Abs. 1 Nr. 4 GmbHG.

314 Gem. § 58b Abs. 1 GmbHG dürfen die aus der Auflösung frei werdenden Beträge *nur* verwandt werden, um Wertminderungen auszugleichen und sonstige Verluste zu decken. Daneben dürfen die gewonnenen Beträge in die Kapitalrücklage eingestellt werden. Auch diese Beträge unterliegen gem. § 58 Abs. 3 GmbHG strengen Bindungen. Zusammenfassend bedeutet dies, dass durch eine vereinfachte Kapitalerhöhung gewonnene Beträge nicht ausgeschüttet werden dürfen, vgl. Baumbach/Hueck-*Zöllner*, § 58bRn 3.

315 Zur Kritik hieran: *Mülbert* in Der Konzern 2004, S. 151 f.; *Schön* in Der Konzern 2004, S. 162 (165); *Kallmeyer* in GmbHR 2004, S. 377 (378); *Blaurock* in FS Raiser, S. 3 (9).

§§ 41 ff. GmbHG geregelt sind. Ziel dieser Regelungen ist es, die Informationsbelange der Gesellschaftsgläubiger, der Arbeitnehmer und sonstiger Dritter aber auch der Gesellschafter zu befriedigen.[316] So ist der Einzelabschluss Grundlage für die Bestimmung des gesellschaftsrechtlich ausschüttbaren Gewinns (§§ 30 f. GmbHG), was sowohl Interessen der Gesellschafter als auch der Gläubiger dient.[317]

Gem. §§ 238 Abs. 1 S. 1 HGB, 41 GmbHG trifft die GmbH zwingend eine Buchführungspflicht, die organschaftlich vom Geschäftsführer wahrgenommen werden muss.

Gem. §§ 242, 264 HGB, 42 GmbHG hat jede GmbH unabhängig von ihrer Größe einen aus der Bilanz sowie der Gewinn- und Verlustrechnung bestehenden und um einen Anhang erweiterten Jahresabschluss aufzustellen. Im Übrigen unterscheidet das HGB drei Klassen von Gesellschaften nach ihrer Größe und verbindet damit größenspezifisch gesteigerte Anforderungen an Intensität und Umfang der jeweiligen Pflichten.

---

316 Lutter/Hommelhoff-*Kleindiek*, Vor § 41 Rn 28; Ulmer/Habersack/Winter-*Paefgen*, Band II, § 41 Rn 2.

317 MünchKomm-*Reimer*, HGB, Band 4, § 264 Rn 18; über den Umweg des steuerrechtlichen Maßgeblichkeitsprinzips (§ 5 Abs. 1 EStG) und des zu versteuernden Gewinns verfolgt er zudem Interessen der Finanzverwaltung.

Zweiter Teil: Die Umsetzung des Gläubigerschutzes bei der grenzüberschreitenden Verschmelzung

A. Regelungssystematik der §§ 122a ff. UmwG

Gemäß § 122a Abs. 2 UmwG sind auf die Beteiligung einer inländischen Kapitalgesellschaft an einer grenzüberschreitenden Verschmelzung – nachrangig zu den §§ 122 a ff. UmwG – die Vorschriften des Ersten Teils und des Zweiten, Dritten und Vierten Abschnitts des Zweiten Teils entsprechend anzuwenden.

Der Gesetzgeber verfolgt also das Konzept, dass die innerstaatlichen Regelungen über die Verschmelzung von Kapitalgesellschaften – unter Einbeziehung aller Besonderheiten für die verschiedenen Rechtsformen – grundsätzlich auch für die grenzüberschreitenden Verschmelzungen gelten sollen.[318] Lediglich in den Fällen, in denen der Gesetzgeber wegen der besonderen Interessenlagen ergänzende bzw. abweichende Sonderregelungen für erforderlich erachtet hat, finden die §§ 122 a ff. UmwG Anwendung.

Die vorgenannten Vorschriften gelten ebenso wie die übrigen Vorschriften des UmwG nur für deutsche Rechtsträger. Auf die an einer grenzüberschreitenden Verschmelzung beteiligten Gesellschaften, die dem Recht anderer Mitgliedstaaten unterliegen, sind die Vorschriften des UmwG nicht anwendbar. Für diese gelten vielmehr die Vorschriften derjenigen Rechtsordnung, der sie unterliegen.[319]

Durch die RiLi 2005/56/EG soll im Wesentlichen gewährleistet werden, dass die Rechtsordnungen der beteiligten ausländischen Gesellschaften mit den §§ 122a ff. UmwG vergleichbare Normen enthalten und damit ein Ineinandergreifen der jeweiligen nationalen Vorschriften sichergestellt ist.[320]

318 BegrRegE, BT-Drs. 16/2919, S. 12.

319 Dies ergibt sich bereits aus dem völkergewohnheitsrechtlichen Territorialitätsprinzip. Vgl. dazu im Allgemeinen: *Herdegen*, § 26 Rn 1 ff.

320 Erwägungsgrund 1 der RiLi 2005/56/EG.

B. Der Anwendungsbereich der §§ 122a ff. UmwG

Der Anwendungsbereich der Vorschriften über die grenzüberschreitende Verschmelzung ist in §§ 122a ff. UmwG geregelt.

I. Sachlicher Anwendungsbereich

Grenzüberschreitend ist eine Verschmelzung gem. § 122a UmwG dann, wenn *mindestens* eine der beteiligten Gesellschaften dem Recht eines anderen Mitgliedstaats der Europäischen Union oder eines anderen Vertragsstaats des Abkommens über den Europäischen Wirtschaftsraum[321] unterliegt. Das „*mindestens*" bedeutet, dass auch mehrere Gesellschaften, die dem Recht eines Staates unterliegen, beteiligt sein können.[322] Keine Anwendung finden die §§ 122a ff. UmwG hingegen bei einer Verschmelzung unter Beteiligung von Gesellschaften aus Drittstaaten.[323]

1. Fallkonstellationen

Denkbar sind zwei Grundkonstellationen der grenzüberschreitenden Verschmelzung. Zunächst kann es zu einer *Herausverschmelzung* kommen, bei der eine oder mehrere Gesellschaften, die dem deutschen Recht unterliegen, auf eine ausländische Zielgesellschaft verschmolzen werden. Andererseits besteht die Möglichkeit einer Hereinverschmelzung, bei der die Zielgesellschaft dem deutschen Recht unterliegt.

Von Bedeutung ist diese Unterscheidung insbesondere deshalb, weil die §§ 122a ff. UmwG hinsichtlich ihres sachlichen Anwendungsbereichs teilweise ausschließlich auf die Fälle der Herausverschmelzung anwendbar sind. Dies betrifft insbesondere die unter Gläubigerschutzgesichtspunkten relevanten Vorschriften der §§ 122j,[324]

321 Veröffentlicht in ABl. EU Nr. 1 vom 03.01.1994, S. 3.

322 Schmidt/Hörtnagl/Stratz-*Hörtnagl*, § 122a Rn 8.

323 Eine derartige Verschmelzung wäre nach dem bloßen Wortlaut des § 122a Abs. 1 UmwG zwar möglich; § 122b Abs. 1 UmwG stellt allerdings klar, dass eine Verschmelzung unter Beteiligung von Gesellschaften, die dem Recht eines Drittstaates unterliegen, nicht möglich ist; vgl. hierzu auch die Stellungnahme der *Centrale für GmbH Dr. Otto Schmidt* zum Referentenentwurf in GmbHR 2006, S. 418 (419).

324 Siehe hierzu ausführlich unter: Zweiter Teil D. I. 5.

122k Abs. 1 S. 3, Abs. 2 S. 4,[325] 314a[326] UmwG. Die Fälle der Hereinverschmelzung und somit auch der Gläubigerschutz regeln sich für diese Bereiche über § 122 a Abs. 2 UmwG nach den Vorschriften über die innerstaatliche Verschmelzung.

2. „NewCo-Fälle“

Umstritten ist, ob der vorgenannte Anwendungsbereich auch Fallkonstellationen erfasst, bei denen sämtliche übertragende Gesellschaften dem Recht desselben Mitgliedstaates unterliegen und nur die durch die Verschmelzung gegründete neue Gesellschaft einer anderen Rechtsordnung unterliegt (sogenannte „NewCo-Fälle“[327]).

Insofern wird teilweise die Auffassung vertreten, dass derartige Fallkonstellationen nicht vom Anwendungsbereich der §§ 122a ff. UmwG umfasst seien, da es an einer „Beteiligung“ zweier Gesellschaften aus verschiedenen Mitgliedstaaten i. S. v. § 122 a UmwG mangele.[328] Begründet wird diese Ablehnung damit, dass der Zweck der Einschränkung unter anderem darin liege, Kollisionen mit dem Regelungsbereich der in der Entstehung befindlichen Sitzverlegungsrichtlinie zu vermeiden.[329] Ebenfalls entspreche der sachliche Anwendungsbereich der §§ 122a ff. UmwG dem der Richtlinie.[330] Art. 1 RiLi 2005/56/EG verlange allerdings, dass zwei der beteiligten Gesellschaften, die bereits gegründet worden sind, dem Recht verschiedener Staaten unterliegen.[331]

Demgegenüber wird vom überwiegenden Schrifttum die Ansicht vertreten, dass diese Fallkonstellation vom sachlichen Anwendungsbereich der §§ 122a ff. UmwG erfasst werde. Hierfür wird auf den von der Richtlinie abweichenden Wortlaut des UmwG verwiesen. Auch entspreche ein derartiges Verständnis dem Willen des Gesetzgebers, da der von der Richtlinie abweichende Gesetzeswortlaut während des Gesetzgebungsverfahrens bereits im Schrifttum diskutiert worden sei.[332]

---

325 Siehe hierzu ausführlich unter: Zweiter Teil D. I. 6. a.

326 Siehe hierzu ausführlich unter: Zweiter Teil D. I. 6. a bb (3).

327 Begriff bei: Lutter-*Bayer*, § 122a Rn 25.

328 *Kleinhenz*, S. 238; *Oechsler* in NZG 2006, S. 161 (166); *Spahlinger/Wengen* in NZG 2006 S. 721 (722); Widmann/Mayer-*Heckschen*, § 122a UmwG Rn 72.

329 Für die Richtlinie: *Oechsler* in NZG 2006, S. 161 (166).

330 Hierfür spricht die Begründung des Regierungsentwurfs, vgl. BegrRegE, BT-Drs. 16/2919, S. 14.

331 Eine derartige Auslegung befürwortend: Kleinhenz, S. 238; Lutter-*Bayer*, § 122a Rn 25 f.; *Spahinger/Wengen* in NZG 2006, S. 721 (722); *Winter* in Der Konzern 2007, S. 24 (27); Widmann//Mayer-*Heckschen*, § 122a UmwG Rn 6, 55; *Frenzel*, S. 127 f.; *Frenzel* in RIW 2008, S. 12 (14).

332 Lutter-*Bayer*, § 122a Rn 26.

Schließlich müsse man im Wege einer gemeinschaftsrechtskonformen Auslegung zu dem Ergebnis gelangen, dass derartige Verschmelzungen möglich seien.

In der Tat spricht der Wortlaut des § 122a Abs. 1 UmwG – insbesondere gegenüber dem insofern enger formulierten Art. 1 RiLi 2005/56/EG – für eine Einbeziehung der hier diskutierten Fälle der Verschmelzung durch Neugründung. Denn § 122a Abs. 1 UmwG verlangt lediglich, dass „mindestens eine der *beteiligten* Gesellschaften dem Recht eines anderen Mitgliedstaats [...] unterliegt." Dies trifft auf die „NewCo-Fälle" zu. Für ein derartiges Verständnis streitet auch die Gesetzessystematik. Denn *beteiligt* ist an der Verschmelzung gemäß § 122 b Abs. 1 UmwG ausdrücklich neben der übertragenden und der übernehmenden auch die „neue Gesellschaft". Außerdem steht eine derartige Auslegung im Einklang mit dem Sinn und Zweck des Gesetzes. Denn Aufgabe der § 122a ff. UmwG ist es, die Verschmelzungsrichtlinie in das deutsche Recht umzusetzen.[333] Die Richtlinie wiederum verfolgt den Zweck, die Verschmelzung von europäischen Kapitalgesellschaften zu erleichtern, um so zur Vollendung und zum reibungslosen Funktionieren des europäischen Binnenmarktes beizutragen.[334] Selbst wenn man davon ausginge, dass die hier diskutierte Fallkonstellation nicht vom Regelungsbereich der Richtlinie erfasst wird, würde eine derartige überschießende Umsetzung der Intention des Richtliniengebers entsprechen und wäre in jedem Fall europarechtskonform.[335] Im Gegensatz hierzu existieren keinerlei Gründe, im Wege einer einschränkenden Auslegung bzw. einer teleologischen Reduktion des Gesetzes die „NewCo-Fälle" vom Anwendungsbereich der Vorschriften über die grenzüberschreitende Verschmelzung auszuschließen. Denn die diskutierte Fallkonstellation weist keinei Besonderheiten auf, die einen Ausschluss dieser Gruppe vom Anwendungsbereich der § 122 a ff. UmwG rechtfertigen würden. Insbesondere ist nicht zu befürchten, dass es zu Widersprüchen mit der in der Entstehung befindlichen Sitzverlegungsrichtlinie kommt. Vielmehr besteht auch für die „NewCo-Fälle" dasselbe Bedürfnis der Schaffung eines rechtlichen Rahmens, um diese Form der unternehmerischen Kooperation bzw. Reorganisation innerhalb der Gemeinschaft zu ermöglichen. Diesem Ergebnis steht es letztlich auch nicht entgegen, dass sich aus den Gesetzesmaterialien entnehmen

333 BegRegE, BT-Drs. 16/2919, S. 11.

334 Erwägungsgrund 1 der RiLi 2005/56/EG.

335 Vorliegend würde es sich um eine Ausdehnung des Anwendungsbereichs der Richtlinie auf ein Gebiet handeln, welches durch die Unionsrichtlinie selbst nicht harmonisiert und damit in alleiniger Regelungsverantwortung der Mitgliedstaaten verblieben ist. Eine solche überschießende nationale Umsetzung ist grundsätzlich dann zulässig, wenn durch sie das durch die Richtlinie angestrebte Ziel der Rechtsangleichung nicht gefährdet wird; auch im Übrigen müssen die zusätzlich getroffenen mitgliedstaatlichen Maßnahmen mit dem Gemeinschaftsrecht vereinbar sein. Diese Voraussetzungen sind bei den §§ 122 a UmwG unproblematisch erfüllt. Zur überschießenden Richtlinienumsetzung im Allgemeinen: *Habersack/Mayer* in JZ 1999, S. 913 ff.; *Schwarze,* S. 4.

lässt, dass der Gesetzgeber in diesem Punkt keine überschießende Umsetzung der Richtlinie intendierte.[336]

Im Ergebnis sind also die §§ 122 a ff. UmwG auch auf die Fälle der Verschmelzung durch Neugründung anzuwenden, in denen erst die Zielgesellschaft dem Recht eines anderen Mitgliedstaates unterliegt.

II. Räumlicher Anwendungsbereich

Wann allerdings eine Gesellschaft dem Recht eines anderen Mitgliedstaates der EU bzw. des EWR-Abkommens unterliegt und damit eine Verschmelzung grenzüberschreitend ist, wird in § 122 a Abs. 1 UmwG nicht beantwort. Insofern enthält die Vorschrift keine eigenständige Regelung[337], sondern verweist auf die Regeln des internationalen Privatrechts.[338] Dem folgend entscheidet das deutsche internationale Privatrecht – hier das Gesellschaftsstatut – letztlich darüber, ob das Vorliegen einer grenzüberschreitenden Verschmelzung bejaht wird. War im deutschen internationalen Privatrecht lange umstritten, ob sich diese Bestimmung nach der Sitz- oder der Gründungstheorie richtet,[339] dürfte nunmehr unter dem Druck der europäischen

---

336 Vielmehr ging der Gesetzgeber wohl von einer übereinstimmenden Definition der grenzüberschreitenden Verschmelzung aus; eindeutig insofern: BegrRegE, BT-Drs. 16/2919, S. 14; höchst fragwürdig ist es hingegen, das Gegenteil daraus zu schließen, dass die Problematik der „NewCo"-Fälle bereits im Vorfeld bzw. im Verlauf des Gesetzgebungsverfahrens im Schrifttum erörtert wurde.

337 Auch § 1 Abs. 1 UmwG enthält nach weit herrschender Meinung keine Kollisionsregel, sondern ist vielmehr um eine sogenannte „autolimitierende", den Anwendungsbereich der Sachnormen des UmwBerG selbst bestimmende Vorschrift ohne versteckte kollisionsrechtliche Anordnung. Die Norm bestimmt also nicht die Anwendbarkeit des deutschen Rechts, sondern setzt diese bereits voraus, vgl. hierzu grundlegend: *Kronke* in ZGR 1994, S. 26 (35 f.); in diesem Sinne auch Semler/Stengel-*Drinhausen*, Einleitung C Rn 5; *Siems* in EuZW 2006, S. 135 (137); MünchKomm-*Kindler*, BGB, IntGesR Rn 840. Entscheidender Streitpunkt bei § 1 UmwG ist die Frage, ob die Vorschrift zumindest auch kollisionsrechtlichen Gehalt hat. Hierzu terminologisch auf den Begriff der „selbstbeschränkenden Sachnorm" abzustellen, ist indessen zumindest irreführend, vgl. hierzu die grundlegenden Ausführungen zur „selbstbeschränkenden Sachnorm" bei *Kropholler*, 1. Auflage, S. 87, auf die *Kronke* in ZGR 1994, S. 135 (137) verweist; ebenso *Kegel/Schurig*, S. 308, 57 der ausdrücklich zwischen sachlich-räumlichen, kollisionsrechtlich-räumlichen und kombinierten „selbstbegrenzten Normen" unterscheidet; *v. Bar/Mankowski,* Band 1, S. 200 ff.; anders etwa *von Hoffmann/Thorn,* S. 181: „Diese Normen bilden indes keine dritte Gruppe zwischen Sach- und Kollisionsnormen, sondern kombinieren eine Sachnorm mit einer Kollisionsnorm".

338 Statt aller: Semler/Stengel-*Drinhausen*, § 122a Rn 10.

339 Vgl. hierzu im Überblick: MünchKomm-*Kindler*, BGB, IntGesR Rn 331 ff. mwN auf die umfangreiche Literatur und Rspr.

Rechtsprechung[340] die Entscheidung zugunsten der Gründungstheorie gefallen sein.[341] Bereits die mit dem MoMiG eingeführten §§ 4a GmbHG n. F. und 5 AktG n. F. ließen vermuten, dass der Gesetzgeber sich der Gründungstheorie anschließen werde. Mit Art. 10 EGBGB-E existiert nun ein vom Bundesministerium für Justiz vorgelegter Gesetzesentwurf, der sich vorbehaltlos zur Gründungstheorie bekennt.[342]

Vom Anwendungsbereich der §§ 122a ff. UmwG umfasst ist damit insbesondere auch die allein „rechtsüberschreitende" Verschmelzung zweier in Deutschland ansässiger Unternehmen, von denen eine lediglich nach dem Recht eines anderen Mitgliedstaates gegründet wurde aber ihren Sitz im Inland hat.[343]

III. Persönlicher Anwendungsbereich

An der Verschmelzung beteiligte Gesellschaften[344] sind die übertragende, die übernehmende bzw. bei einer Verschmelzung durch Neugründung die aus der Verschmelzung hervorgehende neue Gesellschaft.

Welche Gesellschaften an einer grenzüberschreitenden Verschmelzung im Sinne des UmwG teilnehmen können, ist in § 122 b UmwG geregelt. Danach können an einer grenzüberschreitenden Verschmelzung erstens nur Kapitalgesellschaften im Sinne von Art. 2 Nr. 1 der Richtlinie 2005/56/EG[345] des Europäischen Parlaments

---

340 EuGH, Urt. v. 29.09.1988 – Rs. 81/87 "Daily Mail", Slg. 1988, 5483; EuGH, Urt. v. 09.03.1999, Rs. C-212/97 "Centros", Slg. 1999, I–1459; EugH, Urt. v. 05.11.2002 – Rs. C-208/00 "Überseering", Slg. 2002, I–9919; EuGH, Urt. v. 30.09.2003, Rs. C-167/01 "Inspire Art", Slg. 2003, I–10155; EuGH, Urt. v. 13.12.2005 – C-411/03 "Sevic Systems AG", Slg. 2005, I–10805, Rn 15; EuGH, Urt. v. 29.12.2008 – C-210/06 "Cartesio", Slg. 2008, I–0000.

341 Vgl. Referentenentwurf eines Gesetzes zum internationalen Privatrecht der Gesellschaften, Vereine und juristischen Personen vom 07.01.2008, S. 5, abrufbar unter: http://www.bmj.bund.de/enid/8b70f6549f08bce12a79192d15205232,83aa5d305f7472636964092d0932363331/Gesellschaftsrecht/Internationales_Gesellschaftsrecht_1fi.html; vgl. zum Referentenentwurf auch: Franz in BB 2009, S. 1250 ff.

342 Franz in BB 2009, S. 1250 ff.

343 Ebenso: *Winter* in Der Konzern 2007, S. 24 (27); Schmidt/Hörtnagl/Stratz-*Hörtnagl*, § 122a Rn 8; Semler/Stengel-*Drinhausen*, § 122 a Rn 10.

344 Im Unterschied zu den übrigen Abschnitten des UmwG verwendet § 122a diese Formulierung, während in den §§ 1 ff. UmwG von „Rechtsträgern" die Rede ist; Grund hierfür ist, dass sich die §§ 1 ff. UmwG an eine Vielzahl von Rechtsträgern richten (vgl. insofern § 3 UmwG), während der zehnte Abschnitt des zweiten Buches ausschließlich auf Kapitalgesellschaften Anwendung findet.

345 Kapitalgesellschaft ist danach eine Gesellschaft im Sinne des Artikels 1 der Richtlinie 68/151/EWG oder eine Gesellschaft, die Rechtspersönlichkeit besitzt und über gesondertes Gesellschaftskapital verfügt, das allein für die Verbindlichkeiten der Gesellschaft haftet, und die nach dem für sie maßgebenden innerstaatlichen Recht Schutzbestimmungen im Sinne der Richtlinie 68/151/EWG im Interesse der Gesellschafter sowie Dritter einhalten muss. Art. 1

und des Rates vom 26.10.2005 über die Verschmelzung von Kapitalgesellschaften aus verschiedenen Mitgliedstaaten beteiligt sein, die zweitens nach dem Recht eines Mitgliedstaates der Europäischen Union oder eines anderen Vertragstaats des EWR-Abkommens gegründet worden sind und die drittens ihren satzungsmäßigen Sitz, ihre Hauptniederlassung oder ihre Hauptverwaltung in einem dieser Staaten haben. Anwendung finden die Vorschriften des UmwG hierbei freilich nur für die beteiligten Gesellschaften, die dem deutschen Recht unterliegen.[346]

1. Kapitalgesellschaften i. S. v. Art. 2 Nr. 1 RiLi 2005/56/EG

Von den deutschen Gesellschaftsformen werden danach zunächst gem. § 122 b Abs. 1 UmwG i. V. m. Art. 2 Nr. 1 lit. a der Richtlinie 2005/56/EG i. V. m. Art. 1 der Richtlinie 58/156/EWG[347] namentlich die AG, die GmbH und die KGaA erfasst. Über Art. 2 Nr. 1 lit. b der Richtlinie 2005/56/EG ist darüber hinaus in einer dynamischen Verweisung jede andere Gesellschaftsform erfasst, die erstens Rechtspersönlichkeit besitzt, zweitens über gesondertes Gesellschaftskapital verfügt, das allein für die Verbindlichkeiten der Gesellschaft haftet, und drittens nach dem für sie maßgebenden innerstaatlichen Recht Schutzbestimmungen im Sinne der Richtlinie 68/151/EWG im Interesse der Gesellschafter sowie Dritter einhalten muss. Diese offene Formulierung ermöglicht es, dass auch neue Rechtsformen in den Kreis der verschmelzungsfähigen Gesellschaften einbezogen werden, ohne dass hierfür eine Gesetzesänderung erforderlich wird.

a. Unternehmergesellschaft (haftungsbeschränkt)

So finden die §§ 122a ff. UmwG auch auf die UG (haftungsbeschränkt) Anwendung.[348] Dies ergibt sich bereits über § 122 b Abs. 1 UmwG i. V. m. Art. 2 Nr. 1 lit. a der Richtlinie 2005/56/EG i. V. m. Art. 1 der Richtlinie 58/156/EWG. Denn

---

der Richtlinie 68/151/EWG umfasst im Übrigen explizit folgende deutsche Gesellschaftsformen: AG, GmbH, KGaA.

346 Dies ist im UmwG zwar nicht explizit bestimmt, ergibt sich allerdings bereits aus dem Willen des Gesetzgebers, nur Regelungen für solche Gesellschaften zu schaffen, die seinem Recht unterliegen, vgl. insofern auch: BegrRegE BT-Drs. 16/2919, S. 14.

347 Sog. Publizitätsrichtlinie; Richtlinie 68/151/EWG vom 09.03.1968, ABl.EG Nr. L 65 vom 14.03.1968, S. 8 ff.

348 Ebenso: Lutter-*Bayer*, § 122 b Rn 4.

bei der UG handelt es sich um eine Variante der GmbH.[349] Alle Vorschriften des GmbHG sowie des gesamten deutschen Rechts, die die GmbH betreffen, gelten deshalb ohne weiteres auch für diese Gesellschaft mit Ausnahme der ausdrücklichen Sonderregelungen des § 5 a GmbHG.[350] Insofern bedarf die UG keiner besonderen Erwähnung in § 3 UmwG, sondern wird als Unterform der GmbH von § 3 Abs. 2 Nr. 2 UmwG bereits miterfasst.[351]

b. Societas Europaea (SE)

Aus § 122 b Abs. 1 i. V. m. Art. 2 Nr. 1 lit. a der Richtlinie 2005/56/EG i. V. m. Art. 1 der Richtlinie 58/156/EWG ergibt sich eine Anwendung der §§ 122 a ff. UmwG für die SE zunächst nicht, denn sie wird nicht nach dem Recht eines Mitgliedstaats gegründet,[352] sondern nach der SE-VO[353], also sekundärem Gemeinschaftsrecht.[354]

Über Art. 9 Abs. 1 lit. c, ii und Art. 10 SE-VO gelangt man mit der weit herrschenden Meinung[355] in Übereinstimmung mit dem deutschen Gesetzgeber[356] gleichwohl zu einer Anwendung der Vorschriften über die grenzüberschreitende Verschmelzung. Nach Art. 9 Abs. 1 lit. c, ii SE-VO unterliegt die SE in Bezug auf

---

349 BegrRegE MoMiG, BT-Drs. 16/6140, S. 31; vgl. hierzu auch bereits der Gesetzestext von § 5 a Abs. 1 UmwG.

350 BegrRegE MoMiG, BT-Drs. 16/6140, S. 31.

351 Ebenso: Lutter-*Lutter/Drygala*, § 3 Rn 8; *Tettinger* in Der Konzern 2008, S. 75 (76).

352 AA: Schmidt/Hörtnagl/Stratz-*Hörtnagl,* § 122b Rn 7.

353 Verordnung (EG) Nr. 2157/2001 des Rates über das Statut der Europäischen Gesellschaft (SE) v. 08.10.2001, Abl. EG Nr. L 294, S. 1.

354 Ausführlich hierzu: *Grambow/Stadler* in BB 2010, S. 977 (978); ebenso: *Kiem* in WM 2006, S. 1091 (1093); *Frenzel* in RIW 2008, S. 12 (15); *Bayer/Schmidt* in NJW 2006, S. 401.

355 *Bayer/Schmidt* in NJW 2006, S. 401; *Behrens*, S. 26; *Brandt*, S. 154 f.; *Drinhausen/Keinath* in BB 2006, S. 725 (726); *Frenzel*, S. 148; Frenzel in RIW 2008, S. 12 (14); *Forsthoff* in DStR 2006, S. 613; *Habersack*, § 7 Rn 56; *Haritz/von Wolff* in GmbHR 2006, S. 340 (341); *Heckschen* in DNotZ 2007, S. 444 (454 f.); *Herrler* in EuZW 2007, S. 295 (296); *Heuschmid* in AuR 2006, S. 184 (185); *Inwinkl* in ZfRV 2008, S. 69 (72, 75, 77); *Inwinkl/Schneider* in Der Konzern 2007, 705 (714); *Kiem* in WM 2006, 1091 (1093); *Krause/Kulpa* in ZHR 171 (207), S. 38 (54); *Limmer* in ZNotP 2007, S. 242 (245); Manz/Mayer/Schröder-*Schröder* Art- 66 SE-VO Rn 7 ff.; *Neye/Timm* in GmbHR 2007, S. 561 (562); *dieselben* in DB 2006, S. 835 (836); *Oplustil/Schneider* in NZG 2003, S. 13 (15); *Spahlinger/Wegen* in NZG 2006, S. 721 (723); *Vetter* in AG 2006, S. 613 (615); *Winter* in Der Konzern 2007, S. 24 (27); *Brocker* in BB 2010, S. 971 (972); aA: Müller in ZIP 2004, S. 1790, der allein auf die fehlende unmittelbare Anwendbarkeit abstellt, eine Anwendung über Art. 9 Abs. 1 lit. c, ii SE-VO hingegen nicht untersucht; *Louven* in ZIP 2006, S. 2021 (2024).
Mit dieser Begründung etwa: *Frenzel* in RIW 2008, S. 12 (15) Semler/Stengel-*Drinhausen*, § 122b Rn 5.

356 Vgl. bereits die Begründung zum Referentenentwurf des Zweiten Gesetzes zur Änderung des Umwandlungsgesetzes vom 13.02.2006, S. 10, abrufbar unter: http://www.bmj.de/media/archive/1149.pdf; ebenso die Begründung zu 122 b Abs. 1 UmwG, BT-Drs. 16/2919, S. 14.

die nicht oder nur teilweise in der Verordnung geregelten Bereiche den Rechtsvorschriften der Mitgliedstaaten, die auf eine nach dem Recht des Sitzstaates der SE gegründete Aktiengesellschaft Anwendung finden würden. Diese Voraussetzungen sind erfüllt.[357] Zwar trifft die SE-VO in Art. 66 Regelungen zum Formwechsel einer SE in eine Aktiengesellschaft sowie in Artt. 2, 17 ff. SE-VO zur Neugründung einer SE durch Verschmelzung und findet für diese Bereiche ausschließliche Anwendung.[358] Ebenfalls abschließend geregelt ist durch Artt. 3, 17 ff. SE-VO die Verschmelzung einer SE bzw. Aktiengesellschaft i. S. v. Art. 2 Abs. 1 SE-VO durch Aufnahme durch eine bereits bestehende SE.[359] Die Verschmelzung durch Aufnahme einer bestehenden SE ist in der VO hingegen nicht geregelt.[360] Die Regelungen der SE-VO sind in Bezug auf den Regelungskomplex Umwandlung auch nicht abschließend.[361] Dies ergibt sich zunächst aus der allgemeinen Zielsetzung des Verordnungsgebers, der mit der SE eine attraktive Rechtsform für grenzüberschreitende unternehmerische Tätigkeiten anbieten wollte, die im Übrigen nicht gegenüber einer nationalen Aktiengesellschaft diskriminiert werden darf.[362] Auch widerspricht die Entstehungsgeschichte des Art. 66 SE-VO einer abschließenden Regelung.[363] Zwar wurden Regelungen zur Verschmelzung in die Vorschrift letztlich nicht aufgenommen.[364] Jede weitere formändernde Umwandlung nach nationalem Recht sollte den Unternehmen jedoch nach der Begründung zu Art. 264 des Verordnungsentwurfs von 1970 nach nationalem Recht unbenommen bleiben.[365]

---

357 *Schwarz*, Art. 9 Rn 37; Lutter/Hommelhoff-*Hommelhoff/Teichmann*, SE-VO, Art. 9 Rn 45; Manz/Mayer/Schröder-*Schröder*, Art. 3 Rn 10 ff.; Art. 3 Rn 10, 25.

358 Schwarz, Art. 66 Rn 29 ff.; Manz/Mayer/Schröder-*Schröder*, Art. 3 Rn 10 ff.; MünchKomm-*Oechsler*, AktG, Band 9/2, Vorb. Art. 1 SE-VO Rn 18 ff.; Hoffmann in NZG 1999, S. 1077 (1079); Oplustil/Schneider in NZG 2003, S. 13 (15 ff.); *Simon/Rubner* in Der Konzern 2006, S. 835 (837); *Louven* in ZIP 2006, S. 2021 (2024); *Drinhausen/Keinath* in BB 2006, S. 725 (726); *Winter* in Der Konzern 2007, S. 24 (27).

359 Manz/Mayer/Schröder-*Schröder*, Art. 3 Rn 10.

360 Manz/Mayer/Schröder-*Schröder*, Art. 3 Rn 10 ff.

361 Lutter/Hommelhoff-*Hommelhoff/Teichmann*, SE-VO, Art. 66 SE-VO Rn 3; *Schwarz,* Art. 66 SE-VO Rn 29; ohne weitere Begründung: Kallmeyer-*Marsch-Barner*, Anhang Rn 131; aA. Janott/Frodermann-*Veil,* Rn 10 ff.; diesem folgend: *Louven* in ZIP 2006, S. 1021 (1024); *Oechsler* in NZG 2006, S. 161 (162); MünchKomm-*Schäfer*, AktG, Band 9/2, Art. 66 SE-VO Rn 14.

362 Vgl. hierzu: Erwägungsgrund 5 der SE-VO, Art. 10 SE-VO.

363 Ohne weitere Begründung anderer Ansicht: MünchKomm-*Schäfer*, AktG, Band 9/2, Art. 66 SE-VO Rn 14.

364 So regelten die Vorgängervorschläge noch expressis verbis die Verschmelzung unter Beteiligung einer SE zur Gründung einer anderen Rechtsform, vgl. Art. 131 lit. c und d SE-VOV 1989 und Art. 132 SE-VOV 1991.

365 Kommission, Begründung SE-VO 1970, BT-Drs. VI/1109, S. 100.

Folglich ist die SE über Art. 9 Abs. 1 lit. c, ii und Art. 10 SE-VO vom persönlichen Anwendungsbereich der §§ 122 a ff. UmwG umfasst, und zwar für die Fälle einer Verschmelzung durch Aufnahme unter Beteiligung einer SE als übertragender ebenso wie als übernehmender Rechtsträger.[366]

c. VVaG

Diskutiert wird ebenfalls eine Anwendbarkeit der §§ 122 a ff. UmwG auf den Versicherungsverein auf Gegenseitigkeit (VVaG) bzw. die Beteiligung entsprechender ausländischer Rechtsformen.[367]

Aus § 122 b Abs. 1 UmwG i. V. m. Art. 2 Nr. 1 lit. a der Richtlinie 2005/56/EG i. V. m. Art. 1 der Richtlinie 58/156/EWG ergibt sich zunächst keine Einbeziehung dersVVaG.

Fraglich ist aber, ob diese Rechtsform über die Generalklausel des Art. 2 Nr. 1 lit. b der Richtlinie 2005/56/EG vom persönlichen Anwendungsbereich erfasst wird. Demnach ist Kapitalgesellschaft im Sinne der Vorschrift ebenfalls eine Gesellschaft, die erstens Rechtspersönlichkeit besitzt, zweitens über gesondertes Gesellschaftskapital verfügt, das allein für die Verbindlichkeiten der Gesellschaft haftet, und drittens nach dem für sie maßgeblichen innerstaatlichen Recht Schutzbestimmungen im Sinne der Richtlinie 68/151/EWG im Interesse der Gesellschafter sowie Dritter einhalten muss. Erfüllt der VVaG diese Voraussetzungen, müssten die §§ 122 a ff. UmwG grundsätzlich auf ihn Anwendung finden. Die Rechtspersönlichkeit des VVaG ergibt sich aus § 15 VAG. Danach wird der Versicherungsverein rechtsfähig, wenn ihm die Aufsichtsbehörde erlaubt, als „Versicherungsverein auf Gegenseitigkeit“ Geschäfte zu betreiben.[368] Auch verfügt er über ein eigenes Vereinsvermögen, welches den Vereinsgläubigern gem. § 19 S. 1

---

366 Ausführlich hierzu: *Grambow/Stadler* in BB 2010, S. 977 (978); im Ergebnis ebenso: Beutel, S. 140 f.; Semler/Stengel-*Drinhausen*, § 122b Rn 5; *Drinhausen/Keinath* in BB 2006, S. 725 (726); *Frenzel*, S. 154 f.; *Heckschen* in DNotZ 3007, S. 444 (454 f.); *Inwinkl* in ZfRV 2008, S. 69 (72 ff.); *Krause/Kulpa* in ZHR 171 (2007), S. 38 (54); Lutter-*Bayer*, § 122b Rn 7; *Müller* in ZIP 2007, 1081 (1082); *Simon/Rubner* in Der Konzern 2006, S. 835 (837); *Winter* in Der Konzern 2007, S. 24 (27); aA *Behrens*, S. 37; *Louven* in ZIP 2006, 2021 (2024); *Oechsler* in NZG 2006, S. 161 f.

367 Befürwortend: *Frenzel* in RIW 2008, S. 12 (14); ablehnend: Semler/Stengel-*Drinhausen*, § 122 b Rn 6; Widmann/Mayer-*Heckschen*, § 122 b UmwG Rn 73; *Louven* in ZIP 2006, S. 2021 (2024); zweifelnd: Lutter-*Bayer*, § 122 b Rn 6.

368 Damit entsteht die Rechtsfähigkeit des VVaG bereits mit der aufsichtsbehördlichen Erlaubnis und nicht erst mit der Eintragung in das Handelsregister, vgl. hierzu Fahr/Kaulbach/Bähr-*Kaulbach*, § 15 Rn 9.

VAG allein für die Verbindlichkeiten des Vereins haftet.[369] Schließlich müsste der VVaG nach dem für ihn maßgeblichen innerstaatlichen Recht Schutzbestimmungen im Sinne der Richtlinie 68/151/EWG im Interesse der Gesellschafter sowie Dritter einhalten. Die sogenannte Publizitätsrichtlinie regelt im Schwerpunkt die Koordinierung der einzelstaatlichen Vorschriften über die Offenlegung, die Wirksamkeit eingegangener Verpflichtungen und die Nichtigkeit solcher Gesellschaften, insbesondere zum Schutze der Interessen Dritter.[370] Derartige Publizitätspflichten treffen den VVaG in erheblichem Maße. So ist der VVaG gem. § 30 Abs. 1 S. 1 VAG beim Handelsregister zur Eintragung anzumelden. Gleiches gilt etwa für Satzungsänderungen,[371] Vertretungsbefugnisse[372] und Änderungen der Versicherungsbedingungen.[373] Auch finden gem. § 16 S. 2 VAG i. V. m. §§ 341 Abs. 1, 341 l, 325 HGB handelsrechtliche Rechnungslegungsvorschriften mit Offenlegungspflichten Anwendung. Somit handelt es sich bei dem VVaG um eine Kapitalgesellschaft im Sinne von Art. 2 Nr. 1 lit. b der Richtlinie 2005/56/EG.[374] Demzufolge würden die §§ 122 a ff. UmwG auf den VVaG Anwendung finden.

Gleichwohl könnte aus der Gesetzessystematik der §§ 122 a ff. UmwG ein gegenteiliges Ergebnis folgen. § 122 b UmwG regelt allein, welche Gesellschaften persönlich – ob in- oder ausländisch – an einer grenzüberschreitenden Verschmelzung im Sinne der §§ 122 a ff. UmwG partizipieren können. Abweichend hiervon finden die §§ 122a ff. UmwG wegen der begrenzten Regelungskompetenz des deutschen Gesetzgebers nur auf Gesellschaften Anwendung, die dem deutschen Recht unterliegen. Mittelbar ergibt sich diese Einschränkung des persönlichen Anwendungsbereichs der §§ 122 a ff. UmwG auch aus § 122 a Abs. 2 UmwG. Demnach finden auf die an einer grenzüberschreitenden Verschmelzung beteiligten deutschen Kapitalgesellschaften i. S. v. § 3 Abs. 1 Nr. 2 UmwG die Vorschriften des Ersten Teils sowie des Zweiten, Dritten und Vierten Abschnitts des Zweiten Teils entsprechende Anwendung, sofern sich aus den §§ 122a ff. UmwG nichts anderes ergibt.

Im Umkehrschluss lässt sich im Übrigen der Schluss ziehen, dass die §§ 122 a ff. UmwG lediglich für Kapitalgesellschaften im Sinne von § 3 Abs. 1 Nr. 2 UmwG Anwendung finden sollen.[375] Zunächst ist § 122 a UmwG die „Grund-

---

369 § 19 S. 2 VAG verbietet ausdrücklich eine Haftung der Vereinsmitglieder neben der des Vereins.

370 Richtlinie 68/151/EWG vom 09.03.1968, ABl.EG Nr. L 65 vom 14.03.1968, S. 8, 2. Erwägungsgrund.

371 § 40 Abs. 1 VAG.

372 § 30 Abs. 1 S. 2 VAG.

373 § 41 Abs. 1 VAG.

374 Im Ergebnis ebenso: *Frenzel* in RIW 2008, S. 12 (14).

375 § 122 a Abs. 2 UmwG ist die zentrale Verweisungsvorschrift des Zehnten Abschnitts und stellt damit insbesondere keine Sonderregelung für Kapitalgesellschaften i. S. v. § 3 Abs. 1 Nr. 2 UmwG dar.

norm" des Zehnten Abschnitts, auf der sämtliche Regelungen der § 122 a ff. UmwG aufbauen.[376] Dem würde es systematisch grob widersprechen, § 122 a Abs. 2 UmwG als Sondervorschrift zu begreifen, die lediglich für einen Teil der persönlich vom Anwendungsbereich der §§ 122 a ff. UmwG erfassten deutschen Gesellschaften – die des § 3 Abs. 1 Nr. 2 UmwG – gilt. Vielmehr kann der Verweis in § 122 a Abs. 2 UmwG als Klarstellung dahingehend verstanden werden, dass die vom Regelungsbereich der §§ 122 a ff. erfassten deutschen Gesellschaften ausschließlich solche des § 3 Abs. 1 Nr. 2 UmwG sind.[377] Dass der Vorschrift der vorgenannte Umkehrschluss zu entnehmen ist, ergibt sich im Weiteren eindeutig aus den Gesetzesmaterialien. Danach gelten für Kapitalgesellschaften, die dem deutschen Recht unterliegen, die Vorschriften des Zehnten Abschnittes lediglich ergänzend. Kapitalgesellschaften im vorgenannten Sinne seien lediglich die in § 3 Abs. 1 Nr. 2 UmwG aufgeführten Gesellschaften.[378]

Schließlich spricht eine richtlinienkonforme Auslegung der Vorschriften der §§ 122 a ff. UmwG gegen die Aufnahme einer Rechtsform, bei der die Gesellschafterstellung über eine Mitgliedschaft und nicht durch Gesellschafteranteile vermittelt wird.[379]

Folglich finden die §§ 122 a ff. UmwG auf den VVaG keine Anwendung.[380]

d. Keine Genossenschaften, OGAW

Ausdrücklich ausgeschlossen vom Anwendungsbereich der grenzüberschreitenden Verschmelzung sind gemäß § 122 b Abs. 2 Nr. 1 UmwG Genossenschaften, selbst wenn sie noch unter die Definition der Kapitalgesellschaft gem. Art. 2 Nr. 1 der RiLi 2005/56/EG fallen.[381] Damit machte der deutsche Gesetzgeber Gebrauch von seinem Opt-out-Recht des Art. 3 Abs. 2 der RiLi 2005/56/EG. Grund hier-

---

376 In diesem Sinne auch Lutter-*Bayer*, § 122 a Rn 17; Semler/Stengel-*Drinhausen*, § 122 a Rn 14.

377 In diesem Sinne ebenfalls: BegrRegE zu § 122 b, BT-Drs. 16/2919 S. 14.

378 BegrRegE zu § 122 a Abs. 2, BT-Drs. 16/2919, S. 14; ferner sollten die Vorschriften über die innerstaatliche Verschmelzung und die Vorschriften des Zehnten Abschnitts auch auf eine SE mit Sitz in Deutschland Anwendung finden, vgl. BegrRegE zu § 122 a Abs. 2, BT-Drs. 16/2919, S. 14.

379 Vgl. Art. 2 Nr. 2, 3 Abs. 1, 5 Satz 2 lit. b, lit. c, lit. d Richtlinie 2005/56/EG; ebenso: Louven in ZIP 2006, S. 2021 (2023), Schmidt/Hörtnagl/Stratz-*Hörtnagl*, § 122 b Rn 6; Widmann/Mayer-*Heckschen*, § 122 b UmwG Rn 73.

380 Im Ergebnis ebenso die h. M.: *Louven* in ZIP 2006, S. 2021 (2024), Semler/Stengel-*Drinhausen*, § 122 b Rn 6; Schmidt/Hörtnagl/Stratz-*Hörtnagl*, § 122 b Rn 6; Widmann/Mayer-*Heckschen*, § 122 b UmwG Rn 73.

381 Der deutsche Gesetzgeber machte damit von Art. 3 Abs. 2 der Verschmelzungsrichtlinie Gebrauch; Genossenschaften, die gem. § 8 a GenG ein Mindestkapital festgesetzt haben, fallen unter den Kapitalgesellschaftsbegriff der Richtlinie.

für ist zunächst die personalistische Struktur der Genossenschaften.[382] Weiterhin ist das Genossenschaftsrecht in den Mitgliedstaaten sehr unterschiedlich ausgestaltet.[383] Auch weist die Genossenschaft im Vergleich zu den sonstigen Kapitalgesellschaften im Sinne der Verschmelzungsrichtlinie erhebliche strukturelle Unterschiede auf.[384] Im Übrigen sei gegenwärtig kein Bedürfnis für eine Beteiligung der Genossenschaft an grenzüberschreitenden Verschmelzungen zu erkennen[385], insbesondere vor dem Hintergrund, dass seit der Verordnung (EG) Nr. 1435/2003 die Möglichkeit der Gründung einer Europäischen Genossenschaft besteht.[386]

Der Ausschluss der Organismen für gemeinsame Anlagen in Wertpapieren (OGAW) ist hingegen in Art. 3 Abs. 3 RiLi 2005/56/EG bereits zwingend vorgegeben. Nach gemeinsamer Auffassung aller Mitgliedstaaten sind etwaige Regelungen über die Verschmelzung solcher Gesellschaften vielmehr im Kontext der bereits bestehenden gemeinschaftsrechtlichen Spezialvorschriften[387] für Anlagegesellschaften zu treffen.[388]

e. Gesellschaften im Geltungsbereich staatsvertraglicher Meistbegünstigungsklauseln

Diskutiert wird ebenfalls, ob zum Kreis der verschmelzungsfähigen Gesellschaften noch Gesellschaften hinzuzuzählen sind, die auf Grund völkerrechtlicher Verträge in den Genuss einer Meistbegünstigungsvereinbarung kommen, wie etwa US-amerikanische Gesellschaften über Art. VII Abs. 1, 4, XXV Abs. 4, 5 des Freundschaftsvertrages mit den Vereinigten Staaten von Amerika[389].[390]

---

382 RefE eines zweiten Gesetzes zur Änderung des Umwandlungsgesetzes, S. 11, abrufbar unter: http://www.bmj.de/media/archive/1149.pdf.

383 BegrRegE, BT-Drs. 16/2919, S. 14.

384 RefE eines zweiten Gesetzes zur Änderung des Umwandlungsgesetzes, S. 11, abrufbar unter: http://www.bmj.de/media/archive/1149.pdf.

385 BegrRegE, BT-Drs. 16/2919, S. 14.

386 Sollten die Erfahrungen mit der neuen Rechtsform der Europäischen Genossenschaft zeigen, dass darüber hinaus ein Bedürfnis für Regelungen der grenzüberschreitenden Verschmelzung unter Beteiligung von Genossenschaften besteht, wird der Gesetzgeber zu einem späteren Zeitpunkt die Möglichkeit entsprechender Regelungen prüfen, vgl. BegrRegE, BT-Drs. 16/2919, S. 14 f.

387 Richtlinie 85/611/EWG des Rates v. 20.12.1985 zur Koordinierung der Rechts- und Verwaltungsvorschriften betreffend bestimmte Organisationen für gemeinsame Organisationen für gemeinsame Anlagen in Wertpapieren (OGAW), ABl. EG Nr. L 375/3 v. 31.12.1985.

388 Sekundärnachweis bei: *Neye* in ZIP 2005, S. 1984 (1985).

389 Freundschafts-, Handels- und Schifffahrtsvertrag zwischen der Bundesrepublik Deutschland und den Vereinigten Staaten von Amerika vom 29.10.1954, BGBl. II 1956, S. 488.

390 Befürwortend: *Kiem* in WM 2006, S. 1091 (1093).

Denn den Gesellschaften der anderen Vertragspartei werden danach hinsichtlich der Niederlassungsfreiheit Inländergleichbehandlung[391] und Meistbegünstigung[392] gewährt.[393] Während aus dem Grundsatz der Inländergleichbehandlung die Zulässigkeit einer transatlantischen Verschmelzung schon denklogisch nicht hergeleitet werden kann,[394] kann dies für die Meistbegünstigung nicht ohne weiteres beantwortet werden.[395] Meistbegünstigung im Sinne des FCN-Vertrages bedeutet eine innerhalb des Gebiets eines Vertragsteils gewährte Behandlung, die nicht weniger günstig ist als diejenige, die dort unter gleichartigen Voraussetzungen den Staatsangehörigen, Gesellschaften, Erzeugnissen, Schiffen und sonstigen Objekten jeglicher Art irgendeines dritten Landes gewährt wird.[396] Entscheidungserhebliche Frage ist insofern also, ob die Formulierung „irgendeines dritten Staates“ der Meistbegünstigungsklausel auch Begünstigungen umfasst, die im Rahmen einer supranationalen Gemeinschaft den Mitgliedstaaten gewährt werden, während sonstigen Drittstaaten eine derartige Begünstigung nicht zukommt.[397] In der ständigen deutschen Rechtsprechung[398] und Literatur[399] wird im Allgemeinen vertreten, dass insofern eine Ausnahme zu unterstellen sei. Für den FCN-Vertrag dürfte ein solcher Vorbehalt ebenfalls anzunehmen sein.[400] Dies insbesondere vor dem Hintergrund, dass dieser Vertrag mehr als drei Jahre vor dem Wirksamwerden des Vertrages über die Gründung der Europäischen

---

391 Art. VII Abs. 1 S. 1 FCN-Vertrag: „Den Staatsangehörigen und Gesellschaften jedes Vertragsteils wird in dem Gebiet des anderen Vertragsteils Inländerbehandlung hinsichtlich der Ausübung jeder Art von geschäftlicher, industrieller, finanzieller oder sonstiger gegen Entgelt vorgenommener Tätigkeit gewährt“.

392 Art. 7 Abs. 4 FCN-Vertrag: „Den Staatsangehörigen und Gesellschaften jedes Vertragsteils sowie den von ihnen kontrollierten Unternehmen wird für die in diesem Artikel behandelten Angelegenheiten mindestens Meistbegünstigung gewährt.

393 Die bloße Anerkennung derartiger Gesellschaften im Inland ist bereits ausdrücklich im Vertrag geregelt, vgl. Art. XXV Abs. 5 S. 2 FCN-Vertrag. Vgl. hierzu: BGH, Urt. v. 29.01.2003, AZ: VIII ZR 155/02, BB 2003, S. 810.

394 Ebenso *Frenzel/Axer* in RIW 2007, S. 47 (49).

395 aA: Semler/Stengel-*Drinhausen*, § 122 b Abs. 1 Rn 9, unter Verweis auf den Wortlaut des § 122b Abs. 1 UmwG; ebenso: Schmidt/Hörtnagl/Stratz-*Hörtnagl* § 122b Rn 8.

396 So die Begriffsbestimmung in Art. XXV Abs. 4 FCN-Vertrag.

397 Allgemein zu dieser Frage: *Kramer* in RIW 1989, S. 473 (478); *Roesner*, S. 120 ff.

398 Grundlegend: BVerwG, Urt. v. 29.04.1971, AZ: I C 7.69, BVerwGE 38, 90; dem folgend: HessVGH, Beschluss v. 05.02 2004, AZ: 9 TG 2664/03, InfAuslR 2004, 185 (186); BVerwG, Beschluss v. 05.04.2005, AZ: 6 B 2/05, juris Rn 8; danach ist es anerkannt, dass die Meistbegünstigungsklausel eines zweiseitigen völkerrechtlichen Vertrages im Allgemeinen nicht auf das Gemeinschaftsrecht bezogen ist.

399 *Strupp/Schlochauer*, S. 501; Grabitz/Hilf-*Vedder* EGV Band 2, Art. 234, Rn. 10; *Geiger*, Art. 307 Rn 6.

400 Ebenso: *Frenzel/Axer* in RIW 2007, S. 47 ff. (53); *Frenzel*, S. 171 ff.; dem folgend: Semler/Stengel-*Drinhausen*, § 122b Rn 9; Widmann/Mayer-*Heckschen*, § 122b UmwG Rn 81.

Wirtschaftsgemeinschaft abgeschlossen wurde.[401] Es entspricht nun allgemeinen Grundsätzen bei der Auslegung völkerrechtlicher Verträge, dass für diese die Vorstellungen der Parteien über den Anwendungsbereich zum Zeitpunkt des Vertragsschlusses maßgeblich sind.[402] Zwar sollten nach den Vorstellungen der Vertragsparteien Vergünstigungen in Bezug auf Ein- und Ausfuhr von Erzeugnissen, die aufgrund einer Zollunion oder einer Freihandelszone gewährt werden, vorbehalten bleiben.[403] In Bezug auf gewerbliche Niederlassungsrechte schwieg der Vertrag hingegen. Hieraus lässt sich allerdings kein systematisches Argument für eine Einbeziehung herleiten. Denn waren die vertraglich ausgeschlossenen Begünstigungen zum damaligen Zeitpunkt bereits absehbar, galt dies für die im Rahmen einer supranationalen Gemeinschaft zu gewährenden Niederlassungsfreiheit nicht. Deswegen dürfte es auch nicht den Vorstellungen der Parteien zum Zeitpunkt des Vertragsabschlusses entsprochen haben, die Meistbegünstigungsklausel hierauf anzuwenden. Im Übrigen dürften auf der Grundlage von Gemeinschaftsrecht gewährte Begünstigungen schon deshalb nicht von bilateralen Meistbegünstigungsklauseln erfasst sein, weil das Gemeinschaftsrecht eine selbständige, von dem innerstaatlichen Recht der Mitgliedstaaten unterschiedene zwischenstaatliche Rechtsordnung darstellt[404] und damit der Verfügung durch nationales Recht der Mitgliedstaaten entzogen ist. Die Meistbegünstigungsklausel eines zweiseitigen völkerrechtlichen Vertrages wie diejenige des Art. VII Abs. 1, 4 FCN-Vertrag kann sich nach ihrem Sinn und Zweck – insbesondere in Anbetracht des Zeitpunktes des Vertragsschlusses – aber nur auf Vergünstigungen erstrecken, die auf freier Verfügung der vertragsschließenden Staaten beruhen.[405]

Gesellschaften, die auf Grund völkerrechtlicher Verträge in den Genuss einer Meistbegünstigungsvereinbarung kommen, sind folglich nicht vom persönlichen Anwendungsbereich der §§ 122a ff. UmwG erfasst.

401 Der FCN-Vertrag wurde am 29.10.1954 abgeschlossen, der Vertrag über die Gründung der Europäischen Wirtschaftsgemeinschaft trat am 01.01.1958 in Kraft.

402 IGH, United States Nationals in Morocco Case, ICJR 1952, S. 176.

403 Vgl. Art. XIV Abs. 6 FCN-Vertrag.

404 BVerfG, Urteil v. 18.10.1967, AZ: 1 BvR 248/63, 1 BvR 216/67, BVerfGE 22, 293 (296).

405 In diesem Sinn auch: BVerwG, Urt. v. 29.04.1971, AZ: I C 7.69, BVerwGE 38, 90; hierfür spricht im Übrigen auch der Vertragswortlaut, der darauf abstellt, dass die Begünstigung „innerhalb des Gebiets des Vertragsteils" Dritten „gewährt" wird, vgl. Art. XXIV, Abs. 6 FCN-Vertrag. Dies knüpft daran an, dass die Begünstigung auch von dem Vertragsstaat verfügt wurde. Bei auf Gemeinschaftsrecht beruhenden Begünstigungen werden diese aber der freien Verfügung des Einzelstaates entzogen und damit nicht von diesem selbst „gewährt", sondern vom Gemeinschaftsrechtgeber.

f. Personen(handels)gesellschaften

Personen(handels)gesellschaften werden vom persönlichen Anwendungsbereich der §§ 122 a ff. UmwG unmittelbar nicht erfasst. Insofern folgte der deutsche Gesetzgeber trotz Kritik aus der Literatur[406] – insbesondere vor dem Hintergrund der SEVIC-Entscheidung des EuGH[407] – der Verschmelzungsrichtlinie. Begründet wurde dies insbesondere damit, dass in dem nichtharmonisierten Bereich nahezu unüberschaubare Kombinationsmöglichkeiten bestünden und es nicht möglich sei, die sich hierbei ergebenden Umwandlungen mit der bisher vom UmwG bekannten Regelungstiefe zu kodifizieren.[408] Vielmehr sollte für die Regelung der Umwandlungen unter Beteiligung von Personen(handels)gesellschaften ein kollisionsrechtlicher Ansatz gewählt werden.[409] Offen ist, ob die Vorschriften des UmwG[410] aufgrund der vorgenannten Entscheidung des EuGH europarechtskonform dahingehend auszulegen sind, dass sie für Personen(handels)gesellschaften zumindest entsprechend gelten.[411]

2. Gründung und Sitz der Gesellschaft

Zweitens verlangt § 122 b Abs. 1 UmwG, dass sämtliche an der Verschmelzung beteiligten Gesellschaften nach dem Recht eines Mitgliedstaates der EU oder des EWR gegründet worden sein müssen. Weiterhin müssen sie ihren satzungsmäßigen Sitz, ihre Hauptverwaltung oder ihre Hauptniederlassung in einem EU – oder EWR – Mitgliedstaat haben.

406 *Louven* in ZIP 2006, S. 2021 (2023); *DAV* in NZG 2006, S. 737 (740); *Vetter* in AG 2006, S. 613 (616); *Kiem* in WM 2006, S. 1091 (1094); *Kallmeyer/Kappes* in AG 2006, S. 224 (226); *Bayer/Schmidt* in ZIP 2006, S. 210 (211); *Geyrhalter/Weber* in DStR 2006, S. 146 (147 ff.); *Bungert* in BB 2006, S. 53 ff.; *Meilicke/Rabback* in GmbHR 2006, S. 123 (124 ff.).

407 EuGH, Urt. v. 13.12.2005 – C-411/03 "Sevic Systems AG", Slg. 2005, I–10805, Rn 15.

408 BegrRegE, BT-Drs. 16/2919, S. 11.

409 BegrRegE, BT-Drs. 16/2919, S. 11.

410 Diskutiert werden insofern §§ 1 ff. UmwG und §§ 122 a ff. UmwG.

411 Eine grundsätzliche Zulässigkeit grenzüberschreitender Verschmelzungen von Gesellschaften aus unterschiedlichen EU-Mitgliedstaaten nach der SEVIC-Entscheidung befürwortend etwa: *Bayer/Schmidt* in ZIP 2006, S. 210 (211); *Geyrhalter/Weber* in DStR 2006, S. 146 (147 ff.); *Bungert* in BB 2006, S. 53 ff.; *Meilicke/Rabback* in GmbHR 2006, S. 123 (124 ff.); *Kallmeyer/Kappes* in AG 2006, S. 224 (226); Kleinhenz, S. 240 ff.; *Krause/Kulpa* in ZHR 171(2007), S. 38 (48); *Kiem* in WM 2006, S. 1091 (1094); *Haritz/v. Wolff* in GmbHR 2006, S. 340 (341); ebenso *Winter* in Der Konzern 2007, S. 24 (27), der aus Gründen der Rechtssicherheit aber zu einer vorgeschalteten Umwandlung in eine Kapitalgesellschaft rät.

Zwar definiert § 122 a UmwG die grenzüberschreitende Verschmelzung bereits als eine solche von Gesellschaften, die dem Recht verschiedener Mitgliedsstaaten oder des Europäischen Wirtschaftsraums unterliegen. Es ist damit jedoch nicht gesagt, dass in allen diesen Staaten das auf die Gesellschaft anwendbare Recht immer das Gründungsrecht der Gesellschaft ist.[412] Weiterhin ist denkbar, dass Staaten Gesellschaften, die nach ihrem Recht gegründet wurden, den identitätswahrenden Wegzug in einen Drittstaat erlauben.[413] Folglich kommt § 122 b Abs. 1 UmwG in Bezug auf das Gründungserfordernis und den Sitz eine eigenständige Bedeutung zu.

3. Kombinationsfähigkeit

Weitere ungeschriebene Voraussetzung ist nach einhelligem Schrifttum, dass die jeweiligen Verschmelzungskombinationen nach allen beteiligten Rechtsordnungen zulässig sind.[414] Begründet wird dies damit, dass der deutsche Gesetzgeber eine Umsetzung dieser Einschränkung, die sich aus Art. 4 Abs. 1 lit. a RiLi 56/2005/EG ergibt, offenbar nicht für erforderlich erachtet habe.[415] Einen Hinweis hierauf geben die Gesetzesmaterialien nicht. Für ein derartiges ungeschriebenes Tatbestandsmerkmal spricht allerdings, dass dieses missliche hinkende Rechtsverhältnisse und damit Folgeprobleme vermieden werden.[416]

Aus deutscher Sicht bestehen insoweit – abgesehen vom Ausschluss der Genossenschaften – keine Beschränkungen.[417] Eine Einschränkung kann sich allerdings aus den beteiligten ausländischen Rechtsordnungen ergeben.[418] In Betracht kommt insofern zunächst, dass die ausländische Rechtsordnung bestimmte Verschmelzungsformen nicht zulässt[419] oder Rechtsformen überhaupt nicht kennt.[420]

Ebenfalls kann sich eine Einschränkung aus einem ausländischen Einspruchsrecht i. S. v. Art. 4 Abs. 1 lit. b S. 2 RiLi 56/2005/EG ergeben. Danach ist es den Mitgliedstaaten zwar im Unterschied zu Art. 19 SE-VO nicht gestattet, ein

---

412 RefE eines zweiten Gesetzes zur Änderung des Umwandlungsgesetzes, S. 11, abrufbar unter: http://www.bmj.de/media/archive/1149.pdf.; dem folgend: BegrRegE, BT-Drs. 548/06, S. 30.

413 RefE eines zweiten Gesetzes zur Änderung des Umwandlungsgesetzes, S. 11, abrufbar unter: http://www.bmj.de/media/archive/1149.pdf.; dem folgend: BegrRegE, BT-Drs. 548/06, S. 30.

414 *Kiem* in WM 2006, S: 1091 (1092); *Frenzel*, S. 163 f.; Widmann/Mayer-*Heckschen* § 122b UmwG Rn 12; *Müller* in ZIP 2007, S. 1081 (1083); Lutter-*Bayer*, § 122b Rn12.

415 vgl. *Müller* in ZIP 2004, S. 1790 (1792).

416 Allgemein zu hinkenden Rechtsverhältnissen: *Kropholler*, S. 238 ff.

417 Vgl. § 122 a Abs. 2 UmwG, § 3 Abs. 1, Abs. 4 UmwG.

418 Lutter-*Bayer*, § 122b Rn 14.

419 Vgl.. hierzu der Überblick bei *Frenzel*, S. 164 ff.

420 So existiert etwa die KGaA in Österreich nicht mehr.

speziellesEinspruchsrecht für grenzüberschreitende Verschmelzungen einzuführen. Nationale Einspruchsrechte, die den Behörden zum Schutz öffentlicher Interessen zustehen, gelten allerdings auch für grenzüberschreitende Verschmelzungen unter Beteiligung des Staates. Unklar ist, ob die Vorschriften des UmwG europarechtskonform dahingehend auszulegen sind, dass sie für Personen(handels)gesellschaften zumindest entsprechend gelten.

IV. Ergebnis

Der Gesetzgeber verfolgt in den §§ 122a ff. UmwG über § 122a Abs. 2 UmwG das Konzept, dass die innerstaatlichen Regelungen über die Verschmelzung von Kapitalgesellschaften grundsätzlich auch für die grenzüberschreitenden Verschmelzungen gelten sollen. Lediglich in den Fällen, in denen der Gesetzgeber wegen der besonderen Interessenlagen ergänzende bzw. abweichende Sonderregelungen für erforderlich erachtet, finden die §§ 122a ff. UmwG Anwendung. Dieses gesetzgeberische Konzept ist insbesondere deshalb von Bedeutung, weil zahlreiche Vorschriften der §§ 122a ff. UmwG, die auch gläubigerschützende Inhalte betreffen, nur eingeschränkt auf die Fälle der Herausverschmelzung anwendbar sind. Für die Fälle der Hereinverschmelzung gelten in diesen Bereichen folglich weiterhin die allgemeinen Regelungen über innerstaatliche Verschmelzungen.

Anwendung finden die Vorschriften der §§ 122a ff. UmwG im Rahmen einer grenzüberschreitenden Verschmelzung nur auf die beteiligten deutschen Kapitalgesellschaften. Wann eine Verschmelzung grenzüberschreitend ist und eine Gesellschaft dem deutschen Recht unterliegt, bestimmt sich nach den Regeln des deutschen internationalen Privatrechts.

Kapitalgesellschaften im Sinne von § 122a ff. UmwG sind neben der GmbH, der AG und der KGaA auch die UG (haftungsbeschränkt) und die SE. Nicht erfasst werden vom persönlichen Anwendungsbereich der §§ 122a ff. UmwG hingegen der VVaG, Genossenschaften, Organismen für gemeinsame Anlagen in Wertpapieren und Gesellschaften, die auf Grund völkerrechtlicher Verträge in den Genuss von Meistbegünstigungsklauseln kommen.

C. Gläubigerschutz bei der nationalen Verschmelzung

Nach dem bereits Dargestellten[421] unterscheidet das UmwG grundsätzlich zwei Formen der Verschmelzung. Als Grundform sieht das Gesetz die Verschmelzung durch Aufnahme vor, die in den §§ 4–35 UmwG geregelt ist, während für die Verschmelzung durch Neugründung nur einige Sondervorschriften gelten (§§ 36–38 UmwG). Im Zweiten Teil des Umwandlungsgesetzes finden sich sodann Sondervorschriften für die Beteiligung von besonderen Rechtsträgern, wie etwa derGmbH (§§ 46–59 UmwG)[422].

I. Gläubigerschutz a priori

Das Gesetz sieht für die Verschmelzung ein mehrstufiges Verfahren vor: a) Verschmelzungsvertrag, b) Verschmelzungsbericht, c) Verschmelzungsprüfung, d) Verschmelzungsbeschluss, e) Anmeldung der Verschmelzung und schließlich f) Eintragung ins Register.

1. Verschmelzungsvertrag

Grundlage der Verschmelzung ist nach § 4 UmwG der Verschmelzungsvertrag. Er wird von den Vertretungsorganen der an der Verschmelzung beteiligten Rechtsträgern abgeschlossen.[423] Die zwingenden Inhalte des Vertrages sind in §§ 5, 46 UmwG geregelt. Danach ist insbesondere Vertragsbestandteil die Verschmelzungsvereinbarung, also die Erklärung über die Übertragung des Vermögens

421 Vgl. oben unter: Erster Teil D. II. 1.

422 Die Vorschriften des Zweiten Abschnitts des Zweiten Buches sind stets dann anzuwenden, wenn eine GmbH an der Verschmelzung beteiligt ist, gleichgültig, ob es sich um eine reine Verschmelzung unter GmbH's oder um eine Mischverschmelzung unter der Beteiligung von Rechtsträgern anderer Rechtsform handelt; die Vorschriften unterscheiden grundsätzlich auch nicht danach, ob die GmbH übertragender oder aufnehmender Rechtsträger ist.

423 § 4 Abs. 1 UmwG. Bei dem Abschluss des Verschmelzungsvertrages handelt es sich um ein Grundlagengeschäft, für das grundsätzlich die Gesellschafterversammlung zuständig ist, sofern nicht die Satzung eine dementsprechende Abschlusskompetenz der Geschäftsführung vorsieht, vgl. hierzu: Rowedder/Schmidt-*Leithoff-Koppensteiner*, § 37 Rn 51

jedes übertragenden Rechtsträgers als Ganzes (Gesamtrechtsnachfolge) ohne Abwicklung und gegen Gewährung von Anteilen am übernehmenden Rechtsträger. Durch die zwingenden Inhalte des Verschmelzungsvertrages will das Gesetz im Interesse der Anteilseigner und der Arbeitnehmer sowie ihrer Vertretungen erreichen, dass beide Gruppen bei der anschließenden Beschlussfassung über die Verschmelzung ausreichend informiert, d. h. ihnen die wesentlichen Daten der Verschmelzung bekannt sind.[424] Der Verschmelzungsvertrag bedarf gem. § 6 UmwG der notariellen Beurkundung, damit den Beteiligten die Tragweite der Entscheidung bewusst wird. Neben der Beweissicherung und damit Gründen der Rechtssicherheit dient diese Form der materiellen Richtigkeitsgewähr und soll zudem eine Prüfungs- und Belehrungsfunktion wahrnehmen.[425] Denn der Verschmelzungsvertrag legt die Bedingungen fest, zu denen die Verschmelzung erfolgen soll. Einen nennenswerten Gläubigerschutz vermittelt der Verschmelzungsvertrag, der im Zuge der Verschmelzung zwar später auch als Anlage zur Anmeldung gem. § 17 UmwG zum Handelsregister gereicht wird und somit von den Gläubigern eingesehen werden kann, damit nicht.

§ 57 UmwG sieht für den Fall der Verschmelzung durch Neugründung einer GmbH allerdings vor, dass Festsetzungen über Sondervorteile, Gründungsaufwand, Sacheinlagen und Sachübernahmen, die in den Gesellschaftsverträgen, Satzungen oder Statuten übertragender Rechtsträger enthalten waren, zu übernehmen sind. Diese Beibehaltungspflicht verfolgt den Zweck, Gläubiger durch Information vor potentiell gefährlichen Abreden zu schützen.

2. Verschmelzungsbericht

Gemäß § 8 Abs. 1 S. 1, 1. HS UmwG haben die Vertretungsorgane jedes der an der Verschmelzung beteiligten Rechtsträger einen ausführlichen schriftlichen Bericht über den Verschmelzungsvertrag bzw. dessen Entwurf[426], das Umtauschverhältnis, die Stellung der Anteilsinhaber beim übernehmenden Rechtsträger und schließlich zur Höhe einer etwa anzubietenden Barabfindung zu erstellen. Er hat sowohl rechtliche als auch wirtschaftliche Belange zu beleuchten. Ihre inhaltliche Grenze findet die Berichtspflicht in § 8 Abs. 2 UmwG, wonach die Mitteilung solcher Tatsachen verweigert werden kann, deren Bekanntwerden geeignet ist, einem der beteiligten Rechtsträger oder einem verbundenen Unter-

424 Lutter-*Lutter/Drygala*, § 5 Rn 2; Semler/Stengel-*Simon*, § 5 Rn 1.

425 Semler/Stengel-*Schröer*, § 6 Rn 2 unter Verweis auf die grundlegende „Supermarkt"-Entscheidung des BGH zum Formerfordernis für Strukturmaßnahmen der GmbH, BGH, Urteil v. 24.10.1988, AZ. II ZB 7/88, BGHZ 105, 338 (341 f.).

426 Für den Fall des § 4 Abs. 2 UmwG.

nehmen einen nicht unerheblichen Nachteil zuzufügen.[427] Im Bericht sind dann freilich die Gründe aus denen die Tatsachen nicht aufgenommen worden sind, darzulegen.[428]

In dieser Berichtspflicht könnte man zumindest teilweise einen institutionellen Gläubigerschutz vermuten, da die beschriebene Berichtspflicht auch dazu beitragen könnte, bereits im Rahmen des Verschmelzungsverfahrens – also a priori – die Interessen potentieller oder auch vorhandener Gläubiger zu unterstützen. So dient etwa im schweizerischen FusG der vom Verwaltungsrat zu erstellende Fusionsbericht unter anderem dazu, die Auswirkungen der Fusion auf die Gläubiger wirtschaftlich und rechtlich zu erläutern und zu begründen.[429] Aufgabe des Verschmelzungsberichts gemäß § 8 UmwG ist nach einhelliger Auffassung demgegenüber allerdings ausschließlich der Schutz der Anteilsinhaber, die möglichst rechtzeitig und vollständig über die Umwandlung informiert werden sollen.[430] Dem Gläubigerschutz dient der Verschmelzungsbericht also nicht.[431] Dass dem Verschmelzungsbericht keine Gläubigerschutzfunktion zukommt verdeutlicht insbesondere § 8 Abs. 3 UmwG. Danach entfällt die Berichtspflicht, wenn alle Anteilsinhaber aller beteiligten Rechtsträger auf dessen Erstattung verzichten oder sich alle Anteile der übertragenden Gesellschaft in der Hand des übernehmenden Rechtsträgers befinden.[432]

427 § 8 Abs. 2 UmwG lehnt sich an die ähnliche Regelung des § 131 Abs. 3 Nr. 1 AktG an.

428 Es ist konkret zu begründen, warum nähere Einzelheiten nicht aufgenommen werden können; wenn die gebotene Vertraulichkeit gewährleistet ist, ist die Grenze vollständig darauf nachprüfbar, ob das Vertretungsorgan bei vernünftiger kaufmännischer Beurteilung zutreffend zu dem Ergebnis gelangt ist, dass das Bekanntwerden der Tatsache geeignet ist, einen nicht unerheblichen Nachteil i. S. v. § 8 Abs. 2 UmwG zuzufügen.

429 Watter/Vogt/Tscäni/Daeniker-*Kühni,* Art. 14 Rn 62.

430 So bereits die Begründung zur Vorgängervorschrift des § 340 a AktG, die mit dem Gesetz zur Durchführung der Dritten Richtlinie des Rates der Europäischen Gemeinschaften zur Koordinierung des Gesellschaftsrechts vom 25.10.1982 in das AktG eingefügt worden ist, BegrRegE Verschmelzungsrichtliniegesetz, BT-Drs. 9/1065, S. 15; in der Literatur: *K. Schmidt* in ZGR 1993, S. 366 (374); Lutter-*Lutter/Drygala,* § 8 Rn 1;Schmidt/Hörtnagl/Stratz-*Hörtnagl,* § 8; *Ganske* in WM 1993, S. 1117 (1122).

431 *K. Schmidt* in ZGR 1993, S. 366 (374); Lutter-*Lutter/Drygala,* § 8 Rn 1; Schmidt/Hörtnagl/Stratz-*Hörtnagl,* § 8.

432 An dieser gesetzgeberischen Konzeption wird sich auch nach dem Inkrafttreten des Dritten Gesetzes zur Änderung des Umwandlungsgesetzes nichts ändern. Zwar werden nach § 8 Abs. 3 UmwG n. F. weitere Präzisierungen hinsichtich der Berichtspflichten eingeführt (so ist über jede wesentliche Änderung des Vermögens des Rechtsträgers zu unterrichten, die zwischen dem Abschluss des Verschmelzungsvertrages oder der Aufstellung des Entwurfes und dem Zeitpunkt der Beschlussfasung eingetreten ist), der Verschmelzungsbericht bleibt allerdings (nunmehr nach § 8 Abs. 4 Nr. 1 UmwG n. F. entbehrlich, wenn alle Anteilsinhaber auf idesen verzichten.

3. Verschmelzungsprüfung

Der Verschmelzungsvertrag bzw. sein Entwurf ist durch einen oder mehrere Sachverständige zu prüfen. Diese sogenannten Verschmelzungsprüfer werden vom Gericht grundsätzlich auf Antrag des jeweiligen Vertretungsorgans des beteiligten Rechtsträgers bestellt. Gem. § 9 Abs. 1 S. 2 UmwG können sie allerdings auch auf gemeinsamen Antrag hin für mehrere oder alle beteiligten Rechtsträger bestellt werden. Der zulässige Personenkreis richtet sich in entsprechender Anwendung der §§ 319ff. HGB danach, ob die Jahresabschlüsse der beteiligten Rechtsträger prüfpflichtig sind.[433] Über das Ergebnis der Prüfung erstatten die Verschmelzungsprüfer schriftlich Bericht. Der Bericht hat sich darauf zu erstrecken, ob der Verschmelzungsvertrag vollständig ist, ob die in ihm gemachten Angaben richtig sind, und insbesondere auch darauf, ob das in dem Verschmelzungsvertrag vereinbarte Umtauschverhältnis angemessen ist.[434]

Die Verschmelzungsprüfung dient ebenso wie der Verschmelzungsbericht ausschließlich dem Schutz der Anteilsinhaber.[435] Es soll sichergestellt werden, dass die Anteilsinhaber in Kenntnis der Wertrelation der beteiligten Rechtsträger über die Verschmelzung abstimmen und Benachteiligungen durch unzutreffende Umtauschverhältnisse von vornherein verhindert werden.[436] Dieser identischen Interessenlage zu § 8 UmwG entspricht es letztlich auch, dass die Verschmelzungsprüfung grundsätzlich unter denselben Voraussetzungen entbehrlich ist wie der Verschmelzungsbericht.[437] Zum Schutze der Minderheitsgesellschafter ist eine Prüfung aber bereits dann erforderlich, wenn dies einer der Gesellschafter verlangt.[438]

4. Verschmelzungsbeschluss

Der Verschmelzungsvertrag wird gemäß § 13 UmwG nur wirksam, wenn die Anteilsinhaber der beteiligten Rechtsträger ihm durch Beschluss zustimmen.

433 Sind Rechtsträger an der Verschmelzung beteiligt, deren Jahresabschlüsse prüfpflichtig sind, verweist § 11 Abs. 1 S. 1 UmwG bezüglich der Auswahl der Verschmelzungsprüfer auf § 319 Abs. 1 bis 4 sowie § 319a Abs. 1 HGB, wonach Abschlussprüfer Wirtschaftsprüfer und Wirtschaftsprüfungsgesellschaften sein müssen; in den anderen Fällen können Prüfer auch vereidigte Buchprüfer und Buchprüfungsgesellschaften sein.

434 Semler/Stengel-*Zeidler*, § 12 Rn 6.

435 Begründung zur Vorgängervorschrift § 340 b AktG: BegrRegE, BT-Drs. 9/1065, S. 14f.

436 Lutter-*Lutter/Drygala*, § 9 Rn 3.

437 §§ 9 Abs. 3, 12 Abs. 3 UmwG verweisen jeweils auf § 8 Abs. 2 und 3 UmwG.

438 Vgl. § 48 UmwG.

Der Beschluss wird in einer Versammlung[439] der Anteilsinhaber gefasst.[440] Die für die Einberufung der Gesellschafterversammlung gem. § 49 Abs. 1 GmbHG zuständigen Geschäftsführer haben den Verschmelzungsbeschluss als Gegenstand der Beschlussfassung anzukündigen.[441] Der Verschmelzungsbeschluss bedarf gem. § 50 Abs. 1 UmwG grundsätzlich einer Mehrheit von mindestens drei Vierteln der abgegebenen Stimmen.[442] Abweichend schreibt § 51 Abs. 1 UmwG eine Einstimmigkeit in zwei Fällen vor: zum einen bei Beteiligung einer GmbH als übernehmender Rechtsträger, wenn auf deren Geschäftsanteile noch nicht alle zu leistenden Einlagen in voller Höhe bewirkt sind; zum anderen bei einer Verschmelzung von GmbH's, wenn auf die Geschäftanteile der übertragenden GmbH noch nicht alle zu leistenden Einlagen in voller Höhe erbracht sind.[443] Ist die Übertragung der Anteile eines Rechtsträgers von der Zustimmung einzelner Anteilsinhaber abhängig, bedarf auch der Verschmelzungsbeschluss des Rechtsträgers zu seiner materiellen Wirksamkeit der Zustimmung dieser Anteilsinhaber.[444] Der Verschmelzungsbeschluss bedarf zu seiner formellen Wirksamkeit der notariellen Beurkundung.[445]

Geschützt werden durch den Verschmelzungsbeschluss wiederum die Anteilsinhaber.[446] Die Verschmelzung stellt für alle beteiligten Rechtsträger eine Grundlagenentscheidung dar, die nicht von den Vertretungsorganen, sondern ausschließlich von den Anteilsinhabern getroffen werden kann.[447]

---

439 Damit werden Beschlüsse im schriftlichen Umlaufverfahren, die nach § 48 Abs. 2 GmbHG zulässig wären, ausgeschlossen.

440 Den Gesellschaftern sind gem. § 47 UmwG spätestens zusammen mit der Einberufung zu dieser Gesellschafterversammlung der Verschmelzungsvertrag bzw. sein Entwurf und der Verschmelzungsbericht zu übersenden.

441 Vgl. § 49 Abs. 1 UmwG; ab diesem Zeitpunkt werden Jahresabschlüsse und Lageberichte gem. § 49 Abs. 2 UmwG für die Gesellschafter zur Einsicht ausgelegt und stehen diesen gem. § 49 Abs. 3 UmwG auch erweiterte Auskunftsansprüche.

442 Zulässig sind gem. § 50 Abs. 2 S. 2 UmwG Satzungsregelungen, die eine größere Mehrheit und weitere Voraussetzungen vorsehen.

443 Grund hierfür ist die Ausfallhaftung der übrigen Gesellschafter gem. § 24 GmbHG; die Privilegierung der in § 51 Abs. 1 S. 2 UmwG genannten Anteilsinhaber gegenüber den sonstigen – insbesondere den Aktionären – lässt sich sachlich wohl nur durch die in der Regel geringere Zahl der Anteilsinhaber von Personenhandelsgesellschaften, Partnerschaftsgesellschaften und GmbH's rechtfertigen, vgl. Semler/Stengel-*Reichert*, § 51 Rn 14; Lutter-*Winter*, § 51 Rn 7.

444 Damit hat die Vinkulierung von Geschäftsanteilen gem. § 15 Abs. 5 GmbHG bei der GmbH eine erhebliche Bedeutung für die Verschmelzung.

445 Die notarielle Beurkundung erfüllt wiederum eine Warnfunktion zugunsten der Anteilsinhaber und dient zudem Beweiszwecken.

446 Semler/Stengel-*Gehling*, § 13 Rn 1.

447 Zum Erfordernis der Beschlussfassung durch die Gesellschafterversammlung bei Grundlagengeschäften der GmbH im Allgemeinen: Rowedder/Schmidt-*Leithoff-Koppensteiner*, § 37 Rn 51.

5. Anmeldung der Verschmelzung

Liegt ein wirksamer Verschmelzungsbeschluss vor, haben die Vertretungsorgane jedes der an der Verschmelzung beteiligten Rechtsträger die Verschmelzung zur Eintragung in das Handelsregister anzumelden.[448] Gemäß § 16 Abs. 2 S. 1 UmwG haben die Vertretungsorgane bei der Anmeldung zu erklären, dass eine Klage gegen die Wirksamkeit des Verschmelzungsbeschlusses nicht oder nicht fristgemäß erhoben oder rechtskräftig abgewiesen oder zurückgenommen worden ist.[449] In den Fällen des § 51 Abs. 1 UmwG haben die Vertretungsorgane auch zu erklären, dass ihr Rechtsträger das Erfordernis der Einstimmigkeit beachtet habe und – sofern es sich bei der übertragenden Gesellschaft um eine GmbH handelt – auch die nicht erschienenen Gesellschafter zugestimmt haben.

Der Anmeldung sind die in § 17 UmwG geregelten Anlagen beizufügen, zu denen auch eine Schlussbilanz des übertragenden Rechtsträgers gehört. Insofern dient die Anmeldung mittelbar dem Gläubigerschutz, da hierdurch die Gläubiger in die Lage versetzt werden, sich in einem überschaubaren zeitlichen Zusammenhang über die Vermögenslage der übertragenden Gesellschaft zu informieren.[450] Sie können im Übrigen anhand dieser prüfen, ob sie gemäß § 22 UmwG eine Sicherheitsleistung verlangen können.[451]

6. Eintragung der Verschmelzung

Schließlich erfolgt die Eintragung der Verschmelzung in das Handelsregister, sofern das Gericht nach einer Prüfung in formeller und materieller Hinsicht zu dem Ergebnis gekommen ist, dass alle Eintragungsvoraussetzungen vorliegen.[452] Hierbei muss die Eintragung gem. § 19 Abs. 1 S. 1 UmwG zunächst beim Registergericht des übertragenden Rechtsträgers erfolgen.[453] Die anschließende Ein-

448 Der Anmeldung sind die in § 17 UmwG genannten Anlagen beizufügen.

449 Der Erklärung nach Abs. 1 S. 1 steht ein rechtskräftiger Beschluss des Gerichts nach § 16 Abs. 3 UmwG gleich.

450 *Petersen*, S. 157.

451 Lutter-*Bork*, § 17 UmwG Rn 4.

452 Die Prüfungspflicht des Registergerichts ist im UmwG nicht eigens geregelt und ergibt sich demzufolge aus den allgemeinen Grundsätzen, nach denen jedem Registergericht eine Prüfungspflicht bei Anmeldungen obliegt, um zum Schutze des Rechtsverkehrs unrichtige Eintragungen in das Handelsregister zu vermeiden, vgl. hierzu ausführlich Keidel-*Heinemann*, § 374 Rn 50 ff.

453 Möglich ist gemäß § 19 Abs. 1 S. 2 UmwG auch die zeitgleiche Eintragung.

tragung in das Register für den übernehmenden Rechtsträger schließt sodann die Verschmelzung ab und wirkt konstitutiv.[454]

Hat der übernehmende Rechtsträger zur Durchführung der Verschmelzung sein Stammkapital erhöht,[455] darf die Verschmelzung gem. § 53 UmwG erst eingetragen werden, nachdem die Erhöhung des Stammkapitals ins Handelsregister eingetragen worden ist.[456]

Die sehr technisch gefassten Regelungen über die Anmeldung und Eintragung der Verschmelzung sollen dafür Sorge tragen, dass die Beteiligten über die Umwandlungsvorgänge rechtzeitig informiert werden.[457] Hierbei kommt dem Aspekt der Eintragung – wenn überhaupt – eine mittelbare Gläubigerschutzfunktion zu.[458]

Das Registergericht hat von Amts wegen die Ordnungsmäßigkeit der Anmeldung wie auch die Vollständigkeit und Ordnungsmäßigkeit des Verschmelzungsvorgangs selbst zu prüfen.[459] Der Registerrichter hat deshalb grundsätzlich das Recht und die Pflicht, die Wahrheit der von den Anmeldenden angegebenen Tatsachen, die die Rechtswirksamkeit der beizufügenden Urkunden sowie die Rechtmäßigkeit des Verschmelzungsvertrages und der Verschmelzungsbeschlüsse betreffen, selbst zu überprüfen.[460] Durch dieses materielle Prüfungsrecht im Rahmen des Eintragungsverfahrens werden die Interessen der beteiligten Kreise allgemein und damit auch der Gläubiger geschützt.[461] Allerdings steht dem Anmeldenden grundsätzlich ein Anspruch auf Eintragung der einzutragenden Tatsachen zu,[462] den das Gericht nicht dadurch praktisch einschränken darf, dass es auch dort Prüfungen vornimmt und ins Einzelne gehende Nach-

---

454 Vgl. § 19 Abs. 1 S. 2 UmwG.

455 Die Erhöhung des Stammkapitals ist in den Fällen des § 54 Abs. 1 S. 1 UmwG unzulässig, um das Entstehen eigener Anteile der übernehmenden Gesellschaft zu vermeiden.

456 Damit stellt § 53 UmwG sicher, dass zum Zeitpunkt des Wirksamwerdens der Verschmelzung die Geschäftsanteile, die übertragen werden sollen, auch tatsächlich bestehen.

457 *Ganske* in WM 1993, S. 1117 (1124).

458 Von der Rechtsprechung ausdrücklich offen gelassen in: OLG Stuttgart, Urt. v. 04.10.2005, AZ: 8 W 426/05, ZIP 2005, S. 466 (467).

459 Zum UmwG: Goutier/Knopf/Tulloch-*Bermel*, § 19 Rn 12; zum Prüfungsumfang und zur Prüfungspflicht des Registergerichts im Allgemeinen: Baumbach/Hopt-*Hopt*, § 8 Rn 7 ff.

460 Dass dem Registergericht grundsätzlich auch ein materielles Prüfungsrecht zukommt, entspricht der allgemeinen Meinung, fraglich ist allein, ob dies aus § 12 FGG folgt oder dem Grundsatz der Gesetzmäßigkeit der Verwaltung, vgl. BGH, Urt. v. 18.02.1991, AZ: II ZR 104/90, BGHZ 113, 335 (351) mwN.

461 Allgemein zum materiellen Prüfungsrecht und dem Schutz des Rechtsverkehrs durch das Registergericht: *Winkler* in FS-Wiedemann, S. 1369.

462 Ein derartiger Anspruch wird bejaht, wenn die Prüfung keine Anhaltspunkte für Mängel der Anmeldung oder der einzutragenden Tatsachen ergibt, vgl. hierzu etwa: Baumbach/Hueck-*Hueck/Fastrich*, § 9c Rn 2; Scholz-*Winter*, Band I, § 9c Rn 5.

weise verlangt, wo keine konkreten Anhaltspunkte für Mängel bestehen.[463] Überspannt das Gericht seine Ermittlungsrechte und verzögert sich dadurch das Eintragungsverfahren unnötig, so können sich hieraus sogar Amthaftungsansprüche ergeben.[464] Vor diesem Hintergrund begnügt sich das Registergericht regelmäßig mit einer Plausibilitätsprüfung der Richtigkeit der von den Anmeldenden angegebenen Tatsachen und der Rechtswirksamkeit der der Anmeldung beizufügenden Urkunden, wenn es keinen Anlass hat, an deren Richtigkeit und Wirksamkeit zu zweifeln.[465]

7. Zwischenergebnis

Zusammenfassend ist festzustellen, dass der verschmelzungsrechtliche ex-ante Schutz nach den Vorschriften über die innerstaatliche Verschmelzung zu vernachlässigen ist.

Insbesondere stehen den Gläubigern vor der Durchführung der Verschmelzung keine individuellen Rechtsbehelfe zur Verfügung, mit denen sie ihre Interessen durchzusetzen können. So können sie weder die Verschmelzung verhindern noch sofortige Befriedigung oder zumindest Sicherheit für ihre Forderungen verlangen. Auch stehen ihnen keine adäquaten Informations- und Prüfungsrechte zu. Sofern derartige Pflichten im UmwG geregelt sind, dienen sie nicht dem Gläubigerschutz und gewährleisten einen solchen dementsprechend auch nicht tauglich. Unabhängig hiervon haben die Gläubiger allerdings gemäß § 9 Abs. 1 HGB die Möglichkeit, die zum Handelsregister eingereichten Schriftstücke – wie etwa die Schlussbilanz des übertragenden Rechtsträgers – einzusehen und sich so zu informieren.[466]

Im Registerverfahren haben die Gläubiger keine Parteistellung. Auch ergeben sich durch das Eintragungsverfahren und die Publizität keine spürbaren Gläubigerschutzwirkungen. So ist beispielsweise bei der Verschmelzung durch Neugründung im Wege der Sachgründung unter Beteiligung von Kapitalgesellschaften gemäß § 58 Abs. 2 UmwG kein Sachgründungsbericht im Sinne von § 5 Abs. 4 GmbHG erforderlich.[467] Zwar besteht in den Fällen des § 57 UmwG

463 Vgl. hierzu: BGH, Urt. v. 18.02.1991, AZ: II ZR 104/90, BGHZ 113, 335 (351) mwN.

464 So etwa: Hachenburg/Behrens-*Ulmer*, § 9c Rn 12.

465 Baumbach/Hopt-*Hopt*, § 8 Rn 8; MünchKomm-*Krafka*, HGB, Band 1, § 8 Rn 64.

466 So dient etwa auch die Pflicht zur Einreichung der Schlussbilanz gemäß § 17 Abs. 2 UmwG neben der Bilanzkontinuität auch dem Gläubigerschutz. Dadurch, dass gemäß § 24 UmwG kein Zwang zur Buchwertfortführung besteht, werden die Schutzzwecke allerdings wieder abgeschwächt.

467 Der Sachgründungsbericht ist gemäß § 8 Abs. 1 S. 4 GmbHG grundsätzlich mit der Anmeldung der GmbH dem Registergericht vorzulegen. Dem Erfordernis des Sachgründungsbe-

die Pflicht, Sonderregelungen, die den übertragenden Rechtsträger betrafen, in den Gesellschaftsvertrag der neuen GmbH zu übernehmen. Hierbei handelt es sich allerdings lediglich um einen punktuellen Gläubigerschutz durch Publizität[468], der ausschließlich den hier nicht im Fokus stehenden Fall der Verschmelzung durch Neugründung betrifft. Die im Übrigen vom Registergericht vorzunehmende Plausibilitätskontrolle ist hingegen nicht geeignet, die Interessen der Gläubiger tauglich zu schützen.

II. Gläubigerschutz a posteriori

1. Recht auf Sicherheitsleistung, § 22 UmwG

Kern des individuellen Gläubigerschutzes nach den innerstaatlichen Verschmelzungsvorschriften bildet das Recht auf Sicherheitsleistung gemäß § 22 UmwG.[469]

a. Sinn und Zweck

Ausgangspunkt dieser Vorschrift ist die Überlegung, dass sowohl die Gläubiger sowohl des übertragenden als auch des übernehmenden Rechtsträgers am Verschmelzungsvorgang nicht beteiligt sind. Konsequenz ist, dass für diese Gläubiger durch die Verschmelzung Risiken entstehen können, auf die sie keinen Einfluss haben. Insbesondere sehen sich die Gläubiger durch die Verschmelzung in einer Konkurrenzsituation gegenüber den Gläubigern der weiteren an der Verschmelzung beteiligten Rechtsträger. Auch ist es möglich, dass der neue Schuldner eine erheblich schlechtere Bonität aufweist, vielleicht sogar eine andere Rechtsform. § 22 UmwG hat zum Ziel, diese Risiken der Gläubiger dadurch abzufedern, dass ihnen unter bestimmten Voraussetzungen ein Anspruch auf Sicherheitsleistung zusteht.

b. Anspruch

Voraussetzung des Rechts auf Sicherheitsleistung ist zunächst, dass der Gläubiger einen Anspruch gegen einen der beteiligten Rechtsträger hat. Dieser muss

---

richts wurde in der Regierungsbegründung noch eine wesentliche Gläubigerschutzfunktion zugeschrieben, vgl. BegrRegE, BT-Drs. 12/6699, S. 101.

468 Vgl. hierzu auch *Petersen*, S. 163 f.

469 *Petersen*, S. 236.

nach überwiegender Ansicht obligatorischer Natur sein.[470] Ob hiervon Ansprüche, die auf dem Gesellschaftsverhältnis beruhen, erfasst werden, wird unterschiedlich beurteilt.[471]

In zeitlicher Hinsicht muss der Anspruch nach anerkannter Meinung zum Zeitpunkt der Verschmelzung[472] bereits „begründet" gewesen sein.[473] Begründet ist der Anspruch dann, wenn sein Entstehungsgrund zum maßgeblichen Zeitpunkt bereits gelegt ist.[474] Deswegen werden nach überwiegender Meinung grundsätzlich auch betagte, bedingte[475], befristete[476] und von einer Gegenleistung abhängige Ansprüche[477] sowie solche aus Dauerschuldverhältnissen[478] erfasst. Ansprü-

---

470 Erfasst werden damit zwar dinglich gesicherte Ansprüche, nicht aber rein dingliche Ansprüche, denn insoweit stellt regelmäßig schon der Gegenstand des dinglichen Rechts eine ausreichende Sicherheit für den Gläubiger dar: Semler/Stengel-*Maier-Reimer*, § 22 Rn 15; Goutier/Knopf/Tulloch-*Bermel*, § 22 Rn 10; Kallmeyer-*Marsch-Barner*, § 22 Rn 2; Schmitt/Hörtnagl/Stratz-*Stratz*, § 22 Rn 5; ebenso zum AktG: G/H/E/K-*Geßler*, § 303 AktG Rn 4; KK-*Lutter*, § 225 AktG Rn 6, 21; KK-*Altmeppen*, § 303 AktG Rn 13; MünchKomm-*Oechsler*, AktG, Band 7, § 225 Rn 5; für eine differenzierte Betrachtung: *Habersack* in FS Koppensteiner, S. 31 (33 ff.); Lutter-*Grunewald*, § 22 Rn 28; die Frage ist allerdings von äußerst geringer praktischer Relevanz.

471 Grundsätzlich verneinend Lutter-*Grunewald*, § 22 Rn 5; Schmitt/Hörtnagl/Stratz-*Stratz*, § 22 Rn 4; differenzierend danach, ob sich ein Recht zu einem „Gläubigerrecht" verdichtet hat, Semler/Stengel-*Maier-Reimer*, § 22 Rn 6.

472 Auf welchen Zeitpunkt hierbei im Detail abzustellen ist, wird unterschiedlich beurteilt: Für ein Abstellen auf den Zeitpunkt der Eintragung in das Handelsregister des übernehmenden Rechtsträgers: Schmitt/Hörtnagl/Stratz-*Stratz*, § 22 Rn 6; Lutter-*Grunewald*, § 22 Rn 5; Goutier/Knopf/Tulloch-*Bermel*, § 22 Rn 11; für die Maßgeblichkeit des Zeitpunktes der Bekanntmachung: Kallmeyer-*Marsch-Barner*, § 22 Rn 3; Semler/Stengel-*Maier-Reimer*, § 22 Rn 12; für ersteren Zeitpunkt spricht, dass dieser zur Auflösung des übertragenden Rechtsträgers und zu der u. U. vermögensgefährdenden Gesamtrechtsnachfolge führt.

473 Semler/Stengel-*Maier-Reimer*, § 22 Rn 9; Schmitt/Hörtnagl-*Stratz*, § 22 Rn 6; Lutter-*Grunewald*, § 22 Rn 7; Widmann/Mayer-*Vossius*, § 22 UmwG Rn 19 f.; Goutier/Knopf/Tulloch-*Bermel*, § 22 Rn 12.

474 Semler/Stengel-*Maier-Reimer*, § 22 Rn10; Lutter-*Grunewald*, § 22 Rn 7; von Relevanz ist diese Frage insbesondere dafür, ob künftige Ansprüche aus bestehenden Dauerschuldverhältnissen und bedingte Ansprüche sicherungsfähig sind.

475 Lutter-*Grunewald*, § 22 Rn 6; Widmann/Mayer-*Vossius*, § 22 Rn 20;; aA: *Schroer* in DB 1999, S. 319; differenzierend: Schmitt/Hörtnagl/Stratz-*Stratz*, § 22 Rn 7; Semler/Stengel-*Maier-Reimer*, § 22 Rn 16; *Krieger* in FS Nirk, S. 551 (555); Goutier/Knopf/Tulloch-*Bermel*, § 22 Rn 12.

476 Semler/Stengel-*Maier-Reimer*, § 22 Rn 16.

477 Schmitt/Hörtnagl/Stratz-*Stratz*, § 22 Rn 7.

478 BGH, Urt. 27.09.1999, II ZR 356/98, BGHZ 142, 324; LG Köln, Urt. v. 30.01.2004, AZ: 82 O 139/03, Der Konzern 2004, S. 806 (809); LG Köln, Urt. v. 17.09.2004, AZ: 82 O 133/03, zitiert bei: juris, Rn 38; Semler/Stengel-*Maier-Reimer*, § 22 Rn 6; Lutter-*Grunewald*, § 22 Rn 6; Widmann/Mayer-*Vossius* § 22 UmwG Rn 20; Soldierer, S. 44 ff.; Kallmeyer-*Marsch-Barner*, § 22 Rn 3.

che aus unerlaubter Handlung sind begründet, sofern das haftungsbegründende Verhalten vor der Verschmelzung liegt.

Ausgeschlossen ist eine Sicherheitsleistung hingegen, wenn der Anspruch bereits fällig ist. Denn mit der Fälligkeit kann der Gläubiger Leistung verlangen und benötigt damit keinen zusätzlichen Anspruch. Unerheblich ist, ob ein korrespondierender Anspruch gegen einen Dritten[479] fällig geworden ist.[480] Denn der Gläubiger ist nicht verpflichtet, einen Dritten in Anspruch zu nehmen, wenn er einen begründeten Anspruch gegen den an der Verschmelzung beteiligten Rechtsträger hat, sondern kann vielmehr ein berechtigtes Interesse daran haben, gerade von Letzterem Sicherheit zu verlangen.[481]

c. Konkrete Gefährdung

Ein Anspruch steht den Gläubigern gemäß § 22 Abs. 1 S. 2 UmwG jedoch nur zu, wenn sie glaubhaft machen, dass durch die Verschmelzung die Erfüllung ihrer Forderung gefährdet wird. Die Gefährdung muss also durch die Verschmelzung verursacht worden sein.[482]

aa. Konkretheit

Die Gefährdung muss nach anerkannter Meinung *konkret* sein.[483] Begründet wird dies damit, dass die Gefährdung gemäß § 22 Abs. 1 S. 2 UmwG glaubhaft zu machen ist. Insofern wird einerseits darauf verwiesen, dass § 22 UmwG ein solches Erfordernis überhaupt im Unterschied zu §§ 225, 303 AktG vorsieht und damit strengere Anforderungen an eine Sicherheitsleistung stellt:[484] Andererseits

479 etwa bei Gesamtschuldnerschaft.

480 So die überwiegende Meinung, vgl. etwa: Semler/Stengel-*Maier-Reimer*, § 22 Rn 36; Lutter-*Grunewald,* § 22 Rn 9; Widmann/Mayer-*Vossius*, § 22 UmwG Rn 37; aA: Schmitt/Hörtnagl/Stratz-*Stratz*, § 22 Rn 17.

481 Problematisch kann sich in einem solchen Fall allerdings die Glaubhaftmachung der Gefährdung des Anspruchs darstellen.

482 LG Köln, Urt. v. 30.01.2004, AZ: 82 O 139/03, Der Konzern 2004, S. 806 (809).

483 BGH, Urt. v. 26.04.2002, AZ: LwZR 20/01, DB 2002, S. 1598 (1599) in einem obiter dictum: „Sicherheit ist erst dann zu leisten, wenn der Gläubiger glaubhaft macht, daß durch die Verschmelzung die Erfüllung der Forderung, und zwar konkret [...] gefährdet ist"; dem folgend: ; LG Köln, Urt. v. 30.01.2004, AZ: 82 O 139/03, Der Konzern 2004, S. 806 (809); LG Köln, Urt. v. 17.09.2004, AZ: 82 O 133/03, zitiert bei: juris, Rn 38: „*Erforderlich ist eine konkrete Gefährdung, die vom Gläubiger glaubhaft zu machen ist*" (Hervorhebungen durch das zitierte Gericht); in der Literatur etwa: Goutier/Knopf/Tulloch-*Bermel*, § 22 Rdn. 15; Semler/Stengel-*Maier-Reimer*, § 22 Rn 32.

484 In diesem Sinne auch: BGH, Urt. v. 26.04.2002, AZ: LwZR 20/01, DB 2002, S. 1598 (1599) der auch auf die andere Rechtslage nach dem AktG verweist. Interessant und näher zu beleuchten

wird ein derartiger Schluss auch unmittelbar aus dem Erfordernis der Glaubhaftmachung gefolgert. Denn eine Tatsache ist gemäß § 294 ZPO nach überwiegender Ansicht erst dann glaubhaft gemacht, wenn das Gericht von deren Vorliegen mit überwiegender Wahrscheinlichkeit überzeugt ist.[485]

Demnach genügt für die Geltendmachung einer Sicherheitsleistung nicht die bloß abstrakte Berührung der Gläubigerinteressen dadurch, dass ohne Zustimmung der Schuldner ausgewechselt wird.[486] Ebenfalls nicht ausreichend ist nach der Rechtsprechung die bloße Verschlechterung der relevanten betriebswirtschaftlichen Relationen.[487] Die Verschlechterung muss demnach mindestens ein solches Ausmaß annehmen, dass das Unternehmen Kredite mit Laufzeiten, die den Fälligkeitsfristen der betreffenden Forderungen entsprechen, am Markt nicht mehr erhalten würde.[488] Im Fall einer noch ausstehenden Gegenleistung des Gläubigers ist eine Gefährdung etwa zu bejahen, wenn die Gesellschaft einen entsprechenden Vertrag ohne Sicherheitsleistung am Markt nunmehr nicht mehr abschließen könnte.[489] Das gleiche gilt, wenn der Gläubiger zwar vor, nicht aber nach der Verschmelzung eine vergleichbare Forderung begründen würde.[490] Den Beurteilungsmaßstab hierfür bildet die Vermögens-, Finanz- und Ertragslage des übernehmenden Rechtsträgers.[491] Möglich ist die Annahme einer Gefährdung ferner dann, wenn eine Forderung schon vor der Verschmelzung gefährdet war, sich die Gefährdungslage durch die Verschmelzung allerdings erheblich

---

ist insbesondere der Vergleich mit § 225 AktG, weil diese Vorschrift den Fall der Kapitalherabsetzung regelt. Denn diesem Fall ist von der Interessenlage der Gläubiger her vergleichbar die Verschmelzung auf einen Rechtsträger mit geringerem gebundenem Kapital. Der Einwand der AG, dass durch die Kapitalherabsetzung die Erfüllbarkeit der Forderung nicht konkret gefährdet werde, ist bei § 225 AktG damit unerheblich, vgl. hierzu: KK-*Lutter,* AktG, § 225 Rn 20; Hüffer, § 225 Rn 8.

485 Ein festes Beweismaß wie beim Vollbeweis gibt es hier zwar nicht; zumeist wird aber die genannte Formel verwendet, vgl. etwa: BGH, Urt. v. 11.09.2003, AZ: IX ZB 37/03, BGHZ 156, 139 (142); BGH, Urt. v.29.03.1996, AZ: II ZR 263/94, NJW 1996, 1682; diese Formel in der Literatur befürwortend etwa: Thomas/Putzo-*Reichold*, § 294 Rn 2; § 294 Rn 6; Stein/Jonas-*Leipold*, § 22 Rn 7; MünchKomm-*Prütting*, ZPO, § 294 Rn 24; Musielak-*Huber*, § 294 Rn 3; differenzierend: Zöller-*Greger*, § 294 Rn 6; LG Köln, Urt. v. 17.09.2004, AZ: 82 O 133/03, zitiert bei: juris, Rn 38 verlangt: „*Die Gefährdung muss* [...] *wahrscheinlich sein. Zwar ist nicht die Gewissheit des Forderungsausfalls gefordert, allerdings genügt eine bloße Verschlechterung der relevanten betriebswirtschaftlichen Relationen nicht*".

486 BGH, Urt. v. 26.04.2002, AZ: LwZR 20/01, DB 2002, S. 1598 (1599).

487 LG Köln, Urt. v. 30.01.2004, AZ: 82 O 139/03, Der Konzern 2004, S. 806 (809).

488 LG Köln, Urt. v. 30.01.2004, AZ: 82 O 139/03, Der Konzern 2004, S. 806 (809).

489 LG Köln, Urt. v. 30.01.2004, AZ: 82 O 139/03, Der Konzern 2004, S. 806 (809).

490 Semler/Stengel-*Maier-Reimer*, § 22 Rn 32; Lutter-*Grunewald*, § 22 Rn 12.

491 LG Köln, Urt. v. 30.01.2004, AZ: 82 O 139/03, Der Konzern 2004, S. 806 (809).

verschärft hat.[492] Ebenfalls wird eine Gefährdung bejaht, wenn infolge der Verschmelzung die Liquidität beeinträchtigt wird.[493]

bb. Gefährdungstatbestände

Die vorgenannten Gefährdungslagen lassen sich im Wesentlichen drei Gruppen[494] zuordnen.[495]

(1) Verringerung des Haftungskapitals

Denkbar ist es zunächst, dass die mit der Verschmelzung verbundenen Strukturveränderungen einen Abbau des institutionellen Gläubigerschutzes der beteiligten Rechtsträger zur Folge haben derart, dass eine bisher bestehende Kapitalbindung wegfällt oder nur noch auf einem niedrigerem Niveau existiert.[496] Im Zentrum dieser Überlegung steht der Gedanke, dass bei der Verschmelzung mit dem Untergang des übertragenden Rechtsträgers auch dessen Haftkapital und etwaige vorhandene – gebundene – Rücklagen untergehen. Führt die Verschmelzung zu einer Veränderung der Rechtsform, finden konsequenterweise in der Folge auch dessen Kapitalschutzregeln Anwendung, die ebenfalls zu einer Schwächung des hiermit einhergehenden Gläubigerschutzes führen können.[497]

Ebenfalls ist denkbar, dass es auf der Bewertungsebene zur Schaffung von Ausschüttungspotential kommt. Denn die Eintragung der Verschmelzung führt zwar gemäß § 20 Abs. 1 Nr. 1 UmwG zum Übergang aller Aktiva und Passiva auf den übernehmenden Rechtsträger, die von diesem sodann einzubuchen sind. Gemäß § 24 UmwG existiert insofern allerdings keine gläubigerfreundliche Buchwertfortführungspflicht. Vielmehr kann der übernehmende Rechtsträger das auf ihn übergehende Vermögen entweder nach den allgemeinen Grundsät-

492 LG Köln, Urt. v. 30.01.2004, AZ: 82 O 139/03, Der Konzern 2004, S. 806 (809).

493 Genannt wird insofern der Fall der drohenden Zahlungsunfähigkeit, vgl. Soldierer, S. 71; Schmitt/Hörtnagl/Stratz-*Stratz,* § 22 Rn 13; Lutter-*Grunewald,* § 22 Rn 13.

494 Ähnlich wie hier: *Kalss* in ZGR 2009, S. 74 ff.; Semler/Stengel-*Maier-Reimer*, § 22 Rn 20 ff.

495 Daneben bestehen noch andere Gefährdungslagen; so können etwa mittelbare Gläubigergefährdungen dadurch entstehen, dass es auf der Ebene der Gesellschafter zu einem Abbau gläubigerschützender Elemente kommt.

496 Inlandsfälle sind beispielsweise die Verschmelzung einer AG auf eine UG oder GmbH oder die Verschmelzung einer GmbH auf eine GmbH oder UG, wobei die Zielgesellschaft jeweils über ein geringeres Haftungskapital verfügt.

497 Diskutiert werden insofern für Inlandsfälle insbesondere die Verschmelzung einer AG auf eine GmbH und die damit einhergehende Lockerung der Kapitalschutzregelungen (Wegfall des § 57 Abs. 1 AktG), vgl. etwa: *Rodewald* in GmbHR 1997, S. 19 ff.; *Naraschewski* in GmbHR 1998, S. 356 ff.; Petersen in GmbHR 2004, S: 728 (731); *Maier-Reimer* in GmbHR 2004, S. 1128 ff.

zen[498] (§ 253 Abs. 1 HGB) oder zu den Buchwerten des übertragenden Rechtsträgers ansetzen. Macht die Gesellschaft von Letzterem Gebrauch, kann sie durch eine Höherbewertung Ausschüttungspotential schaffen.

Freilich führen die Fälle der Verringerung des gebundenen Kapitals nicht zwingend dazu, dass ein Ausschüttungspotential in korrespondierender Höhe entsteht bzw. es auch tatsächlich zu einer Ausschüttung kommt.[499]

(a) Pflicht zur Kapitalerhöhung

Einer Verringerung des gebundenen Vermögens und einem damit drohenden Abfluss von Gesellschaftsvermögen könnte durch eine Kapitalerhöhungspflicht der Zielgesellschaft entgegengewirkt werden mit der Folge, dass sich die Frage einer Gefährdung von Gläubigerinteressen an dieser Stelle nicht mehr stellen würde.[500] Ob sich aus den einschlägigen Vorschriften des UmwG eine solche Pflicht zur Kapitalerhöhung ergibt, ist umstritten.

Der Gesetzgeber regelt die Kapitalerhöhung im Zuge der Verschmelzung in den §§ 53 ff. UmwG. Diese Vorschriften sehen eine Pflicht zur Anhebung des Stammkapitals im Falle der Verschmelzung nicht vor. Vielmehr normiert § 54 UmwG lediglich Kapitalerhöhungsverbote und – wahlrechte.

Namentlich *Petersen* befürwortet gleichwohl – insbesondere für den hier diskutierten Fall der drohenden Kapitalherabsetzung im Zuge der Verschmelzung – die Pflicht zur Kapitalerhöhung. Er bezieht sich hierfür zunächst auf die Gesetzessystematik des § 54 UmwG. Wenn die übernehmende Gesellschaft in den in § 54 Abs. 1 S. 1 UmwG geregelten Fällen ihr Kapital nicht erhöhen *darf* und in den in Satz 2 aufgezählten Konstellationen ihr Kapital nicht zu erhöhen *braucht*, so lasse sich der systematische Schluss ziehen, dass sie es in allen anderen Fällen *müsse*.[501]

Grundlegend stützt sich *Petersen* in seiner Argumentation auf den Willen des historischen Gesetzgebers. Dieser habe sich in der Gesetzesbegründung zu § 54 UmwG eindeutig für eine grundsätzliche Pflicht zur Kapitalerhöhung aus-

498 Streitig ist hingegen, wie die übergehenden Vermögensgegenstände bei einer Sacheinlage zu bewerten sind: Teilweise wird vertreten, dass eine Bewertung zu Zeitwerten zu erfolgen hat, teilweise wird die Maßgeblichkeit des Ausgabebetrages befürwortet, andere sprechen sich für ein Wahlrecht zwischen Ausgabebetrag und Zeitwert aus, vgl. zum Ganzen im Überblick: Widmann/Mayer-*Widmann*, § 24 Rn 29.

499 Beispielsfälle bei *Kalss* in ZGR 2009, S. 74 (79): Eine Unterbilanz der übertragenden Gesellschaft führt dazu, dass kein Verschmelzungsgewinn entsteht; eine Unterbilanz der übernehmenden Gesellschaft lässt einen solchen wieder verpuffen.

500 Denkbar wäre auch eine gesonderte Rücklagenbildung.

501 *Petersen*, S. 189.

gesprochen.[502] In seiner weiteren Untersuchung kommt er zu dem Ergebnis, dass § 54 UmwG eine zentrale Vorschrift des institutionellen Gläubigerschutzes im Umwandlungsrecht darstellt.[503] Schließlich sei die vorgenommene Auslegung auch deswegen unumstößlich, weil andernfalls Schutzlücken zu Ungunsten der Gläubiger bestünden, die insbesondere durch § 22 UmwG nicht ausreichend geschlossen werden könnten.[504]

Demgegenüber verneint die weit überwiegende Literatur die Herleitung einer Kapitalerhöhungspflicht aus § 54 UmwG.[505] Der von *Petersen* gefolgerte Umkehrschluss sei keinesfalls zwingend.[506] Vielmehr spreche das Schweigen des Gesetzgebers gegen einen derartigen Fundamentalgrundsatz,[507] insbesondere vor dem Hintergrund, dass der Gesetzgeber keinerlei Berechnungsgrundlagen für eine etwaige Kapitalerhöhung zur Verfügung stellt. Auch der von *Petersen* wiederholt betonte Wille des historischen Gesetzgebers spreche lediglich bei oberflächlicher Betrachtung für eine Kapitalerhöhungspflicht.[508] Schließlich widersprächen auch der Sinn und Zweck des § 54 UmwG und grundsätzliche Prinzipien des Umwandlungsrechtes der Annahme einer generellen Kapitalerhöhungspflicht.[509]

In der Tat spricht ein erster Blick auf die Gesetzessystematik und die Regierungsbegründung des § 54 UmwG für die Annahme einer grundsätzlichen Kapi-

---

502 *Petersen* bezieht sich hierfür auf die folgende Passage der BegrRegE, BT-Drs. 12/6699, S. 101.: *„Würde eine GmbH mit einem verhältnismäßig niedrigen Stammkapital eine andere GmbH mit hohem Stammkapital durch die Verschmelzung aufnehmen, ohne dass die übernehmende GmbH ihr niedriges Stammkapital erhöhte, so würde das Rückzahlungsgebot des § 30 Abs. 1 GmbHG gelten, während die Summe des alten hohen Stammkapitals der übertragenden GmbH nicht mehr unter § 30 GmbHG fiele, also für eine Auszahlung an die Gesellschafter zur Verfügung stünde und damit den Gläubigern als Haftungsmasse entzogen würde. Noch deutlicher wird die Gefahr der Gläubigerschädigung im Fall der Aufnahme einer AG oder KommanditAG durch eine GmbH ohne Kapitalerhöhung, weil damit die wesentlich strengere Kapitalschutzvorschrift des § 57 Abs. 1 AktG (Verbot jeglicher Einlagenrückgewähr) umgangen werden könnte. Deshalb kann auf das Erfordernis einer Kapitalerhöhung bei der übernehmenden GmbH über die geltende Regelung hinaus vom Gesetz nicht verzichtet und auch ein Verzicht durch die Beteiligten nicht ermöglicht werden.“*

503 *Petersen*, S. 189ff, 195.

504 *Petersen*, S. 195 ff.

505 *Ihrig* in ZHR 160 (1996), S. 317 ff.; *Knott* in DB 1996, S. 2423; *Bayer* in ZIP 1997, S. 1613 (1615); *Baumann* in BB 1998, S. 2321 (2322); Lutter-*Winter* UmwG, 3. Auflage, § 54 Rn 21 ff.; Kallmeyer-*Marsch-Barner*, § 68 Rn 15; *Rodewald* in GmbHR 1997, S. 19 (20 f.); *Limmer* in FS-Schippel, S. 415 (419, 423); *Naraschewski* in GmbHR 1998, S. 356 (358); *Maier-Reimer* in GmbHR 2004, S. 1128 ff.; Lutter-*Winter*, § 54 Rn 19 ff.

506 So etwa: *Maier-Reimer* in GmbHR 2004, S. 1128 (1129).

507 Vgl. hierzu: Lutter-*Winter*, § 54 Rn 21.

508 So etwa: *Limmer* in FS-Schippel, S. 415 (418 f.).

509 *Winter* in FS-Lutter, S. 1279 (1283 ff.); Lutter-*Winter*, § 54 Rn 21a.

talerhöhungspflicht. Fraglich ist, ob diese Einschätzung einer profunden Examination standhält.

Zwar ist die von *Petersen* vorgenommene systematische Auslegung des § 54 UmwG in sich schlüssig. Normiert der Gesetzgeber enumerativ die Fälle des Kapitalerhöhungsverbots und -wahlrechts, spricht die Systematik zunächst denklogisch dafür, dass in den übrigen Fällen die einzig verbleibende Alternative – die der Kapitalerhöhungspflicht – gilt. Dieser systematischen Auslegung kann aber zu Recht entgegengehalten werden, dass der Gesetzgeber für eine derartige Kapitalerhöhungspflicht keine Werkzeuge zur Verfügung gestellt hat. So wäre mangels gesetzlicher Regelung die Erhöhung grundsätzlich vollkommen in das Belieben der übernehmenden Gesellschaft gestellt. Ob allerdings durch eine hiernach mögliche Kapitalerhöhung von nur einem Euro ein tauglicher institutioneller Gläubigerschutz gewährleistet werden kann, ist äußerst fraglich. Der von *Petersen* befürwortete Summengrundsatz findet hingegen im Gesetzestext keinerlei Stütze. Auch ist es zweifelhaft dieser Kapitalerhöhungspflicht eine fundamentale Bedeutung für den Gläubigerschutz zuzuschreiben, ohne dass sie in der Vorschrift explizit geregelt wäre.[510] Zudem könnte eine solche „zwingende Kapitalerhöhungspflicht" unproblematisch umgangen werden. So ist gem. § 54 Abs. 1 S. 1 Nr. 1 UmwG eine Kapitalerhöhung ausgeschlossen, wenn und soweit die übernehmende Gesellschaft Anteile eines übertragenden Rechtsträgers hält. Eine die Verschmelzung vorbereitende Einbringung sämtlicher Anteile des übertragenden Rechtsträgers in die Zielgesellschaft würde folglich dazu führen, dass nunmehr die Kapitalerhöhung sogar unzulässig wäre.[511] Ähnliches gilt etwa für den Fall, dass die übernehmende Gesellschaft vor der Verschmelzung einen eigenen Gesellschaftsanteil erwirbt, denn gem. § 54 Abs. 1 S. 2 Nr. 1 steht ihr für diesen Fall ein Kapitalerhöhungswahlrecht zu. Diese Ausnahmen lassen sich aus Gründen des Gläubigerschutzes nicht plausibel erklären. Denn für die Interessen der Gläubiger einer übertragenden Gesellschaft mit einem Stammkapital von 1.000.000 € spielt es in aller Regel keine Rolle, ob die Geschäftsanteile vor einer Verschmelzung bereits in die Zielgesellschaft, die lediglich über ein Stammkapital von 25.000 € verfügt, eingebracht wurden. Vielmehr lassen die in § 54 Abs. 1 UmwG geregelten Kapitalerhöhungsverbote gleichermaßen das Ziel erkennen, die Entstehung eigener Anteile des übernehmenden Rechtsträgers zu vermeiden.[512]

Auch eine historische Auslegung des § 54 UmwG scheint nur vordergründig die Annahme einer Kapitalerhöhungspflicht zwingend vorzuschreiben. Die von

510 *Maier-Reimer* in GmbHR 2004, S. 1128 (1129).

511 Ebenso: *Naraschewski* in GmbHR 1998, S. 356; *Knott* in DB 1996, S. 2423.

512 Vgl. etwa: Semler/Stengel-*Reichert*, § 54 Rn 3.

Petersen zitierte Stelle der Regierungsbegründung spricht zwar eindeutig für eine derartige Pflicht.[513] Im Rahmen einer historischen Auslegung des § 54 UmwG ist zunächst allerdings zu berücksichtigen, dass es sich bei der Vorschrift nicht um eine komplette Neuerung handelte. § 54 Abs. 1, Abs. 3 und 4 UmwG entsprechen § 23 Abs. 1–3 KapErhG.[514] § 54 Abs. 2 UmwG übernahm dazu eine Regelung, die § 344 Abs. 1 S. 4 AktG a. F. entsprach. Sowohl für die Regelung des AktG als auch für die des KapErhG[515] war indessen weitgehend anerkannt[516], dass diese im Kern[517] nicht dem Gläubigerschutz, sondern der Sicherstellung der Anteilsgewährung für die Anteilsinhaber der übertragenden Gesellschaft dienten. Insofern überrascht es und ist zumindest fragwürdig, zusammenhängenden Rechtsregeln, die eine derart lange Historie aufweisen, einen neuen Sinngehalt zuzuschreiben. Dies insbesondere vor dem Hintergrund, dass der Gesetzgeber anlässlich der Einführung des § 54 UmwG ausführte, dass die Vorschrift dem bereits geltenden

---

513 Zustimmend insofern ebenso die *Petersen* ablehnende Literatur, etwa: Semler/Stengel-*Reichert*, § 54 Rn 21.

514 § 54 Abs. 1 und Abs. 2 KapErhG entsprachen zudem im Wesentlichen § 344 AktG.

515 § 23 KapErhG: „*(1) Die übernehmende Gesellschaft darf zur Durchführung der Verschmelzung ihr Stammkapital nicht erhöhen, soweit ihr Geschäftsanteile der übertragenden Gesellschaft gehören. Gleiches gilt, soweit die übertragende Gesellschaft eigene Geschäftsanteile innehat oder ihr Geschäftsanteile der übernehmenden Gesellschaft gehören, auf welche die Einlagen noch nicht vollständig geleistet sind. Die übernehmende Gesellschaft kann von der Erhöhung des Stammkapitals absehen, soweit sie eigene Geschäftsanteile innehat oder der übertragenden Gesellschaft Geschäftsanteile der übernehmenden Gesellschaft gehören, auf welche die Einlagen vollständig geleistet sind.*"
(2) Soweit eigene Geschäftsanteile der übernehmenden Gesellschaft oder der übertragenden Gesellschaft gehörende Geschäftsanteile der übernehmenden Gesellschaft zur Durchführung der Verschmelzung den Gesellschaftern der übertragenden Gesellschaft gewährt werden sollen, sind auf eine zu diesem Zweck erforderliche Teilung dieser Geschäftsanteile Bestimmungen des Gesellschaftsvertags, welche die Teilung ausschließen oder erschweren, sowie § 5 Abs. 1, 2. Halbsatz und Abs. 3 Satz 2 des Gesetzes betreffend die Gesellschaften mit beschränkter Haftung nicht anzuwenden. Der Nennbetrag jedes Teils der Geschäftsanteile muß jedoch mindestens fünfzig Deutsche Mark betragen und durch zehn teilbar sein."
(3) Leistet die übernehmende Gesellschaft bare Zuzahlungen, so dürfen diese nicht den zehnten Teil des Gesamtnennbetrags der gewährten Geschäftsanteile der übernehmenden Gesellschaft übersteigen."

516 Zu § 23 KapErhG: Scholz-*Priester*, 7. Auflage, § 23 KapErhG Rn 7; *Lutter/Hommelhoff*, 13. Auflage, § 23 KapErhG Rn 3; *Priester* in BB 1985, S. 363 (364 f.).

517 Freilich verfolgt § 54 Abs. 1 UmwG ebenso wie § 23 Abs. 1 KapErhG und auch § 344 AktG den Zweck, das Entstehen eigener Anteile (Aktien) im Besitz des übernehmenden Rechtsträgers zu verhindern und gleichzeitig den Abbau solcher Bestände zu erleichtern (vgl. hierzu etwa für das AktG ausdrücklich BT-Drs. 9/1605, S. 18); damit dienen die Vorschriften auch dem Schutz der Grundsätze über die Kapitalaufbringung und Kapitalerhaltung, die wiederum ebenfalls dem Gläubigerschutz dienen.

Recht entspricht und ausdrücklich auf die bestehenden Normen verwies.[518] Diese Zweifel verstärken sich, wenn man die Regelung des § 54 UmwG teleologisch untersucht. Insofern wurde bereits darauf hingewiesen, dass sich die Ausnahme von der Kapitalerhöhungspflicht nach § 54 Abs. 1 UmwG aus Gründen des Gläubigerschutzes nicht rechtfertigen lässt. Legt man der Vorschrift hingegen als Sinn und Zweck die Sicherstellung der Anteilsgewährung für die Anteilsinhaber der übertragenden Gesellschaft zugrunde,[519] ergäben sich keine Wertungswidersprüche. Denn auf eine Kapitalerhöhung könnte unter Zugrundelegung eines solchen Gesetzeszweckes unproblematisch verzichtet werden, wenn die Zielgesellschaft über Anteile des übertragenden Rechtsträgers verfügt (§ 54 Abs. 1 S. 1 Nr. 1 UmwG). Gleiches gilt für die übrigen Fälle des § 54 UmwG. Folglich lässt sich argumentativ als Sinn und Zweck der Kapitalerhöhung ebenso wie bereits für die insofern inhaltsgleichen Vorgängerregelungen die Sicherstellung der Anteilsgewährung für die Anteilsinhaber der übertragenden Gesellschaft vertreten.

Frappierend wird diese Teleologie schließlich, wenn man den mit der Gesetzesnovelle eingeführten § 54 Abs. 1 S. 3 UmwG untersucht. Danach kann auf eine Anteilsgewährung verzichtet werden, wenn alle Anteilsinhaber der übertragenden Gesellschaft hierauf verzichten.[520] Unter dem Gesichtspunkt des vorgenannten Zweckes ist diese Regelung eine denklogische Klarstellung. Verzichten die durch die Vorschrift zu schützenden Anteilsinhaber der übertragenden Gesellschaft auf eine Anteilsgewährung, ist eine Kapitalerhöhung damit ebenfalls entbehrlich. Nur wenn man den Sinn und Zweck der Vorschrift in der Sicherstellung der Anteilsgewährung verortet, stellt dieser keinen groben Widerspruch dar, dass § 54 Abs. 1 S. 3 UmwG nicht an die Kapitalerhöhung anknüpft, sondern direkt an die Pflicht zur Anteilsgewährung. Für die Vertreter der Gegenseite wirft die Ergänzung hingegen Fragen auf. So stellt die Vorschrift einen systematischen Bruch der Argumentationskette dar, mit der *Petersen* aus § 54 Abs. 1 UmwG eine Kapitalerhöhungspflicht herleitet. Unklar ist insbesondere, ob in diesem Fall, der entgegen § 54 Abs. 1 S. 1, S. 2 UmwG nicht an die Kapitalerhöhung, sondern an die Anteilsgewährung anknüpft, ebenfalls von einer Kapitalerhöhung abgesehen werden kann.

Nach alledem ist entgegen den Erwägungen, die der Gesetzgeber in der Begründung zu § 54 UmwG vornahm, der Ansicht zu folgen, dass die Vorschrift allein der Sicherstellung der Anteilsgewährung der Anteilsinhaber des übertra-

518 Vgl. BegrRegE, BT-Drs. 12/6699, S. 101.

519 Dieser Gesetzeszweck wurde vom Gesetzgeber der Vorschrift auch bereits zugrunde gelegt, vgl. BegrRegE, BT-Drs. 12/6699, S. 101.

520 Hinzuweisen ist darauf, dass Vorschrift zumindest wörtlich nur den Verzicht auf eine Anteilsgewährung – nicht auf eine Kapitalerhöhung – regelt, undeutlich insofern Schmitt/Hörtnagl/Stratz-*Stratz*, § 54 Rn 12.

genden Rechtsträgers bezweckt.[521] Trotz dieses oberflächlichen Wiederholung ergeben sich nur bei einer derartigen Auslegung widerspruchsfreie Ergebnisse und insbesondere keine tiefgreifenden Rechtsunsicherheiten etwa derart, dass de lege lata – dies insbesondere nach einer jüngsten Gesetzesänderung in Kenntnis der bestehenden Diskussion – vollkommen unklar wäre, wie eine zwingende Kapitalerhöhung zu erfolgen hätte. Vielmehr ist mit der herrschenden Meinung davon auszugehen, dass dem Gläubigerschutz außerhalb der Vorschriften der § 122a ff. UmwG nahezu gänzlich a posteriori durch die Sicherheitsleistung des § 22 UmwG Rechnung getragen wird. Eine grundsätzliche Pflicht zur Kapitalerhöhung besteht in § 54 UmwG hingegen nicht.

(b) Gefährdung durch Kapitalherabsetzung

Nach dem Vorstehenden ist es also nicht zwingend, dass das gebundene Kapital der Zielgesellschaft um das Haftungskapital des übertragenden Rechtsträgers erhöht wird. In allen Fällen, in denen eine Erhöhung zumindest hinter dem gebundenen Kapital des übertragenden Rechtsträgers zurückbleibt, besteht damit die Möglichkeit, dass ein Ausschüttungspotential zur Verfügung steht.[522] Zwingend ist ein solches Ergebnis jedoch keinesfalls. Berücksichtigt werden muss insofern insbesondere, dass in der übertragenden oder übernehmenden Gesellschaft eine Unterbilanz bestanden haben kann. Auch ist es denkbar, dass das Haftungskapital der übertragenden Gesellschaft zum Zeitpunkt der Verschmelzung bereits aufgebraucht ist. In solchen Fällen kann ein Verschmelzungsgewinn schon gar nicht vorhanden sein bzw. nicht zur Ausschüttung verwendet werden.

Existiert hingegen ein freier Gewinn, kann dieser in die Rücklage der GmbH als Zielgesellschaft eingestellt und damit an die Gesellschafter ausgezahlt oder ausgeschüttet werden.[523]

Fraglich ist, ob dies allein ausreicht, um eine Gefährdung zu bejahen, insbesondere ohne dass es tatsächlich zu einer Ausschüttung kommt. Dies wird grundsätzlich weitgehend abgelehnt.[524] Denn solange es zu keiner Ausschüttung

521 Einen derartigen Zeck befürwortend etwa: Lutter-*Winter* § 54 Rn 10; LG München, Urt. 22.01.1998, AZ: 17 HKT 623/98 BB 1998, 2331 f.

522 Sogenannter „Verschmelzungsgewinn".

523 Eine solche Gefahr besteht bei einer AG als Zielgesellschaft nicht, da bei dieser gemäß § 150 Abs. 4 AktG i. V. m. § 272 Abs. 2 Nr. 1–3 HGB die Kapitalrücklage derart strengen Bindungen unterliegt, dass praktisch die gleiche Sicherung besteht wie beim Grundkapital. Bei der GmbH existiert hingegen eine geringere Vermögensbindung, denn hier darf gemäß §§ 30 ff. GmbHG lediglich das zur Erhaltung des Stammkapitals erforderliche Vermögen nicht ausgeschüttet werden.

524 Zum damaligen Diskussionsentwurf: *Lutter* in ZGR 1990, S. 392 (412); Semler/Stengel-*Maier-Reimer*, § 22 Rn 25; Veil, S. 242 f.; eine Gefährdung bejahend: Maulbetsch/Klumpp/Rose-*Maulbetsch*, § 22 Rn 14.

des verfügbaren Vermögens komme, stehe den Gläubigern das gleiche Vermögen zur Befriedigung zur Verfügung wie zuvor.[525] Die Besonderheit des Falles besteht vorliegend allerdings darin, dass die Gläubiger in der Regel die wirtschaftliche Lage der an der Verschmelzung beteiligten Rechtsträger im Einzelnen nicht ermitteln können.[526] Weiterhin muss berücksichtigt werden, dass die Gläubiger auch nicht ohne Weiteres darauf verwiesen werden können, erst einmal abzuwarten, ob eine Ausschüttung erfolgen wird, denn der Anspruch auf Sicherheitsleistung ist binnen einer Frist von sechs Monaten geltend zu machen.[527] Eine Verlängerung der Frist für derartige Fallkonstellationen kommt aufgrund des eindeutigen Gesetzeswortlauts allerdings nicht in Betracht.[528]

Um für diese zweifelsohne die Gläubigerinteressen tangierende Fallkonstellation zu einer interessengerechten Lösung zu kommen, wurde vorgeschlagen, die §§ 58 GmbHG, 225 AktG entsprechend anzuwenden.[529] Eine derartige Lösung setzt nach allgemeinen Grundsätzen eine planwidrige Regelungslücke voraus. Hierfür könnte sprechen, dass der Gesetzgeber ursprünglich den Fall der Kapitalherabsetzung anlässlich der Verschmelzung nicht bedacht hatte, sondern von einer Kapitalerhöhungspflicht ausging.[530] Andererseits ist § 22 UmwG umfassend formuliert. Auch wollte der Gesetzgeber ausdrücklich die Rechte der Gläubiger der übertragenden und der übernehmenden Gesellschaft gleichermaßen regeln.[531] Schließlich spricht gegen eine Lösung im Wege der Analogie, dass der Gesetzgeber im Rahmen der letzten Gesetzesänderung – mit der auch eine Klarstellung dahingehend vorgenommen wurde, dass eine verschmelzungsbedingte Kapitalherabsetzung zulässig ist – von einer besonderen Berücksichtigung dieser Fallkonstellation beim Recht auf Sicherheitsleistung in Kenntnis der Problematik absah.[532] Folglich ist eine Lösung über eine Analogie mangels planwidriger Regelungslücke abzulehnen.

Denkbar wäre es grundsätzlich auch, der Zielgesellschaft vor der Ausschüttung eine Gläubigerbenachrichtigungspflicht aufzuerlegen.[533] Gegen eine solche Pflicht spricht allerdings, dass der Gesetzgeber eine solche Pflicht weder im

525 Gefährdungslagen können sich auch ohne eine Ausschüttung daraus ergeben, dass eine der an der Verschmelzung beteiligten Gesellschaften eine niedrigere Bonität aufweist, vgl. dazu unten (2).

526 Dies stellt allerdings ein Problem der Glaubhaftmachung dar, vgl. dazu unter: C I. 5. c. bb.

527 Ebenso Semler/Stengel-*Maier-Reimer*, § 22 Rn 25.

528 Dies war noch der Vorschlag *Lutters* zum ursprünglichen Diskussionsentwurf, *Lutter* in ZGR 1990, S. 392 (412).

529 Semler/Stengel-*Maier-Reimer*, § 22 Rn 25.

530 Vgl. hierzu BegrRegE zu § 54 UmwG, BT-Drs. 12/6699, S. 101.

531 Vgl. BegrRegE zu § 22 UmwG, BT-Drs. 12/6699, S. 92.

532 So wurde, wie bereits dargestellt, in § 54 Abs. 1 UmwG eine Klarstellung dahingehend vorgenommen, dass keine Kapitalerhöhungspflicht besteht.

533 Eine solche besteht für die GmbH etwa in § 58 Abs. 1 Nr. 1 GmbHG.

UmwG noch im GmbHG geregelt hat. Unter dem Gesichtspunkt einer allgemeinen Aufklärungspflicht aus § 241 Abs. 2 BGB ließe sich eine derartige Pflicht womöglich als Ausgestaltung der Leistungstreuepflicht konzipieren. Vor dem Hintergrund der ausdrücklichen Regelung derartiger Benachrichtigungspflichten für den Fall der reinen Kapitalherabsetzung in § 58 GmbHG und § 225 AktG ist ein solcher Ansatz aber abzulehnen. Insbesondere würden mit einer derartigen Lösung ohne eine zumindest teilweise analoge Anwendung der §§ 58 GmbHG, 225 AktG beträchtliche Rechtsunsicherheiten einhergehen.[534]

In Betracht kommt es schließlich, bei der Auslegung des unbestimmten Rechtsbegriffs der Gefährdung eine hypothetische Betrachtungsweise vorzunehmen. Lässt sich eine Gläubigergefährdung auch aufgrund der Annahme, dass das frei gewordene Kapital ausgeschüttet würde, nicht feststellen, ist keine Sicherheit zu leisten.[535] Wäre hingegen der Anspruch des Gläubigers im Fall einer Ausschüttung gefährdet, so ist er berechtigt, innerhalb der Sechsmonatsfrist seine Forderung anzumelden. Dieser Lösung kann vorgeworfen werden, dass der übernehmende Rechtsträger womöglich überhaupt nicht beabsichtige, die geschaffenen Rücklagen auszuschütten, und damit tatsächlich keine Gefährdungslage bestehe, sondern sich die Lage des Unternehmens nicht verändert habe. Diesem Einwand kann jedoch im Sinne des vorstehenden Ansatzes entgegengehalten werden, dass die GmbH-Zielgesellschaft – beabsichtigte sie eine derart dauerhafte Rückstellung des betreffenden Vermögens zur Gläubigersatisfaktion und zur Schaffung von Vertrauen im Geschäftsverkehr – mit diesem Vermögen ebenso gut ihr Stammkapital anheben und damit diesen Willen nach außen hin manifestieren könnte. Indem sich die Zielgesellschaft im Rahmen einer Verschmelzung gegen eine Kapitalerhöhung und für den Weg einer frei ausschüttbaren Kapitalrücklage entscheidet, muss sie den Vorwurf erdulden, Gläubigerinteressen zumindest potentiell zu gefährden.[536] Die vorgenannte hypothetische Betrachtungsweise führt auch dazu, dass die Interessen der Gläubiger gegenüber denen der Gesellschaft nicht übermaßig berücksichtigt werden, und stellt zudem ein taugliches Korrektiv dar, um nicht allen Gläubigern vorschnell einen Sicherheitsanspruch zu gewähren.[537] Auch werden durch die hypothetische Betrachtungsweise ins-

534 Fraglich wären etwa die Form der Aufklärung, Fristen, Rechtsfolgen bei Pflichtverstößen.

535 Ähnlich Semler/Stengel-*Maier-Reimer*, § 22 Rn 25, der freilich den Weg über eine Analogie zu §§ 58 GmbHG, 225 AktG wählt und damit andere Rechtsfolgen.

536 Aus der Sicht der Praxis ist eine derartige Kapitalerhöhung ein vertrauensbildendes Mittel, welches einem Unternehmen im Geschäftsverkehr zum Vorteil gereichen kann. Auch stellt das Stammkapital einen anerkannten Einflussfaktor bei der Bonitätsbeurteilung von haftungsbeschränkten Gesellschaften dar, vgl. interne Angaben des Verbands der Vereine Creditreform e. V.

537 Damit dürfte auch den berechtigten Bedenken *Lutters* anlässlich der Diskussionsentwurfs weiterhin Rechnung getragen werden, vgl. *Lutter* in ZGR 1990, S. 392 (410 f.).

besondere die Fälle eines trotz Kapitalherabsetzung fehlenden Ausschüttungspotentials mitberücksichtigt.[538]

Schließlich würdigt die dargestellte Lösung in adäquater Weise die besondere Gläubigerschutzfunktion des Stammkapitals. Denn dieses spielt im Geschäftsverkehr nach wie vor eine hervorgehobene Rolle.[539] Indem im Rahmen der Prüfung, ob eine Gefährdungslage vorliegt, auf das tatsächlich zur Ausschüttung frei werdende Kapital abgestellt wird, findet zudem Berücksichtigung, dass ein nominell hohes Haftungskapital des übertragenden Rechtsträgers zum Zeitpunkt der Verschmelzung bereits verbraucht sein kann. Insgesamt stellt die hypothetische Betrachtungsweise einen geeigneten Ausgangspunkt für die Beurteilung einer Erfüllungsgefährdung dar.

Fraglich ist, ob der vorstehende Ansatz allein ausreicht, um die Frage einer konkreten Erfüllungsgefährdung zu beantworten, oder ob es eines weiteren Korrektivs bedarf, um den höchst verschiedenen Fallkonstellationen gerecht zu werden. Das österreichische Recht knüpft beispielsweise unmittelbar an die Feststellung einer Herabsetzung des gebundenen Kapitals im Zuge der Verschmelzung einen Sicherheitsanspruch, ohne dass es der separaten Feststellung einer Gefährdung bedarf.[540] Für eine vergleichbare Lösung im deutschen Recht könnte sprechen, dass nach dem GmbHG eine beabsichtigte Herabsetzung des Stammkapitals gem. § 58 Abs. 1 GmbHG ebenfalls unmittelbar einen Sicherheitsanspruch der Gläubiger auslöst, ohne dass hierfür weitere Voraussetzungen erforderlich wären. Würde man nun einen Sicherheitsanspruch im Zuge einer verschmelzungsbedingten Kapitalherabsetzung von weiteren Voraussetzungen abhängig machen, könnte hierdurch womöglich § 58 Abs. 1 GmbHG umgangen werden.[541] Eine solche Argumentation lässt allerdings unberücksichtigt, dass das Umwandlungsrecht mit § 22 UmwG eine eigene Gläubigerschutzvorschrift kennt und sich diese von § 58 Abs. 1 GmbHG konzeptionell grundlegend unter-

538 Daran mangelt es etwa der Richtlinienumsetzung durch den österreichischen Gesetzgeber, § 13 Abs. 1 S. 3 EU-VerschG. Dort wird Sicherheit ohne Bescheinigung einer Glaubhaftmachung bereits dann gewährt, wenn die Summe des Nennkapitals und der gebundenen Rücklagen der aus der Verschmelzung hervorgehenden Gesellschaft niedriger ist als die Summe des Nennkapitals und der gebundenen Rücklagen der übertragenden Gesellschaft.

539 Vgl. hierzu oben unter: Erster Teil F. III.

540 § 13 Abs. 1 S. 3 EU-VerschG. Dort wird Sicherheit ohne Bescheinigung einer Glaubhaftmachung bereits dann gewährt, wenn die Summe des Nennkapitals und der gebundenen Rücklagen der aus der Verschmelzung hervorgehenden Gesellschaft niedriger ist, als die Summe des Nennkapitals und der gebundenen Rücklagen der übertragenden Gesellschaft.

541 Dieser Vorwurf wird insbesondere von Petersen erhoben, vgl. *Petersen* in GmbHR 2004, S. 728 (731). Dieser Aspekt wird insbesondere im Rahmen der Verschmelzung auf 100%-ige Tochtergesellschaften diskutiert, vgl. hierzu aA: *Rodewald* in GmbHR 1997, S. 19 ff.; *Maier-Reimer* in GmbHR 2004, S. 1128 ff.

scheidet. Wirkt der Gläubigerschutz im Kapitalerhaltungsrecht nach § 58 Abs. 1 GmbHG präventiv, greift der Sicherheitsanspruch der Gläubiger bei Verschmelzungen erst nachträglich ein. Der Gesetzgeber hat somit die Gläubigersicherung im Umwandlungsrecht bewusst nicht als Verschmelzungshindernis ausgestaltet, sondern einen schwächeren Gläubigerschutz bei Verschmelzungen gegenüber dem Fall der reinen Kapitalherabsetzung bewusst in Kauf genommen.[542] Insbesondere verzichtete der Gesetzgeber darauf, eine § 58 Abs. 1 GmbHG entsprechende Vorschrift in das Umwandlungsgesetz aufzunehmen. Vielmehr stellte er im Rahmen des Zweiten Gesetzes zur Änderung des Umwandlungsgesetzes durch die Einfügung des § 54 Abs. 1 S. 3 UmwG mittelbar klar, dass eine verschmelzungsbedingte Kapitalherabsetzung ohne Weiteres zulässig ist, wenn die Anteilsinhaber des übertragenden Rechtsträgers zustimmen.[543] Denn eine Kapitalerhöhung des übernehmenden Rechtsträgers im Rahmen der Verschmelzung dient nach dem eindeutigen Willen des Gesetzgebers nicht dem Gläubigerschutz, sondern ausschließlich der Zurverfügungstellung auszugebender Geschäftsanteile an die Anteilsinhaber der übertragenden Gesellschaft. Auch verzichtete der Gesetzgeber wiederum darauf, eine § 58 GmbHG entsprechende Vorschrift oder zumindest einen (Rechtsfolgen-)Verweis auf § 22 UmwG in § 54 UmwG aufzunehmen. Für die Beurteilung einer Erfüllungsgefährdung verbleibt es damit ausschließlich bei § 22 UmwG und dem Erfordernis einer – anerkanntermaßen – konkreten Gefährdung.[544]

Für die Annahme einer solchen konkreten Gefahr aufgrund einer verschmelzungsbedingten Kapitalherabsetzung könnte einerseits sprechen, dass das Stammkapital das einzige Vermögen einer GmbH darstellt, welches nicht an die Gesellschafter ausgezahlt werden darf.[545] Andererseits stellt das Stammkapital insgesamt nicht das einzige Vermögen der Gesellschaft dar, welches Gläubigern zur Befriedigung zur Verfügung steht. Beispielsweise kann die übertragende oder die aufnehmende Gesellschaft über erhebliche Rücklagen verfügen. Im Unterschied zu den durch eine Kapitalherabsetzung geschaffenen Rücklagen kann den an der Verschmelzung beteiligten Gesellschaften insbesondere nicht unterstellt werden, dass sie im Zuge der Verschmelzung bereits vorher bestehende Rückla-

542 *Maier-Reimer* in GmbHR 2004, S: 1128 (1131).

543 In § 54 Abs. 1 S. 3 UmwG stellt der Gesetzgeber nämlich klar, dass die Kapitalerhöhung ausschlließlich dazu dient, den Anteilsinhabern der übertragenden Rechtsträger Geschäftsanteile zur Verfügung zu stellen; wo der Anteilstausch infolge eines Verzichts der Anteilsinhaber entbehrlich ist, entfällt auch die Notwendigkeit. Vgl. hierzu ausführlich oben unter: Zweiter Teil C. II. 1. c. bb. (2).

544 Vgl. hierzu oben unter Zweiter Teil C. II. 1. c. aa.

545 Vgl. § 30 Abs. 1 GmbHG; anders ist dies bei der AG, vgl. § 150 Abs. 4 AktG i. V. m. § 272 Abs. 2 Nr. 1–3 HGB.

gen nunmehr ausschütten werden. Ebenfalls ist es denkbar, dass der Verschmelzungsgewinn im Vergleich zum sonstigen zur Gläubigerbefriedigung zur Verfügung stehendem Kapital nur unbeachtlich ist. Beide Beispiele verdeutlichen, dass eine verschmelzungsbedingte Kapitalherabsetzung nicht zwangsläufig die Annahme einer Erfüllungsgefährdung rechtfertigt.

Im Gegenteil ist sogar vorstellbar, dass eine GmbH mit einem nominell hohen Stammkapital, welches aber weitgehend verbraucht ist, auf eine Gesellschaft mit nominell geringfügigem Stammkapital verschmilzt, die aufnehmende Gesellschaft aber erhebliche Rücklagen besitzt und über eine wesentlich höhere Eigenkapitalquote verfügt. Hier liegt wiederum trotz Absinkens des Stammkapitals und Freiwerdens eines Verschmelzungsgewinnes die Annahme einer Erfüllungsgefährdung fern. Vielmehr dürften sich die Erfüllungsaussichten der Gläubiger sogar verbessern, denn ihnen stehen nunmehr die beträchtlichen Rücklagen des neuen Schuldners zur Befriedigung zur Verfügung,

Zusammenfassend ist festzustellen, dass sich eine isolierte Betrachtung der Nennkapitalziffern nicht zur Beantwortung der Frage eignet, ob es – ausgehend von einer Ausschüttung des Verschmelzungsgewinns – zu einer konkreten Erfüllungsgefährdung kommt.[546] Besteht zwar mit der Feststellung eines ausschüttbaren Verschmelzungsgewinns unzweifelhaft eine allgemeine Gefährdungslage, bedarf es aber für die Bejahung einer konkreten Gefährdung im Einzelfall noch einer Korrektur.

Als taugliches Korrektiv könnte die Annahme fungieren, dass der Schuldner infolge der Verschmelzung Kredite mit Laufzeiten, die den Fälligkeiten der in Rede stehenden Forderung entsprechen, am Markt nicht mehr erhalten würde

---

546 So qualifiziert auch das vorzitierte österreichische Recht die verschmelzungsbedingten Kapitalherabsetzung nicht als Fall der konkreten Erfüllungsgefährdung , sondern ordnet – unabhängig von der Glaubhaftmachung einer solchen – einen Sicherheitsanspruch an, vgl. § 13 Abs. 1 EU-VerschG:
„Überträgt eine Gesellschaft ihr Vermögen auf eine aus der Verschmelzung hervorgehende Gesellschaft mit Sitz in einem anderen Mitgliedstaat, ist den Gläubigern der Gesellschaft, wenn sie sich binnen zwei Monaten nach dem Tag, an dem der Verschmelzungsplan bekannt gemacht worden ist, schriftlich zu diesem Zweck melden, für bis dahin entstehende Forderungen Sicherheit zu leisten, soweit sie nicht Befriedigung verlangen können. Dieses Recht steht den Gläubigern jedoch nur zu, wenn sie glaubhaft machen, dass durch die Verschmelzung die Erfüllung ihrer Forderungen gefährdet wird. Einer solchen Glaubhaftmachung bedarf es nicht, wenn die Summe des Nennkapitals und der gebundenen Rücklagen der aus der Verschmelzung hervorgehenden Gesellschaft, wie sie nach der Eintragung der Verschmelzung besteht, niedriger ist als die Summe des Nennkapitals und der gebundenen Rücklagen der übertragenden Gesellschaft. Das Recht, Sicherheitsleistung zu verlangen, steht solchen Gläubigern nicht zu, die im Fall des Konkurses ein Recht auf vorzugsweise Befriedigung aus einer nach gesetzlicher Vorschrift zu ihrem Schutz errichteten und behördlich überwachten Deckungsmasse haben.“

oder im Fall noch ausstehender Gegenleistungen des Gläubigers dass der Schuldner einen entsprechenden Vertrag ohne Sicherheitsleistung am Markt nicht mehr abschließen könnte.[547] Zuzugeben ist diesem Ansatz, dass beide Annahmen Situationen beschreiben, in denen im Einzelfall eine konkrete Gefährdung vorliegt. Wann dies jedoch der Fall ist, lässt sich nicht sicher beurteilen. Vielmehr dürften beide Feststellungen vom jeweiligen Betrachter und vom konkreten Einzelfall (etwa Markt, Geschäftsbeziehungen etc.) abhängen. Erforderlich ist es aber, dass bereits in Vorbereitung auf eine Verschmelzung anhand von gangbaren Kriterien rechtssicher beurteilt werden kann, ob Gläubigern Sicherheit zu leisten ist. Zunächst gilt dies für die an der avisierten Verschmelzung beteiligten Gesellschaften. Denn diese habe ein berechtigtes Interesse daran abschätzen zu können, ob und in welcher Höhe sie sich Sicherheitsverlangen aussetzen. Auch die Gläubiger des übertragenden Rechtsträgers haben spätestens mit Vollzug der Verschmelzung ein gesteigertes Interesse daran, rechtssicher das Vorliegen einer Erfüllungsgefährdung beurteilen zu können. Dies gilt insbesondere für die Beantwortung der Frage, ob ein verwehrtes Sicherheitsverlangen klagweise durchgesetzt werden kann. Im Ergebnis kann dieser Ansatz im Rahmen der Prüfung, ob Sicherheit zu leisten ist, im Einzelfall zwar in die Entscheidungsfindung einfließen, für eine grundlegende Beurteilung eignet er sich mangels rechtssicherer Anwendung aber nicht.

Als gangbares Korrektiv könnte hingegen eine Betrachtung der Eigenkapitalquote des Schuldners vor und nach der Verschmelzung fungieren.[548] Denn für die Gläubiger stellt das gesamte Eigenkapital Haftungskapital dar, auch wenn lediglich das Stammkapital – als Teil des Eigenkapitals – nicht an die Gesellschafter ausgezahlt werden darf.[549] Ein hoher Eigenkapitalanteil garantiert dem Unternehmen eine hohe Dispositionsfreiheit und weitgehende Unabhängigkeit von der Mitsprache von Kreditgebern. Da das Fremdkapital mit seinem Rückzahlungsbetrag bereits feststeht und in seiner Höhe in der Bilanz ausgewiesen ist, führen Verluste des Unternehmens zu einer Verringerung des Reinvermögens und damit des ausgewiesenen Eigenkapitals. Mit anderen Worten werden Verluste der Gesellschaft zunächst vom Eigenkapital aufgefangen und schlagen erst

547 LG Köln, Urt. v. 30.01.2004, AZ: 82 O 139/03, Der Konzern 2004, S. 806 (807); Semler/Stengel-*Maier-Reimer*, § 22 Rn 32; zustimmend: Lutter-*Grunewald*, § 22 Rn 12; KK-*Simon*, § 22 Rn 28.

548 Im Grundsatz ähnlich: *Weber* in ZVglRWiss 107 (2008), S. 193 (226); eine Verschlechterung der Eigenkapitalquote ebenso wie der Liquidität als ausreichendes Indiz für einen Sicherungsanspruch befürwortend: *Passarge/Stark* in GmbHR 2007, S. 803 (809).

549 *Gräfer*, S. 114; *Küting/Weber* Bilanzanalyse, S. 134; Küting/Weber-*Gräfer*, Handbuch der Rechnungslegung, I Rn 245.

danach auf das Fremdkapital durch.[550] Je größer also das Eigenkapital ist, umso besser sind Gläubiger vor Verlusten des Unternehmens geschützt.[551]

Zum Eigenkapital gehören nach §§ 266 Abs. 3, 272 HGB neben dem gezeichneten Kapital (Stammkapital) auch Gewinnrücklagen, Gewinnvorträge und Jahresüberschüsse. Stellt also der durch die Umwandlung frei werdende Verschmelzungsgewinn einen nicht nur unerheblichen Teil des Eigenkapitals des Schuldners dar, so vermindert sich das den Gläubigern zur Befriedigung zur Verfügung stehende Vermögen ebenfalls nicht nur unerheblich. Ist zudem die sich hiernach ergebende Eigenkapitalquote – also das Verhältnis des Eigenkapitals zum Fremdkapital – der übernehmenden Gesellschaft nicht nur unerheblich geringer als die des vormaligen Schuldners, wäre demnach die Erfüllungsgefährdung zu bejahen. Eine derartige Betrachtungsweise berücksichtigt, dass sowohl der übertragenden als auch der übernehmenden Gesellschaft nicht unterstellt werden kann, dass bereits bestehende – frei ausschüttbare – Rücklagen im Zuge einer Verschmelzung tatsächlich ausgeschüttet werden. Eine derartige Gefahr besteht vielmehr stets und losgelöst von einer Verschmelzung. Der Sicherheitsanspruch soll die Gläubiger aber gerade vor Gefahren schützen, die sich *aus der Verschmelzung* ergeben. Außerdem berücksichtigt ein derartiger Vergleich, dass der Verschmelzungsgewinn im Verhältnis zum sonstigen Vermögen der übernehmenden Gesellschaft unbeachtlich ausfallen und sich somit nicht nennenswert auf die Erfüllungschancen auswirken kann. Schließlich berücksichtigt eine solche Betrachtung, dass die aufnehmende Gesellschaft – selbst für den Fall der Ausschüttung eines Verschmelzungsgewinnes – über mehr haftbares Vermögen als die übertragende Gesellschaft verfügen kann. In einem solchen Fall ist die Eigenkapitalquote des neuen Schuldners höher als die des übertragenden Rechtsträgers.

Ein Vergleich der Eigenkapitalquoten bietet somit ein objektives und rechtssicheres Instrument, das nach der Bejahung einer allgemeinen Gefährdungslage – durch das Freiwerden eines Verschmelzungsgewinnes infolge der Umwandlung – eine Korrektur dahingehend ermöglicht, ob sich im Einzelfall auch tatsächlich eine Erfüllungsgefährdung für den Gläubiger konkretisiert hat.

Ein vergleichbar taugliches Instrumentarium könnte schließlich eine Liquiditätsanalyse des neuen Schuldners bzw. ein Liquiditätsvergleich des alten mit dem neuen Schuldner darstellen. Im Rahmen einer solchen Betrachtung würde untersucht, ob den nach Fälligkeitsfristen geordneten Verbindlichkeiten jeweils Vermögenswerte mit gleichen Liquidierbarkeitszeiten gegenüberstehen, die Zahlungsverbindlich-

550 *Gräfer*, S. 115; Küting/Weber-*Gräfer*, Handbuch der Rechnungslegung, I Rn 245.

551 *Küting/Weber*, Bilanzanalyse, S. 134; Küting/Weber-*Gräfer*, Handbuch der Rechnungslegung, I Rn 245.

keiten also durch entsprechende flüssige oder flüssig zu machende Vermögensteile gedeckt sind.[552] Im Unterschied zu reinen Liquiditätskennzahlen, die maßgeblich durch Fremdkapital beeinflusst werden können, repräsentiert das Eigenkapital das Reinvermögen der Gesellschaft, also den Teil des Gesamtvermögens, der nach Abzug aller Schulden verbleibt.[553] So ist das Eigenkapital im Unterschied zum Fremdkapital durch Dritte unkündbar und steht dem Unternehmen damit langfristig – auch zur Befriedigung von Gläubigern – zur freien Verfügung.[554] Auch können sich die im Rahmen einer Fälligkeitsanalyse anzusetzenden Fristigkeiten im Einzelfall erheblich zu Lasten des Unternehmens verändern.[555] Forderungen können erschwert durchsetzbar sein, Verbindlichkeiten vorzeitig fällig werden. Anders als das Eigenkapital ist das Fremdkapital mit festen Zins- und Tilgungszahlungen belastet, die unabhängig vom Erfolg und der jeweiligen Liquiditätslage aufgebracht werden müssen.[556] Deshalb ist ein Unternehmen mit hoher Eigenkapitalquote im Falle unerwarteter Liquiditätsengpässe, die beispielsweise durch die soeben angesprochenen Verschiebungen entstehen können, weniger durch feste Zahlungsverpflichtungen belastet.[557] Schließlich ist im Hinblick auf eine reine Liquiditätsbetrachtung darauf hinzuweisen, dass eine hohe Eigenkapitalquote die Liquidität in erheblichem Maße beeinflussen kann. Denn das Eigenkapital entfaltet aufgrund seiner unmittelbar bestandssichernden Funktion eine akquisitorische Wirkung, indem es die Beschaffung von Fremdkapital erleichtert.[558]

Abschließend ist zu folgern, dass die Eigenkapitalquote grundsätzlich ein taugliches und im Vergleich zur Liquidität geeigneteres Instrument darstellt, um die Frage einer Erfüllungsgefährdung konkret zu beantworten. Verschlechtert sich also die Eigenkapitalquote des Schuldners durch die Umwandlung – unter Zugrundelegung einer Ausschüttung des Verschmelzungsgewinnes – spürbar, ist die Annahme einer Erfüllungsgefährdung gerechtfertigt.

(2) Beeinträchtigung der Bonität

Zwar führt die Verschmelzung im Gegensatz zur Spaltung zu einer Zusammenführung von Vermögen. Da zum Vermögen allerdings auch die Verbindlichkeiten zählen, kann je nach Vermögenslage der beteiligten Gesellschaften mit der Verschmelzung eine Minderung des für die Gläubiger einer übertragenden

552 Ausführlich zur Liquiditätsanalyse und der Kritik an dieser: *Gräfer*, S. 104 ff.
553 *Gräfer*, S. 115.
554 Küting/Weber-*Gräfer*, Handbuch der Rechnungslegung, I Rn 245.
555 So auch der Hinweis bei: *Gräfer*, S. 108.
556 *Gräfer*, S. 115.
557 *Gräfer*, S. 115.
558 *Schult*, S. 162.

oder der Zielgesellschaft zur Verfügung stehenden Haftungssubstrats oder eine Bonitätsminderung und damit eine Gefährdung der Gläubiger einhergehen.[559] So führt etwa die Verschmelzung einer sanierungsbedürftigen Gesellschaft mit einer gesunden Gesellschaft zu einer Minderung der Befriedigungsaussichten der Gläubiger des solventen Rechtsträgers. Diese Feststellung allein dürfte allerdings nicht ausreichen, um die Gefährdung einer Forderung zu bejahen.[560] Denn nach den von der Rechtsprechung entwickelten Grundsätzen sind die Grenzen für die Annahme einer Gefährdung eng. So genügt eine bloße Verschlechterung der relevanten betriebswirtschaftlichen Relationen nicht.[561] Die Verschlechterung muss mindestens ein solches Ausmaß annehmen, dass das Unternehmen Kredite mit Laufzeiten, die den Fälligkeitsfristen seiner Forderungen entsprechen, am Markt nicht mehr erhalten würde oder im Fall noch ausstehender Gegenleistung des Gläubigers es einen entsprechenden Vertrag ohne Sicherheitsleistung am Markt nicht mehr abschließen könnte.[562] Diese ist auf der Grundlage der Vermögens-, Finanz- und Ertragslage des übernehmenden Rechtsträgers zu beurteilen.[563] Für die erst in ferner Zukunft fällig werdenden Ansprüche ist hierbei die Ertragskraft erheblich bedeutsamer als die gegenwärtige Vermögenslage.[564] Evident liegt der Fall freilich, wenn der übernehmende Rechtsträger unmittelbar als Folge der Verschmelzung überschuldet oder zahlungsunfähig ist.[565]

Allein die Überschuldung eines übertragenden Rechtsträgers steht einer Verschmelzung jedoch nicht entgegen[566] und führt folglich nicht zur Begründung

559 Ausführlich hierzu: *Kalss* in ZGR 2009, S. 74 (77 ff., 86 ff.).

560 Ein Großteil der Literatur fordert insofern eine wesentliche Verschlechterung der Liquiditätslage oder der Eigenkapitalquote, so etwa: Kallmeyer-*Marsch-Barner*, § 22 Rn 7; Lutter-*Grunewald*, § 22 Rn 12 stellt entscheidend auf die Seriosität des neuen Schuldners ab und lässt jedenfalls eine Unterbilanz des neuen Rechtsträgers nach der Verschmelzung für die Annahme einer Gefährdung ausreichen, sofern die Gefährdungslage nicht schon vor der Verschmelzung bestand; in diese Richtung ebenso: Schmitt/Hörtnagl/Stratz-*Stratz*, § 22 Rn 13; Priester NJW 1983, S. 1459 ff.; Widmann/Mayer-*Vossius*, § 22 Rn 33.2.

561 LG Köln, Urt. vom 17.09.2004, AZ: 82 O 133/03, zitiert bei juris, Rn 38.

562 LG Köln, a. a. O. (vorige Fn).

563 LG Köln, a. a. O. (vorige Fn).

564 LG Köln, a. a. O. (vorige Fn).

565 Ebenso: Semler/Stengel-*Maier-Reimer*, § 22 Rn 21; Lutter-*Grunewald*, § 22 Rn 12; Schmitt/Hörtnagl-Stratz-*Stratz*, § 22 Rn 13; *Soldierer*, S. 71 ff.

566 OLG Stuttgart, Beschluss v. 04.10.2005, AZ: 8 W 426/05, zitiert bei juris, Rn 17; LG Leipzig, Urt. v. 18.01.2006, AZ: 1HK T 7414/04, DB 2006, S. 885; für den Fall der Verschmelzung auf den Alleingesellschafter: Semler/Stengel-*Maier-Reimer*, § 120 Rn. 13; Schmitt/Hörtnagl/Stratz-*Stratz*, § 120 UmwG Rn. 4; *Limmer* in DNotZ 1999, 150, 152; OLG Stuttgart, Urt. v. 04.10.2005, AZ: 8 W 426/05, GmbHR 2006, 380 (381); für den Fall der Verschmelzung unter Beteiligung eines maroden übertragenden Rechtsträgers: Schmitt/Hörtnagl/Stratz-*Stratz*, § 22 Rn 13.

eines Sicherungsanspruches. Die Möglichkeit der Verschmelzung einer überschuldeten Kapitalgesellschaft kann vielmehr zu Sanierungszwecken sinnvoll und damit sogar dem Gläubigerschutz dienlich sein. Anders gelagert ist der Fall, wenn über eine übertragende Gesellschaft bereits das Insolvenzverfahren eröffnet oder mangels Masse abgelehnt wurde.[567]

(3) Substanzminderung

Denkbar ist es auch, dass erst die Rechtsfolgen der Verschmelzung zu einer Gefährdung der Gläubigerinteressen führen. So kann etwa die Verschmelzung selbst zu Zahlungsverpflichtungen der aus der Verschmelzung hervorgehenden Gesellschaft führen. Zu nennen sind etwa Geldleistungen, die den Anteilsinhabern der übertragenden Gesellschaft anstatt[568] bzw. zusätzlich[569] zu den Anteilen der übernehmenden Gesellschaft gewährt werden. Möglich ist es auch, dass infolge der Verschmelzung Abfindungsverpflichtungen aufgrund der Geltendmachung von Austrittsrechten entstehen.[570] Ergebnis dieser Zahlungsverpflichtungen kann ein Substanzabbau bei der Zielgesellschaft sein, der letztlich eine Gefährdungslage der Gläubiger im Sinne von § 22 UmwG begründet.

Die Sicherungsansprüche anderer Gläubiger bleiben hingegen bei der Beurteilung der Gefährdung außer Betracht.[571] Denn eine Berücksichtigung von Sicherungsansprüchen anderer Gläubiger könnte eine Sicherungslawine auslösen und damit einen Schaden verursachen, der gerade vermieden werden soll.[572] Die Berücksichtigung von Sicherungsansprüchen anderer Gläubiger könnte zu unhaltbaren Ergebnissen und zur direkten Insolvenz des Unternehmens füh-

567 Vgl. hierzu: LG München,Urt. v. 22.01.1998, AZ: 17 HKT 623/98, NJW-RR 1999, 475 (476); BayOblG, Urt. v. 24.09.1992, AZ: 3Z AR 120/92, Rpfleger 1993, S. 251; demnach können an der Verschmelzung auch aufgelöste Gesellschaften teilnehmen, jedoch nur unter der Prämisse, dass ihre Fortsetzung beschlossen werden könnte.

568 Sogenannte Verschmelzung gegen Geld.

569 Vgl. § 54 Abs. 4 UmwG, wonach die im Verschmelzungsvertrag vorgesehene bare Zuzahlung der übernehmenden GmbH an die Anteilsinhaber zulässig ist, sofern diese nicht den zehnten Teil des Gesamtnennbetrags der gewährten Geschäftsanteile der übernehmenden Gesellschaft übersteigt; § 15 UmwG sieht darüber hinaus für die Anteilsinhaber der übertragenden Gesellschaft die Möglichkeit vor, eine Verbesserung des Umtauschverhältnisses durch eine bare Zuzahlung zu erreichen.

570 Vgl. § 29 Abs. 1 UmwG, der vorsieht, dass bei einer Umwandlung den Anteilsinhabern, die gegen den Verschmelzungsbeschluss ihres übertragenden Rechtsträgers gestimmt und darüber hinaus Widerspruch zur Niederschrift erklärt haben, der Erwerb der Anteile oder Mitgliedschaften gegen eine angemessene Barabfindung anzubieten ist.

571 Instruktiv: LG Köln, Urt. vom 17.09.2004, AZ: 82 O 133/03, zitiert bei juris, Rn 48; Semler/Stengel-*Maier-Reimer*, § 22 Rn 31; Kallmeyer-*Marsch-Barner*, § 22 Rn 7.

572 LG Köln a. a. O. (vorige Fn).

ren.[573] Eine konkrete Gefährdung von § 22 UmwG muss daher stets unmittelbar aus der Verschmelzung bzw. der umwandlungsrechtlichen Maßnahme folgen und nicht mittelbar aus umwandlungsrechtlichen Vorschriften.[574]

2. Organhaftung, § 25 UmwG

Neben dem Recht auf Sicherheitsleistung statuiert § 25 UmwG Schadensersatzpflichten der Verwaltungsträger[575] des übertragenden Rechtsträgers zugunsten dieses Rechtsträgers, seiner Anteilsinhaber und seiner Gläubiger[576] für Pflichtverletzungen bei der Verschmelzung. § 25 Abs. 2 UmwG bestimmt, dass der übertragende Rechtsträger für diese Ansprüche als fortbestehend gilt.

Zu den Schadensersatz auslösenden Pflichtverletzungen gehört gem. § 25 Abs. 1 S. 2 UmwG die Verletzung von Sorgfaltspflichten bei der Prüfung der Vermögenslage der Rechtsträger und beim Abschluss des Verschmelzungsvertrages.[577] Das Verschulden der Verwaltungsträger wird gem. § 25 Abs. 1 S. 2 UmwG vermutet. Sie können sich lediglich exkulpieren, indem sie den Nachweis der Einhaltung aller Sorgfaltspflichten erbringen.[578]

Für die Gläubiger der übertragenden Gesellschaft ist für die Zwecke des § 25 UmwG ausschließlich von Bedeutung, ob durch die Verschmelzung die Erfüllung ihrer Ansprüche infolge der Vermögenslage der übernehmenden Gesellschaft nach der Verschmelzung beeinträchtigt wird. Die Bewertung des Vermögens der beteiligten Rechtsträger und insbesondere die Umtauschverhältnisse spielen hingegen isoliert betrachtet für sie keine Rolle. Eine Haftung ist ihnen gegenüber vielmehr erst dann zu bejahen, wenn bei einer sorgfältigen Überprüfung der Vermögenslage die Verschmelzung nicht hätte umgesetzt werden dürfen und

573 LG Köln a. a. O. (vorige Fn).

574 LG Köln a. a. O. (vorige Fn).

575 Mehrere Verpflichtete haften als Gesamtschuldner.

576 Die persönliche Außenhaftung der Organmitglieder sowohl gegenüber Gläubigern als auch Anteilsinhabern stellt im Kontext der gesellschaftsrechtlichen Regelungen eine Ausnahme dar, die damit begründet wird, dass eine Verschmelzung insbesondere für die Gläubiger der übertragenden Gesellschaft gravierende Folgen haben kann, kritisch hierzu: Lutter-*Grunewald*, § 25 Rn 2; Semler/Stengel-*Kübler*, § 25 Rn 1.

577 Vertiefend hierzu: *Pöllath/Philipp* in DB 2005, S. 1503 (1505 f.); *Schnorbus* in ZHR 167 (2003), S. 666 (676 f.).

578 Welche Anforderungen an die Exkulpation zu stellen sind, wird unterschiedlich beurteilt. Für eine großzügigen Betrachtung: Widmann/Mayer-*Vossius*, § 25 UmwG Rn 31; eine strengere Beurteilung befürwortend: Schmitt/Hörtnagl/Stratz-*Stratz*, § 25 Rn 20.

dadurch ihre Ansprüche in Frage stehen.[579] Im Übrigen haben die Gläubiger eine Verschmelzung zu dulden wie andere für ihre Schuldner ungünstige Geschäfte. Insbesondere reicht für die Geltendmachung eines Schadensersatzanspruches nicht schlechthin jeder Wertverlust der Forderung infolge schlechterer Bonität aus.[580] Denn andernfalls müssten sich die Ratings der übernehmenden und der übertragenden Gesellschaft immer gleichen.[581]

Abzugrenzen hiervon ist wiederum die Frage, ob dem Gläubiger letztlich ein ersatzfähiger Schaden entstanden ist. Anders als bei § 22 UmwG ersetzt § 25 UmwG nur den konkreten Schaden,[582] der auf der Pflichtverletzung beruht. Ein solcher erfordert nach den allgemeinen Grundsätzen der Schadensberechnung, dass eine tatsächliche Vermögensminderung eingetreten ist.[583] Für die Ermittlung der Schadenshöhe bedeutet dies, dass nach § 25 Abs. 1 S. 1 UmwG der Vermögensnachteil ersatzfähig ist, der sich aus dem Vergleich des Vermögens des Anspruchsberechtigten vor und nach der Verschmelzung bei Hinzu- oder Hinwegdenken der schädigenden Pflichtverletzung ergibt.[584] Aus der Gefährdung der Forderung allein erwächst hierbei kein berechnungsfähiger Schaden, so dass diese grundsätzlich keine Schadensersatzforderungen ausgelöst werden.[585] Insofern ist ein ersatzfähiger Schaden grundsätzlich erst bei einem teilweisen oder völligen Ausfall einer Forderung infolge der Verschmelzung zu bejahen.[586] Ein ersatzfähiger Schaden ist auch dann anzunehmen, wenn die Durchsetzung der Forderung derart erschwert ist, dass dieses Hindernis in einen wirtschaftlich messbaren Schaden umgeschlagen ist (z. B. Zinsschaden).[587] Der Schadensersatzanspruch zielt abweichend vom allgemeinen schadensrechtlichen Grundsatz des § 249 Abs. 1 BGB nicht auf Naturalrestitution, sondern ausschließlich auf Wertersatz in Geld (§ 251 Abs. 1 BGB).[588] Das Versäumnis, vom Recht auf

579 *Pöllath/Philipp* in DB 2005, S. 1503 (1507); Schmitt/Hörtnagl/Stratz-*Stratz*, § 25 Rn 16; Lutter-*Grunewald*, § 25 Rn 16.

580 *Pöllath/Philipp* in DB 2005, S. 1503 (1507).

581 *Pöllath/Philipp* in DB 2005, S. 1503 (1507).

582 Nach den allgemeinen Grundsätzen der Schadensberechnung wird diese grundsätzlich konkret vorgenommen, vgl. hierzu statt aller: Palandt-*Heinrichs*, Vorb v § 249 Rn 50. Nach § 25 UmwG ist der Verwaltungsträger „[…] zum Ersatz des Schadens verpflichtet, den […] seine Gläubiger durch die Verschmelzung erleiden." Dies spricht eindeutig dafür, dass auch hier nur die tatsächlich durch die Verschmelzung eingetretene Vermögensminderung zu ersetzen ist.

583 Statt aller: Palandt-*Heinrichs*, Vorb v § 249 Rn 50.

584 Maulbetsch/Klumpp/Rose-*Stockburger*, § 25 Rn 13; Semler/Stengel-*Kübler*, § 25 Rn 17; *Schnorbus* in ZHR 167 (2003), S. 666 (694).

585 Wie hier: *Schnorbus* in ZHR 167 (2003), S. 666 (694).

586 Ebenso: *Schnorbus* in ZHR 167 (2003), S. 666 (694).

587 Schmitt/Hörtnagl/Stratz-*Stratz*, § 25 Rn 16.

588 Eine Naturalrestitution verbietet sich schon aufgrund von § 20 Abs. 2 UmwG. Vgl. hierzu auch: Schmitt/Hörtnagl/Stratz-*Stratz*, § 20 Rn 14; Lutter-*Grunewald*, § 25 Rn 17; Semler/

Sicherheitsleistung Gebrauch zu machen begründet ein die Haftung minderndes Mitverschulden gemäß § 254 Abs. 1 BGB.[589]

3. Sonstige Vorschriften

Daneben besteht für die Fälle des § 45 UmwG eine Nachhaftung der persönlich haftenden Gesellschafter einer übertragenden Personenhandelsgesellschaft. Auf die Verschmelzung unter ausschließlicher Beteiligung von Kapitalgesellschaften findet die Vorschrift damit keine Anwendung.

Eine ebenfalls bedeutende Gläubigerschutzvorschrift findet sich in der Nachschusspflicht des § 95 UmwG, die allerdings die Beteiligung von Genossenschaften voraussetzt.

III. Ergebnis

Der verschmelzungsrechtliche Gläubigerschutz ist bei Inlandsverschmelzungen im Schwerpunkt als a-posteriori-Protektion ausgestaltet. Das bedeutet, dass die Schutzinstrumente der Verschmelzung nachgeschaltet sind und somit deren Durchführung nicht verhindern können.

Kern der a-posteriori-Protektion bildet das Recht auf Sicherheitsleistung gemäß § 22 UmwG. Um Sicherungslawinen zu verhindern, kann nur derjenige Sicherheit verlangen, der die konkrete Gefährdung seiner Forderung glaubhaft machen kann. Bei dem Begriff der Gefährdung der Forderung handelt es sich um einen unbestimmten Rechtsbegriff, der von der Rechtsprechung auszugestalten ist. Indem der Gesetzgeber insofern im Unterschied zu §§ 225, 303 AktG eine Glaubhaftmachung vorsieht, sind die Anforderungen an diese grundsätzlich nicht zu gering zu stellen. Kommt es im Rahmen einer Verschmelzung zu einer Kapitalherabsetzung, dürfte dies allein für die Bejahung einer derartigen Gefährdungslage genügen, sofern mit einer Ausschüttung des tatsächlich frei werdenden Potentials eine spürbare Verschlechterung der Eigenkapitalquote einhergeht. Denn es ist dem Gläubiger insbesondere vor dem Hintergrund der Ausschlussfrist des § 22 UmwG nicht zumutbar, darauf zu vertrauen, dass tatsächlich keine Ausschüttung erfolgt. Gleiche Grundsätze gelten für den Fall, dass es im Rahmen

---

Stengel-*Kübler*, § 25 Rn 1; *Schnorbus* in ZHR 167 (2003), S. 666 (691); Maulbetsch/Klumpe/Rose-*Stockburger*, § 25 Rn 13.

589 Maulbetsch/Klumpp/Rose-*Stockburger*, § 25 Rn 16; Semler/Stengel-*Kübler*, § 25 Rn 24; Widmann/Mayer-*Vossius*, § 25 Rn 24; Schmitt/Hörtnagl/Stratz-*Stratz*, § 25 Rn 16.

einer Verschmelzung zu einer Schwächung der gläubigerschützenden Kapitalbindung derart kommt, dass bestehende Rücklagen ohne weitere Einschränkung ausgeschüttet werden können.

Schließlich ist eine Gefährdungslage nach den vorgenannten Prinzipien zu bejahen, wenn auf der Bewertungsebene Ausschüttungspotential freigesetzt wird.

Alle Fälle führen gleichermaßen dazu, dass zuvor gebundenes Kapital der Gesellschaft zulasten der Gläubiger abfließen kann.

Flankiert wird das Recht auf Sicherheitsleistung durch die Organhaftungsvorschrift des § 25 UmwG, die Pflichtverletzungen der Organe im Rahmen der Verschmelzung sanktioniert. Der Anwendungsbereich dieser Regelung dürfte für Gläubiger allerdings sehr beschränkt sein. Denn erstens muss die verletzte Pflicht auch dem Schutz der Gläubiger dienen und zweitens muss ihnen durch die Pflichtverletzung ein *konkreter* Schaden entstanden sein. Ist ein solcher zu bejahen, wird in einer Vielzahl der Fälle der Anspruch wegen des Versäumnisses sich auf § 22 UmwG zu berufen, gemäß § 254 Abs. 1 BGB zu kürzen sein.

D. Gläubigerschutz bei der grenzüberschreitenden Verschmelzung

Abweichend von den vorgenannten Regelungen enthalten die Vorschriften über die grenzüberschreitende Verschmelzung ebenfalls Regelungen, die zumindest auch dem Gläubigerschutz dienen.

I. Gläubigerschutz a priori

Die grenzüberschreitende Verschmelzung von Kapitalgesellschaften ist in den §§ 122a ff. UmwG geregelt.

1. Verschmelzungsplan, § 122c f. UmwG

Ausgangspunkt und Kern des grenzüberschreitenden Verschmelzungsverfahrens ist der Verschmelzungsplan. Dieser tritt bei einer grenzüberschreitenden Verschmelzung an die Stelle des Verschmelzungsvertrages.[590]

a. Gemeinsamer Verschmelzungsplan, § 122c UmwG

Gemäß § 122c Abs. 1 UmwG stellt das Vertretungsorgan der beteiligten deutschen Gesellschaft zusammen mit den Vertretungsorganen der übrigen beteiligten Gesellschaften einen gemeinsamen Verschmelzungsplan auf.[591] Die Ver-

590 BegrRegE, BT-Drs. 16/2919, S. 15. Umstritten ist, ob zwischen Verschmelzungsplan und Verschmelzungsvertrag nicht nur begrifflich, sondern auch dogmatisch zu unterscheiden ist. Teilweise wird vertreten, der Verschmelzungsplan stelle einen gesellschaftsrechtlichen Organisationsakt dar (i. d. S. Lutter-*Bayer*, § 122c Rn 3; *Beutel*, S. 159; *Frenzel*, S. 202; *derselbe* in RIW 2008, S. 12 (16); *Handelsrechtsausschuss des DAV* in NZG 2006, S. 737 (740); *Kallmeyer* in AG 2007, S. 472 (474); Widmann/Mayer-*Mayer*, § 122c UmwG Rn 15), während andere die Ansicht vertreten, dass es sich ebenso wie beim Verschmelzungsvertrag um einen schuldrechtlichen Vertrag handele (i. d. S. *Behrens*, S. 66; *Forsthoff* in DStR 2006, S. 613 (614); *Krause/Kulpa* in ZHR 171 (2007), S. 38 (56); *Limmer* in ZNotP 2007, S. 242 (251); *Simon/Rubner* in Der Konzern 2006, S. 835 (837); *Vetter* in AG 2006, S. 613 (617); *Winter* in Der Konzern 2007, S. 24 (33); Maulbetsch/Klumpp/Rose-*Becker*, § 122c Rn 5).

591 Die Formulierung des § 122c Abs. 1 UmwG trägt dem Umstand Rechnung, dass der deutsche Gesetzgeber lediglich die Verpflichtung des dem deutschen Recht unterliegenden Rechtsträgers regeln kann.

pflichtung des § 122c UmwG trifft, wie die Formulierung klarstellt, nur die Gesellschaften, die deutschem Recht unterliegen, da dem Gesetzgeber im Übrigen die Regelungskompetenz fehlt.[592] Nicht ausreichend sind nach dem eindeutigen Richtlinienwortlaut lediglich „gleichlautende“[593] oder separate, inhaltlich entsprechende Dokumente.[594] Dies ergibt einerseits ein Vergleich mit der insofern ähnlichen Vorschrift des Art. 26 Abs. 3 SE-VO[595], andererseits aber auch ein Vergleich zu den Vorschriften der Artt. 7 und 8 RiLi, in denen klargestellt wird, dass von „jeder“ beteiligten Gesellschaft Berichte nach den dort genannten Vorgaben zu erstellen sind.

b. Inhalt

In § 122c Abs. 2 UmwG werden Pflichtinhalte des Verschmelzungsplans genannt, von denen einschränkend nur unter den Voraussetzungen des § 122c Abs. 3 UmwG abgesehen werden kann.[596] Möglich ist es aber, dass die an der Verschmelzung beteiligten Gesellschaften einvernehmlich Ergänzungen vornehmen.[597] Dagegen ist die Aufzählung in § 122c Abs. 2 UmwG insofern abschließend, als die dort genannten inhaltlichen Anforderungen an den Verschmelzungsplan vom innerstaatlichen Gesetzgeber nicht über den Generalverweis auf das nationale Recht (§ 122a Abs. 2 UmwG) erweitert werden können.[598]

aa. Mindestinhalt nach § 122c Abs. 2 UmwG

Die grundsätzlich zu erfüllenden Pflichtangaben des § 122c Abs. 2 Nr. 1–12 UmwG decken sich größtenteils mit denen des § 5 Abs. 1 UmwG. So entsprechen die Pflichtangaben des § 122c Abs. 2 Nr. 1, 3, 5–8 UmwG sachlich im Wesent-

---

592 BegrRegE, BT-Drs. 16/2919, S. 15.

593 So die Formulierung in der deutschen Fassung von Art. 26 Abs. 3 SE-VO.

594 Insbesondere ein Vergleich der verschiedenen Textversionen stützt dieses Ergebnis: So spricht die englische Fassung von „*common draft terms*“ und die französische Fassung von „*projet commun de fusion transfrontalière*“.

595 Insofern wählte der Verordnungsgeber in den französischen und englischen Fassungen auch andere Formulierungen: In der englischen Fassung war dort noch von „*draft terms of merger in the same terms*“ und in der französischen Fassung von „*projet de fusion dans les mêmes termes*“ die Rede.

596 Semler/Stengel-*Drinhausen*, § 122c Rn 10.

597 BegrRegE, BT-Drs. 16/2919, S. 15.

598 *Haritz/v. Wolff* in GmbHR 2006, S. 340 (341); Maulbetsch/Klumpp/Rose-*Becker*, § 122c Rn 11.

lichen denen in § 5 Abs. 1 Nr. 1, 3–8 UmwG für nationale Umwandlungen.[599] Sie haben die gleiche Zielrichtung und dienen ebenso wie die Angaben des § 5 Abs. 1 UmwG dem Schutz der Anteilseigner und Arbeitnehmer sowie ihrer Vertretungen.[600]

Damit stellen lediglich die in § 122c Abs. 2 Nr. 4, 9–12 UmwG genannten Pflichtangaben im Vergleich zu § 5 UmwG eine Erweiterung dar.

(1) Auswirkungen, § 122c Abs. 2 Nr. 4 UmwG

Gem. § 122c Abs. 2 Nr. 4 UmwG müssen in dem Verschmelzungsplan zum Schutz der Arbeitnehmer und ihrer Vertretungen die voraussichtlichen Auswirkungen der Verschmelzung auf die Beschäftigung angegeben werden.[601]

(2) Satzung der Zielgesellschaft, § 122c Abs. 2 Nr. 9 UmwG

Nach § 122c Abs. 2 Nr. 9 UmwG ist die Satzung der übernehmenden Gesellschaft in den Verschmelzungsplan aufzunehmen.[602] Grund hierfür ist, dass die Anteilsinhaber ein berechtigtes Informationsbedürfnis hinsichtlich des Inhalts der Satzung der Gesellschaft, an der sie zukünftig beteiligt sind, haben.[603]

Daneben muss nach § 122c Abs. 2 Nr. 10 UmwG der Verschmelzungsplan wegen der speziellen mitbestimmungsrechtlichen Fragen, die eine grenzüberschreitende Verschmelzung aufwerfen kann, detaillierte Aussagen zu dem Verfahren enthalten, nach dem die Einzelheiten der Arbeitnehmermitbestimmung geregelt werden.

(3) Angaben zur Bewertung der Zielgesellschaft, § 122c Abs. 2 Nr. 11 UmwG

Auf französisches Vorbild[604] und Initiative der französischen Delegation geht die Regelung des § 122c Abs. 2 Nr. 11 UmwG zurück, wonach Angaben zur Bewer-

599 Der Gesetzgeber war sich dessen bewusst, nahm aber zur Vermeidung von Unklarheiten alle von der Richtlinie geforderten Angaben auf, vgl. BegrRegE, BT-Drs. 16/2919, S. 15. Dies ist in der Literatur teilweise auf starke Kritik gestoßen, vgl. hierzu: *Bayer/Schmidt* NZG 2006, S. 841 (842).

600 Es wurden lediglich zur Vermeidung von Unklarheiten alle von der Richtlinie geforderten Angaben in § 122c UmwG übernommen, vgl. BegrRegE, BT-Drs. 16/2919, S. 15.

601 Vertiefend zu den Unterschieden des § 122c Abs, 2 Nr. 4 im Vergleich zu § 5 Abs. 1 Nr. 9 UmwG: Kleinhenz, S. 261 mwN.

602 Bei der innerstaatlichen Verschmelzung wird dies nur bei der Verschmelzung durch Neugründung verlangt, § 37 UmwG.

603 Schmitt/Hörtnagl/Stratz-*Hörtnagl*, § 122c Rn 26.

604 Art. 254 Nr. 3, 5 Décret Nr. 67–236 du 23 mars 1967 sur les sociétés commerciales.

tung der Aktiva und Passiva der übertragenden Gesellschaft zu machen sind. Sie dient nicht der Information über das Umtauschverhältnis der Anteile, das bereits nach § 122c Abs. 2 Nr. 2 UmwG im Plan anzugeben und daneben gem. § 122e S. 1 i. V. m. § 8 UmwG auch bereits im Verschmelzungsbericht zu begründen ist.[605] Vielmehr bezweckt die Vorschrift, dass abweichend von § 24 UmwG im Verschmelzungsplan angegeben wird, wie das Vermögen der übertragenden Gesellschaft fortgeführt wird, ob also Buch-, Teil- oder Zwischenwerte angesetzt werden.[606] Dies ist für die betroffenen Anteilsinhaber von starkem Interesse,[607] weil die Ausübung dieses Wahlrechts unmittelbaren Einfluss auf die künftige Kapitalstruktur und die künftigen Ergebnisse und damit insbesondere auf das künftige Ausschüttungsvolumen hat.[608] Durch die frühzeitige Information im Verschmelzungsplan haben die Anteilsinhaber der an der Verschmelzung beteiligten Gesellschaften die Möglichkeit, bereits im Rahmen ihrer Entscheidung über die Verschmelzung derartige Erwägungen einfließen zu lassen. Zwar obliegt die Entscheidung des § 24 UmwG über die Ausübung des vorgenannten Wahlrechtes auch später den Gesellschaftern. Hierbei ist allerdings zu berücksichtigen, dass das Gewicht der einzelnen Stimmen durch die Verschmelzung eine spürbare Veränderung erfahren kann, die insbesondere die Interessen zukünftiger Minderheitsgesellschafter tangiert.

Die Ausübung des Wahlrechts ist im Übrigen mittelbar auch für Gläubiger der beteiligten Unternehmen relevant. So dürften Gläubiger insbesondere kein Interesse daran haben, dass es infolge der Verschmelzung durch eine Änderung der Bewertung zur Schaffung eines Ausschüttungspotentials kommt, da ihnen dieses Vermögen im Falle eines Abflusses später nicht mehr zur Befriedigung zur Verfügung stünde. Insbesondere für die GmbH ist dies von Bedeutung, da hier die durch einen Verschmelzungsgewinn entstehenden Rücklagen anders als bei der AG ausgeschüttet werden können. Indem eine frühzeitige Veröffentlichung erfolgt und somit Transparenz der Bewertungsentscheidung mit dem Verschmelzungsplan besteht, können zumindest potentielle Gläubiger der zu verschmelzenden Gesellschaften die Wahlentscheidung in ihre unternehmerischen Entscheidungen über eine künftige Zusammenarbeit mit einbeziehen.[609]

---

605 Ausführlich hierzu: *Kiem* in WM 2006, S. 1092 (1094 f.); *Simon/Rubner* in Der Konzern 2006, S. 835 (838).

606 *Kiem* in WM 2006, S. 1092 (1095); *Louven* in ZIP 2006, S. 2021 (2025).

607 *Bayer/Schmidt* in NJW 2006, S. 401 (402) schlagen deshalb vor, diese Regelung einheitlich – also auch für nationale Fusionen – umzusetzen, weil diese Angaben für die beteiligten Unternehmen keinen besonderen Mehraufwand verursachen dürften.

608 Schmitt/Hörtnagl/Stratz-*Hörtnagl*, § 24 Rn 88.

609 Allgemein zur Gläubigerschutzfunktion der Rechnungslegungsvorschriften im Gesellschaftsrecht bereits zuvor unter: Erster Teil F. IV.

(4) § 122c Abs. 2 Nr. 12 UmwG

Ebenfalls auf den Wunsch der französischen Delegation geht § 122c Abs. 2 Nr. 12 UmwG zurück, wonach die Stichtage der Bilanzen der an der Verschmelzung beteiligten Gesellschaften, die zur Festlegung der Bedingungen der Verschmelzung verwendet werden, angegeben werden müssen.[610] Relevant sind die Stichtage deshalb, weil die letzten Bilanzen – speziell im Fall der Buchwertfortführung – für die Bestimmung der vom übernehmenden Rechtsträger anzusetzenden Werte des übernommenen Vermögens nach § 122c Abs. 2 Nr. 11 UmwG maßgeblich sind.[611] Da diese Vorschrift als Ergänzung zu § 122c Abs. 2 Nr. 11 UmwG verstanden werden kann,[612] erfüllt sie gleichgerichtete Interessen.

bb. Zwischenergebnis

Im Wesentlichen dienen die Mindestinhalte des Verschmelzungsplanes des § 122c Abs. 2 UmwG – ebenso wie der weitgehend gleichlautende § 5 UmwG – dem Schutz der Anteilsinhaber und der Arbeitnehmer sowie ihrer Vertretungen. Eine abstrakte Gläubigerschutzfunktion ist allerdings § 122c Abs. 2 Nr. 11, 12 UmwG zuzuerkennen. Ist die Gläubigerschutzfunktion von gesellschaftsrechtlichen Rechnungslegungspflichten im Allgemeinen anerkannt, so geht mit der frühzeitigen Kenntnis der Entscheidung, wie das Vermögen der übertragenden Gesellschaft fortgeführt wird, ob also Buch-, Teil- oder Zwischenwerte angesetzt werden, auch ein Schutz potentieller Gläubiger einher.

cc. Abfindungsangebot, § 122i UmwG

Unterliegt die Zielgesellschaft nicht der deutschen Rechtsordnung, hat die übertragende deutsche Gesellschaft gem. § 122i UmwG im Verschmelzungsplan bzw. dessen Entwurf jedem Anteilsinhaber, der gegen den Verschmelzungsbeschluss Widerspruch zur Niederschrift erklärt hat, den Erwerb seiner Anteile gegen eine angemessene Barabfindung anzubieten.[613] Dem liegt der Gedanke zugrunde, dass kein Anteilsinhaber gezwungen werden soll, die mit dem Wechsel in eine

610 *Neye/Timm* in DB 2006, S. 488 (489).

611 Lutter-*Bayer*, § 122c Rn 28; *Vetter* in AG 2006, S. 613 (619).

612 Ähnlich: *Vetter* in AG 2006, S. 613 (619); *Kiem* in WM 2006, S. 1092 (1095).

613 Die Übernahme eigener Anteile bedeutet bei einer GmbH den an sich ungewünschten Erwerb eigener Geschäftsanteile (vgl. § 33 Abs. 2 S. 3 GmbHG); § 122i S. 2 UmwG erklärt zwar die Regelungen des GmbHG für entsprechend anwendbar, nimmt aber ebenso wie bei § 29 UmwG § 33 Abs. 2 S. 3 GmbHG ausdrücklich aus, so dass der Erwerb eigener Anteile hier ausnahmsweise zulässig ist.

ausländische Rechtsform einhergehende Änderung seiner Rechte und Pflichten hinzunehmen.[614] Eine Negativbewertung des ausländischen Rechts ist damit nicht verbunden; entscheidend ist vielmehr der Wechsel in eine nicht kongruente Rechtsform.[615] Damit hat der deutsche Gesetzgeber von seinem Recht aus Art. 4 Abs. 2 RiLi 2005/56/EG Gebrauch gemacht, Vorschriften zu erlassen, um einen angemessenen Schutz der Minderheitsgesellschafter, die die grenzüberschreitende Verschmelzung abgelehnt haben, zu gewährleisten.[616]

c. Form des Verschmelzungsplanes, § 122c Abs. 4 (Beurkundungspflicht)

Gem. § 122c Abs. 4 UmwG ist der Verschmelzungsplan zum Schutze der beteiligten Anteilsinhaber notariell zu beurkunden. Eine entsprechende Vorgabe enthält die RiLi 2005/56/EG nicht. Zwar ergäbe sich über § 122a Abs. 2 UmwG i. V. m. § 6 UmwG unter Umständen ebenfalls die Pflicht zur notariellen Beurkundung.[617] Insofern ist aber fraglich, ob der Verweis auf § 6 UmwG, der die notarielle Beurkundungspflicht des Verschmelzungsvertrages betrifft, überhaupt greift, weil § 122c UmwG abweichend von einem Verschmelzungsplan spricht.[618] Somit hat § 122c Abs. 4 UmwG zumindest klarstellenden Charakter.[619] Da sich die Vorschriften der §§ 122a ff. UmwG lediglich an die beteiligten deutschen Rechtsträger richten, ergibt sich hieraus zumindest unmittelbar keine Verpflichtung für die an der Verschmelzung beteiligten ausländischen Gesellschaften zur Einhaltung dieser Form. Allerdings handelt es sich bei der Beurkundung des Verschmel-

614 BegrRegE, BT-Drs. 16/2919, S. 16.

615 Dies umso mehr, als § 29 UmwG bereits für den Fall des Rechtsformwechsels bei der inländischen Verschmelzung ein Austritts- und Abfindungsrecht vorsieht.

616 BegrRegE, BT-Drs. 16/2919, S. 16.

617 Befürwortend: *Bayer/Schmidt* in NZG 2006, S. 841 (842); Semler/Stengel-*Drinhausen*, § 122c Rn 42.

618 Ob es sich bei dem Verschmelzungsplan damit auch abweichend vom Verschmelzungsvertrag um einen bloßen gesellschaftsrechtlichen Organisationsakt handelt, ist höchst umstritten. Letzteres befürwortend: *Beutel*, S. 159 f.; *Frenzel*, S. 202; *derselbe* in RIW 2008, S. 12 (16); *Handelsrechtsausschuss des DAV* in NZG 2006, S. 737 (740); *Kallmeyer* in AG 2007, S. 472 (474); *Winter* in Der Konzern 2007, S. 24 (33); *Kiem* in WM 2006, S. 1091 (1094); Widmann/Mayer-*Mayer*, § 122c UmwG Rn 1, 3; Schmitt/Hörtnagl/Stratz-*Hörtnagl*, § 122c Rn 5; Lutter-*Bayer*, § 122c Rn 3; aA: *Behrens*, S. 66; *Forsthoff* in DStR 2006, S. 613 (614); *Krause/Kulpa* in ZHR 171 (2007), S. 38 (56); *Limmer* in ZNotP 2007, S. 242 (251); *Simon/Rubner* in Der Konzern 2006, S. 835 (837); *Vetter* in AG 2006, S. 613 (617); Maulbetsch/Klumpp/Rose-*Becker*, § 122c Rn 5.

619 In diesem Sinne auch die BegrRegE, BT-Drs. 16/2919, S. 15.

zungsplanes um eine von Willenserklärungen,[620] so dass nach §§ 8 ff. BeurkG die Erklärungen der Vertretungsorgane sämtlicher beteiligten Gesellschaften zu beurkunden sind. Allerdings kann dieses Formerfordernis ebenfalls im Wege einer Substitution durch eine Beurkundung im Ausland erfüllt werden, wenn sie gleichwertig zu der deutschen Beurkundung ist.[621] Im Ergebnis führt dies dazu, dass Doppelbeurkundungen immer dann erforderlich werden, wenn die Rechtsordnungen der anderen beteiligten Gesellschaften eine nationale Beurkundung verlangen und die Beurkundung vor einem deutschen Notar nicht anerkennen oder die Beurkundung im Ausland dem deutschen Gleichwertigkeitserfordernis nicht entspricht.[622] Fraglich ist, ob hier nicht zur Vereinfachung des Verschmelzungsverfahrens der Schritt zu einer generellen Anerkennung ausländischer Beurkundungen gewagt werden sollte, auch wenn es hierdurch zu einer Minderung der mit der Beurkundung erstrebten Warn- und Hinweisfunktion zulasten der geschützten Anteilsinhaber kommt.[623]

d. Bekanntmachung des Verschmelzungsplans, § 122d UmwG

Gemäß § 122d UmwG, der Art. 6 der RiLi 2005/56/EG umsetzt, ist der Verschmelzungsplan spätestens einen Monat vor der Versammlung der Anteilsinhaber, die nach § 13 UmwG über die Zustimmung zum Verschmelzungsplan beschließen soll, zum Register einzureichen. Das Registergericht hat daraufhin unverzüglich die in § 122d S. 2 Nr. 1–4 UmwG aufgeführten Inhalte bekannt zu machen, die ihm zuvor gem. § 122d S. 3 UmwG mitzuteilen sind.

---

620 Der Begriff der Willenserklärung des § 8 BeurkG entspricht grundsätzlich dem des BGB, reicht aber noch weiter, vgl. *Huhn/Schuckmann-v. Schuckmann/Renner*, § 8 Rn 7; anders wäre dies, wenn es sich gem. §§ 36 ff. BeurkG um eine solche von bloßen sonstigen Tatsachen handeln würde. Dass es sich um eine Beurkundung von Willenserklärungen handelt, ist unabhängig von der Frage, welche Rechtsnatur dem Verschmelzungsplan zuerkannt wird, vgl. Schmidt/Hörtnagl/Stratz-*Hörtnagl*, § 122c Rn 40; Widmann/Mayer-*Heckschen*, § 6 Rn 53; aA: *Frenzel* in RIW 2008, S. 12 (16).

621 BegrRegE, BT-Drs. 16/2919, S. 15 unter Verweis auf: BGH, Urt. v. 16.2.1981, AZ: II ZB 8/80, BGHZ 80, 76 (78).

622 Semler/Stengel-*Drinhausen*, § 122c Rn 43; *Simon/Rubner* in Der Konzern 2006, S. 835 (837); *Vetter* in AG 2006, S. 613 (617 f.); *Brocker* in BB 2010, S. 971 (973).

623 So etwa: *Vetter* in AG 2006, S. 613 (617 f.), der die Doppelbeurkundung zu Recht als Ausdruck der europäischen Rechtszersplitterung kritisiert und eine gegenseitige Anerkennung der Beurkundungen nach dem Vorbild von Art. 5 Abs. 3 Richtlinienvorschlag über die grenzüberschreitende Verschmelzung von Aktiengesellschaften von 1985 fordert, ebenso bereits: *Müller* in ZIP 2004, S. 1790 (1793).

aa. Regelungszweck

Die Regelung bezweckt sowohl den Schutz der Anteilsinhaber als auch der Gläubiger durch eine möglichst frühzeitige Information über die grenzüberschreitende Verschmelzung.[624] Während die Inhalte des § 122 d Abs. 2 Nr. 1–3 UmwG den Schutz der Anteilsinhaber bezwecken, wird der Schutz der Gläubiger durch § 122d Abs. 2 Nr. 4 UmwG umgesetzt,[625] wonach auch ein Hinweis auf die Modalitäten für die Ausübung der Gläubigerrechte sowie die Anschrift, unter der vollständige Auskünfte über diese Modalitäten kostenlos eingeholt werden können, bekannt zu machen sind.

bb. Zuständigkeit

Zuständiges Registergericht für die Einreichung und nachfolgende Bekanntmachung ist gem. §§ 376, 377 Abs. 1 FamFG i. V. m. § 23a Abs. 1 Nr. 2, Abs. 2 Nr. 3 GVG i. V. m. § 7 Abs. 1 GmbHG das Amtsgericht, das für den Bezirk, in dem sich der Satzungssitz der Gesellschaft befindet, zuständig ist. Sind mehrere inländische Kapitalgesellschaften an der Verschmelzung beteiligt, ist die Einreichung bei jedem zuständigen Gericht vorzunehmen.

cc. Form

Die Einreichung erfolgt gem. § 12 Abs. 2 HGB in elektronischer Form.[626] Während der Verschmelzungsplan gemäß § 12 Abs. 2 S. 2, 2. HS HGB mit einem elektronischen Zeugnis i. S. v. § 39a BeurkG zu übermitteln ist, genügt für die Einreichung eines Entwurfes des Verschmelzungsplans gem. § 12 Abs. 2 S. 2, 1. HS HGB die Übermittlung einer elektronischen Aufzeichnung.

---

624 Vgl. Erwägungsgrund (5) der RiLi 2005/56/EG.

625 § 122 d Abs. 2 Nr. 4 UmwG schon seinem Wortlaut nach daneben auch die Minderheitsgesellschafter.

626 Die Landesregierungen konnten nach Art. 61 EGHGB durch Rechtsverordnung bestimmen, dass Anmeldungen und alle oder einzelne Dokumente bis zum 31. Dezember 2009 auch in Papierform zum Handelsregister eingereicht werden konnten. Soweit eine Rechtsverordnung nach Satz 1 erlassen war, galten die Vorschriften über die Anmeldung zum Handelsregister und die Einreichung von Dokumenten in ihrer bis zum Inkrafttreten des Gesetzes über elektronische Handelsregister und Genossenschaftsregister sowie das Unternehmensregister vom 10. November 2006 (BGBl. I S. 2553) am 1. Januar 2007 geltenden Fassung. Gebrauch gemacht hatte von dieser Ermächtigung auch das Land Niedersachsen durch Verordnung vom 14.12.2006 (Nds. GVBl. Nr. 33/2006 vom 21.12.2006), die zum 31.12.2007 außer Kraft getreten ist.

dd. Inhalt

Der zwingende Inhalt der Bekanntmachung ist in § 122d S. 2 Nr. 1–4 UmwG geregelt.[627]

(1) Hinweis auf Einreichung, § 122d S. 2 Nr. 1 UmwG

§ 122d S. 2 Nr. 1 UmwG setzt Art. 6 Abs. 1 RiLi 2005/56/EG i. V. m. Art. 3 Abs. 4 der RiLi 68/151/EWG um, wobei sich der deutsche Gesetzgeber ebenso wie bei der Parallelregelung des Art 61 S. 2 UmwG für die bloße Bekanntmachung eines Hinweises und gegen die vollständige bzw. auszugsweise Wiedergabe des Verschmelzungsplans entschieden hat.[628]

(2) Rechtsform, Firma und Sitz der beteiligten Gesellschaften, § 122d S. 2 Nr. 2 UmwG

Gem. § 122d S. 2 Nr. 2 UmwG, der Art. 6 Abs. 2 lit. b der RiLi 2005/56/EG umsetzt, sind die Rechtsform, die Firma und der Sitz[629] der an der grenzüberschreitenden Verschmelzung beteiligten Gesellschaften bekannt zu machen. Zwar sind diese Angaben bereits im Verschmelzungsplan enthalten, dieser wird aber selbst nicht zwingend bekannt gemacht.

(3) Register der beteiligten Gesellschaften, § 122d S. 2 Nr. 3 UmwG

Ferner sind gemäß § 122d S. 2 Nr. 3 UmwG die Register, bei denen die an der grenzüberschreitenden Verschmelzung beteiligten Gesellschaften eingetragen sind, sowie die jeweilige Nummer der Eintragung bekannt zu machen. Bei inlän-

---

627 Diese Regelung führt bei einer Verschmelzung durch Neugründung zumindest theoretisch zu Schwierigkeiten, als zum Zeitpunkt der Einreichung des Verschmelzungsplanes zum Handelsregister die neu zu gründende Gesellschaft noch nicht existiert. In der Praxis dürften aber gleichwohl bereits zu diesem Zeitpunkt die zukünftige Firma, Sitz und Rechtsform feststehen. In diesem Sinne auch: *Brocker* in BB 2010, S. 971 (973); aA: *Pfeiffer/Heilmeier* in GmbHR 2009, 1317 (1318).

628 Art. 3 Abs. 4 RiLi 68/151/EWG: *„Die in Absatz 2 bezeichneten Urkunden und Angaben sind in einem von dem Mitgliedstaat zu bestimmenden Amtsblatt entweder in Form einer vollständigen oder auszugsweisen Wiedergabe oder in Form eines Hinweises auf die Hinterlegung des Dokuments in der Akte oder auf seine Eintragung in das Register bekannt zu machen.“*

629 Sitz im Sinne der Regelung ist anerkanntermaßen der Satzungssitz. Dies ergibt sich eindeutig aus den französischen und englischen Sprachfassungen des Art. 6 Abs. 2 lit. a RiLi 2005/56/EG, die von *„registered office“* bzw. *„siège statutaire“* sprechen. Eine anderes Verständnis wäre somit nicht richtlinienkonform.

dischen Gesellschaften ist dies das Amtsgericht, bei dem sie geführt werden, und die HRB-Nummer. Zusammen mit den Angaben nach § 122d S. 2 Nr. 2 UmwG wird den Gläubigern so eine ergänzende Informationsrecherche ermöglicht.[630]

(4) Modalitäten der Rechtsausübung, § 122d S. 2 Nr. 4 UmwG

Schließlich ist in Umsetzung von Art. 6 Abs. 2 RiLi 2005/56/EG gemäß § 122d Abs. 2 Nr. 4 UmwG ein Hinweis auf die Modalitäten für die Ausübung der Rechte der Gläubiger und der Minderheitsgesellschafter jeder der an der grenzüberschreitenden Verschmelzung beteiligten Gesellschaften sowie die Anschrift unter der vollständige Auskünfte über diese Modalitäten kostenlos eingeholt werden können, bekannt zu machen. Zweck der Vorschrift ist es sicherzustellen, dass die Gläubiger tatsächlich Kenntnis von ihren Rechten erhalten.[631]

(a) Adressaten der Hinweispflicht

Umstritten ist, ob sich die Hinweispflicht lediglich auf die Rechte der Gläubiger derjenigen Gesellschaft bezieht, für welche die Bekanntmachung erfolgt.[632] Im Ergebnis würde dies bedeuten, dass ein deutsches Gericht lediglich einen Hinweis auf die Rechte der Gläubiger der beteiligten deutschen Gesellschaften bekannt zu machen hätte. Für eine derartige Auslegung wird angeführt, dass Sinn und Zweck der Bekanntmachung lediglich sei, die betreffenden Gläubiger über *ihre* Rechte und nicht allgemein über die Bedingungen der Verschmelzung zu informieren.[633] Unterstützend wird auf die Parallelregelung in § 21 lit. c und lit. d SE-VO verwiesen, die eine entsprechende Hinweispflicht enthält, aber in Bezug auf die Streitfrage klarer gefasst sei.

Demgegenüber verlangen andere, dass die Angaben für die Rechte der Gläubiger aller beteiligten Gesellschaften – also auch der ausländischen – bekannt zu machen seien.[634] Begründet wird diese Pflicht insbesondere mit dem klaren Wortlaut der Regelung.[635]

630 Schmitt/Hörtnagl/Stratz-*Hörtnagl*, § 122d Rn 16.

631 Für die Parallelnorm des Art. 21 lit. c und d SE-VO: Lutter/Hummelhoff-*Bayer*, SE-VO, Art. 21 SE-VO Rn 6 f.; für § 122d UmwG: Lutter-*Bayer*, § 122d Rn 14; Kruse/Kruse in BB 2010, S. 3035 (3036).

632 Befürwortend: Lutter-*Bayer*, § 122d Rn 14.

633 Lutter-*Bayer*, § 122d Rn 14.

634 *Handelsrechtsausschuss des DAV* in NZG 2006, 737, 740; dem folgend: Semler/Stengel-*Drinhausen*, § 122d Rn 18; Widmann/Mayer-*Mayer*, § 122d UmwG Rn 13; Schmitt/Hörtnagl/Stratz-*Hörtnagl*, § 122d Rn 17; Maulbetsch/Klumpp/Rose-*Becker*, § 122d Rn 8.

635 Semler/Stengel-*Drinhausen*, § 122d Rn 18.

In der Tat spricht der Wortlaut der Richtlinie 2005/56/EG für eine umfassende Hinweispflicht. Denn der Richtliniengeber nimmt in Art. 6 Abs. 2 RiLi 2005/56/EG eine Differenzierung derart vor, dass er teilweise nur von der betreffenden Gesellschaft, teilweise von jeder an der Verschmelzung beteiligten Gesellschaft spricht. Nach dem damit unmissverständlichen Wortlaut des Richtliniengebers sollen demnach die Angaben in Art. 6 Abs. 2 lit. a – lit. c RiLi 2005/56/EG „für jede der sich verschmelzenden Gesellschaften“ gemacht werden. Von einer unklaren Fassung kann somit keine Rede sein.[636] Insofern unterscheidet sich die RiLi 2005/56/EG auch von der SE-VO. Denn diese verlangt zwar, dass das Register und die Nummer der Eintragung in das Register für jede der sich verschmelzenden Gesellschaften anzugeben sind.[637] Was den Hinweis auf die Modalitäten der Ausübung der Gläubigerrechte anbetrifft, so hat er aber nur für die betreffende Gesellschaft und damit die inländische zu erfolgen.[638] Das bedeutet, dass die SE-VO für den Hinweis auf die Modalitäten der Ausübung der Gläubigerrechte eine bewusste Einschränkung vornimmt, die sich in der zeitlich nachfolgenden RiLi 2005/56/EG nicht findet. Dass der Richtliniengeber, der sich im Übrigen bei der Formulierung des Art. 6 RiLi 2005/56/EG an Art. 21 SE-VO orientierte, hier eine abweichende Formulierung vornahm, dürfte also für eine Ausweitung der Hinweispflicht sprechen.[639]

Schließlich erscheint es auch unter Gläubigerschutzgesichtspunkten sinnvoll, dass in den Mitteilungsblättern jedes an der Verschmelzung beteiligten Mitgliedsstaates Angaben zu den Rechten der Gläubiger jeder beteiligten Gesellschaft gemacht werden. Denn aufgrund der unterschiedlich ausgestalteten Gläubigerschutzregelungen in den einzelnen Mitgliedstaaten – diese sind nicht vereinheitlicht[640] – können auch die Angaben zu den ausländischen Gläubigerschutzrechten für den inländischen Gläubiger von besonderem Interesse sein. Denn der inländische Gläubiger ist mit den beteiligten ausländischen Rechtsord-

636 In diesem Sinne aber: Lutter-*Bayer*, § 122d Rn 14.

637 Vgl. Art. 21 lit. b SE-VO.

638 Vgl. Art. 21 lit. c SE-VO.

639 Hierfür spricht ferner, dass die Vorschrift im Unterschied zu Art. 21 SE-VO durch Art. 4 Nr. 1 RiLi 2009/109/EG eine zusätzliche Erweiterung erfahren hat.

640 Vorgaben existieren durch die RiLi 78/855/EWG lediglich für die Verschmelzung von Aktiengesellschaften und nur insofern, als die Mitgliedstaaten nach Art. 13 Abs. 1 RiLi 78/855/EWG ein angemessenes Schutzsystem für die Interessen der Gläubiger der sich verschmelzenden Gesellschaften gewährleisten müssen. Gem. Art. 13 Abs. 2 RiLi 78/855/EWG müssen die Rechtsvorschriften der Mitgliedstaaten vorsehen, dass die Gläubiger Anspruch auf angemessene Garantien haben, wenn die finanzielle Lage der sich verschmelzenden Gesellschaften einen solchen Schutz erforderlich macht und die Gläubiger nicht schon derartige Garantien haben. Bei der Auswahl der Mittel des Gläubigerschutzes unterliegen die Mitgliedstaaten keinen Beschränkungen.

nungen in aller Regel nicht vertraut. Vor dem Hintergrund, dass er nunmehr mit den ausländischen Gläubigern bei der Befriedigung seiner Ansprüche konkurriert, ist es für ihn von gesteigertem Interesse zu erfahren, unter welchen Voraussetzungen ausländischen Gläubigern Schutzrechte zustehen und wie diese im Einzelnen ausgestaltet sind.[641]

Nach alledem sind Angaben über die Rechte der Gläubiger aller beteiligten Gesellschaften – also sowohl der inländischen als auch der ausländischen – bekannt zu machen.

(b) Umfang der Hinweispflicht

Fraglich bleibt, welche Anforderungen an den Hinweis zu stellen sind. Aus der Formulierung „*Modalitäten der Ausübung*“ wird allgemein geschlussfolgert, dass es nicht ausreicht, wenn lediglich die Vorschriften benannt werden, aus denen sich die Gläubigerrechte ergeben; vielmehr hat zumindest eine kurze Erläuterung zu den Gläubigerrechten zu erfolgen.[642] Erschöpfende Auskünfte sind hingegen nicht erforderlich. Dies ergibt sich einerseits durch die Formulierung „*Hinweis* auf die Modalitäten“ und andererseits auch im Wege eines argumentum e contrario aus § 122d S. 2 Nr. 4 2. HS UmwG, wonach den Gläubigern eine Anschrift mitzuteilen ist, unter der sie vollständige Auskünfte einholen können.[643] Insbesondere dürfte damit auch eine Einführung in das Prozessrecht des Staates, in dem die übernehmende Gesellschaft ihren Sitz hat, nicht von der Hinweispflicht umfasst sein.[644]

Es dürfte demnach genügen, wenn die jeweiligen gläubigerschützenden Vorschriften benannt und ihrem wesentlichen Inhalt nach vorgestellt werden. Für vollständige Auskünfte können sich die Gläubiger sodann kostenlos an die betreffende Gesellschaft wenden deren Anschrift ihnen zur Sicherstellung eines derartigen Auskunftsverlangens nach § 122d S. 2 Nr. 4, 2. HS UmwG mitzuteilen ist.

Empfohlen wird teilweise auch, dass im Rahmen der Hinweispflicht den Gläubigern ebenfalls der neue Schuldner, also die aufnehmende oder neue Gesell-

641 Einen umfassenden Überblick über die unterschiedlichen Ausgestaltungen der Schutzsysteme in ausgewählten Mitgliedstaaten liefert *Kalss* in ZGR 2009, S. 74 ff.

642 So: Lutter-*Bayer*, § 122d Rn 15; Semler/Stengel-*Drinhausen*, § 122d Rn 18; Widmann/Mayer-*Mayer*, § 122d Rn 17 UmwG; *Beutel*, S. 170 (zu der RiLi 2005/56/EG); zu der insofern wortgleichen Regelung des Art. 21 SE-VO: Lutter/Hommelhoff-*Bayer*, Art. 21 SE-VO (§ 5 SEAG) Rn 6; MünchKomm-*Schäfer*, AktG, Band 9/2, Art. 21 SE-VO Rn 6; *Scheifele*, S. 189; *Schwarz*, Art. 21 Rn 13.

643 Ebenso für die SE-VO: *Scheifele*, S. 189; diesem folgend: *Schwarz*, Art. 21 Rn 14.

644 Ebenso: Kleinhenz, S. 273 f.

schaft benannt wird, da diese Information für die weitere Durchsetzung der Gläubigerrechte wesentlich sei.[645]

Zwar dürfte ein derartiger Hinweis der Durchsetzung von Gläubigerrechten tatsächlich förderlich sein, fraglich ist aber, ob die Hinweispflicht des § 122 d S. 2 Nr. 4 UmwG überhaupt allgemeine Veränderungen hinsichtlich der *Durchsetzung* von Gläubigerforderungen infolge der Verschmelzung umfasst.[646] Sowohl § 122 d S. 2 Nr. 4 UmwG als auch die RiLi 2005/56/EG sprechen allgemein von der Pflicht, „einen Hinweis auf die Modalitäten für die Ausübung der Rechte der Gläubiger und Minderheitsgesellschafter der an der grenzüberschreitenden Verschmelzung beteiligten Gesellschaften" bekannt zu machen. Insofern gibt es in der Formulierung eine Weiterung zu Art. 21 SE-VO der lediglich *„einen Hinweis auf die Modalitäten für die Aus*übung der Rechte der Gläubiger der betreffenden Gesellschaften gemäß Art. 24" und damit auf die spezifischen gläubigerschützenden Vorschriften, welche im Falle einer Verschmelzung Anwendung finden, verlangt. Vor dem Hintergrund, dass sich der Richtliniengeber bei der Fassung des Art. 6 RiLi 2005/56/EG an Art. 21 SE-VO orientierte, könnte dies in der Tat für eine bewusste inhaltliche Weiterung sprechen. Andererseits könnte die unterschiedliche Formulierung schlicht darauf zurückzuführen sein, dass es in der RiLi 2005/56/EG an einer Art. 24 SE-VO entsprechenden Vorschrift fehlt. Für eine derartige Annahme spricht, dass hier wie dort von den Modalitäten der Ausübung der Rechte der Gläubiger der an der Verschmelzung beteiligten Gesellschaft gesprochen wird. Weiterhin finden sich der neue Schuldner sowie dessen Anschrift bereits im Handelsregister. Schließlich dürften allgemeine Veränderungen hinsichtlich der Art und Weise der Durchsetzung von Gläubigerforderungen vom Schutzzweck des Art. 6 RiLi 2005/56/EG nicht umfasst sein. Denn hierzu dürften etwa auch Fragen der prozessualen Durchsetzung gegenüber dem neuen Gläubiger zählen. Sinn und Zweck des Art. 6 Abs. 2 lit. c RiLi 2005/56/EG und damit auch von § 122 d S. 2 Nr. 4 UmwG ist es hingegen, ausschließlich die Gläubiger über ihre unmittelbar mit dem Verschmelzungsvorgang einhergehenden Rechte zu informieren, nicht jedoch Fragen, die sich nach dessen Abschluss stellen, zu beantworten. Folglich dürfte ein Hinweis auf den neuen Schuldner sowie dessen Anschrift entbehrlich sein.

Schließlich ist eine Anschrift anzugeben, unter der vollständige Auskünfte über die vorgenannten Modalitäten eingeholt werden können. Gemeint ist hiermit eine postalische Adresse; die Angabe einer Internetadresse dürfte hingegen nicht

645 In diesem Sinne: *Grunewald* in Der Konzern 2007, S. 106 (107); Semler/Stengel-*Drinhausen*, § 122d Rn 19.

646 Im Ergebnis ablehnend: Lutter-*Bayer*, § 122d Rn 15.

ausreichen.[647] Hierfür spricht, dass der deutsche[648] wie auch der europäische[649] Gesetzgeber in den neueren Rechtsinstrumenten üblicherweise ausdrücklich auf die Möglichkeit einer elektronischen Publikation hinweisen, sofern eine solche bestehen soll.[650] Insbesondere stützt eine derartige Lesart auch Art. 4 Nr. 1 RiLi 2009/109/EG,[651] wonach Art. 6 Abs. 1 der RiLi 2005/56/EG ausdrücklich derart ergänzt wurde, dass eine Bekanntmachung dann entbehrlich sei, wenn die betreffende Gesellschaft den Verschmelzungsplan auf einer Internetseite veröffentlicht hat. [652]

(c) Vollständige Auskunft

Unter der angegebenen Adresse müssen Auskünfte über die Rechte aller Gläubiger aller beteiligten Gesellschaften abfragbar sein. Nicht ausreichend es ist nach dem eindeutigen Gesetzeswortlaut, wenn die Informationen zur Ausübung der Gläubigerrechte an verschiedenen Orten verteilt bereitgehalten werden.[653] Nach dem Wortlaut der Vorschrift wäre es denkbar, dass die Auskünfte gesammelt an dem Sitz einer ausländischen beteiligten Gesellschaft bereitgestellt werden. Dies könnte allerdings für die Gläubiger einer herausverschmelzenden deutschen Gesellschaft zu einer erheblichen Behinderung des Auskunftsrechts führen, wenn an der ausländischen Anschrift die Auskünfte – ob schriftlich oder mündlich – nicht auf Deutsch erteilt werden können. Denn die Gläubiger einer deutschen

647 Ebenso: *Grunewald* in Der Konzern 2007, S. 106 (107); KK-*Simon/Rubner*, § 122d Rn 15; aA: Semler/Stengel-*Drinhausen*, § 122d Rn 18; Schmitt/Hörtnagl/Stratz-*Hörtnagl*, § 122d Rn 22; Maulbetsch/Klumpp/Rose-*Becker*, § 122d Rn 10.

648 So etwa: § 127a Abs. 3 AktG; § 127a Abs. 4 AktG; § 131 Abs. 3 Nr. 7 AktG; § 175 Abs. 2 S. 4 AktG.

649 So etwa: RiLi 2007/36/EG des Europäischen Parlaments und des Rates über die Ausübung bestimmter Rechte von Aktionären in börsennotierten Gesellschaften, ABl.EU Nr. L 184/17 v. 14.7.2007, Erwägungsgrund (13); Art. 5 Abs. 3 lit. e; Art. 5 Abs. 4 S. 1 lit. d; Art. 5 Abs. 4 S. 2; Art. 9 S. 3; Art. 14 Abs. 2.

650 Ähnlich: Lutter-*Grunewald*, § 122d Rn 16.

651 Art. 4 Nr. 1 RiLi 2009/109/EG, ABl. L 259 vom 2.10.2009, S. 14 ff. „*Jede der verschmelzenden Gesellschaften ist von der Offenbarungspflicht nach Artikel 3 der Richtlinie 68/151/EWG befreit, wenn sie die gemeinsamen Verschmelzungspläne während eines fortlaufenden Zeitraums, der mindestens einen Monat vor dem Tag der Hauptversammlung die ber die gemeinsamen Verschmelzungspläne für die grenzüberschreitende Verschmelzung zu beschließen hat, begint, und nicht vor dem Abschluss dieser Versammlung endet, für die Öffentlichkeit kostenlos auf ihren Internetseiten der Öffentlichkeit zugägnlich macht. Die Mitgliedsstaaten knüpfen diese Befreiung an keine aneren Erfordernisse und Auflagen als die, die für die Sicherheit der Internetseiten und die Echtheit der Dokumente erforderlich sind, und dürfen solche Erfordernisse und Auflagen nur einführen, soweit sie zur Erreichung dieser Zwecke angemessen sind.*“

652 aA: Kleinhenz, S. 274 f., der dieses systemtische Argument unbeachtet lässt.

653 KK-*Simon/Rubner*, § 122d Rn 13.

Gesellschaft haben ein schützenswertes Interesse, sich in der Muttersprache ihres Schuldners über ihre Gläubigerrechte informieren zu können und nicht auf eine unvorhersehbare und unbekannte Fremdsprache verwiesen zu werden. Auch entspräche eine derartige Lesart nicht der Vorgabe des Richtliniengebers, wonach „*für jede der sich verschmelzenden Gesellschaften* [...] *die Anschrift unter der vollständige Auskünfte* [...] *eingeholt werden können*" (Hervorhebungen durch den Verfasser) bekannt zu machen sind.[654] Folglich ist § 122d S. 2 Nr. 4 UmwG im Wege einer richtlinienkonformen Auslegung so zu lesen, dass zumindest auch eine deutsche Adresse anzugeben ist.[655]

(d) Zwischenergebnis

Gem. § 122d Abs. 2 Nr. 4 UmwG ist ein Hinweis auf die Modalitäten für die Ausübung der Rechte der Gläubiger jeder an der grenzüberschreitenden Verschmelzung beteiligten Gesellschaften – also sowohl der inländischen als auch der ausländischen – bekannt zu machen. Ferner ist hierbei eine inländische Anschrift anzugeben, unter der vollständige Auskünfte über die Modalitäten kostenlos eingeholt werden können. Hiermit wurde vom Richtliniengeber ein stärkerer Gläubigerschutz bezweckt, indem die Gläubiger bereits mit der Bekanntmachung des Verschmelzungsplanes über ihre Rechte informiert werden. Eine Kenntnisnahme durch die Gläubiger ist hierdurch allerdings keinesfalls sichergestellt. Denn regelmäßig lesen die Gläubiger nicht die Bekanntmachungsblätter, aus der die bevorstehende Verschmelzung hervorgeht.[656] Häufig werden sie erst nach dem Wirksamwerden der Verschmelzung informiert. Denkbar wäre es insofern auch gewesen, eine Regelung entsprechend dem schwedischen Recht vorzunehmen, wonach jede Gesellschaft die ihr bekannten Gläubiger schriftlich von der beabsichtigten Verschmelzung zu verständigen hat.[657] Im Rahmen dessen hätte auch ein Hinweis auf die Modalitäten der Rechtsausübung erfolgen können. Vorteil einer solcher Lösung wäre einerseits gewesen, dass Gläubiger nicht – wie dies in der Praxis der Fall sein dürfte – erst nach der Verschmelzung und insbesondere nach Ablauf der Frist des § 122j UmwG von ihren Rechten erfahren, und andererseits, dass die Registergerichte geschont würden. Denn mit der Hinweispflicht des § 122d S. 2 Nr. 4 UmwG kommt auf diese ein erheblicher Arbeitsaufwand zu, von dem sich erst in der Zukunft zeigen wird, ob die Gerichte hierzu innerhalb eines zumutbaren Zeitrahmens überhaupt im Stande sind.[658]

654 Art. 6 Abs. 2 RiLi 2005/56/EG.
655 I. E. ebenso: KK-*Simon/Rubner*, § 122d Rn 14.
656 So die Kritik bei: KK-*Simon/Rubner*, § 122j Rn 10.
657 23. Kapitel § 19 Abs. 1 ABL.
658 Vgl. hierzu sogleich unter Zweiter Teil C. I. 1. d. ee.

ee. Frist

Die Einreichung muss gem. § 122d S. 1 UmwG spätestens einen Monat vor der Versammlung der Anteilsinhaber, die nach § 13 UmwG über die Zustimmung zum Verschmelzungsplan beschließen soll, erfolgen. Dies gilt gem. § 122d S. 1 UmwG sowohl für den Verschmelzungsplan bzw. dessen Entwurf als auch für die weiteren Angaben nach § 122d S. 2 Nr. 1–4 UmwG. Letzteres ergibt sich aus der Systematik des § 122d UmwG. Denn in § 122d S. 3 UmwG wird im Zusammenhang mit den weiteren Angaben wiederum auf die Einreichung des § 122d S. 1 UmwG Bezug genommen und zwingend vorgeschrieben, dass die weiteren Angaben bereits bei der Einreichung i. S. v. § 122d S. 1 UmwG mitgeteilt werden.

Indem nach § 122d UmwG für den Fristbeginn somit der Zeitpunkt der Einreichung maßgeblich ist, unterscheidet sich die Vorschrift von Art. 6 Abs. 1 RiLi, der für den Fristbeginn nicht auf den Zeitpunkt der Einreichung, sondern ausdrücklich den der Bekanntmachung abstellt.[659] § 122d S. 2 UmwG verlangt insofern lediglich, dass die in § 122d S. 2 Nr. 1–4 UmwG aufgeführten Angaben unverzüglich nach der Einreichung bekannt zu machen sind. Im Rahmen des Gesetzgebungsverfahrens wurde vom Bundesrat in der Stellungnahme zum Gesetzesentwurf darauf hingewiesen, dass die Regelung der Bekanntmachung zur sachgerechten Umsetzung der Richtlinie womöglich geändert werden müsse.[660] Zu Bedenken gegeben wurde insofern, dass Art. 3 der Richtlinie 68/151/EWG zwischen der Einreichung und der Bekanntmachung in Form der Veröffentlichung in einem Amtsblatt unterscheide.[661] Auch sei die Verweisung auf § 10 HGB ungenau, weil § 10 HGB lediglich die Bekanntmachung von Eintragungen in das Handelsregister regele, der Verweis sich aber von seinem Sinn und Zweck her auf die Bekanntmachungsform beziehe.[662] Demgegenüber hielt die Bundesregierung an der Regelung des Regierungsentwurfs mit der Begründung fest, dass Art. 6 der RiLi 2005/56/EG sich inhaltlich an Art. 6 RiLi 78/855/EWG angelehnt habe.[663] Dieser sei durch die für § 122d UmwG als Vorbild dienende Vorschrift des § 61 UmwG in das deutsche Recht umgesetzt worden, ohne jemals beanstandet worden zu sein.[664]

659 Art. 6 Abs. 1 RiLi 2005/56/EG: *„Der gemeinsame Verschmelzungsplan muss auf die im innerstaatlichen Recht eines Mitgliedstaats vorgesehene Art und Weise im Einklang mit Art. 3 der Richtlinie 68/151/EWG für jede der sich verschmelzenden Gesellschaften spätestens einen Monat vor der Gesellschafterversammlung, auf der darüber zu beschließen ist, bekannt gemacht werden".*

660 Stellungnahme des Bundesrates, BT-Drs. 16/2919, S. 22 (24).

661 Stellungnahme des Bundesrates, BT-Drs. 16/2919, S. 22 (24).

662 Stellungnahme des Bundesrates, BT-Drs. 16/2919, S. 22 (24).

663 Gegenäußerung der Bundesregierung, BT-Drs. 16/2919, S. 27.

664 Gegenäußerung der Bundesregierung, BT-Drs. 16/2919, S. 27.

Auch wenn Art. 6 RiLi 2005/56/EG sich inhaltlich an Art. 6 RiLi 78/855/EWG anlehnen mag, so unterscheiden sich beide Vorschriften doch maßgeblich. Denn Art. 6 RiLi 78/855/EWG verlangt innerhalb der Monatsfrist lediglich eine *Offenlegung* des Verschmelzungsplanes.[665] Art. 6 RiLi 2005/56/EG fordert hingegen ausdrücklich eine *Bekanntmachung* innerhalb der Monatsfrist. Beide Vorschriften verweisen im Übrigen für das hierbei anzuwendende Verfahren gleichermaßen auf Art. 3 RiLi 68/151/EWG. Dies stellt aber keine Ungenauigkeit dar, denn Art. 3 RiLi 68/151/EWG spricht sowohl von der *Offenlegung* als auch der *Bekanntmachung*. Für eine *Offenlegung* reicht es nach dem Richtliniengeber gem. Art. 3 Abs. 2 RiLi 68/151/EWG aus, wenn die entsprechenden Urkunden und Angaben in der Registerakte hinterlegt oder in das Register eingetragen sind.[666] Eine *Bekanntmachung* der vorgenannten Informationen setzt hingegen gemäß Art. 3 Abs. 4 RiLi68/151/EWG voraus, dass diese in einem von dem Mitgliedstaat zu bestimmenden Amtsblatt entweder in Form einer vollständigen oder auszugsweisen Wiedergabe oder in Form eines Hinweises auf die Hinterlegung des Dokuments in der Akte oder auf seine Eintragung in das Register veröffentlicht werden.[667] Dass der Richtliniengeber klar zwischen *Offenlegung* und *Bekanntmachung* trennt, ergibt sich in der Folge auch aus Art. 3 Abs. 5–7 RiLi 68/151/EWG, in denen teilweise auf die Offenlegung, teilweise auf die Bekanntmachung abgestellt wird. Insbesondere Art. 3 Abs. 6 RiLi 68/151/EWG ist insofern eindeutig, wonach verhindert werden soll, dass der Inhalt der Bekanntmachung von dem der Offenlegung abweicht. Im Ergebnis bedeutet dies, dass § 61 UmwG als Vorlage zur Umsetzung des Art. 6 RiLi 2005/56/EG nur bedingt geeignet war. § 122d UmwG verkürzt also durch die Anknüpfung an den Zeitpunkt der Einreichung unzulässigerweise die nach Art. 6 RiLi 2005/56/EG vorgeschriebene Monatsfrist und steht damit zu der Richtlinie in Widerspruch.[668]

Um den Vorgaben der Richtlinie gleichwohl gerecht zu werden, wird teilweise gefordert, dass die Bekanntmachung bei einer Einreichung am letzten Tag der

665 Art. 6 RiLi 78/855/EWG: *„Der Verschmelzungsplan ist mindestens einen Monat vor dem Tage der Hauptversammlung, die über den Verschmelzungsplan zu beschließen hat, für jede der sich verschmelzenden Gesellschaften nach den in den Rechtsvorschriften der einzelnen Mitgliedstaaten gemäß Artikel 3 der Richtlinie 68/151/EWG vorgesehenen Verfahren offenzulegen“.*

666 Art. 3 Abs. 2 RiLi 68/151/EWG: *„Alle Urkunden und Angaben, die nach Artikel 2 der Offenlegung unterliegen, sind in dieser Akte zu hinterlegen oder in das Register einzutragen ; der Gegenstand der Eintragungen in das Register muß in jedem Fall aus der Akte ersichtlich sein“.*

667 Art. 3 Abs. 4 RiLi 68/151/EWG: *„Die in Absatz 2 bezeichneten Urkunden und Angaben sind in einem von dem Mitgliedstaat zu bestimmenden Amtsblatt entweder in Form einer vollständigen oder auszugsweisen Wiedergabe oder in Form eines Hinweises auf die Hinterlegung des Dokuments in der Akte oder auf seine Eintragung in das Register bekanntzumachen“.*

668 Im Ergebnis ebenso: *Louven* in ZIP 2006, S. 2021 (2025); *Brocker* in BB 2010, S. 971 (973); *Pfeiffer/Heilmeier* in GmbHR 2009, S. 1317 (1318).

Monatsfrist noch am selben Tag zu erfolgen habe.[669] Denkbar wäre es, ein derartiges Ergebnis über § 122d S. 2 UmwG zu begründen.[670] Danach hat das Gericht die Angaben „unverzüglich" bekannt zu machen. Die Pflicht zur unverzüglichen Bekanntmachung hat weder in der RiLi 2005/56/EG noch in § 61 UmwG eine Entsprechung. Gleichwohl stellt diese Verpflichtung keineswegs eine Neuerung oder gar Besonderheit dar, denn gem. § 25 Abs. 1 HRV[671] gilt allgemein, dass über die Eintragung unverzüglich nach Eingang der Anmeldung bei Gericht zu entscheiden ist. In Bezug auf diese Vorschrift wird betont, dass eine unverzügliche Veröffentlichung insbesondere dann von besonderer Wichtigkeit sei, wenn die Wirksamkeit der Eintragung gegenüber Dritten von der Bekanntmachung abhänge.[672] Angeführt wird in diesem Zusammenhang vor allem § 25 Abs. 2 HGB.[673] Die hierzu ergangene Rechtsprechung[674] behandelt allerdings nicht die Unverzüglichkeit der Bekanntmachung, sondern die der Anmeldung[675], so dass sie zur Bestimmung der Unverzüglichkeit nicht taugt. Somit ist mangels speziellerer Regelung auf § 121 Abs. 1 S. 1 BGB abzustellen,[676] der den Begriff der Unverzüglichkeit grundsätzlich für das gesamte Privatrecht legaldefiniert[677]. Demnach besteht eine den Umständen des Einzelfalles angepasste Prüfungs- und Überlegungsfrist, ohne dass es hierbei zu einem *schuldhaften Zögern* des Registergerichts kommen darf.[678] Für Schäden, die durch pflichtwidrige Verzögerungen entstehen, kann das betreffende Bundesland ersatzpflichtig sein.[679] Legt man § 122d S. 2 UmwG dieses Verständnis zugrunde,

---

669 Maulbetsch/Klumpp/Rose-*Becker*, § 122d Rn 4.

670 Widmann/Mayer-*Mayer*, § 122d UmwG Rn 34 bejaht etwa ein derartiges Verständnis der Unverzüglichkeit.

671 Verordnung über die Einrichtung und Führung des Handelsregisters idF vom 17.12.2008, gültig ab dem 01.01.2009.

672 *Drischler*, § 32 Nr. 3.

673 *Drischler*, § 32 Nr. 3.

674 Vgl. etwa: OLG Hamburg, Urt. v. 20.05.1954, AZ: 3 U 52/54, NJW 1954, 1568 f.; OLG Frankfurt, Urt. v. 01.07.1977, AZ: 20 W 231/77, MDR 1978, 57.

675 Für die Wirksamkeit des Haftungsausschlusses nach § 25 Abs. 2 HGB genügt es, dass dieser unverzüglich nach der Geschäftsübernahme angemeldet wird, während die Eintragung und Bekanntmachung in angemessener Zeit nachfolgen können, vgl.: Staub-*Hüffer*, § 10 Rn 9; MünchKomm-Krafka, HGB, Band 1, § 10 Rn 13a mwN auf die Rechtsprechung.

676 Ebenso: Lutter-*Bayer*, § 122d Rn 8.

677 Palandt-*Ellenberger*, § 121 Rn 3.

678 Palandt-*Ellenberger*, § 121 Rn 3; dem folgend: BGH, Beschluss v. 15.03.2005, AZ: VI ZB 74/04, NJW 2005, 1869 für § 406 Abs. 2 ZPO.

679 Staub-*Hüffer*, § 10 Rn 9.

so dürfte dem Registergericht eine Prüfungsfrist[680] von sieben Tagen ohne Weiteres zuzubilligen sein.[681]

Fraglich ist gleichwohl, ob sich aus § 122d S. 2 UmwG die Verpflichtung zu einer derart kurzfristigen Bekanntmachung ergibt. Denkbar wäre es, dass der Begriff der „*Unverzüglichkeit*“ des § 122d S. 2 UmwG entgegen dem gängigen Verständnis richtlinienkonform etwa derart auszulegen ist, dass Bekanntmachungen noch am selben, spätestens aber am darauffolgenden Tag zu erfolgen haben.[682] Ergebnis dessen wäre, dass § 122d UmwG trotz seines von der Richtlinie abweichenden Wortlautes mit dieser in Einklang zu bringen wäre, was zunächst für eine derartige Auslegung spricht. Auch würde sich eine solche Auslegung in den Grenzen einer richtlinienkonformen Auslegung halten, da der Begriff der Unverzüglichkeit seinem Wortgehalt nach ein derartiges Verständnis zuließe.

Bedenken hinsichtlich der Tauglichkeit einer solchen Praxis bestehen aber vor allem deswegen, weil das Gericht in der Bekanntmachung – zumindest nach den Vorgaben des Richtliniengebers – auch Angaben zu den Modalitäten für die Ausübung der Rechte der Gläubiger jeder der beteiligten Gesellschaften – also auch der ausländischen – zu machen hat.[683] Hierzu ist das Gericht auf Kenntnisse des anzuwendenden ausländischen Rechts angewiesen, um überprüfen zu können, was im Einzelnen bekannt gemacht werden muss.[684] Da hiermit ausnahmslos nicht unerhebliche Schwierigkeiten einhergehen dürften, ist die Bekanntmachung jedenfalls vom Richter zu bearbeiten.[685] Allerdings dürfte von diesem eine Bearbeitung in der weit überwiegenden Zahl der Fälle kaum an einem Tag vorgenommen werden können, da nicht davon ausgegangen werden kann, dass er

---

680 Zu der Frage, ob dem Registergericht auch ein Prüfungsrecht und eine Prüfungspflicht in materieller Hinsicht zukommen, vgl. oben unter: Erster Teil F. II.

681 Eine derartige Frist ist insbesondere vor dem Hintergrund angemessen und sogar erforderlich, da es in Betracht kommt, dass sich das Gericht für die Prüfung der „*Modalitäten der Ausübung*“ betreffend an der Verschmelzung beteiligte ausländische Rechtsträger der Hilfe Dritter bedient.

682 Eine derartige Auslegung befürwortet etwa: Maulbetsch/Klumpp/Rose-*Becker*, § 122d Rn 3.

683 Vgl. Art. 6 Abs. 2 lit. c RiLi 2005/56/EG.

684 Vgl. insofern bereits der Hinweis in der Stellungnahme des Bundesrates zum RegE, BT-Drs. 16/2919, S. 22 (24).

685 Vgl. Art. 25 Abs. 1 HRV §§ 5 Abs. 1 Nr. 2, 17Nr. 1 lit. c RPflG. Nach Dallmeyer/Eickmann-*Dallmeyer*, § 17 Rn 33 ist der Richter bereits funktional für alle Eintragungen, die die Umwandlung von GmbH's betreffen, zuständig. Im Übrigen wird zwar gem. § 5 Abs. 1 Nr. 2 RPflG für die Frage, ob eine rechtliche Schwierigkeit und damit eine Vorlagepflicht des Rechtspflegers an den Richter besteht, auf den subjektiven Stand des Rechtspflegers abgestellt. Die Angabe der Modalitäten für die Ausübung der Rechte der Gläubiger im Falle einer grenzüberschreitenden Gesellschaft dürfte aber einen derartigen Schwierigkeitsgrad aufweisen, dass eine solche stets zu bejahen ist; anders Stellungnahme des Bundesrates, BT-Drs. 16/2919, S. 22 (24), der von einer Zuständigkeit des Rechtspflegers ausgeht.

mit allen in Betracht kommenden ausländischen Rechtsordnungen vertraut ist. Eine Bekanntmachung am selben bzw. folgenden Tag würde somit zwangsläufig dazu führen, dass das Gericht die Tauglichkeit der Angaben zu der Ausübung der Rechte der Gläubiger und Minderheitsgesellschafter nicht adäquat prüfen könnte. Dies würde letztlich auch zu einer Verkürzung des Gläubigerschutzes führen. Denn nach dem bereits Ausgeführten stellen eine wichtige Säule des Gläubigerschutzes im Bereich des Gesellschaftsrechts die Registerpublizität und die hiermit einhergehenden Prüfungsrechte bzw. -pflichten des Registergerichts dar. Für den hier zu untersuchenden Fall bedeutet dies, dass das Registergericht zum Schutz der Gläubiger zunächst zu prüfen hat, ob die von den beteiligten Gesellschaften eingereichten Informationen überhaupt ausreichende Hinweise auf die Modalitäten für die Ausübung der Gläubigerrechte darstellen. Weiterhin hätte das Registergericht zu prüfen, ob eine inländische Anschrift angegeben ist, an der sich Informationen zu den Rechten der Gläubiger aller beteiligten Gesellschaften finden.

Die vom Richtliniengeber geforderte Monatsfrist dient hingegen allgemein dem Schutz der Anteilsinhaber und damit auch der Minderheitsgesellschafter, die möglichst frühzeitig über die grenzüberschreitende Verschmelzung informiert und insbesondere von ihren Rechten in Kenntnis gesetzt werden sollen. Vor diesem Hintergrund erscheint es unvertretbar, zum Zwecke der Wahrung des vom Richtliniengeber geforderten Informationszeitpunktes für die Anteilsinhaber auf die Sicherstellung des Informationsgehalts für sie sowie die hier im Fokus stehenden Gläubiger zu verzichten. Dadurch wäre für beide zu schützenden Personengruppen im Ergebnis nichts gewonnen, so dass eine derartige „richtlinienkonforme“ Auslegung abzulehnen ist. Mangels richtlinienkonformer Auslegungsmöglichkeit ist § 122 d UmwG folglich so zu modifizieren, dass die Monatsfrist des § 122 d S. 1 UmwG erst ab dem Zeitpunkt der Bekanntmachung zu laufen beginnt.

ff. Verzicht

Im Unterschied zu § 61 UmwG können die Anteilsinhaber auf die Bekanntmachung nach § 122 d UmwG nicht verzichten. Denn die Bekanntmachung und damit die Registerpublizität dienen jedenfalls hier *auch* dem Schutz der Gläubiger und Minderheitsgesellschafter, über deren Interessen die Mehrheit der Anteilsinhaber nicht disponieren können soll.[686]

---

686 Erwägungsgrund (5), RiLi 2005/56/EG; *Müller* in NZG 2006, S. 286 (288); dem folgend: Semler/Stengel-*Drinhausen*, § 122d Rn 11; *Kleinhenz*, S. 270; Lutter-*Grunewald*, § 122d Rn 1; Widmann/Mayer-*Mayer*, § 122d UmwG Rn 4; KK-*Simon/Rubner*, § 122d Rn 1, 3.

Fraglich ist allerdings, ob die Anteilsinhaber isoliert auf die Monatsfrist des § 122d S. 1 UmwG verzichten können. Hiergegen könnte sprechen, dass § 122d UmwG im Unterschied zu § 61 UmwG allgemein neben den Anteilsinhabern auch die Gläubiger schützt. Dies wäre jedoch unschädlich, wenn zwar die Bekanntmachung des § 122d UmwG, nicht aber die Monatsfrist die Gläubiger schützen würde. Für eine derartige Annahme könnte plädieren, dass die Monatsfrist des § 122d UmwG als Berechnungszeitpunkt auf den Verschmelzungsbeschluss[687] abstellt. Denn Letzterer dient ausschließlich dem Schutz der Anteilsinhaber, nicht aber der Gläubiger.[688] Dies lässt den Schluss zu, dass die Monatsfrist ausschließlich den Anteilsinhabern zur Vorbereitung auf den Verschmelzungsbeschluss dient.[689] Hierfür spricht auch, dass gem. § 122g S. 2 UmwG ein Verschmelzungsbeschluss ohne Zustimmung der betroffenen Gläubiger entbehrlich ist, wenn sich alle Anteile einer übertragenden Verschmelzung in der Hand der übernehmenden Gesellschaft befinden. Entfällt ein Verschmelzungsbeschluss, kann denklogisch auch die Monatsfrist des § 122d UmwG nicht respektiert werden. Was allerdings Gläubigerschutzaspekte anbetrifft, macht es keinen Unterschied, wenn sich die Anteile des Schuldners ausschließlich in der Hand der übernehmenden Gesellschaft befinden. Insbesondere bemisst sich der Anspruch der Gläubiger auf Sicherheitsleistung eigens nach der Zweimonatsfrist des § 122j Abs. 1 S. 2 UmwG und zudem auch nicht nach der Einreichung, sondern vielmehr nach der tatsächlichen Bekanntmachung des Verschmelzungsplans. Die Bekanntmachung nach § 122d UmwG versetzt die Gläubiger in die Lage, sich über ihre veränderte Rechtsposition und die hiermit einhergehenden Rechte zu informieren. Auch ist nicht zu befürchten, dass diese Frist durch einen Verzicht auf § 122d UmwG unterlaufen werden könnte, da gem. § 122k Abs. 1 S. 3 UmwG sichergestellt wird, dass die Verschmelzung erst vollzogen wird, wenn allen Gläubigern, die Anspruch auf eine Sicherheitsleistung haben, eine solche ordnungsgemäß geleistet wurde.[690]

Im Ergebnis kann der Monatsfrist des § 122d UmwG keine Gläubigerschutzfunktion zugeschrieben werden. Ein isolierter Verzicht durch die Anteilsinhaber ist somit möglich.

---

687 Für den Verschmelzungsbeschluss gelten ausgenommen von der Spezialvorschrift des § 122g UmwG über § 122a Abs. 2 UmwG die allgemeinen Regelungen.

688 Vgl. hierzu oben unter B. I. 4.

689 Ähnlich: Lutter-*Grunewald*, § 122 d Rn 18.

690 Demnach haben die Mitglieder der Vertretungsorgane eine Versicherung abzugeben, dass allen Gläubigern, die nach § 122j UmwG einen Anspruch auf Sicherheitsleistung haben, eine angemessene Sicherheit geleistet wurde; die Abgabe einer falschen Versicherung ist gem. § 314a UmwG strafbewehrt.

e. Zwischenergebnis

Anders als bei der innerstaatlichen Verschmelzung kommt dem Verschmelzungsplan bzw. dessen Bekanntmachung nach § 122d UmwG teilweise eine gläubigerschützende Funktion zu. So erfüllen die auf französisches Vorbild zurückgehenden Regelungen der § 122c Abs. 2 Nr. 11 und Nr. 12 UmwG zumindest mittelbar Gläubigerschutzfunktionen. Überdies werden bei der nachfolgenden Bekanntmachung des Verschmelzungsplans auch wichtige Informationen für Gläubiger veröffentlicht. So sind insbesondere gemäß § 122d Abs. 2 Nr. 4 UmwG ein Hinweis auf die Modalitäten für die Ausübung der Rechte der Gläubiger und der Minderheitsgesellschafter jeder der an der grenzüberschreitenden Verschmelzung beteiligten Gesellschaften sowie die Anschrift, unter der vollständige Auskünfte über diese Modalitäten kostenlos eingeholt werden können, bekannt zu machen.

Die Einreichung des Verschmelzungsplanes bzw. seines Entwurfes muss gem. § 122d S. 1 UmwG spätestens einen Monat vor der Versammlung der Anteilsinhaber, die nach § 13 UmwG über die Zustimmung zum Verschmelzungsplan beschließen soll, erfolgen. Dass der Gesetzgeber für den Beginn dieser Monatsfrist auf den Zeitpunkt der Einreichung und nicht der Bekanntmachung abstellt, steht im Widerspruch zur Richtlinie und bedarf der Änderung. Unabhängig hiervon kommt der Monatsfrist des § 122 d UmwG allerdings keine Gläubigerschutzfunktion zu, so dass ein isolierter Verzicht auf sie durch die Anteilsinhaber möglich ist.

2. Verschmelzungsbericht, § 122e UmwG

Der Verschmelzungsbericht hat gem. § 122e S. 1 UmwG in Abweichung von § 8 UmwG auch die Auswirkungen der Verschmelzung auf die Gläubiger und die Arbeitnehmer der an der Verschmelzung beteiligten Gesellschaften zu erläutern. Er ist überdies neben den Gesellschaftern gem. § 122e S. 2 UmwG auch dem zuständigen Betriebsrat oder, falls ein solcher fehlen sollte, den Arbeitnehmern zugänglich zu machen.[691] Nicht vorgesehen ist hingegen, dass der Verschmelzungsbericht den Gläubigern zugänglich gemacht wird.

Ihrem Wortlaut nach dient die Vorschrift somit nicht der Information der Gläubiger. Denn der Verschmelzungsbericht wird nicht veröffentlicht. Ohne dass den Gläubigern die Erläuterungen zu den Auswirkungen auf ihre Rechtsposition zugänglich gemacht werden, kann der Verschmelzungsbericht schwerlich ihren Schutz bewirken. Vielmehr ließe sich der Umkehrschluss ziehen, dass der Verordnungsgeber trotz der Information über die Auswirkungen auf die Gruppe der Gläubiger nicht

691 Damit dient die Vorschrift anders als § 8 UmwG auch dem Schutz der Arbeitnehmer.

deren Schutz bezweckt. Denn würde der Verordnungsgeber mit dem Verschmelzungsbericht auch Gläubigerschutzanliegen verfolgen, würde er dieser Gruppe den Bericht zugänglich machen. Ein derartiges Ergebnis wäre durchaus denkbar, denn die Information über die mit der Verschmelzung einhergehenden Gläubigerrechte ist auch zumindest mittelbar auch für die Gesellschafter von Interesse, da sich die Ausübung von Sicherheitsrechten durch die Gläubiger auf die Vermögenslage der Gesellschaft und damit auch auf die Stellung ihrer Anteilsinhaber auswirkt.[692] Dass dieser Ausschluss sogar intendiert war, ergibt sich aus der Systematik des Gesetzes. Denn indem der Richtliniengeber in Art. 7 Abs. 1 RiLi 2005/56/EG ausdrücklich eine Erläuterung der Auswirkungen der Verschmelzung auf Gesellschafter, Gläubiger und Arbeitnehmer anordnet, er sodann aber in Abs. 2 die Gläubiger bei der Benennung der Zugänglichmachung dieses Berichts ausspart, schließt er diese systematisch von dem Inhalt des Verschmelzungsberichts aus. Die Vorschrift dient somit nicht der Information und damit auch nicht dem Schutz der Gläubiger.[693]

3. Verschmelzungsprüfung, § 122f UmwG

Gem. Art. 8 der RiLi 2005/56/EG, der durch § 122f UmwG in das deutsche Recht umgesetzt wurde, ist der Verschmelzungsplan bzw. sein Entwurf ebenso wie bei der nationalen Verschmelzung durch unabhängige Sachverständige zu prüfen und über das Ergebnis der Prüfung zu berichten. Hierbei finden im Wesentlichen die Vorschriften der §§ 9 bis 12 UmwG Anwendung. Anders als bei der nationalen Verschmelzung ist die Prüfung allerdings unabhängig von der Rechtsform der beteiligten Gesellschaften durchzuführen. Damit findet der bei nationalen Verschmelzungen unter Beteiligung einer GmbH geltende § 48 UmwG, nach dem eine Verschmelzungsprüfung nur auf Verlangen der Gesellschafter erfolgt, gem. § 122f UmwG keine Anwendung. Es bleibt aber dabei, dass die Verschmelzungsprüfung auch bei der grenzüberschreitenden Verschmelzung ausschließlich dem Schutz der Anteilsinhaber der beteiligten Rechtsträger dient, die sich im Vorfeld der Verschmelzung ein Bild davon machen können sollen, ob die Verschmelzung wirtschaftlich zweckmäßig ist und den gesetzlichen Anforderungen entspricht.[694] Konsequenterweise ist die Durchführung der Verschmelzungsprüfung ebenso wie die Erstellung des Sachverständigenberichts nach Vorgabe des Art. 8 Abs. 4 RiLi

692 Vgl. hierzu KK-*Simon/Rubner*, § 122e Rn 8; Lutter-*Grunewald*, § 122e Rn 8.

693 Ebenso: *Vetter* in AG 2006, S. 613 (620); KK-*Simon/Rubner*, § 122e Rn 4.

694 KK-*Simon/Rubner*, § 122f Rn 3; Lutter-*Bayer*, § 122f Rn 1; Maulbetsch/Klumpp/Rose-*Becker*, § 122f Rn 10.

2005/56/EG nicht erforderlich, wenn alle Gesellschafter aller sich verschmelzenden Gesellschaften darauf verzichten.[695]

4. Zustimmungsbeschluss, § 122g UmwG

Auch die Zustimmung der an der grenzüberschreitenden Verschmelzung beteiligten deutschen Gesellschaften richtet sich im Wesentlichen nach den Vorschriften, die für die innerstaatliche Verschmelzung gelten, also § 13 UmwG sowie den rechtsformspezifischen Spezialvorschriften.[696] Lediglich in zweierlei Hinsicht sieht § 122g UmwG für den Fall der grenzüberschreitenden Verschmelzung Besonderheiten vor. Gemäß § 122g Abs. 1 UmwG können die Anteilsinhaber ihre Zustimmung davon abhängig machen, dass die Art und Weise der Mitbestimmung der Arbeitnehmer der übernehmenden oder neuen Gesellschaft ausdrücklich von ihnen bestätigt wird. § 122g Abs. 2 UmwG sieht zudem eine Sondervorschrift für den Bereich des upstream-mergers vor, der Art. 15 Abs. 1, 2. Spiegelstrich RiLi 2005/56/EG umsetzt. Demnach ist ein Verschmelzungsbeschluss entbehrlich, wenn es sich um einen upstream-merger einer 100%igen Tochter auf die Mutter handelt. Gläubigerschutzinteressen dienen diese Regelungen offensichtlich nicht.

5. Sicherheitsleistung, § 122j UmwG

Unterliegt die Zielgesellschaft nicht dem deutschen Recht, ist den Gläubigern der übertragenden deutschen Gesellschaft unter bestimmten Voraussetzungen Sicherheit zu leisten, soweit sie nicht Befriedigung verlangen können.

a. Vorfragen

Damit hat der deutsche Gesetzgeber für den Fall der Herausverschmelzung eine Spezialvorschrift zum Gläubigerschutz geschaffen obwohl die RiLi 2005/56/EG insofern keine Vorgaben machte. Insbesondere existierte mit § 22 UmwG bereits eine vergleichbare Regelung für innerstaatliche Umwandlungen, die über § 122a

695 *Bayer/Schmitt* in NZG 2006, S. 841 (842); *Drinhausen/Keinath* in RIW 2006, S: 81 (83); *Kiem* in WM 2006, S. 1091 (1097); *Krause/Kulpa* in ZHR 171 (2007), S. 38 (64);

696 Für die Verschmelzung unter Beteiligung einer GmbH sind dies die §§ 49 ff. GmbHG; demnach bedarf der Zustimmungsbeschluss gem. §§ 122a Abs. 2, 50 Abs. 1 UmwG einer Mehrheit von mindestens ¾ der abgegebenen Stimmen.

Abs. 2 UmwG auch für die grenzüberschreitende Verschmelzung zur Anwendung berufen wäre.

aa. Regelungskompetenz

Der Anspruch auf Sicherheitsleistung wurde in der Verschmelzungsrichtlinie nicht im Besonderen geregelt. Vielmehr unterstellte der Richtliniengeber in Art. 4 Abs. 1 lit. b, Abs. 2 S. 1 RiLi 2005/56/EG Gläubigerschutzbelange – soweit die Richtlinie nichts anderes bestimmt – insgesamt dem innerstaatlichen Recht, welches jeweils für die an der grenzüberschreitenden Verschmelzung beteiligten Gesellschaften gilt, wobei der grenzüberschreitende Charakter der Verschmelzung zu berücksichtigen ist.[697] Art. 4 Abs. 2 S. 1 RiLi 2005/56/EG stellt damit eine Parallelregelung zu Art. 24 Abs. 1 SE-VO[698] dar. Ebenso wie bereits zu Art. 24 Abs. 1 SE-VO ist umstritten, ob sich aus dieser Regelung die Ermächtigung zur Schaffung bzw. Anpassung nationaler Vorschriften zum Gläubigerschutz ergibt.[699]

Sowohl die Befürworter als auch die Gegner einer derartigen Regelungskompetenz sehen sich in ihrer Auffassung durch den Wortlaut des Art. 4 Abs. 2 S. 1 RiLi 2005/56/EG bzw. der wortgleichen Parallelvorschrift des Art. 24 SE-VO

---

697 Art. 4 Abs. 2 RiLi 2005/56/EG: *„Zu den in Abs. 1 Buchstabe b genannten Vorschriften zählen insbesondere Bestimmungen über das die Verschmelzung betreffende Beschlussfassungsverfahren und – angesichts des grenzüberschreitenden Charakters der Verschmelzung – über den Schutz der Gläubiger der sich verschmelzenden Gesellschaften [...].“* Die deutsche Textversion ist allerdings ungenau. Entsprechend den maßgeblichen englischen („*taking into account*“) und französischen („*compte tenu*“) Textversionen müsste es „unter Berücksichtigung“ statt „angesichts“ heißen; eben diese Formulierung wurde auch bereits für die deutsche Textversion des Art. 24 Abs. 1 SE-VO gewählt, dessen englische und französische Fassungen an der betreffenden Stelle wortgleich sind.

698 Verordnung (EG) Nr. 2157/2001 des Rates vom 8. Oktober 2001 über das Statut der Europäischen Gesellschaft (SE), zuletzt geändert am 20.11.2006, ABl Nr. L 294 v. 10.11.2001, S. 1 ff.

699 Eine solche für die SE befürwortend: BegrRegE, BT-Drs. 15/3405, S. 33 f.; *Neye/Teichmann* in AG 2003, S. 169 (175); MünchKomm-*Schäfer*, AktG, Band 9/2, Art. 24 SE-VO Rn 4. Ablehnend hingegen: *Ihrig/Wagner* in BB 2003, S. 969 (973); *Scheifele*, S. 226 ff.; *Schindler* in ecolex 2003, S. 1 (7); J. Schmidt, S. 213 f.; unentschieden: Manz/Mayer/Schröder-*Schröder*, Art. 24 SE-VO Rn 34; Lutter/Hummelhoff-*Bayer*, SE-VO, Art. 24 SE-VO (§§ 6–8, 13 SEAG); die Richtlinienkonformität des § 122j UmwG befürwortend: *Müller* in ZIP 2007, S. 1081 (1087); *derselbe* in NZG 2006, S. 286 (289); *Passarge/Stark* in GmbHR 2007, S. 803 (804 f.); KK-*Simon/Rubner*, § 122j Rn 17 f.; die Richtlinienkonformität des § 122j UmwG ablehnend: So bereits der Einwand der FDP-Fraktion im Rechtsausschuss zu § 122j UmwG, BT-Drs. 16/4193, S. 4 f.; ebenso: *Bayer/Schmidt* in NJW 2006, S. 401 (405); *Haritz/v. Wolff* in Der Konzern 2006, S. 2006, S. 340 (343); Kleinhenz, S. 298; *Louven* in ZIP 2006, S. 2021 (2028); *Grunewald* in Der Konzern 2007, S. 106 (107); Widmann/Mayer-*Vossius*, § 122j UmwG Rn 7 ff.; *Drinhausen/Keinath* in BB 2006, S. 725 (732); Maulbetsch/Klumpp/Rose-*Becker*, § 122j Rn 8; *Klein* in RNotZ 2007, S. 565 (602 f.).

bestätigt. So wird teilweise angeführt, aus Art. 4 Abs. 2 S. 1 RiLi 2005/56/EG ergebe sich recht eindeutig, dass eine Anpassung der nationalen Schutzvorschriften im Hinblick auf den grenzüberschreitenden Charakter der Verschmelzung zulässig sei.[700] Ebenso klar wollen die Gegner einer derartigen Ermächtigung das Gegenteil aus derselben Vorschrift herauslesen.[701] Betrachtet man den Wortlaut des Art. 4 Abs. 2 S. 1 der Richtlinie unvoreingenommen, lässt sich eine derartige Evidenz weder für die eine noch die andere Lesart finden. Zwar verweist die Vorschrift zunächst darauf, dass die geltenden innerstaatlichen Regelungen Anwendung finden. Jedoch wird deren Anwendung durch den Zusatz – „unter Berücksichtigung des grenzüberschreitenden Charakters der Verschmelzung" – jedenfalls erweitert. Damit ist es denkbar, dass hierdurch Anpassungen bestehender nationaler Regelungen für den Fall einer grenzüberschreitenden Verschmelzung zugelassen werden.[702] Andererseits könnte es sich bei dem Zusatz lediglich um einen Hinweis auf die ohnehin bestehenden Auslegungsmaximen handeln.[703]

Auch die Systematik der Verordnung vermuten beide Meinungen auf ihrer Seite. So schließen die Gegner einer Regelungskompetenz des deutschen Gesetzgebers aus Art. 4 Abs. 2 S. 2 RiLi auf einen systematischen Ausschluss einer derartigen Kompetenz.[704] Demgegenüber stützen sich die Befürworter auf den Erwägungsgrund 3 der Richtlinie. Diesem sei eindeutig zu entnehmen, dass der Verordnungsgeber von einem Erlass derartiger nationaler Sondervorschriften ausgegangen sei.[705] Betrachtet man den Ermächtigungsgrund 3, so ist diesem lediglich zu entnehmen, dass für die beteiligten Gesellschaften grundsätzlich die nationalen Vorschriften für innerstaatliche Verschmelzungen gelten, sofern die Richtlinie nichts anderes vorsieht. Freilich lässt dies den Schluss zu, dass es auch nationale Sondervorschriften gibt.[706] Ob derartige Regelungen für den Bereich des Gläubigerschutzes zugelassen sind, bleibt hingegen ungeklärt.[707] Insbesondere ist ein derartiger Schluss unter Berücksichtigung des Art. 4 Abs. 2 S. 2 RiLi 2005/56/EG keineswegs denklogisch, da dort für den Schutz der Minderheitsge-

700 In diesem Sinne etwa: *Müller* in ZIP 2007, S. 1081 (1087); im Ergebnis ebenso: BegrRegE, BT-Drs. 16/2919, S. 17.

701 Für Art. 24 Abs. 1 SE-VO: *Ihrig/Wagner* in BB 2003, S. 969 (973); *Scheifele*, S. 226 ff.

702 *Müller* in NZG 2006, S. 286 (289); *derselbe* in ZIP 2007, S. 1081 (1087); *Passarge/Stark* in GmbHR 2007, S. 801 (805); *Kallmeyer/Kappes* in AG 2006, S. 224 (233).

703 In diesem Sinne für die SE-VO: *Scheifele*, S. 226 ff.; *Ihrig/Wagner* in BB 2003, 969 (973); *Schwarz*, SE-VO, Art. 24 Rn 11; zur RiLi: *Bayer/Schmidt* in NJW 2006, S. 401 (405).

704 *Bayer/Schmidt* in NJW 2006, S. 401 (405); *Drinhausen/Keinath* in BB 2006, S. 725 (732); *Haritz/v. Wolff* in GmbHR 2006, S. 340 (343); Widmann/Mayer-*Vossius*, § 122j Rn 7 ff.

705 *Passarge/Stark* in GmbHR 2007, S. 801 (805).

706 *Passarge/Stark* in GmbHR 2007, S. 803 (805).

707 Anders der Schluss wohl bei: *Passarge/Stark* in GmbHR 2007, S. 803 (805).

sellschafter – im Unterschied zum hier untersuchten Sektor des Gläubigerschutzes – nationale Sondervorschriften ausdrücklich zugelassen wurden.

In der Tat könnte sich damit aus Art. 4 Abs. 2 S. 2 RiLi 2005/56/EG ein systematischer Ausschluss einer Regelungskompetenz im Wege eines Umkehrschlusses ergeben. Denn diese Vorschrift beinhaltet ausdrücklich eine Ermächtigung zum Erlass von Sondervorschriften zum Schutz von Minderheitsgesellschaftern, die in Art. 4 Abs. 2 S. 1 RiLi 2005/56/EG noch unerwähnt bleiben.[708] Betrachtet man die Dokumente zum Richtlinienerlass, so wurde die Einführung des Art. 4 Abs. 2 S. 2 RiLi 2005/56/EG damit begründet, dass den Mitgliedsstaaten ausdrücklich ermöglicht werden sollte, neue Vorschriften zum Schutz von Minderheitsgesellschaftern, die die grenzüberschreitende Verschmelzung abgelehnt haben, einzuführen.[709] Mit anderen Worten sollten die Mitgliedstaaten also berechtigt sein, die grenzüberschreitende Verschmelzung ablehnende Minderheitsgesellschafter durch die Einführung von Sondervorschriften zu schützen, auch wenn dies für innerstaatliche Verschmelzungen nicht vorgesehen ist. Derartige Sondervorschriften wären folglich im Umkehrschluss für die in Art. 4 Abs. 2 S. 1 RiLi genannten Gruppen ausgeschlossen. Nicht erfasst sind von einem solchen Umkehrschluss Regelungen, die bestehende – für eine nationale Verschmelzung konzipierte – Vorschriften für den Fall einer grenzüberschreitenden Verschmelzung lediglich anpassen. Denn bei einer derartigen Modifikation wird kein gänzlich neuer Schutz für grenzüberschreitende Fälle kreiert, sondern lediglich ein bestehender Schutz betreffend nationale Verschmelzungen für grenzüberschreitende Fälle gangbar gemacht. Dem Zusatz des Art. 4 Abs. 2 S. 1 RiLi kann ein derartiger Inhalt nun gerade entnommen werden.[710] Bei Zugrundelegung dieses Sinngehalts würde der vorbeschriebene Umkehrschluss damit nicht eingreifen. Insbesondere ergibt sich bei einer dementsprechenden Lesart des Art. 4 Abs. 2 S. 1 RiLi auch eine stimmige Systematik des Art. 4 RiLi. Während nach Art. 4 Abs. 1 RiLi grundsätzlich die innerstaatlichen Regeln ohne Abweichungen oder Anpassungen Anwendung finden, können für die Fälle des Art. 4 Abs. 2 S. 1 RiLi Anpassungen bestehender Vorschriften vorgenommen werden, um bestehende Gesetzeszwecke auch für grenzüberschreitende Fälle tauglich verfolgen zu können. Ausnahmsweise soll es sodann für die Fälle des Art. 4 Abs. 2 S. 2 RiLi sogar möglich sein, neue Schutzvorschriften für die bei einer grenzüberschreitenden Verschmelzung in besonderem Maße betroffenen Minderheitsgesellschafter zu schaffen. Auch füllt eine

708 So der Umkehrschluss ausdrücklich bei: *Haritz/v. Wolff* in GmbHR 2006, S. 340 (343).

709 Bericht des Rechtsausschusses über den Vorschlag für eine Richtlinie des Europäischen Parlaments und des Rates über die Verschmelzung von Kapitalgesellschaften aus verschiedenen Mitgliedstaaten, Entwurf einer legislativen Entschließung des Europäischen Parlaments, S. 18.

710 Ebenso: *Müller* in ZIP 2007, S. 1081 (1087).

solche Lesart den Zusatz des Art. 4 Abs. 1 S. 1 RiLi mit Leben. Andernfalls wäre die Vorschrift lediglich deklaratorischer Natur. Fraglich wäre insofern insbesondere, warum sich der klarstellende Hinweis erst in Art. 4 Abs. 2 S. 1 RiLi findet und nicht bereits in Abs. 1, da eine Anpassung der Auslegung der bestehenden nationalen Vorschriften im Hinblick auf die grenzüberschreitenden Fälle für alle Normen gleichermaßen erforderlich ist.

Unter Berücksichtigung der vorgenannten Gründe ist eine Differenzierung derart vorzunehmen, dass sich in Art. 4 Abs. 2 S. 1 RiLi eine Ermächtigung der mitgliedstaatlichen Gesetzgeber zum Erlass von Anpassungen bestehender nationaler Vorschriften findet, nicht aber zum Erlass neuer Sondervorschriften. Wie der nationale Gesetzgeber dieses Recht, Anpassungen vorzunehmen, in concreto umsetzt, ist aufgrund des Verweises in das innerstaatliche Recht ihm überlassen.[711] Freilich dürfen die Anpassungen keine Beschränkungen der Niederlassungsfreiheit oder des freien Kapitalverkehrs einführen, es sei denn, diese sind im Einklang mit der Rechtsprechung des Europäischen Gerichtshofs und insbesondere durch Erfordernisse des Gemeinwohls gerechtfertigt und zur Erfüllung eines vorrangigen Erfordernisses notwendig und angemessen.[712]

bb. Regelungsbedürftigkeit

Fraglich ist ferner, ob es überhaupt einer modifizierenden Regelung zum Schutze der Gläubiger für den Fall der Herausverschmelzung bedurfte. Denn mit § 22 UmwG existierte bereits eine vergleichbare Gläubigerschutzvorschrift, die über § 122a Abs. 2 UmwG für die Fälle der grenzüberschreitenden Verschmelzung zur Anwendung berufen wäre.

Gegen eine derartige Regelungsbedürftigkeit wird insbesondere eingewendet, dass bereits durch die EuGVVO[713] eine europaweite Vollstreckbarkeit von Forderungen sichergestellt sei.[714] Zudem verbleibe auch nach einer Verschmelzung in

711 So bereits zu Art. 24 SE-VO: *Neye/Teichmann* in AG 2003, S. 169 (175).

712 Hierzu sogleich: Zweiter Teil C. I. 5. a. cc.

713 Verordnung (EG) Nr. 44/2001 des Rates vom 22.12.2000 über die gerichtliche Zuständigkeit und die Anerkennung und Vollstreckung von Zivil- und Handelssachen, ABL. EG v. 16.01.2001, L 12/1.

714 So schon der Einwand gegen §§ 8, 13 SEAG: *J. Schmidt*, S. 213; *Ihrig/Wagner* in BB 2003, S. 969 (973); Lutter/Hummelhoff-*Bayer*, Art. 24 Rn 15 SE-VO; *Brandt* in DStR 2003; S. 1208 (1214); *Stellungnahme des Bundesrates*, BT-Drs. 15/3656, S. 4; *Spitzenverbände der deutschen Wirtschaft*, Gemeinsame Stellungnahme zum RefE eines SEEG, S. 5; ebenso der Einwand der FDP-Fraktion im Rechtsausschuss zu § 122j UmwG, BT-Drs. 16/4193, S. 4 f.; dem zustimmend für § 122j UmwG: *Bayer/Schmidt* in NJW 2006, S. 401 (405); *dieselben* in NZG 2006, S. 841 (843); Kleinhenz, S. 298.

aller Regel eine inländische Zweigniederlassung, so dass weiterhin eine Rechtsdurchsetzung im Inland möglich sei.[715]

Dagegen kann allerdings eingewendet werden, dass sich die mit der grenzüberschreitenden Verschmelzung einhergehenden Gefahren – insbesondere im Unterschied zur bloßen Sitzverlegung – nicht darin erschöpfen, eine Forderung womöglich im Ausland durchsetzen zu müssen.[716] Insofern kann den Gegnern einer Regelungsbedürftigkeit zwar zugestimmt werden, dass durch das EuGVVO eine zumindest im Wesentlichen gleichförmige Durchsetzung von Forderungen innerhalb der Gemeinschaft gewährleistet wird. Gleichwohl erfolgt die Vollstreckung von Forderungen im Ausland trotz dieser Europäisierung nach wie vor unter anderen Bedingungen als im Inland und weist in der Praxis für den Unternehmer, der sie im Glauben an eine inländische Geltendmachung erlangt hat, unter anderem teilweise erheblich kostenintensive Besonderheiten auf.[717] Denkbare Gefahren und damit regelungsbedürftige Bereiche bestehen bei einer grenzüberschreitenden Verschmelzung hingegen vor allem in anderer Hinsicht: So kommt in Betracht, dass für die Zielgesellschaft, die nicht dem deutschen Recht unterliegt, Kapitalaufbringungs- und -erhaltungsregelungen oder sonstige die Solvenz der Gesellschaft betreffende Vorschriften[718] Anwendung finden, die in ihrem Schutzniveau hinter dem deutschen Standard zurückbleiben.[719] Gerade für den Bereich der GmbH sind diese Aspekte relevant, weil hier – im Unterschied zur Aktiengesellschaft[720] – noch keine Angleichung der Kapitalaufbringungs- und -erhaltungsregelungen auf europäischer Ebene stattgefunden hat. Anders als bei der inländischen Verschmelzung und ungleich stärker als bei der Sitzverlegung existieren somit im Bereich der grenzüberschreitenden Verschmelzung den Gläubiger tangierende Gefahren, die insbesondere mit der rechtlichen Grenzüberschreitung des Schuldners in Form einer GmbH einhergehen. So stellt es eine in der Praxis nicht zu leugnende Erkenntnis dar, dass Unternehmer in Deutschland einer Kontrahierung mit einer in Deutschland ansässigen

715 Handelsrechtsausschuss des Deutschen Anwaltvereins, Stellungnahme zum Regierungsentwurf eines Zweiten Gesetzes zur Änderung des Umwandlungsgesetzes in NZG 2006, S. 737 (742); ähnlich auch Kleinhenz, S. 298.

716 Dass bei der Sitzverlegung im Vergleich zur Verschmelzung eine verminderte Gefahrenlage besteht, wurde im Rahmen des Gesetzgebungsverfahrens zum SEAG ausdrücklich zuerkannt, vgl. etwa: BegrRegE zum SEEG, BT-Drs. 15/3405, S. 35.

717 Ebenso bereits der Hinweis bei: Stellungnahme des Bundesrates zum RegE eines SEEG, S. 4; dem zustimmend: Spitzenverbände der deutschen Wirtschaft, Gemeinsame Stellungnahme zum RefE eines SEEG, S. 5 f.; ebenso auch die Stellungnahme des Bundesrates zu §§ 8,13 SEEG, BT-Drs. 15/3656, S. 4.

718 Etwa Insolvenzantragspflichten.

719 Ebenso bereits für die SE-VO: *Ihrig/Wagner* in BB 2003, S. 969 (973).

720 Für den Bereich der Aktiengesellschaften: RiLi 77/91/EWG, ABl. EG Nr. L 26 v. 31.01.1977, S. 1 ff.

Ltd. äußerst zurückhaltend gegenüberstehen. Diese Zurückhaltung ist eindeutig der Haftungsbeschränkung in Kombination mit dem geringen Stammkapitalerfordernis geschuldet. Vor einem Vertragsschluss werden hier deshalb in der Regel externe Sicherheiten – wie etwa Bürgschaften – bemüht. Eine derartige Vorsicht besteht gegenüber einer GmbH als potentieller Vertragspartnerin in bedeutend geringerer Art und Weise. Soweit Gläubiger durch den Anspruch auf Sicherheitsleistung also vor den spezifischen Gefahren im Bereich der Kapitalaufbringung und -erhaltung geschützt werden, liefe ein solcher Zweck ins Leere, wenn sich der Besicherungsanspruch erst gegen den Rechtsnachfolger des Schuldners jenseits des rechtlichen Grenzübertritts richten würde.[721] Denn der Gläubiger liefe Gefahr, dass ein zuvor vorhandenes Vermögen bis zur Leistung einer Sicherheit abgeflossen ist.

Noch stärker wiegt schließlich, dass der vom deutschen Gesetzgeber mit § 22 UmwG verfolgte Zweck, Gläubiger vor Gefährdungen ihrer Forderungen im Zuge einer Verschmelzung zu schützen, ohne eine Modifikation für den Fall der Herausverschmelzung leerlaufen könnte.[722] Denn aufgrund der fehlenden europäischen Angleichung des verschmelzungsrechtlichen Gläubigerschutzes ist keinesfalls sichergestellt, dass die Rechtsordnung der Zielgesellschaft – nach der sich ein Sicherheitsanspruch gegen diese regeln würde[723] – eine § 22 UmwG entsprechende Regelung enthält.[724] Ähnlich ausgestaltet wie das deutsche Recht sieht jedoch etwa das österreichische Recht mit § 226 öAktG ebenfalls einen individuellen a-posteriori-Gläubigerschutz vor. Die Vorschrift gewährt den Gläubigern der an der Verschmelzung beteiligten Gesellschaften, die sich binnen sechs Monaten nach der Veröffentlichung der Eintragung melden, einen Sicherheitsanspruch.[725] Auch das schweizerische Recht[726] sieht auf individueller Ebene mit Art. 25 FusG[727] einen

721 Ähnlich: *Oechsler* in NZG 2006, S. 161 (165); *Müller* in ZIP 2004, S. 1790 (1795); *derselbe* in NZG 2006, S: 286 (289); *derselbe* in ZIP 2007, S. 1081 (1087).

722 Dieser Aspekt wird von zahlreichen Gegnern einer Regelungsbedürftigkeit vollkommen unberücksichtigt gelassen, so etwa bei : Kleinhenz, S. 296 ff. (298).

723 Zur beschränkten Regelungsbefugnis des Gesetzgebers, vgl. oben unter: Zweiter Teil C. I. 5. a.

724 Einen Überblick über die verschiedenen Gläubigerschutzkonzepte ausgewählter Mitgliedsstaaten bietet: *Kalss* in ZGR 2009, S. 74 ff.

725 Dies freilich nur, wenn sie nicht schon Befriedigung verlangen können und glaubhaft machen können, dass die Erfüllung der Forderung durch die Verschmelzung gefährdet wird.

726 Die Regeln der §§ 122a ff. UmwG finden auf eine Verschmelzung unter der Beteiligung einer Gesellschaft schweizerischen Rechts nach § 122a Abs. 1 UmwG keine Anwendung.

727 *Art. 25 FusG* vom 3. Oktober 2003 (Stand am 1. Januar 2008):
„Die übernehmende Gesellschaft muss die Forderungen der Gläubigerinnen und Gläubiger der an der Fusion beteiligten Gesellschaften sicherstellen, wenn diese es innerhalb von drei Monaten nach der Rechtswirksamkeit der Fusion verlangen.
Die an der Fusion beteiligten Gesellschaften müssen ihre Gläubigerinnen und Gläubiger im Schweizerischen Handelsamtsblatt dreimal auf ihre Rechte hinweisen. Sie können von einer Publikation absehen, wenn eine zugelassene Revisionsexpertin oder ein zugelassener

nachträglichen Sicherstellungsanspruch vor.[728] Demnach muss die übernehmende Gesellschaft den Gläubigern der beteiligten Gesellschaften Sicherheit leisten, wenn diese es innerhalb von drei Monaten nach der Rechtswirksamkeit der Verschmelzung verlangen.[729] In derartigen Verschmelzungskonstellationen dürfte also der vom deutschen Gesetzgeber verfolgte Zweck gewährleistet sein.

Demgegenüber gestaltet sich der verschmelzungsrechtliche Gläubigerschutz etwa nach französischem Recht gemäß Art. L 236–14 Code de Commerce[730] als a-priori-Schutz. Entsprechend steht Gläubigern nicht verbriefter Forderungen[731], deren Ansprüche vor Bekanntmachung der beabsichtigten Verschmelzung begründet wurden, ein binnen dreißig Tagen ab der Bekanntmachung der beabsichtigen Verschmelzung auszuübendes Widerspruchsrecht zu.[732]

Ähnliches gilt für das italienische Recht, das in Art. 2503 Codice Civile[733] ebenfalls ein Widerspruchsrecht – allerdings für Altgläubiger[734] – vorsieht, das

---

Revisionsexperte bestätigt, dass keine Forderungen bekannt oder zu erwarten sind, zu deren Befriedigung das freie Vermögen der beteiligten Gesellschaften nicht ausreicht.
Die Pflicht zur Sicherstellung entfällt, wenn die Gesellschaft nachweist, dass die Erfüllung der Forderung durch die Fusion nicht gefährdet wird.
Anstatt eine Sicherheit zu leisten, kann die Gesellschaft die Forderung erfüllen, sofern die anderen Gläubigerinnen und Gläubiger nicht geschädigt werden."

728 Ausführlich hierzu: Watter/Vogt/Tschäni/Daeniker-*Truffer*, Art. 25 Rn 1 ff.

729 Konzeptionell anders als im deutschen und österreichischen Recht entfällt hier der grundsätzlich bestehende Sicherheitsanspruch, wenn ein besonders befähigter Revisor bestätigt, dass keine Forderungen bekannt oder zu erwarten sind, die durch das freie Vermögen der beteiligten Gesellschaften nicht befriedigt werden können.

730 Art. L 236–14 Abs. 2 Code de commerce in der Fassung vom 28.08.2009:
"Les créanciers non obligataires des sociétés participant à l'opération de fusion et dont la créance est antérieure à la publicité donnée au projet de fusion peuvent former opposition à celui-ci dans le délai fixé par décret en Conseil d'Etat. Une décision de justice rejette l'opposition ou ordonne, soit le remboursement des créances, soit la constitution de garanties si la société absorbante en offre et si elles sont jugées suffisantes".

731 „*créancier non obligataire*".

732 Wird das Widerspruchsrecht ausgeübt, so hat das Handelsgericht zu entscheiden, ob die Verbindlichkeit sofort zurückzuzahlen ist oder die Beibringung von Garantien ausreicht ist oder der Widerspruch zurückzuweisen ist.

733 Art. 2503 Codice Civile vom 14.03.1942 in der Fassung vom März 2000:
"La fusione può essere attuata solo dopo due mesi dalla iscrizione ovvero dalla pubblicazione nella Gazzetta Ufficiale della Repubblica italiana, ove richiesta, dalle deliberazioni delle società che vi partecipano, salvo che consti il consenso dei rispettivi creditori anteriore agli adempimenti previsti nel terzo e quarto comma dell'art. 2 501 bis, il pagamento dei creditori che non hanno dato il consenso o il deposito delle somme corrispondenti presso un istituto di credito.
Durante il termine suddetto i creditori indicati nel primo comma possono fare opposizione.
Il tribunale, nonostante l'opposizione, può disporre che la fusione abbia luogo previa prestazione da parte della società di idonea garanzia".

734 „*creditori sociali anteriori all'iscrizione*".

binnen sechzig Tagen ab Eintragung der Verschmelzungsbeschlüsse im Handelsregister beim Landgericht auszuüben ist. Erst nach widerspruchsfreiem Ablauf dieser Frist darf die Verschmelzung durchgeführt werden. Mit der Eintragung der Verschmelzung können die Gläubiger – auch für den Fall der Fehlerhaftigkeit der Eintragung – nur noch Schadensersatzansprüche geltend machen.

Käme es also zu einer Herausverschmelzung einer GmbH auf eine Kapitalgesellschaft einer dieser Rechtsordnungen, würde der verschmelzungsrechtliche Gläubigerschutz trotz grundsätzlich beiderstaatlicher Zuerkennung – wegen der Unterschiedlichkeit der Ausgestaltung in lediglich zeitlicher Hinsicht – leerlaufen.[735] Denn gegenüber der deutschen GmbH als übertragender Gesellschaft bestünde nach § 22 UmwG *noch kein* Sicherheitsanspruch; gegenüber der ausländischen Zielgesellschaft könnte nach der gesetzlichen Konzeption des insofern maßgeblichen ausländischen Rechts ein Sicherheitsanspruch hingegen *nicht mehr* geltend gemacht werden. Um solche rechtlichen Schieflagen zu verhindern, ist es mangels einer europäischen Angleichung des verschmelzungsrechtlichen Gläubigerschutzes zwingend erforderlich, die nach § 22 UmwG bestehende Rechtslage für die Fälle einer Herausverschmelzung zu modifizieren. Eine Regelungsbedürftigkeit ist somit eindeutig zu bejahen.

cc. Verstoß gegen Art. 49, 54 AEUV (ex-Art. 43, 48 EG)

Schließlich wird gegen § 122j UmwG eingewendet, die Vorschrift verstoße gegen Art. 49, 54 AEUV, ohne dass dieser Vorwurf weitergehend untersucht oder gar begründet wird.[736] Ausgangspunkt dieser Kritik dürfte die Tatsache sein, dass § 122j UmwG seinem sachlichen Anwendungsbereich nach lediglich in Fällen einer grenzüberschreitenden Herausverschmelzung Anwendung findet und den Verschmelzungsvorgang zumindest beeinträchtigend tangiert, indem das Sicherstellungserfordernis zeitlich vorverlegt wird.

Fraglich ist allerdings erstens, ob die Herausverschmelzung überhaupt von der Niederlassungsfreiheit geschützt wird, zweitens, ob die Regelung des § 122j UmwG den sachlichen Schutzbereich berühren würde, und drittens, ob eine etwaige Beeinträchtigung nicht sachlich gerechtfertigt wäre.

---

735 Grundsätzlich hierzu: *Lennerz*, S. 227 ff.; ebenso zum Richtlinienentwurf: *Müller* in ZIP 2004, S. 1790 (1795); dem zustimmend: *Passarge/Stark* in GmbHR 2007, S. 803 (805); *Maul/Teichmann/Wenz* in BB 2003, S. 2633 (2639).

736 So etwa: *Haritz/v. Wolff* in Der Konzern 2006, S. 340 (343); *Herrler* in EuZW 2007, S. 295 (297).

(1) Sachlicher Schutzbereich

Mit seiner Entscheidung in der Rechtssache SEVIC[737] hat der EuGH ausdrücklich erklärt, dass grenzüberschreitende Verschmelzungen wie andere Gesellschaftsumwandlungen den Zusammenarbeits- und Umgestaltungsbedürfnissen von Gesellschaften mit Sitz in verschiedenen Mitgliedstaaten entsprechen und besondere, für das reibungslose Funktionieren des Binnenmarktes wichtige Modalitäten der Ausübung der Niederlassungsfreiheit darstellen.[738] Sie gehören damit zu den wirtschaftlichen Tätigkeiten, bei deren die Mitgliedstaaten die Niederlassungsfreiheit nach Artikel 49 AEUV beachten müssen.[739] Die Argumentation der deutschen und der niederländischen Regierung, der Schutzbereich der Niederlassungsfreiheit sei nicht eröffnet, weil die übertragende Gesellschaft vor dem rechtlichen Grenzüberschritt erlösche, wies das Gericht zurück.[740]

Die Entscheidung bezog sich allerdings auf einen Fall der Hineinverschmelzung. Dementsprechend wurde die Vorlagefrage im Ergebnis auch derart eingeschränkt beantwortet.[741] Zu der Frage der Herausverschmelzung nahm das Gericht in der Entscheidung hingegen nicht offen Stellung, und zwar insbesondere trotz der Ausführungen des Generalanwalts Tizzano, der in seinen Schlussanträgen ausdrücklich die Rechtsansicht geäußert hatte, dass sowohl Beschränkungen des „Zugangs" zum nationalen Hoheitsgebiet als auch Beschränkungen des „Weggangs" aus diesem Gebiet verboten seien.[742]

Die vom Gericht vorgenommene sachliche Schutzbereichsumschreibung der Art. 49, 54 AEUV sieht eine Einschränkung dahingehend, dass Herausverschmelzungen nicht von Art. 49, 54 AEUV geschützt seien, hingegen nicht vor. Insofern könnte geschlussfolgert werden, dass sowohl die Hinein- als auch die Herausverschmelzung vom sachlichen Schutzbereich der Niederlassungsfreiheit umfasst werden.[743] Dem könnte allerdings entgegenstehen, dass der EuGH in der Entscheidung „Daily Mail"[744] Beschränkungen des Wegzugsstaates – freilich für den Fall einer Sitzverlegung – gebilligt und mit der Niederlassungsfreiheit für verein-

---

737 EuGH, Urt. v. 13.12.2005 – Rs. C-411/03 – Sevic Systems AG, Slg. 2005, I–10805.

738 EuGH a. a. O., Rn 19.

739 EuGH a. a. O., Rn 19.

740 EuGH a. a. O., Rn 19; ebenso bereits der Generalanwalt *Tizzano* in den Schlussanträgen SEVIC Systems AG vom 07.07.2005, ZIP 2005, S. 1227 Rn 24 ff.

741 EuGH a. a. O., Rn 30 f.

742 Generalanwalt *Tizzano* in den Schlussanträgen SEVIC Systems AG vom 07.07.2005, ZIP 2005, S. 1227 Rn 45.

743 So die Schlussfolgerung etwa bei: *Drygala* in ZIP 2005, S. 1995 (1997 f.); *Geyrhalter/Weber* in DStR 2006, S. 146 (150); *dieselben* in NZG 2005, S. 837 (838); *Kieninger* in EWS 2006, S. 49 (51 ff.).

744 EuGH, Urt. v. 29.09.1988 – Rs. 81/87 – Daily Mail, Slg. 1988, 5483.

bar erklärt hatte.[745] In dieser Entscheidung wurde die sogenannte Geschöpftheorie entwickelt, wonach Gesellschaften nur Geschöpfe der Rechtsordnung seien, die sie geschaffen haben und ihnen außerhalb dieser Rechtsordnung keine Realität zukomme.[746] Demnach wurde es ausdrücklich mit dem Gemeinschaftsrecht für vereinbar erklärt, wenn der Gründungsstaat an den Wegzug der Gesellschaft die Folge der Liquidation knüpfe.[747] Der Schutzbereich der Niederlassungsfreiheit sei insofern jedenfalls nicht tangiert.[748] Die zeitlich nachfolgenden und thematisch anknüpfenden Entscheidungen „Centros“[749], „Überseering“[750] und „Inspire Art“[751] bejahten zwar ebenso wie die „SEVIC“-Entscheidung übereinstimmend Verletzungen der Niederlassungsfreiheit im Falle nationaler Beschränkungen im Rahmen vor Sitzverlegungen. Allerdings lag ihnen eine andere Perspektive zugrunde, nämlich die von beschränkenden Reaktionen der Zuzugsstaaten. Auch bestätigte der EuGH in den Entscheidungen „Überseering“[752] und „Inspire Art“[753] die Geschöpftheorie, indem er zur Technik des „distinguishing“ griff und zwischen Zuzugs- und Wegzugsfällen unterschied. Diese Unterscheidung sieht sich ebenso wie die Geschöpftheorie erheblicher Kritik ausgesetzt.[754] Insbesondere wird von der Literatur angemerkt, dass es nicht einzusehen sei, warum der Zuzugsstaat die nach einem anderen mitgliedstaatlichen Recht gegründete Gesellschaft anerkennen und nach dem Gründungsrecht behandeln muss, es aber dem Gründungsstaat gestattet sein soll, den Wegzug durch Zwangsliquidation im Keim zu ersticken.[755]

In der Tat sind die vom EuGH in der „SEVIC“-Entscheidung gemachten Aussagen zur grenzüberschreitenden Verschmelzung im Wesentlichen grundsätzlicher Natur. Dass grenzüberschreitende Verschmelzungen wie andere Gesellschaftsumwandlungen den Zusammenarbeits- und Umgestaltungsbedürfnissen von Gesellschaften mit Sitzen in verschiedenen Mitgliedstaaten entsprechen und besondere, für das reibungslose Funktionieren des Binnenmarktes wich-

---

745 EuGH a. a. O., Rn 19 ff.

746 EuGH a. a. O., Rn 19.

747 EuGH a. a. O., Rn 20 ff.

748 EuGH a. a. O., Rn 23.

749 EuGH, Urt. v. 09.03.1999 – Rs. C-212/97 – Centros, Slg. 1999, I–01259.

750 EuGH, Urt. v. 5.11.2002 – Rs. C-208/00 – Überseering, Slg. 2002, I–09919.

751 EuGH, Urt. v. 30.09.2003 – Rs. C-167/01–Inspire Art, Slg. 2003, I–10155.

752 EuGH, Urt. v. 5.11.2002 – Rs. C-208/00 – Überseering, Slg. 2002, I–09919, Rn 65 ff.

753 EuGH, Urt. v. 30.09.2003 – Rs. C-167/01–Inspire Art, Slg. 2003, I–10155, Rn 103.

754 *Bayer* in BB 2002, S. 2289 (2290); *Ebke* in JZ 2003, S. 927 (932); *Ziemons* in ZIP 2003, S. 1913 (1918 f.); *Behrens* in IPrax 2004, S. 20 (26); *Eidenmüller/Rehm* in ZGR 2004, S. 159 (176); *Ringe* in EBLR 2005, S. 621; *Kieninger* in EWS 2006, S. 49 (51); Calliess/Ruffert-*Bröhmer*, Art. 48 EGV Rn 14.

755 So etwa die Kritik bei: *Bayer* in BB 2002, S. 2357 (2363).

tige Modalitäten der Ausübung der Niederlassungsfreiheit darstellen, gilt für die Herein- wie auch die Herausverschmelzung gleichermaßen. Insbesondere liegt eine Benachteiligung der unternehmerischen Umgestaltungsfreiheit vor, wenn einer übertragenden Gesellschaft die Verschmelzung auf eine ausländische Rechtsform erschwert oder untersagt wird, während sie sich im Inland auf einen anderen Rechtsträger unproblematisch verschmelzen dürfte. Wertungswidersprüche ergeben sich hierbei insbesondere vor dem Hintergrund, dass es nach dem heutigen Recht sogar in Betracht kommt, dass sowohl die inländische als auch die ausländische Zielgesellschaft ihren tatsächlichen Verwaltungssitz im Inland haben. Es sprechen also gewichtige Gründe dafür, dass der Fall der Herausverschmelzung vom Schutzbereich der Art. 49, 54 AEUV mit umfasst wird.

Der EuGH hatte in der Entscheidung „Daily Mail“ betont, dass „die Artikel 52 und 58 EWG-Vertrag beim *derzeitigen Stand des Gemeinschaftsrechts* einer Gesellschaft, die nach dem Recht eines Mitgliedstaats gegründet ist und in diesem ihren satzungsmäßigen Sitz hat, nicht das Recht gewähren, den Sitz ihrer Geschäftsleitung in einen anderen Mitgliedstaat zu verlegen.“[756] Das Gemeinschaftsrecht hat sich in der Zwischenzeit allerdings in erheblicher Weise weiterentwickelt. Hatte der EuGH in seiner damaligen Entscheidung etwa noch die Mitgliedstaaten zum Erlass konkretisierender Regelungen aufgefordert, so wurde für den hier streitgegenständlichen Bereich der grenzüberschreitenden Verschmelzung zwischenzeitlich die RiLi 2005/56/EG erlassen. Auch ist durch die vorgenannten – der „*Daily Mail*“-Entscheidung nachfolgenden – Entscheidungen im Wege des Richterrechts die Niederlassungsfreiheit von Gesellschaften erheblich ausgestaltet und gestärkt worden. Dem Verständnis einer Weiterentwicklung des Gemeinschaftsrechts und damit einer Eröffnung des sachlichen Schutzbereichs entspricht es auch, dass der Verordnungsgeber im Erwägungsgrund 3 der Richtlinie 2005/56/EG anordnet, dass die Vorschriften und Formalitäten des innerstaatlichen Rechts, welche bei einer grenzüberschreitenden Verschmelzung Anwendung finden, keine Beschränkungen der Niederlassungsfreiheit oder des freien Warenverkehrs einführen sollen, ohne dass zwischen Herein- und Herausverschmelzung differenziert wird.[757] Die Herausverschmelzung dürfte deshalb ebenso wie die Hereinverschmelzung vom sachlichen Schutzbereich der Niederlassungsfreiheit umfasst sein.

756 EuGH, Urt. v. 29.09.1988 – Rs. 81/87 – Daily Mail, Slg. 1988, 5483, Rn 25.

757 Erwägungsgrund (3), Richtlinie 2005/56/EG.

(2) Eingriff

Ebenfalls ist der Schutzbereich der Art. 49, 54 AEUV durch die abweichende Regelung der Herausverschmelzung nach § 122j UmwG – namentlich die Vorverlagerung des Sicherheitsanspruchs – gegenüber innerstaatlichen Verschmelzungen zumindest tangiert.

(3) Rechtfertigung

Schließlich bleibt zu untersuchen, ob diese Beeinträchtigung sachlich gerechtfertigt ist. Nach der ständigen Rechtsprechung des Gerichtshofes sind nationale Maßnahmen, die die Ausübung der durch den EG-Vertrag garantierten Grundfreiheiten behindern oder weniger attraktiv machen können, gerechtfertigt, wenn vier Voraussetzungen erfüllt sind: Sie müssen aus zwingenden Gründen des Allgemeininteresses gerechtfertigt sein, sie müssen in nichtdiskriminierender Weise angewandt werden, sie müssen zur Erreichung des verfolgten Zieles geeignet sein, und sie dürfen nicht über das hinausgehen, was zur Erreichung dieses Zieles erforderlich ist.[758] Den Vorgaben der Rechtsprechung entspricht es, wenn der Verordnungsgeber in Erwägungsgrund 3 der RiLi 2005/56/EG erklärt, dass die Vorschriften und Formalitäten des innerstaatlichen Rechts, auf die in der Richtlinie Bezug genommen wird, keine Beschränkungen der Niederlassungsfreiheit einführen sollen, es sei denn, derartige Beschränkungen lassen sich im Einklang mit der Rechtsprechung des Gerichtshofs und insbesondere durch die Erfordernisse des Gemeinwohls rechtfertigen und sind zur Erfüllung solcher Erfordernisse erforderlich und angemessen.

Ein derartiges zwingendes Allgemeininteresse wird mit dem Gläubigerschutz durch § 122j UmwG verfolgt.[759] Auch ist die Vorschrift unzweifelhaft geeignet, dieses Ziel zu fördern.

Fraglich bleibt, ob die Regelung des § 122j UmwG erforderlich ist, also der mit der Vorschrift angestrebte Zweck nicht durch Maßnahmen ebenso wirksam erreicht werden kann, die den innergemeinschaftlichen Handel weniger beeinträchtigen.[760] Hierbei gilt der Grundsatz, dass die Anforderungen an

---

758 EuGH, Urt. V. 31.03.1993 – Rs. C-19/92 – Kraus, Slg. 1993, I–1663, Rn 32, EuGH, Urt. V. 30.11.1995 – Rs. C-55/94 – Gebhard, Slg. 1995, I–4165, Rn 37; EuGH, Urt. v. 09.03.1999 – Rs. C-212/97 – Centros, Slg. 1999, I–01259; EuGH, Urt. v. 30.09.2003 – Rs. C-167/01–Inspire Art, Slg. 2003, I–10155, Rn 133.

759 EuGH, Urt. v. 5.11.2002 – Rs. C-208/00 – Überseering, Slg. 2002, I–09919, Rn 92; EuGH, Urt. v. 13.12.2005 – C-411/03 – Sevic Systems AG, Slg. 2005, I–10805, Rn 28.

760 Zur gemeinschaftsrechtlichen Erforderlichkeitsprüfung: EuGH, Urt. v. 14.07.1988 – Rs. 298/87 – Smanor, Slg. 1988, S. 4489,Rn 15; EuGH, Urt. v. 20.05.1992 – Rs. 106/91 – Ramrath, Slg. 1992, I–3351, Rn 31.

die Darlegungslast der die Grundfreiheit beeinträchtigenden Maßnahme mit der Intensität der Rechtsgutverletzung steigen.[761] Zweck des § 122j UmwG ist es, den Gläubigern einer herausverschmelzenden Gesellschaft im Falle der Gefährdung ihrer Forderung Sicherheit zu leisten. Können bei einer innerstaatlichen Verschmelzung die Gläubiger der beteiligten Rechtsträger gem. § 22 UmwG Sicherheit verlangen, wenn sie binnen sechs Monaten nach dem Tag der Bekanntmachung der Eintragung der Verschmelzung in das Register ihres Schuldners den Anspruch nach Grund und Höhe schriftlich anmelden, besteht dieser Schutz im Falle der Herausverschmelzung nicht ohne Weiteres.[762] Denn die Zielgesellschaft unterliegt als ausländischer Rechtsträger nicht dem deutschen Recht, so dass sich die Frage, ob dem Gläubiger gegenüber der Zielgesellschaft ein Sicherheitsanspruch zusteht, nach dessen ausländischem Recht beantwortet. Damit hinge es ohne die Regelung des § 122j UmwG vom Zufall in Form des jeweils anzuwendendem ausländischen Rechts ab, ob einem gefährdeten Gläubiger Sicherheit geleistet würde. Dieses Übel verhindert der deutsche Gesetzgeber mit § 122j UmwG wirksam, indem er den Zeitpunkt der Entstehung des Sicherheitsanspruchs vorverlagert, im Übrigen aber an der Grundkonzeption – Gläubigerschutz durch Sicherheitsleistung – festhält. Mangels europäischer Harmonisierung des verschmelzungsrechtlichen Gläubigerschutzes ist die zeitliche Vorverlagerung zwingend, um den Gläubigern einer herausverschmelzenden Gesellschaft Schutz zu gewähren. Denn jenseits der Grenze endet die Regelungsbefugnis des deutschen Gesetzgebers. Der verfolgte Regelungszweck lässt sich somit nicht durch eine Maßnahme erreichen, die weniger beeinträchtigend ist.

Schließlich müsste die Regelung des § 122j UmwG auch angemessen sein. Der Grundsatz der Angemessenheit besagt, dass die Beeinträchtigung in einem angemessenen Verhältnis zum verfolgten Zweck stehen muss.[763] Voraussetzung ist also eine Abwägung zwischen der Intensität der Beeinträchtigung des innergemeinschaftlichen Handels und dem Schutzgewinn für das entgegenstehende Rechtsgut.[764]

Nach dem Vorstehenden führt die zeitliche Vorverlagerung des Sicherheitsanspruches erst dazu, dass der verschmelzungsrechtliche Gläubigerschutz im Falle der Herausverschmelzung sichergestellt ist. Im Übrigen behielt der Gesetzgeber in § 122j UmwG die aus § 22 UmwG gewohnte Regelungstechnik bei. So

---

761 Calliess/Ruffert-*Kingreen*, Art. 28–30 EGV Rn 93.

762 Vgl. hierzu ausführlich soeben unter Zweiter Teil C. I. 5. a. bb.

763 EuGH, Urt. v. 12.03.1987 – Rs. 178/84 – Kommission/Deutschland, Slg. 1987, S. 1227, Rn 28; EuGH, Urt. v. 25.07.1991 – Rs. C-176/90- Aragonesa de la publicitad exterior e publivía, Slg. 1991, I–4151, Rn 18.

764 Callies/Ruffert-*Kingreen*, Art. 28–30 EGV, Rn 98.

wird etwa weiterhin Sicherheit nur dann gewährt, wenn der Gläubiger glaubhaft macht, dass die Erfüllung seiner Forderung gefährdet ist. Damit regelt der deutsche Gesetzgeber das vorgenannte Anliegen des Gläubigerschutzes für den Fall der Herausverschmelzung, ohne dass er diese verbieten will.[765] Insbesondere unterstellt er der grenzüberschreitenden Verschmelzung keine Gläubigerbeeinträchtigung. Denkbar wäre es auch gewesen, eine Regelung ähnlich dem schweizerischen Recht einzuführen und den Sicherstellungsanspruch zum Regelfall zu erküren.[766] Auch überlässt es der Gesetzgeber wie bereits bei den Vorbildregelungen der §§ 8, 13 SEAG und § 22 UmwG der Rechtsprechung, den unbestimmten Rechtsbegriff der „Gefährdung" für die Fälle der grenzüberschreitenden Verschmelzung mit Leben zu füllen.

Im Resultat handelt es sich bei dem Gläubigerschutz einerseits um ein anerkanntes zwingendes Allgemeininteresse, das im Falle einer Herausverschmelzung durch den deutschen Gesetzgeber mangels Regelungskompetenz nur durch eine zeitliche Vorverlagerung geschützt werden kann. Insbesondere diskriminiert die deutsche Regelung die grenzüberschreitende Verschmelzung nicht, sondern macht den vom deutschen Gesetzgeber entwickelten verschmelzungsrechtlichen Gläubigerschutz lediglich für die Fälle der grenzüberschreitenden Verschmelzung gangbar. Andererseits halten sich die Beeinträchtigungen der Niederlassungsfreiheit in Grenzen. Denn § 122j UmwG will die Herausverschmelzung lediglich regeln und nicht verhindern. Auch wird den Gläubigern nur dann Sicherheit gewährt, wenn sie eine Gefährdung der Erfüllung ihrer Forderung glaubhaft machen, so dass die Unternehmen nicht übermäßig beeinträchtigt werden. Die Vorverlagerung des Sicherstellungsanspruchs ist somit im Hinblick auf eine Verletzung der Art. 49, 54 AEUV auch angemessen.

---

765 Ebenso die Einschätzung bei: *Passarge/Stark* in GmbHR 2007, S: 803 (806).

766 *Art. 25 FusG* vom 3. Oktober 2003 (Stand am 1. Januar 2008):
„Die übernehmende Gesellschaft muss die Forderungen der Gläubigerinnen und Gläubiger der an der Fusion beteiligten Gesellschaften sicherstellen, wenn diese es innerhalb von drei Monaten nach der Rechtswirksamkeit der Fusion verlangen.
Die an der Fusion beteiligten Gesellschaften müssen ihre Gläubigerinnen und Gläubiger im Schweizerischen Handelsamtsblatt dreimal auf ihre Rechte hinweisen. Sie können von einer Publikation absehen, wenn eine zugelassene Revisionsexpertin oder ein zugelassener Revisionsexperte bestätigt, dass keine Forderungen bekannt oder zu erwarten sind, zu deren Befriedigung das freie Vermögen der beteiligten Gesellschaften nicht ausreicht.
Die Pflicht zur Sicherstellung entfällt, wenn die Gesellschaft nachweist, dass die Erfüllung der Forderung durch die Fusion nicht gefährdet wird.
Anstatt eine Sicherheit zu leisten, kann die Gesellschaft die Forderung erfüllen, sofern die anderen Gläubigerinnen und Gläubiger nicht geschädigt werden" (Hervorhebungen durch den Verfasser).
Ausführlich hierzu: Watter/Vogt/Tschäni/Daeniker-*Truffer*, Art. 25 Rn 1 ff.

(4) Zwischenergebnis

Die Herausverschmelzung wird vom sachlichen Schutzbereich der Niederlassungsfreiheit erfasst. Auch beeinträchtigt die Regelung des § 122j UmwG die Niederlassungsfreiheit. Allerdings ist diese Beeinträchtigung zum Schutze des zwingenden Allgemeininteresses in Form des Gläubigerschutzes gerechtfertigt.

dd. Zwischenergebnis

Art. 4 Abs. 2 S. 1 RiLi ermächtigt die mitgliedstaatlichen Gesetzgeber zu Anpassungen nationaler Vorschriften zum Gläubigerschutz. Der deutsche Gesetzgeber hat von dieser Ermächtigung mit § 122j UmwG in zulässiger Art und Weise Gebrauch gemacht. Die bestehende und für innerstaatliche Verschmelzungen konzipierte Vorschrift des § 22 UmwG gewährleistet für den Fall der Herausverschmelzung hingegen keinen tauglichen Gläubigerschutz. Zwar tangiert § 122j UmwG die Niederlassungsfreiheit, jedoch ist die Beeinträchtigung zum Schutze des zwingenden Allgemeininteresses des Gläubigerschutzes gerechtfertigt.

b. Anwendungsbereich

§ 122j UmwG regelt als lex specialis zu § 22 UmwG die Sicherheitsleistung der Gläubiger einer übertragenden deutschen Gesellschaft im Falle einer Verschmelzung auf einen Rechtsträger, der nicht dem deutschen Recht unterliegt, also den Fall der *Herausverschmelzung*. Der Sicherheitsanspruch von Gläubigern einer *aufnehmenden* deutschen Gesellschaft im Falle einer *Hereinverschmelzung* bestimmt sich hingegen nach §§ 122a Abs. 2, 22 UmwG.[767] Ebenfalls nicht von § 122j UmwG geregelt ist der Schutz der Gläubiger einer übertragenden deutschen Gesellschaft, wenn im Rahmen einer grenzüberschreitenden Verschmelzung auch der übernehmende Rechtsträger eine deutsche Gesellschaft ist.[768]

aa. Scheinauslandsgesellschaften

Teilweise wird diese strenge Orientierung am Gesellschaftsstatut für den Fall der Verschmelzung auf eine Gesellschaft, die zwar eine ausländische Rechtsform, ihren Hauptverwaltungssitz aber in Deutschland hat (sogenannte „Scheinauslandsgesellschaft“), kritisiert.[769] Denn haben sowohl die übertragende als auch

767 BegrRegE, BT-Drs. 16/2919, S. 17.

768 Auch dieser Fall regelt sich nach §§ 122a Abs. 2, 22 UmwG.

769 Lutter-*Bayer*, § 122j Rn 9; *Bayer/Schmidt* in NZG 2006, S. 841 (843); Lutter-*Bayer*, § 122j Rn 9; Widmann/Mayer-*Vossius*, § 122j UmwG Rn 18.

die aufnehmende Gesellschaft ihren tatsächlichen Sitz im Inland, bestehe für die Gläubiger einer deutschen übertragenden Gesellschaft kein größeres Gefährdungspotential als bei einer rein innerstaatlichen Verschmelzung.[770] Insbesondere existiere in diesen Fällen nach der Verschmelzung weiterhin ein inländischer Gerichtsstand.[771] Auch habe die ausländische Rechtsform der neuen Schuldnerin auf den Inhalt der Gläubigerforderungen keinen Einfluss.[772] § 122j UmwG sei deshalb für diese Fallgruppe teleologisch zu reduzieren und Verschmelzungen auf Scheinauslandsgesellschaften seien aus dem Anwendungsbereich des § 122j UmwG auszuklammern.[773]

Dieser Ansicht ist zunächst zuzugeben, dass im Falle einer Verschmelzung auf eine Scheinauslandsgesellschaft Gefahren, die einer Rechtsdurchsetzung im Ausland zugeschrieben werden, weitgehend ausscheiden dürften.[774] Der Begründung des Gesetzgebers ist allerdings keinesfalls zu entnehmen, dass dieser bei der Schaffung des § 122j UmwG lediglich Gefahren einer Rechtsdurchsetzung im Ausland im Auge hatte. Denn das Bedürfnis für die Vorverlagerung des Sicherstellungsanspruchs wurde vom deutschen Gesetzgeber damit begründet, dass die aus der grenzüberschreitenden Verschmelzung hervorge-

---

770 *Bayer/Schmidt* in NZG 2006, S. 841 (843) unter Verweis auf *Handelsrechtsausschuss des DAV* in NZG 2006, 737 (742), der aber keineswegs in diese Richtung Stellung bezog. Vielmehr gab der Handelsrechtsausschuss das Folgende zu bedenken: „*Wenn der Gesetzgeber den Gläubigerschutz bei der grenzüberschreitenden Verschmelzung entsprechend modifizieren will, so ist dies aber nur in den Fällen gerechtfertigt, in denen die übernehmende oder neue Gesellschaft nicht dem deutschen Recht unterliegt. Dies sollte im Gesetz entsprechend klargestellt werden.*“ Er schlug deshalb in Bezug auf den Regierungsentwurf die folgende Klarstellung für den Gesetzestext des § 122j UmwG vor:

„*(1) Unterliegt die übernehmende oder neue Gesellschaft nicht dem deutschen Recht, ist den Gläubigern einer übertragenden Gesellschaft, wenn sie binnen zwei Monaten nach Bekanntmachung des Verschmelzungsplans oder seines Entwurfs ihren Anspruch nach Grund und Höhe schriftlich anmelden, Sicherheit zu leisten, soweit sie nicht Befriedigung verlangen können. Dieses Recht steht den Gläubigern jedoch nur zu, wenn sie glaubhaft machen, dass durch die Verschmelzung die Erfüllung ihrer Forderungen gefährdet wird, und sie im Falle der Insolvenz kein Recht auf vorzugsweise Befriedigung aus einer Deckungsmasse haben, die nach gesetzlicher Vorschrift zu ihrem Schutz errichtet und staatlich überwacht ist.*“.

771 Widmann/Mayer-*Vossius*, § 122j UmwG Rn 18.

772 Widmann/Mayer-*Vossius*, § 122j UmwG Rn 18.

773 Lutter-*Bayer*, § 122j Rn 9; *Bayer/Schmidt* in NZG 2006, S. 841 (843); Widmann/Mayer-*Vossius*, § 122j UmwG Rn 18.

774 Diese Gefahren dürfen ohnehin nicht überbewertet werden, da durch das EuGVVO eine zumindest im Wesentlichen gleichförmige Durchsetzung von Forderungen innerhalb der Gemeinschaft gewährleistet wird. Freilich findet die Vollstreckung von Forderungen im Ausland trotz dieser Europäisierung nach wie vor unter anderen Bedingungen als im Inland statt und weist in der Praxis für den Unternehmer, der sie im Glauben an eine inländische Geltendmachung erlangt hat, unter anderem auch teilweise erhebliche kostenintensive Besonderheiten auf.

hende Gesellschaft ihren Sitz im Ausland hat *oder* einer anderen Rechtsordnung unterliegt.[775] Damit spricht der Gesetzgeber sowohl die tatsächliche als auch die rechtliche Grenzüberschreitung an. Anders als bei den Fällen einer bloßen Sitzverlegung bestehen denkbare Gefahren und damit schutzbedürftige Belange bei einer grenzüberschreitenden Verschmelzung in der Tat nicht lediglich durch eine potentielle Durchsetzung von Ansprüchen im Ausland, sondern vor allem durch einen Wechsel der auf den Schuldner anwendbaren Rechtsordnung.[776] So kommt es etwa in Betracht, dass für die Zielgesellschaft, die nicht dem deutschen Recht unterliegt, Kapitalaufbringungs- und -erhaltungsregelungen oder sonstige die Solvenz der Gesellschaft betreffende Vorschriften – wie etwa Insolvenzantragspflichten – Anwendung finden, die in ihrem Schutzniveau erheblich hinter dem deutschen Standard zurückbleiben.[777] Für den Bereich der GmbH sind diese Aspekte – wie bereits dargestellt – in besonderem Maße relevant, weil in diesem Bereich – im Unterschied zur Aktiengesellschaft[778] – noch keine Angleichung der Kapitalaufbringungs- und -erhaltungsregelungen auf europäischer Ebene stattgefunden hat. Anders als bei der inländischen Verschmelzung und ungleich stärker als bei der Sitzverlegung existieren somit im Bereich der grenzüberschreitenden Verschmelzung den Gläubiger tangierende Gefahren, die mit der rechtlichen Grenzüberschreitung des Schuldners einhergehen. Ob die Zielgesellschaft daneben ihren tatsächlichen Sitz im Ausland oder im Inland hat, ist vollkommen irrelevant. Insbesondere fußen die vorbeschriebene Regelungsbedürftigkeit[779] und damit die Gefahr einer Schutzlosigkeit der Gläubiger aufgrund der Verschmelzung ausschließlich auf der rechtlichen, nicht aber auf der tatsächlichen Grenzüberschreitung. Das bedeutet, dass auch die Gläubiger im Falle einer Herausverschmelzung auf eine sogenannte Scheinauslandsgesellschaft ohne die Regelung des § 122j UmwG von einer Schutzlosigkeit bedroht wären.

Damit wird die Herausverschmelzung auf eine Scheinauslandsgesellschaft ebenfalls eindeutig vom Regelungszweck des § 122j UmwG erfasst. Deshalb fällt auch diese Fallkonstellation in Übereinstimmung mit dem eindeutigen Wortverständnis der Vorschrift in den Anwendungsbereich des § 122j UmwG. Eine teleologische Reduktion der Vorschrift für diese Fallkonstellation ist entschieden abzulehnen.

---

775 BegrRegE, BT-Drs. 16/2919, S. 17.

776 Vgl. hierzu bereits ausführlich oben unter: Zweiter Teil C. I. 5. a. bb.

777 Ebenso bereits für die SE-VO: *Ihrig/Wagner* in BB 2003, S. 969 (973).

778 Für den Bereich der Aktiengesellschaften: RiLi 77/91/EWG, ABl. EG Nr. L 26 v. 31.01.1977, S. 1 ff.

779 Vgl. hierzu ausführlich oben unter: Zweiter Teil C. I. 5. a. bb.

bb. Scheininlandsgesellschaften

Für den umgekehrten Fall, dass es sich bei der Zielgesellschaft um eine Gesellschaft deutscher Rechtsform mit Hauptverwaltungssitz im Ausland (sog. „Scheininlandsgesellschaft") handelt, wird von denselben Literaturstimmen überdies vertreten, dass die Vorschrift des §§ 122j UmwG analoge Anwendung finden müsse. Begründet wird diese Ansicht vor allem damit, dass die Gläubigerinteressen in einer derartigen Fallkonstellation durch einen nachgeordneten Gläubigerschutz, wie ihn § 22 UmwG für innerstaatliche Verschmelzungen vorsieht, nicht ausreichend geschützt seien.[780] Insbesondere müssten die Gläubiger ihre Forderungen wie auch ihren Anspruch auf Sicherheitsleistung im Ausland geltend machen, was ihrer schutzwürdigen Interessenlage nicht gerecht werde.[781]

Vom sachlichen Anwendungsbereich des § 122j UmwG ist diese Fallkonstellation nach dem insoweit eindeutigen Wortlaut zutreffenderweise nicht erfasst. Denn die Vorschrift stellt ausschließlich auf das Gesellschaftsstatut und damit auf das auf die Gesellschaft anwendbare Recht ab.

Fraglich ist allerdings, ob diese Regelungslücke planwidrig ist und insbesondere, ob für diese Fallgruppe überhaupt ein Regelungsbedürfnis besteht. Denn die vorbeschriebenen Gefahren einer grenzüberschreitenden Verschmelzung, die mit der rechtlichen Grenzüberschreitung einhergehen, scheiden bei der Beteiligung einer Scheinauslandsgesellschaft aus. Somit verbleiben für ein gesteigertes Schutzbedürfnis ausschließlich Gefahren, die der tatsächlichen Grenzüberschreitung zuzuschreiben sind. In Betracht kommen insofern eine Geltendmachung und nachfolgende Durchsetzung von Ansprüchen und Sicherheitsleistung im Ausland. Diese Gefahren dürfen aber nicht überbewertet werden, da durch das EuGVVO eine zumindest im Wesentlichen gleichförmige Durchsetzung von Forderungen innerhalb der Gemeinschaft gewährleistet wird. Zwar findet die Vollstreckung von Forderungen im Ausland trotz dieser Europäisierung nach wie vor unter anderen Bedingungen als im Inland statt, dies dürfte aber kaum genügen, um einen abweichenden Sicherheitsanspruch zu gewähren. Denn letztlich besteht für einen Gläubiger immer die Gefahr, dass sein vormals im Inland ansässiger Schuldner seinen Sitz ins Ausland verlagert mit der Folge, dass der Gläubiger seine Rechte nunmehr ebenfalls im Ausland geltend machen muss. Das Recht eines Sicherheits- oder Sicherstellungsanspruchs sieht das GmbHG für eine derartige Fallkonstellation allerdings nicht vor, wohingegen etwa für den Fall einer Kapitalherabsetzung in § 58 GmbHG Abs. 1 Nr. 2 GmbHG ein Sicherstellungsanspruch ausdrücklich normiert ist. Vor diesem Hintergrund erschließt es sich

780 Widmann/Mayer-*Vossius*, § 122j UmwG 20.

781 Widmann/Mayer-*Vossius*, § 122j UmwG 20.

nicht, warum Gläubiger einer GmbH eine Sitzverlegung ins Ausland schutzlos hinnehmen sollten, während ihnen für die gleiche Gefahrenlage im Rahmen einer Verschmelzung auf eine Scheinauslandsgesellschaft, also eine Gesellschaft, die weiterhin den ihnen bekannten inländischen Rechtsregeln unterliegt, ein sogar gesteigertes Schutzbedürfnis zuerkannt würde. Insbesondere sind die Gläubiger im Falle einer Verschmelzung auf eine Scheininlandsgesellschaft jedenfalls durch § 22 UmwG geschützt, da die Zielgesellschaft gem. § 4a GmbHG weiterhin dem deutschen Recht unterliegt.

Zusammenfassend ist festzuhalten, dass die Gläubiger in dieser Fallkonstellation ausreichend durch § 22 UmwG geschützt sind. Auch ist ihre Interessenlage nicht mit der einer rechtlichen Grenzüberschreitung vergleichbar. Eine analoge Anwendung des § 122j UmwG für die Verschmelzung auf eine Scheininlandsgesellschaft ist deshalb abzulehnen.

c. Voraussetzungen der Sicherheitsleistung

Voraussetzung für einen Anspruch auf Sicherheitsleistung gem. § 122j UmwG ist, dass die Gläubiger ihren Anspruch binnen zwei Monaten nach dem Tag, an dem der Verschmelzungsplan oder sein Entwurf bekannt gemacht worden ist, nach Grund und Höhe schriftlich anmelden und glaubhaft machen, dass durch die Verschmelzung die Erfüllung ihrer Forderungen gefährdet werden. Die Forderungen müssen innerhalb der zeitlichen Grenzen des § 122j Abs. 2 UmwG entstanden sein. Ausgeschlossen ist der Anspruch, wenn der Gläubiger Befriedigung verlangen kann.

aa. Gefährdung des Anspruchs

Der Anspruch auf Sicherheitsleistung setzt wie im Falle des § 22 UmwG im Kern voraus, dass der Gläubiger glaubhaft macht, dass durch die Verschmelzung die Erfüllung der Forderung *gefährdet* wird. Erforderlich ist – ebenso wie bei § 22 UmwG – eine konkrete Erfüllungsgefährdung.[782]

(1) Vorwurf der Rechtsunsicherheit

Der vom Gesetzgeber bewusst offen gewählten Formulierung,[783] wonach der Gläubiger glaubhaft zu machen hat, dass durch die Verschmelzung die Erfüllung der Forderung gefährdet wird, wird vorgeworfen, dass mit ihr eine unvertretbare

782 BegrRegE, BT-Drs. 16/2919, S. 17.
783 Vgl. BegrRegE, Bt-Drs. 16/2919, S. 17.

Rechtsunsicherheit einhergehe.[784] Dieser Vorwurf wird vor allem damit begründet, dass das Tatbestandsmerkmal der „Erfüllungsgefährdung“ zu unbestimmt sei und deshalb zwingend von den Gerichten ausgestaltet werden müsse.[785] So wurde etwa bereits im Gesetzgebungsverfahren zum SEAG in Bezug auf die Parallelvorschriften §§ 8, 13 SEAG vom Bundesrat gefordert, dass Regelbeispiele eingeführt werden müssten, um zumindest eine Eingrenzung des Anwendungsbereichs der Vorschrift und somit ein Mindestmaß an Rechtssicherheit zu schaffen.[786] Diesen Bedenken ist die Bundesregierung aber mit dem Hinweis auf die Verschiedenartigkeit der Fallkonstellationen nicht gefolgt.[787] Ferner wies die Bundesregierung darauf hin, dass die als Regelungsvorbild dienende Vorschrift des § 22 UmwG ebenfalls keine Regelbeispiele enthalte, Schwierigkeiten bei der Anwendung dieser seit 1995 geltenden Vorschrift aber nicht bekannt geworden seien.[788] Gleiches gilt nunmehr bislang für §§ 8, 13 SEAG.

Dem kann allerdings entgegengehalten werden, dass zumindest in der Literatur – auch für die Fälle einer verschmelzungsbedingten Herabsetzung des Haftungskapitals und der verschmelzungsbedingten Änderung der Finanzverfassung – eine nach wie vor kontroverse Diskussion über die Anforderungen an die Bejahung eines Anspruchs auf Sicherheitsleistung geführt wird.[789] Andererseits ist zu berücksichtigen, dass – insbesondere vor dem Hintergrund der nunmehr 27 Mitgliedstaaten – eine Vielzahl an grenzüberschreitenden Fallkonstellationen denkbar ist und es deshalb in besonderem Maße Schwierigkeiten bereitet, starre Regeln einzuführen, die allen in Frage kommenden Rechtsordnungen de lege lata, aber auch de lege ferenda gerecht werden. Zuzugeben ist der vom Gesetz gewählten Lösung ferner, dass es eine anerkannte Technik der Gesetzgebung darstellt, durch die Verwendung unbestimmter Rechtsbegriffe eine elastische richterliche Normsetzung entsprechend den jeweiligen technisch-ökonomischen, gesellschaftlichen und politischen Entwicklungen zu ermöglichen.[790] Dies gilt vorliegend umso mehr, als mit § 22 UmwG und §§ 8,13 SEAG bereits Vorbildregelungen bestehen. Denn einerseits können und werden die Gerichte für die Beantwortung der Frage, wann eine relevante Gefährdungslage besteht, an die hierzu – wenn auch recht spärlich – ergangene Rechtsprechung anknüpfen, und

784 DNotV Stellungnahme zum Diskussionsentwurf eines Gesetzes zur Einführung der Europäischen Gesellschaft vom 24. Juni 2003, S. 13; *J. Schmidt*, S. 213.

785 Spitzenverbände der deutschen Wirtschaft, Gemeinsame Stellungnahme zum RefE eines SEEG, S. 5 f.

786 BT-Drs 15/3656, S. 4.

787 BT-Drs 15/3656, S. 9.

788 BT-Drs 15/3656, S. 9.

789 Vgl. hierzu bereits oben unter: Erster Teil C. II. 1. c.

790 Weitergehend hierzu: *Rüthers*, Rn 835 ff. (834).

andererseits können und werden die Rechtsberater der betroffenen Gesellschaften diese Rechtsprechung im Rahmen der Vorbereitung einer Verschmelzung ebenfalls konsultieren, so dass keine Überraschungsentscheidungen zu befürchten sind und keine nennenswerte – insbesondere nicht hinnehmbare – Rechtsunsicherheit besteht. Schließlich ist an dieser Stelle noch einmal darauf hinzuweisen, dass § 122j UmwG nicht als Sondervorschrift zum Gläubigerschutz zu verstehen ist, sondern vielmehr lediglich als Anpassung des § 22 UmwG für grenzüberschreitende Sachverhalte. Vor dem Hintergrund, dass auch in § 22 UmwG die Terminologie der Erfüllungsgefährdung verwendet wurde, ist die Beibehaltung des Gesetzeswortlautes an dieser Stelle somit nicht nur nicht zu beanstanden, sondern sogar konsequent.

(2) Gefährdungslagen

Der bloße Umstand der Verschmelzung auf einen ausländischen Rechtsträger reicht nach anerkannter Meinung für die Annahme einer Gefährdungslage nicht aus. Vielmehr bedarf es für die Bejahung eines Sicherheitsanspruchs der Feststellung einer dadurch verursachten konkreten Gefährdungslage.[791] Dies ergibt sich bereits aus der Systematik des Gesetzes. Denn nur wenn die Verschmelzung auf eine ausländische Zielgesellschaft erfolgt, ist der sachliche Anwendungsbereich des § 122j UmwG überhaupt eröffnet. § 122j UmwG verlangt in S. 2 für die Zuerkennung eines Sicherheitsanspruchs darüber hinaus aber ausdrücklich noch die Glaubhaftmachung einer Gefährdung.

Konkrete Gefährdungslagen erkannte der Gesetzgeber in der Begründung des § 122j UmwG insbesondere dann, wenn die aus der grenzüberschreitenden Verschmelzung hervorgehende Gesellschaft ihren Sitz im Ausland hat oder einer anderen Rechtsordnung unterliegt.[792] Denn in diesen Fällen zog er in Betracht, dass ein nachgeordneter Schutz, wie ihn § 22 UmwG vorsieht, zum Schutze der Gläubigerinteressen nicht ausreicht.[793] Gefährdungslagen können somit durch die *tatsächliche* (Sitzverlegung ins Ausland), aber auch durch die *rechtliche* Grenzüberschreitung (Wechsel der Rechtsordnung) entstehen.

(a) Tatsächliche Grenzüberschreitung

In tatsächlicher Hinsicht kommt eine Grenzüberschreitung im Rahmen einer Verschmelzung auf eine ausländische Gesellschaft im Wesentlichen in zweifacher

791 *Neye/Timm* in DB 2006, S. 488 (492); Semler/Stengel-*Drinhausen*, § 122j Rn 9; Schmitt/Hörtnagl/Stratz-*Hörtnagl*, § 122j Rn 8.
792 BegrRegE, BT-Drs. 16/2919, S. 17.
793 BegrRegE, BT-Drs. 16/2919, S. 17.

Hinsicht in Frage. Zunächst kann die Zielgesellschaft – wie vom Gesetzgeber bereits angesprochen – ihren tatsächlichen Sitz im Ausland haben.[794] Unabhängig hiervon können im Rahmen der Verschmelzung (bedeutende) Vermögensgegenstände[795] ins Ausland verbracht werden.[796]

(aa) Erschwerte Anspruchsdurchsetzung als Fall der „Erfüllungsgefährdung“

Beiden vorgenannten Situationen ist gemeinsam, dass sie nicht an eine – potentielle – Verschlechterung der Vermögenslage der Schuldnergesellschaft anknüpfen, sondern den Blick auf eine spätere – erschwerte – Anspruchsdurchsetzung richten.

Betrachtet man den Wortlaut des § 122j UmwG, besteht ein Sicherheitsanspruch nur dann, wenn die Gefährdung der *Erfüllung* (Erfüllungsgefährdung) der Forderung glaubhaft gemacht wird. Unter der Erfüllung wird allgemein das Bewirken der geschuldeten Leistung verstanden.[797] Begrifflich zu trennen sind hiervon bei einem derartigen Wortverständnis die prozessuale Geltendmachung einer Forderung sowie deren nachfolgende Vollstreckung. Dementsprechend wären solche Fälle von § 122j UmwG bereits ausgeschlossen.

Sinn und Zweck des § 122j UmwG ist es allerdings, dem gesteigerten Schutzbedürfnis der Gläubiger im Falle einer grenzüberschreitenden Verschmelzung Rechnung zu tragen.[798] Angesichts der begrenzten Regelungskompetenz des deutschen Gesetzgebers[799] stellt die Vorschrift lediglich eine Modifikation des § 22 UmwG für grenzüberschreitende Fallkonstellationen dar. Dementsprechend konsequent hat sich der Gesetzgeber bei der Fassung des § 122j UmwG an den Wortlaut des § 22 UmwG angelehnt und den Begriff der „Erfüllungsgefährdung“ übernommen.[800] Telos des § 22 UmwG – und ebenso des § 122j UmwG – ist es hingegen, die Gläubiger insgesamt gegen Gefährdungen ihrer Ansprüche schützen, die sich aus der Verschmelzung ergeben.[801] Eine spezifische Beschränkung auf Erfüllungs-

794 In diesem Sinne: BegrRegE, BT-Drs. 16/2919, S. 17; dem folgend: Widmann/Mayer-*Vossius* Rn 32.

795 Die Gesetzesbegründung der Parallelvorschriften der §§ 8, 13 SEAG sah etwa eine Gefährdung der Gläubigerinteressen darin, „dass im Zuge der Sitzverlegung bedeutende Vermögensverlagerungen vorgenommen werden oder zu befürchten sind.“, vgl. BegrRegE, BT-Drs. 15/3405, S. 35.

796 Schmitt/Hörtnagl/Stratz-*Hörtnagl*, § 122j Rn 8 fordert eine *„konkrete Gefährdung aufgrund von Begleitumständen der Verschmelzung, etwa wegen der Verlagerung von Vermögensgegenständen“*.

797 Statt aller: Palandt-*Grüneberg*, § 362 Rn 1.

798 BegrRegE, BT-Drs. 16/2919, S. 17.

799 Vgl. hierzu bereits oben unter: Zweiter Teil C. 5. a. aa.

800 BegrRegE, BT-Drs. 16/2919, S. 17.

801 Exemplarisch für § 22 UmwG: Semler/Stengel-*Maier-Reimer*, § 22 Rn 1.

gefährdungen war vom Gesetzgeber nicht beabsichtigt.[802] Im Übrigen ergeben sich anlässlich einer innerstaatlichen Verschmelzung keine spezifischen Gefahren, die im Bereich der Durchsetzung der Forderung liegen, da die Zielgesellschaft dem deutschen Recht unterliegt und einen inländischen Gerichtsstand aufweist.[803]

Dass der Gesetzgeber kein derart enges Verständnis der „Erfüllungsgefährdung" pflegt, brachte er ausdrücklich in der Begründung zum an dieser Stelle wortgleichen § 13 SEAG zum Ausdruck.[804] Dort stellt er ausdrücklich klar, dass mit der Sitzverlegung anders als mit der Verschmelzung keine Änderung der Vermögenslage der Gesellschaft verbunden sei.[805] Insbesondere stelle die bloße Sitzverlegung ins Ausland keine Beeinträchtigung der Gläubigerinteressen dar.[806] Denn diese könnten gem. Art. 8 Abs. 16 der Verordnung weiter im Inland gerichtlich geltend gemacht werden. „Erfüllungsgefährdungen" wurden dagegen in einer Vermögensverlagerung ins Ausland gesehen, die eine spätere Durchsetzung der Forderung faktisch erschweren könnte.[807] Ein gleiches Verständnis liegt § 122j UmwG zugrunde. Denn hier weist der Gesetzgeber ausdrücklich darauf hin, dass der nachgeordnete Schutz des § 22 UmwG den schutzwürdigen Gläubigerinteressen unter Umständen nicht gerecht werde, wenn die neue Gesellschaft ihren Sitz im Ausland hat.[808] Wie der Gesetzgeber bereits in der Begründung zu § 13 SEAG klarstellte, ist mit einer Sitzverlegung aber keine Veränderung der Vermögenslage verbunden,[809] somit die Erfüllung einer Forderung im Sinne der Leistungserbringung durch den Schuldner auch nicht potentiell beeinträchtigt. Vielmehr können Gläubigerbelange insofern wiederum lediglich durch eine erschwerte Anspruchsdurchsetzung im Ausland tangiert sein.

Zusammenfassend wird der Begriff der „Erfüllungsgefährdung" vom Gesetzgeber so verstanden, dass er alle konkreten Gefährdungen der Gläubiger erfasst, die sich aus der Verschmelzung ergeben. Da ein solches Verständnis auch dem Sinn und Zweck der Vorschrift entspricht, Gläubigerinteressen, die im Zuge einer Verschmelzung konkret beeinträchtigt werden, umfassend zu schützen, ist an dieser Stelle von einem autonomen Begriff der „Erfüllungsgefährdung" auszugehen, der Risiken im Bereich der Anspruchsdurchsetzung grundsätzlich mit umfasst, sofern eine vergleichbare Beeinträchtigung vorliegt.[810]

---

802 Vgl. G/HE/K-Grunewald, § 347 AktG Rn 2.

803 §§ 17 ZPO i. V. m. § 4a GmbHG.

804 BegrRegE SEEG, BT-Drs. 15/3405.

805 BegrRegE SEEG, BT-Drs. 15/3405, S. 35.

806 BegrRegE SEEG, BT-Drs. 15/3405, S. 35.

807 BegrRegE SEEG, BT-Drs. 15/3405, S. 35.

808 BegrRegE, BT-Drs. 16/2919, S. 17.

809 BegrRegE SEEG, BT-Drs. 15/3405, S. 35.

810 Im Ergebnis ähnlich: *Passarge/Stark* in GmbHR 2007, S. 803 (807); aA: *Weber* in ZVglRWiss 107 (2008), S. 2193 (222).

(bb) Konkrete Gefährdung

Ob allerdings tatsächlich ein Sicherheitsanspruch besteht, hängt davon ab, ob im jeweiligen Fall eine konkrete Gefährdung zu bejahen ist.

(α) Sitzverlegung

Dass die Sitzverlegung ins Ausland zur Annahme einer Erfüllungsgefährdung führen kann, wurde bereits vom Gesetzgeber in Betracht gezogen. Denn er wies anlässlich der Einführung des § 122j UmwG ausdrücklich darauf hin, dass der nachgeordnete Schutz des § 22 UmwG den Gläubigerinteressen im Falle einer Sitzverlagerung ins Ausland unter Umständen nicht gerecht werde.[811] Wie bereits dargestellt,[812] führt die Sitzverlegung allerdings nicht zu einer Änderung der Vermögenslage der Gesellschaft.[813] Insbesondere geht mit der Sitzverlegung nicht zwangsläufig eine nennenswerte Vermögensverlagerung einher.[814] Auch unterliegt eine Gesellschaft nach der Sitzverlegung gemäß der Gründungstheorie nach wie vor denselben Rechtsregeln, so dass weiterhin die bisherigen Gläubigerschutzvorschriften Anwendung finden.

Eine Beeinträchtigung von Gläubigerinteressen könnte vielmehr in der Notwendigkeit einer klagweisen Geltendmachung der bestehenden Forderung im Ausland gesehen werden.[815] Dies setzt freilich voraus, dass infolge der Verschmelzung Forderungen tatsächlich im Ausland geltend gemacht werden müssen. Zwar fehlt im Umwandlungsrecht eine Art. 8 Abs. 16 SE-VO vergleichbare Vorschrift,[816] die gewährleistet, dass auch nach der Verschmelzung weiterhin im Inland geklagt werden kann. Auch geht mit der Sitzverlegung ins Ausland ein Wechsel des allgemeinen Gerichtsstands einher (vgl. Art. 2 Abs. 1 i. V. m. Art. 60 Abs. 1 EuGVVO). Dies führt aber nicht zwangsläufig dazu, dass Gläubiger ihre Forderungen nunmehr im Ausland geltend machen müssen.

---

811 BegrRegE, BT-Drs. 16/2919, S. 17.

812 So etwa unter: Zweiter Teil C I 5. b. bb.

813 BegrRegE SEEG, BT-Drs. 15/3405, S. 35.

814 Ebenso: *Kalss/Hügel*, § 14 SEEG Rn 12; *Schwarz*, Art. 8 SE-VO Rn 36; dem folgend wird die Vermögensverlagerung sogleich isoliert untersucht.

815 So: BegrRegE SEEG, BT-Drs. 15/3405, S. 35. Dort verneint der Gesetzgeber eine Beeinträchtigung der Gläubigerinteressen mit der Begründung, dass Gläubiger gem. Art. 8 Abs. 16 SE-VO weiterhin im Inland klagen könnten.

816 Art. 8 Abs. 16 SE-VO:
„Eine SE, die ihren Sitz in einen anderen Mitgliedstaat verlegt hat, gilt in Bezug auf alle Forderungen, die vor dem Zeitpunkt der Verlegung gemäß Absatz 10 entstanden sind, als SE mit Sitz in dem Mitgliedstaat, in dem sie vor der Verlegung eingetragen war, auch wenn sie erst nach der Verlegung verklagt wird.“.

Insbesondere könnte über Art. 5 Nr. 5 EuGVVO weiterhin ein – besonderer – Gerichtsstand im Inland verbleiben. Nach dieser Vorschrift besteht für Streitigkeiten aus dem Betrieb einer Zweigniederlassung, einer Agentur oder einer sonstigen Niederlassung auch ein Gerichtsstand an dem Ort, wo sich diese befindet. Eine Niederlassung ist hierbei ein Mittelpunkt geschäftlicher Tätigkeit, der auf Dauer als Außenstelle eines Stammhauses hervortritt, eine Geschäftsführung hat und sachlich so ausgestattet ist, dass er in der Weise Geschäfte mit Dritten betreiben kann, dass diese, obgleich sie wissen, dass möglicherweise ein Rechtsverhältnis mit dem im Ausland ansässigen Stammhaus begründet wird, sich nicht unmittelbar an dieses zu wenden brauchen.[817] Die Niederlassung stellt also eine Einheit dar, die als hauptsächlicher, wenn nicht ausschließlicher Gesprächspartner von Dritten in Vertragsverhandlungen auftreten kann.[818] Dies dürfte an sich für die vormals selbständige übertragende Gesellschaft zutreffen. Eine Besonderheit besteht vorliegend allerdings darin, dass die „Zweigniederlassung" zum Zeitpunkt der Entstehung der Verbindlichkeit noch gar nicht bestand, sondern sogar noch selbständiger Rechtsträger unabhängig von dem nunmehrigen Stammhaus war.

Sinn und Zweck des Art. 5 EuGVVO ist es, eine Gerichtszuständigkeit dort zu schaffen, wo zwischen dem Rechtsstreit und dem zu seiner Entscheidung berufenen Gericht eine enge innere Verknüpfung besteht, die es rechtfertigt, an dem Ort klagen zu können.[819] Dieser Zusammenhang wird in den Fällen des Art. 5 Nr. 5 EuGVVO allgemein darin gesehen, dass eine Gesellschaft, die dauerhaft mit einer Niederlassung in einem anderen Staat tätig wird, auch die Rechtsstreitigkeiten in diesem Mitgliedsstaat austragen muss.[820] Demgegenüber wird es als unausgewogen angesehen, der Partei, welche die Vorzüge der Teilnahme am Rechtsverkehr im Staat ihrer Niederlassung nutzt, den Einwand zu gestatten, sie sei dort nicht gerichtspflichtig.[821] Erforderlich ist allerdings, dass die Zweigniederlassung zum Zeitpunkt der Klageerhebung an dem Ort noch fortbesteht.[822]

---

817 EuGH, Urt. v. 06.04.1995 – Rs. C-439/93 – Lloyd's Register of Shipping/Société Campenon Bernard, Slg. 1995, I-00961, Rn 18.

818 EuGH, Urt. v. 06.04.1995 – Rs. C-439/93 – Lloyd's Register of Shipping/Société Campenon Bernard, Slg. 1995, I-00961, Rn 19.

819 EuGH, Urt. v. 17.01.1980 – Rs. 56/79 – Zelger/Salinitri, Slg. 1980, 89 Rn 3; EuGH, Urt. v. 19.02.2002 – Rs. C-256/00 – Besix AG/WABAG u. a., Slg. 2002, I-1699, Rn 30.

820 *Geimer* in WM 1976, S. 147; Geimer/Schütze-*Geimer*, Art. 5 EuGVVO Rn 296.

821 Geimer/Schütze-*Geimer*, Art. 5 EuGVVO Rn 296.

822 *Schlosser*, Art. 5 Rn 24; Geimer/Schütze-*Geimer*, Art. 5 EuGVVO Rn 312; in diesem Sinne auch: BGH, Urt. v. 12.06.2007, AZ: XI ZR 290/06, RIW 2007, 873. Teilweise wird auch vertreten, entscheidend sei das Vorliegen einer Zweigniederlassung zum Zeitpunkt der letzten mündlichen Verhandlung vor Gericht (so: OLG Saarbrücken, Urt. v. 03.04.1979, AZ: 2 U 185/76, RIW 1980, S. 799).

Besteht die Zweigniederlassung hingegen nicht mehr, so sei die Verbindung zwischen dem Betrieb der Zweigniederlassung und der Gesellschaft unterbrochen.[823]

Man könnte nun in Betracht ziehen, dass das Wegfallen der die Niederlassung betreibenden Gesellschaft – wie es bei einer Verschmelzung in Bezug auf die übertragende Gesellschaft der Fall ist – ebenfalls zu einer Unterbrechung führt. Hierfür könnte insbesondere sprechen, dass von der aufnehmenden Gesellschaft zum Zeitpunkt der Entstehung der Rechtsbeziehung, auf die sich die Klage stützt, noch überhaupt keine Niederlassung betrieben wurde. Vielmehr war die jetzige Niederlassung zum damaligen Zeitpunkt sogar noch selbständiger Rechtsträger. Es fehlt somit an einer rechtlichen Identität der Person, die die Niederlassung betreibt. Für die Bejahung eines Gerichtsstandes spricht jedoch, dass die Eintragung der Verschmelzung ins Handelsregister zu einer Gesamtrechtsnachfolge des übernehmenden Rechtsträgers führt, dieser also in alle bestehenden Rechte und Pflichten der jetzigen Niederlassung eintritt.[824] Insofern besteht im Verhältnis zum außen stehenden Dritten eine Kontinuität, die einerseits faktisch, andererseits aber auch rechtlich getragen wird. Bestehende Vertragsbeziehungen mit Geschäftspartnern der Niederlassung bestehen somit unverändert fort. In diesem Zusammenhang ist berücksichtigen, dass der EuGH mehrfach betont hat, dass es für die Auslegung des Art. 5 Nr. 5 EuGVVO – und somit für die Frage, ob eine Niederlassung im Sinne der Vorschrift besteht – nicht auf die für Außenstehende schlecht durchschaubaren Binnenbeziehungen ankommt.[825] Vielmehr ist die Art und Weise entscheidend, wie sich die Unternehmen verhalten und wie sich Dritten gegenüber ihre Handelsbeziehungen darstellen.[826] Wird nun der Geschäftsbetrieb der übertragenden Gesellschaft durch den aufnehmenden Rechtsträger in Form einer Zweigniederlassung weiterbetrieben und ist die Tätigkeit der nunmehrigen Zweigniederlassung in Art und Umfang wesensgleich, so stellt sich die Beziehung gegenüber den Geschäftspartnern als Fortführung des Geschäftsbetriebs dar. Entsprechend dem Sinn und Zweck der Vorschrift und den von der Rechtsprechung entwickelten Auslegungsregungsgrundsätzen ist demnach in einem derartigen Fall das Vorliegen eines Gerichtsstands am Sitz einer sekundären Niederlassung gem. Art. 5 Nr. 5 EuGVVO zu befürworten.[827] Der vormalige

823 Vgl. BGH, Urt. v. 12.06.2007, RIW 2007, S. 873 (974 f.); OLG Düsseldorf, Urt. v. 26.10.1995, IPRax 1998, S. 210 (211). Dies ergibt sich bereits aus der im Präsens gehaltenen englischen Textversion („ […] *in which the brand* […] *is situated*.“).

824 Zur Gesamtrechtsnachfolge im Zuge der Verschmelzung vgl. oben unter: Erster Teil D. II. 2. b.

825 EuGH, Urt. v. 09.12.1987 – Rs. 218/86 – SAR Schotte GmbH/Parfums Rothschild SARL, Slg. 1987, 4905 Rn 16.

826 EuGH, Urt. v. 09.12.1987 – Rs. 218/86 – SAR Schotte GmbH/Parfums Rothschild SARL, Slg. 1987, 4905, Rn 16.

827 In diesem Sinne auch: *Weber* in ZVglRWiss 107 (2008), 193 (206).

Gerichtsstand am Sitz der Hauptniederlassung wandelt sich somit durch die Verschmelzung um in den Gerichtsstand einer Zweigniederlassung der übernehmenden Gesellschaft.

Im Ergebnis bedeutet dies, dass in der weit überwiegenden Zahl der Fälle aufgrund einer Sitzverlegung keine Gläubigerinteressen tangiert sein dürften. Denn die vom Gesetzgeber ausgesprochene Befürchtung, Forderungen im Ausland klagweise durchsetzen zu müssen, ist nach dem Vorstehenden weitgehend unbegründet. Eine konkrete Erfüllungsgefährdung aufgrund einer Sitzverlegung, bei der eine Zweigniederlassung im Inland verbleibt, ist somit grundsätzlich zu verneinen.

Zu untersuchen bleibt, ob zumindest in den Fällen, in denen kein inländischer Gerichtsstand verbleibt,[828] eine Erfüllungsgefährdung i. S. v. § 122j UmwG anzunehmen ist. Ansatzpunkt ist insofern wiederum, dass durch die Sitzverlegung eine klagweise Durchsetzung im Ausland erforderlich wird. Gegen die Annahme einer Gefährdung könnte in diesen Fällen sprechen, dass durch das EuGVVO eine gewisse Gleichförmigkeit in diesem Bereich geschaffen wurde. Demgegenüber wurde von Teilen der Literatur zu Recht angemerkt, dass es trotz der Rechtsvereinheitlichung auf europäischer Ebene noch erhebliche Unterschiede in den mitgliedsstaatlichen Prozessrechten gibt.[829] So bestehen bei den prozessualen Kostentragungsregelungen der Mitgliedstaaten beträchtliche Abweichungen. Während in Deutschland mit § 91 ZPO der Grundsatz einer umfassenden Kostentragung herrscht, ist die Kostentragung nach Beendigung des Rechtsstreits etwa in England oder Frankreich variabler geregelt. Zwar gilt in England nach CPR 44.3(2)(a) die sogenannte „cost-shifting rule“, nach der der obsiegenden Partei ebenfalls grundsätzlich alle Kosten zu erstatten sind. Allerdings wird der Kostenbegriff durch CPR 44.4(1) derart eingeschränkt, dass nur die vernünftigerweise aufzuwendenden Kosten ersetzt werden. Ferner handelt es sich bei der „cost-shifting rule“ um eine Ermessensvorschrift, so dass abweichende Entscheidungen im Einzelfall möglich sind.[830] Ebenso basiert auch das französische Recht auf der Idee, dass grundsätzlich die unterlegene Partei die Kosten des Rechtsstreits zu tragen hat. Allerdings wird zwischen den Kosten, die anfallen, um die vom Gesetz vorgegebene Prozesshandlung durchzuführen, und den übrigen Kosten, die aufgrund des Rechtsstreits aufgewendet werden, unterschie-

---

828 Dies entspricht grundsätzlich dem Fall, in dem keine Niederlassung im Sinne von Art. 5 Nr. 5 EuGVVO im Inland betrieben wird.

829 Die von Widmann/Mayer-*Vossius*, UmwG, § 122j UmwG Rn 32 in diesem Zusammenhang genannte „American Rule“, nach der jede Partei ihre Kosten selbst zu tragen hat, gilt in England nicht.

830 Vgl. hierzu: *Barnard/Houghton*, S. 313.

den. Nur zur Erstattung ersterer, der Verfahrenskosten im engeren Sinne,[831] die in Art. 695 NCPC legaldefiniert sind, wird die unterlegene Partei gem. Art. 696 NCPC von Amts wegen verurteilt. Nicht hierunter fallen etwa die Anwaltsvergütung[832] sowie die Kosten, die bei den Parteien unmittelbar entstehen. Die Erstattung dieser übrigen Kosten erfolgt über Art. 700 NCPC, wobei der entscheidende Richter sowohl Billigkeitsgesichtspunkte als auch die wirtschaftlichen Verhältnisse der Parteien berücksichtigt.[833] Im Rahmen des Art. 700 NCPC wird daher häufig von einem Erstattungsanspruch abgesehen, wenn die finanzielle Lage der obsiegenden Partei einen solchen nicht als erforderlich oder umgekehrt die finanzielle Lage der unterlegenen Partei ihn als unzumutbar erscheinen lässt.[834] Ob derartige mitgliedstaatlichen Unterschiede freilich ausreichen, um eine konkrete Gefährdung der Forderung i. S. v. § 122j UmwG anzunehmen, dürfte grundsätzlich sehr fragwürdig sein und zudem vom konkreten Einzelfall abhängen. Denn die Gefahr einer bloßen Sitzverlegung des Schuldners und damit folgend einer Rechtsverfolgung im Ausland besteht unabhängig von einer Verschmelzung für jeden Gläubiger und stellt somit kein verschmelzungsspezifisches Problem dar. Gleichwohl sehen weder das GmbHG noch das AktG für den Fall der Sitzverlegung einer Gesellschaft ins Ausland Sicherheitsansprüche vor. Anders verhält es sich für die SE. Dort besteht mit Art. 8, 13 SE-VO eine Regelung, die an die Sitzverlegung anknüpft. Das konkrete Gefahrenmoment stellt dort allerdings keineswegs die klagweise Rechtsverfolgung im Ausland dar, da gem. Art. 8 Abs. 16 SE-VO ein inländischer Gerichtsstand verbleibt. Vielmehr besteht für die SE die Besonderheit, dass dort mit der bloßen Sitzverlegung gem. Art. 9 Abs. 1 lit. c, lit. ii auch das auf die Gesellschaft anwendbare Recht wechselt, so dass eine Beeinträchtigung von Gläubigerinteressen hier im Zusammenhang mit einer Sitzverlegung in vielerlei Hinsicht in Betracht kommt.

Im Ergebnis stellt allein die Tatsache, eine Forderung klagweise im Ausland durchsetzen zu müssen, kein Argument für die Annahme einer „Erfüllungsgefährdung“ dar. Vielmehr droht die Gefahr einer Sitzverlegung jedem Gläubiger,

---

831 Sogenannt „les dépens“.

832 Art. 695 Abs. 2 Nr. 7 NCPC umfasst zwar die gesetzliche Anwaltsgebühr, die aber äußerst gering ist. Es ist deshalb üblich, dass eine darüber hinausgehende Vergütung vereinbart wird, die nicht unter Art. 695 NCPC fällt, vgl. hierzu: Huber, Entwicklung, S. 328.

833 Art. 700 NCPC:
„Comme il est dit au I de l'article 75 de la loi n° 91–647 du 10 juillet 1991, dans toutes les instances, le juge condamne la partie tenue aux dépens ou, à défaut, la partie perdante, à payer à l'autre partie la somme qu'il détermine, au titre des frais exposés et non compris dans les dépens. Le juge tient compte de l'équité ou de la situation économique de la partie condamnée. Il peut, même d'office, pour des raisons tirées des mêmes considérations, dire qu'il n'y a pas lieu à cette condemnation.“.

834 Juris-Classeur Procédure Civile-*Defosset*, fascicule 524, para. 41.

ohne dass hierfür besondere Schutzmechanismen bestehen. So orientieren sich die übrigen europäischen Mitgliedstaaten in der Regel an dem Grundsatz, dass derjenige, der im Rechtsstreit unterliegt, auch dessen Kosten zu tragen hat.

Die existierenden nationalen Besonderheiten dürften im Übrigen nicht derart einschneidend sein, dass sie ein besonderes Sicherheitsverlangen rechtfertigen würden. Dies umso mehr, als nach dem „Grundsatz des gegenseitigen Vertrauens in die Justiz im Rahmen der Gemeinschaft“[835], der in den Erwägungsgründen 16 und 17 zum EuGVVO postuliert ist, die Vertragsstaaten ihren Rechtssystemen und Rechtspflegeorganen gegenseitiges Vertrauen entgegenbringen.[836] Diesem Grundsatz lässt sich die Vermutung entnehmen, dass dem Erfordernis, eine Forderung vor einem ausländischen gemeinschaftlichen Forum verfolgen zu müssen, keine Erfüllungsgefährdung immanent ist. Unter Berufung auf die vorgenannten Erwägungsgründe wurden vom EuGH bereits längere Verfahrensdauern in anderen Mitgliedstaaten als von diesem gegenseitigen Vertrauen umfasst und für unbedenklich erklärt.[837] Das Tatbestandsmerkmal der „Erfüllungsgefährdung“ verlangt insbesondere eine gesteigerte Intensität der Beeinträchtigung. Besteht diese für die „Erfüllungsgefährdung“ im klassischen Sinne in einem drohenden Forderungsausfall, so muss für die „Erfüllungsgefährdung“ im Sinne einer erschwerten Rechtsverfolgung zumindest eine vergleichbare Beeinträchtigung vorliegen, die es begründet, den Gläubiger bereits vor dem Zeitpunkt der Fälligkeit seiner Forderung durch eine Sicherheitsleistung zu schützen. Insofern dürfte allenfalls in Fallkonstellationen, in denen eine prozessuale Geltendmachung einer Forderung im Ausland für den Gläubiger wirtschaftlich unzumutbar ist, ein Sicherungsbegehren gerechtfertigt sein. Dies wäre etwa dann der Fall, wenn die dem Kläger selbst für den Fall des Obsiegens drohenden Kosten seine geltend zu machende Forderung nicht unerheblich schmälern würden.[838]

---

835 Erwägungsgründe 16 und 17 der Verordnung (EG) 44/2001 des Rates vom 22.12.2000 über die gerichtliche Zuständigkeit und die Anerkennung und Vollstreckung von Entscheidungen in Zivil- und Handelssachen (Brüssel-I-Verordnung). Bestätigt durch: EuGH, Urt. v. 09.12.2003 – Rs. C-116/02 – Erich Gasser GmbH/MISAT Srl, Slg. 2003, I–0000, Rn 72; EuGH, Urt. v. 27.04.2004 – Rs. C-159/02 – Turner/Grovit u. a., Slg. 2004, I–0000. Kritisch zu diesen Entscheidungen: *Althammer/Löhnig* in ZZPInt 9 (2004), S. 23 (36 f.).

836 EuGH, Urt. v. 09.12.2003 – Rs. C-116/02 – Erich Gasser GmbH/MISAT Srl, Slg. 2003, I–0000, Rn 72.

837 EuGH, Urt. v. 09.12.2003 – Rs. C-116/02 – Erich Gasser GmbH/MISAT Srl, Slg. 2003, I–0000, Rn 70 ff.

838 Denkbar wäre etwa eine Minderung der Forderung um mindestens 30%. Andererseits würde dies weitere Grundsatzfragen aufwerfen, denn bei einem derartigen Ansatz würden – ausgehend von einer kostenrechtlichen Gebührendegression, wie sie etwa das RVG vorsieht – in der Regel nur Gläubiger von Kleinstforderungen geschützt.

(β) Vermögensverlagerung

Neben der Sitzverlagerung könnte eine Gefährdung in tatsächlicher Hinsicht mit einer (nicht unwesentlichen) Vermögensverlagerung ins Ausland begründet werden. Insofern hatte der Gesetzgeber anlässlich der Entstehung der Parallelvorschriften §§ 8, 13 SEAG angemerkt, dass die zur Annahme einer Erfüllungsgefährdung erforderliche besondere Gefährdung der Forderung in der Regel zu bejahen sei, wenn „im Zuge der Sitzverlegung bedeutende Vermögensverlagerungen vorgenommen werden oder zu befürchten sind“[839].

Denkbare Gefahr ist in diesem Zusammenhang einzig, dass eine Durchsetzung der Forderung faktisch erschwert bzw. verhindert werden könnte.[840] Denn weder führt eine solche Verlagerung zum Wegfall eines Gerichtsstandes noch ändert sich hierdurch das auf den Schuldner anwendbare Recht. Es handelt sich also um eine Gefährdungslage, die dem Zivilprozessrecht und dort der Zwangsvollstreckung zuzuordnen ist.[841] Für den Bereich der allgemeinen Vollstreckungsgefährdung bestimmt § 917 Abs. 1 ZPO, dass ein dinglicher Arrest anzuordnen ist, wenn ohne dessen Verhängung die Vollstreckung des Urteils (oder eines sonstigen Vollstreckungstitels) vereitelt oder wesentlich erschwert würde. § 917 Abs. 2 ZPO ergänzt sodann für den Bereich der Auslandsvollstreckung, dass es zur Annahme einer Vollstreckungsgefährdung hier bereits ausreicht, wenn der Titel im Ausland vollstreckt werden müsste und die Gegenseitigkeit nicht verbürgt ist. Diese kann verbürgt sein durch die Ausgestaltung des innerstaatlichen Rechts des Vollstreckungsstaates, bi- oder multilaterale völkerrechtliche Verträge oder die Zugehörigkeit zu einer inter- oder supranationalen Organisation.[842] Dies trifft auf den EU-Bereich mit dem EuGVVO zu.[843] Der EuGH hat insofern bereits entschieden, dass es eine unzulässige versteckte Diskriminierung aufgrund der Staatsangehörigkeit darstellen würde, wenn allein schon deshalb ein Arrest zugelassen würde, weil die Vollstreckung im EU-Ausland stattfinden müsse.[844] Vielmehr betonte der EuGH in seiner Entscheidung, dass alle Hoheitsgebiete der Vertragsstaaten des Brüsseler Übereinkommens als ein einheitliches Ganzes angesehen werden können.[845] Er unterstrich ferner, dass die Voraussetzungen für die Vollstreckung

839 BegrRegE, BT-Drs. 15/3405, S. 35.

840 BegrRegE, BT-Drs. 15/3405, S. 35.

841 *Lennerz*, S. 226.

842 BegrRegE § 917 ZPO, BT-Drs. 15/1062, S. 8.

843 Zöller-*Vollkommer*, § 917 Rn 17.

844 EuGH, Urteil v. 10.02.1994 – Rs. C-398/92 – Mund & Fester/Hatrex International Transport, Slg. 1994, I–467, Rn 22.

845 EuGH, Urteil v. 10.02.1994 – Rs. C-398/92 – Mund & Fester/Hatrex International Transport, Slg. 1994, I–467, Rn 19 unter Verweis auf den Bericht zum EuGVVÜ, ABl. 1979, C 59, S. 1 (13).

von Entscheidungen und die mit den Schwierigkeiten, die sie verursacht, verbundenen Risiken in allen Mitgliedstaaten die gleichen sind.[846] Diesen Grundsätzen würde es widersprechen, wenn im Rahmen des *§* 122j UmwG eine Gefährdungslage allein damit begründet werden könnte, dass es im Zuge der Verschmelzung zu einer bedeutenden Vermögensverlagerung ins Ausland komme und die Forderung des Gläubigers deshalb im EU-Ausland vollstreckt werden müsse. Auch stünde dies im Widerspruch zu dem bereits genannten Grundsatz des gegenseitigen Vertrauens in die Justiz im Rahmen der Gemeinschaft.[847] Vielmehr ist nach dem Vorstehenden allein die Tatsache, dass es durch die Verschmelzung wahrscheinlich zu einer Vollstreckung im EU-Ausland kommen wird, für der Beurteilung der Frage, ob die Erfüllung einer Forderung gefährdet ist, unbeachtlich. Es muss unabhängig hiervon festgestellt werden, dass die Vermögensverlagerung dazu führt, dass die Erfüllung bzw. die Vollstreckung der Forderung gefährdet ist. Diese Glaubhaftmachung dürfte angesichts des grundsätzlichen Vertrauens, dass der Justiz innerhalb der Gemeinschaft entgegengebracht wird – ebenso wie für den Fall einer klagweisen Rechtsverfolgung im EU-Ausland –, nur in Ausnahmefällen gelingen.

(cc) Zwischenergebnis

Auch wenn der Gesetzgeber eine Erfüllungsgefährdung durch die mit der Verschmelzung einhergehende tatsächliche Grenzüberschreitung ausdrücklich im Blick hatte, dürfte sie nur in Ausnahmefällen anzunehmen sein.

Besteht die tatsächliche Grenzüberschreitung in einer Sitzverlegung, dürfte diese in der Regel nicht zu einem Wegfall des inländischen Gerichtsstandes führen. Denn in der weit überwiegenden Zahl der Fälle verbleibt über Art. 5 Nr. 5 EuGVVO ein Gerichtsstand am Sitz der Zweigniederlassung, so dass eine Klage am Sitz der Zielgesellschaft nicht notwendig wird. In den übrigen Fällen indiziert der Umstand, eine Forderung in einem anderen Mitgliedstaat klagweise durchsetzen zu müssen, für sich genommen ebenfalls keine Erfüllungsgefährdung.

Das Gleiche gilt für den Fall, dass die tatsächliche Grenzüberschreitung in Form einer (bedeutenden) Vermögensverlagerung ins Ausland besteht. Vielmehr existiert für beide Fälle aufgrund des „Grundsatzes des gegenseitigen Vertrauens in die Justiz im Rahmen der Gemeinschaft" eine Vermutung dahingehend, dass keine Erfüllungsgefährdung besteht. Gläubiger haben deshalb losgelöst von der

846 EuGH, Urteil v. 10.02.1994 – Rs. C-398/92 – Mund & Fester/Hatrex International Transport, Slg. 1994, I–467, Rn 20.

847 Erwägungsgründen 16 und 17 der Verordnung (EG) 44/2001 des Rates vom 22.12.2000 über die gerichtliche Zuständigkeit und die Anerkennung und Vollstreckung von Entscheidungen in Zivil- und Handelssachen (Brüssel-I-Verordnung).

Tatsache, dass sie im europäischen Ausland klagen bzw. vollstrecken müssen, bedeutende weitere Umstände vorzutragen, die es rechtfertigen, eine Erfüllungsgefährdung anzunehmen.

(b) Rechtliche Grenzüberschreitung

In rechtlicher Hinsicht entsteht eine Grenzüberschreitung im Rahmen einer Verschmelzung auf eine ausländische Gesellschaft dadurch, dass der aufnehmende Rechtsträger nicht dem deutschen Recht unterliegt. Denn dessen ausländisches Personalstatut ist maßgebend für die gesamte innere Verfassung der Gesellschaft.[848] Das bedeutet, dass sich die Frage, ob und in welcher Höhe Stammkapitalerfordernisse, aber auch Kapitalaufbringungs- und -erhaltungsregeln existieren, nach dem ausländischen Recht beantwortet. Zu untersuchen bleibt, ob und welche Abweichungen im Schutzniveau es hier rechtfertigen, eine Erfüllungsgefährdung zu bejahen.

(aa) Herabsetzung des Stammkapitals

In Bezug auf die innerstaatliche Verschmelzung sowie die Fälle der Hereinverschmelzung[849] wurde dargestellt, dass eine Erfüllungsgefährdung zu bejahen ist, wenn – unter Zugrundelegung einer Ausschüttung eines freien Verschmelzungsgewinns – der übernehmende Rechtsträger eine spürbar geringere Eigenkapitalquote als die übertragende Gesellschaft aufweist. Fraglich ist, ob dieser Grundsatz auch für den Fall einer grenzüberschreitenden Verschmelzung anwendbar ist.

Zunächst ist es ohne Weiteres möglich, dass es durch die grenzüberschreitende Verschmelzung zu einer Herabsetzung des Stammkapitals kommt. Besteht für die GmbH auch nach dem MoMiG weiterhin ein Mindeststammkapital in Höhe von 25.000 €,[850] existiert eine derartige Mindestkapitalpflicht in zahlreichen ausländischen Rechtsordnungen nicht. Neben dem insofern bekanntesten Beispiel, der englischen Ltd., gilt dies etwa auch für die französische société à responsabilité limitée[851]. In beiden Fällen ist es möglich, nahezu ohne finanzielle Mittel eine

848 MünchKomm-*Kindler*, BGB, IntGesR, Rn 564.

849 Über § 122a Abs. 2 UmwG.

850 Freilich verfügt das deutsche Recht mit der Unterform der GmbH, der Unternehmergesellschaft (haftungsbeschränkt), nunmehr auch über einen Typus der 1-Euro-GmbH.

851 Bis zum Inkrafttreten des Wirtschaftsförderungsgesetzes vom 01.08.2003 betrug das Mindestkapital der SARL 7.500 € (Art. L 223–2 Code de Commerce). Das Motiv für die Herabsetzung des Mindeststammkapitals bestand darin, die Gesellschaftsgründung für Privatpersonen mit geringeren finanziellen Mitteln, die nicht in der Lage waren das bislang erforderliche Stammkapital aufzubringen, zu erleichtern. Hierunter hat freilich der Ruf der SARL erheblich gelitten, so dass ihr heute stets ein Hauch mangelnder Seriosität anhaftet (vgl. etwa: Süß/Wachter-*Karst*, S. 812 f.).

Gesellschaft mit beschränkter Haftung mit nur einem Euro bzw. einem Pfund zu gründen. Kommt es also zu einer Verschmelzung einer GmbH auf eine solche ausländische Gesellschaft, kann ein erheblicher Verschmelzungsgewinn entstehen.[852]

Auch könnte dieser Gewinn – ebenso wie im Falle der nationalen Verschmelzung – in die Rücklage der Zielgesellschaft eingestellt und an die Gesellschafter ausgezahlt werden. Dies setzt freilich voraus, dass nach dem ausländischen Recht, dem die Zielgesellschaft unterliegt, die über dem Mindestkapital liegenden Rücklagen – ebenso wie im deutschen GmbH-Recht – frei ausgeschüttet werden können. Zwar unterliegen Kapitalrücklagen in Rechtsordnungen, die keine Mindestkapitalpflicht kennen, zumeist keiner Bindung. Dies trifft jedoch nicht generell zu.

So sieht etwa das englische Fallrecht ähnlich dem deutschen Recht ein Verbot der unmittelbaren oder mittelbaren Rückzahlung des geleisteten Kapitals an die Gesellschafter vor.[853] Anders als im deutschen Recht ist das geschützte Kapital hierbei allerdings nicht nur das im Memorandum niedergelegte Nominalkapital, sondern auch das im Rahmen der Anteilsausgabe effektiv eingezahlte Kapital – also der in der Rücklage für Aufgelder verbuchte Betrag.[854] Frei ausschüttbar bei einer Verschmelzung auf eine englische Ltd. ist somit anders als im deutschen Recht lediglich der über den geschützten Rücklagen liegende Betrag. Folglich kann bei der Beurteilung einer Erfüllungsgefährdung nur dieser freie Betrag zugrunde gelegt werden. Denn die Gefahr eines Kapitalabbaus zulasten der Gläubiger betrifft nur dieses freie Kapital.

Schärfer noch folgt das griechische GmbH-Recht für die E.P.E.[855] dem Grundsatz, dass neben dem Stammkapital auch die Rücklagen nicht an die Gesellschafter ausgezahlt werden dürfen.[856] Im Gegensatz zum deutschen Recht sieht Art. 24 G. 3190/1955[857] sogar eine zwingende Bestimmung für die Bildung von Reserven

852 Berücksichtigt werden muss in diesem Zusammenhang, dass das Stammkapital lediglich eine Kennziffer darstellt und zum Zeitpunkt der Verschmelzung bereits erheblich reduziert sein kann; auch kann in einer der Gesellschaften zum Zeitpunkt der Verschmelzung eine Unterbilanz bestehen. Somit sind ein Verschmelzungsgewinn und die Schaffung eines Ausschüttungspotentials in der beschriebenen Fallkonstellation nicht zwingend. Vgl. hierzu ausführlich oben unter: Erster Teil D. II. 2. c. bb. (1).

853 *Trevor vs. Withworth* (1887), 12 App Cas, p. 409 ff.; *Aveling Barford Limited vs. Perion Limited* (1989), BCLC 626.

854 Süß/Wachter-*Ebert/Levedag*, S. 622.

855 *Eteria Petiorismenis Efthinis.*

856 Süß/Wachter-*Ziouvas*, S. 855, 858.

857 Das kodifizierte griechische Gesetz 3190/1955, „Über Gesellschaften mit beschränkter Haftung“, griechischer Regierungsanzeiger FEK A’ 91/16.4.1955, zuletzt geändert durch das Gesetz Nr. 3661/2008 vom 19.05.2008.

vor. Danach sind jährlich mindestens 5% des Reingewinns in die Rücklage einzustellen, bis die Summe der Rücklage ein Drittel des Stammkapitals erreicht hat.[858] Im Falle des Verlustes der Hälfte des Stammkapitals sind die Geschäftsführer zur Einberufung der Gesellschafterversammlung verpflichtet, die über die Auflösung der Gesellschaft oder die Minderung des Gesellschaftskapitals, nicht jedoch unter das in Art. 4 Abs. 1 G. 3190/1955 bestimmte Mindestkapital[859] beschließt.[860] Wird eine solche Versammlung nicht innerhalb eines angemessenen Zeitraums einberufen oder kein Beschluss gefasst, kann jeder Interessent gem. Art. 45 Abs. 2 G. 3190/1955 vor Gericht die Auflösung der Gesellschaft verlangen. Sowohl Art. 24 als auch Art. 45 G. 3190/1955 stellen im Verhältnis zum deutschen GmbH-Recht schärfere Regelungen dar. Dadurch unternimmt der griechische Gesetzgeber den Versuch das Stammkapital tatsächlich zu einem Garantiekapital auszugestalten, das nicht angegriffen werden soll. Die zwingenden Rücklagen stellen insofern einen Verlustpuffer dar, der sicherstellen soll, dass im Falle eines Verlustes nicht sofort das Garantiekapital angegriffen wird. Reduziert sich das Stammkapital gleichwohl, muss die Gesellschaft dies nach außen hin dokumentieren, da sie die Pflichten des Art. 45 G. 3190/1955 treffen.

Zusammenfassend ist festzuhalten, dass somit auch bei der grenzüberschreitenden Verschmelzung die Möglichkeit einer Erfüllungsgefährdung im Zuge einer Kapitalherabsetzung besteht. Denn auch hier kann es zur Entstehung eines – ausschüttbaren – Verschmelzungsgewinns kommen, der es rechtfertigt Gläubigern, die auf die Bindung dieses Kapitals vertraut haben, Sicherheit zu gewähren. Im Unterschied zum deutschen Recht existieren im Ausland allerdings teilweise abweichende und strengere gesetzliche Regelungen hinsichtlich der Bindung von Rücklagen. Sofern diese vorsehen, dass Rücklagen nicht frei ausgeschüttet werden können, ist dies bei der Frage der Erfüllungsgefährdung zu berücksichtigen.[861] Denn eine verschmelzungsbedingte Kapitalherabsetzung

858 Art. 24 G. 3190/1955: *„Jährlich wird wenigstens ein Zwanzigstel der Reingewinne zur Bildung einer Rücklage abgezogen. Dieser Abzug hört auf obligatorisch zu sein, wenn die Rücklage ein Drittel des Kapitals erreicht.“.*

859 Die Gründung einer E.P.E. setzte vormals ein Mindeststammkapital von immerhin 18.000 EUR voraus, welches beim Abschluss des Gesellschaftsvertrages voll eingezahlt sein musste. Durch das Gesetz Nr. 3661/2008 vom 19.05.2008 wurde das Stammkapital nunmehr erheblich herabgesetzt auf lediglich 4.500 EUR.

860 Art. 45 Abs. 1 G. 3190/1955: *„Im Fall des Verlustes der Hälfte des Gesellschaftskapitals sind die Geschäftsführer zur Einberufung der Gesellschafterversammlung verpflichtet, die über die Auflösung der Gesellschaft oder die Minderung des Gesellschaftskapitals, jedoch nicht unter das in Artikel 4 Paragraph 1 bestimmte Mindestkapital beschließt.“.*

861 Ähnlich etwa auch die Regelung im österreichischen EU-VerschG, § 13 Abs. 1 S. 3: *„Einer solchen Glaubhaftmachung bedarf es nicht, wenn die Summe des Nennkapitals und der gebundenen Rücklagen der aus der Verschmelzung hervorgehenden Gesellschaft, wie sie nach der*

kann nur dann zur Beeinträchtigung von Gläubigerinteressen führen, wenn zuvor gebundenes Kapital – auf dessen Existenz der Gläubiger vertraut hat – nunmehr zur Ausschüttung tatsächlich frei wird. Im Ergebnis bedeutet dies, dass für den Fall der grenzüberschreitenden Verschmelzung ebenfalls auf der ersten Stufe festzustellen ist, ob es zur Schaffung eines Verschmelzungsgewinnes kommt. Sodann ist zusätzlich auf einer zweiten Stufe zu prüfen, ob das ausländische Recht es zulässt, dass dieser Gewinn tatsächlich an die Gläubiger ausgeschüttet wird. Gelangt man im Rahmen der Prüfung zu dem Ergebnis, dass ein (Teil des) Verschmelzungsgewinn(s) gebunden ist, ist dieser bei der sich anschließenden Prüfung, ob eine Erfüllungsgefährdung besteht, unberücksichtigt zu lassen, da der Verschmelzungsgewinn den Gläubigern – wenn auch nicht mehr zum Stammkapital gehörend – wirtschaftlich weiterhin zur Befriedigung zur Verfügung steht.

(bb) Kapitalschutzregelungen

Eine Erfüllungsgefährdung könnte sich ferner daraus ergeben, dass im ausländischen Recht – abweichend vom deutschen GmbH-Recht – die Vorschriften zur Kapitalaufbringung und/oder Kapitalerhaltung weniger streng ausgestaltet sind. Während die Kapitalschutzregelungen der Aktiengesellschaften in den Mitgliedstaaten durch die Kapitalrichtlinie[862] weitgehend harmonisiert wurden, bestehen bei den Gesellschaften mit beschränkter Haftung erhebliche Unterschiede hinsichtlich des Schutzniveaus.

So ist etwa im englischen Recht eine Bewertung der als Gesellschaftereinlage geleisteten Sacheinlage bei der Ltd. nicht vorgesehen. Dem liegt die Prämisse zugrunde, dass der angesetzte Wert unter Fremden – nämlich zwischen der Gesellschaft und dem Gesellschafter als Drittem – vereinbart und deshalb ein zutreffender Verkehrswert ermittelt wurde, der es überflüssig mache, eine unabhängige Bewertung der Sacheinlage vorzunehmen. Da nach englischem Gesellschaftsrecht die Ltd. aber kein Mindestkapital aufweisen muss, kommt der Frage der tatsächlichen Kapitalaufbringung im englischen Recht ohnehin keine derart bedeutende Rolle zu, wie dies etwa im deutschen Recht der Fall ist.

In Bezug auf die Kapitalerhaltung kennt hingegen beispielsweise das französische Recht keine derart strengen Regeln, wie sie im deutschen Recht existieren. So sind insbesondere Auszahlungen des Stammkapitals an Gesellschafter zulässig. Angesichts eines Stammkapitalerfordernisses von lediglich einem Euro kommt den

Eintragung besteht, niedriger ist als die Summe des Nennkapitals und der gebundenen Rücklagen der übertragenden Gesellschaft.".

862 Zweite gesellschaftsrechtliche Richtlinie 77/91/EWG, veröffentlicht in ABl. Nr. L 26 v. 31.01.1977, S. 1.

Kapitalerhaltungsregelungen allerdings ebenfalls wiederum keine dem deutschen Recht vergleichbare Gläubigerschutzfunktion zu. Hinzuweisen ist allerdings auf die Verpflichtung des Geschäftsführers einer SARL, die Gesellschafter zu informieren, wenn das Reinvermögen der Gesellschaft unter die Hälfte des im Gesellschaftsvertrag ausgewiesenen Stammkapitals sinkt.[863] Die Gesellschafter haben sodann über die Auflösung der Gesellschaft zu beschließen. Entscheiden sie sich gegen eine Auflösung, muss die finanzielle Situation der Gesellschaft bis zum Ende des zweiten Geschäftsjahres, welches auf dasjenige folgt, in welchem das Absinken des Reinvermögens festgestellt wurde, bereinigt werden. Dies kann gem. Art. L 223–42 Abs. 2 Code de Commerce auch dadurch geschehen, dass das Stammkapital auf den Wert des tatsächlichen Reinvermögens reduziert wird. Eine Einberufungspflicht in vergleichbaren Fällen sieht zwar auch das GmbHG in § 49 Abs. 3 GmbHG vor. Allerdings knüpft der deutsche Gesetzgeber hieran keine weitergehenden Pflichten für die Gesellschaft. Sichergestellt wird nach dem deutschen Recht damit lediglich, dass sich die Gesellschafter mit der Situation auseinandersetzen. Dagegen unternimmt der französische im Unterschied zum deutschen Gesetzgeber den Versuch sicherzustellen, dass der Stammkapitalziffer tatsächlich ein entsprechender Wert innewohnt. Gläubiger können somit darauf vertrauen, dass sich bedeutende Abflüsse im Vermögen der Gesellschaft zumindest mittelfristig im angegebenen Stammkapital widerspiegeln.[864] Von Bedeutung ist dies freilich nur bei Gesellschaften, die mit einem eine Gläubigerschutzfunktion rechtfertigenden Stammkapital gegründet wurden.

Zusammenfassend ergibt sich, dass in den Mitgliedstaaten erhebliche Abweichungen hinsichtlich des Schutzniveaus der Kapitalaufbringungs- und Kapitalerhaltungsregeln bestehen.

Zu berücksichtigen ist hierbei einerseits, dass derartigen Vorschriften aufgrund der höchst unterschiedlichen Mindeststammkapitalerfordernisse teilweise ohnehin nur eine sehr beschränkte Gläubigerschutzfunktion zukommt. Verfügt eine Zielgesellschaft beispielsweise nur über ein Stammkapital von einem Euro, dürfte es für die Beurteilung der Frage, ob eine Erfüllungsgefährdung konkret zu bejahen ist, kaum eine Rolle spielen, ob die Zielgesellschaft in Bezug auf dieses Stammkapital strengeren oder weicheren Kapitalschutzregeln unterworfen ist als die übertragende deutsche Gesellschaft, die über ein Stammkapital von mindestens 25.000 € verfügte. Demzufolge eignet sich ein isolierter Vergleich der Kapitalschutzvorschriften zur Beurteilung der Frage, ob eine Erfüllungsgefährdung besteht, nicht. Vielmehr sind die Kapitalschutzvorschriften im Zusammenhang mit den Stamm-

863 Süß/Wachter-*Karst*, S. 814.

864 Die Frist zur Bereinigung der finanziellen Situation dauert bis zum Ende des zweiten Geschäftsjahres, welches auf dasjenige folgt, in dem das Absinken des Reinvermögens festgestellt wurde.

kapitalziffern der übertragenden und der aufnehmenden Gesellschaft zu würdigen und taugen nicht zum primären, sondern lediglich zum sekundären – nämlich ergänzenden – Beurteilungskriterium. In der Konsequenz scheidet somit auch eine pauschale Fallgruppenbildung für bestimmte Verschmelzungskonstellationen aus, in denen stets eine Erfüllungsgefährdung aufgrund von national schwächer ausgestalteten Kapitalschutzvorschriften vorliegt.[865] Im Übrigen verböte sich eine derartige Fallgruppenbildung auch als nicht gerechtfertigter – weil diskriminierender – Eingriff in die Niederlassungsfreiheit.[866]

Andererseits weisen die deutschen Kapitalschutzregeln – trotz ihrer im europäischen Überblick vergleichbaren Strenge – erhebliche Schwächen auf. So kann das deutsche Registergericht die Vorlage von Einzahlungsbelegen nur noch verlangen, wenn es im Rahmen der Prüfung nach § 9c GmbHG *erhebliche Zweifel* an der Richtigkeit der Angaben hat. Bei der Kapitalaufbringung mittels Sacheinlagen wird eine Eintragung nur noch dann abgelehnt, wenn diese *nicht nur unwesentlich* überbewertet wurden. Insbesondere wird durch die Stammkapitalbindung des GmbHG keinesfalls sichergestellt, dass das Stammkapital als Haftungsfond durch operative Verluste nicht aufgezehrt wird.[867] Kommt es zu Verlusten findet auch keine Kontrolle dahingehend statt, dass die Verluste wieder ausgeglichen werden oder dass die Stammkapitalziffer dem tatsächlich vorhandenen Haftungsfond angepasst wird. Insofern ist die Stammkapitalziffer im deutschen Recht – im Unterschied etwa zum ansonsten erheblich schwächer ausgestaltetem französischen Recht – sogar trügerisch, da sie keinerlei Auskunft über das tatsächlich vorhandene Vermögen gibt.

Nach alledem dürfte sich auch im Rahmen einer sekundären Beurteilung anhand der unterschiedlichen Kapitalschutzregeln die Bejahung einer Erfüllungsgefährdung nur ausnahmsweise rechtfertigen.[868] Vielmehr besteht aufgrund des „Grundsatzes des gegenseitigen Vertrauens und der Zusammenarbeit im vereinten Euro-

865 Eine derart pauschale Betrachtung anhand abstrakter Kriterien würde zudem auch nicht dem Erfordernis einer *konkreten* Erfüllungsgefährdung entsprechen.

866 I.E. ebenso: Semler/Stengel-*Dinhausen*, § 122j Rn 9; Schmidt/Hörtnagl/Stratz-*Hörtnagl*, § 122j Rn 8.

867 Zur Kritik hiergegen: *Mülbert* in Der Konzern 2004, S. 151; *Schall* in ZGR 2009, 126.

868 Ähnlich: Lutter-*Bayer*, § 122j Rn 14; eine Erfüllungsgefährdung aufgrund eines geringeren rechtlichen Kapitalschutzes bei der übernehmenden ausländischen Gesellschaft ebenfalls für die Parallelvorschrift Art. 8 SE-VO befürwortend: MünchKomm-Oechsler, AktG, Band 9/2, Art. 8 SE-VO, Rn 42; *Ihrig/Wagner* in BB 2003, S. 969 (973 f.); einen solchen ablehnend: Schmidt/Hörtnagl/Stratz-*Hörtnagl*, § 122j Rn 8; für die Parallelvorschrift Art. 8 SE-VO ablehnend: Spindler/Stilz-*Casper*, Art. 8 SE-VO, Rn 15; *Weber* in ZVglRWiss 107 (208), S. 193 (2009).

pa“[869] eine Vermutung dahingehend, dass ein Gläubiger auch nach der ausländischen Rechtsordnung ausreichend geschützt werde. Zu berücksichtigen ist bei einem Vergleich die Gesamtheit der jeweils betroffenen Rechtsordnungen. Denn das Fehlen dem deutschen Recht entsprechender elementarer Gläubigerschutzvorschriften geht teilweise mit der Existenz dem deutschen Recht unbekannter und effektiv gläubigerschützender Vorschriften einher. Schließlich muss die Prüfung zu dem Ergebnis führen, dass der Gläubiger durch das *abstrakt* niedrigere Schutzniveau hinsichtlich der Erfüllung seiner Forderung *konkret* gefährdet wird.

(cc) Sonstige Regelungen

In Betracht kommt es auch, dass sonstige Regelungen hinsichtlich der gesellschaftsrechtlichen Organisation, insbesondere hinsichtlich der Rechte und Pflichten der Geschäftsführung sowie der Kontrollrechte der Anteilseigner, die mittelbar auch den Schutz der Gläubiger bezwecken, weniger streng ausgestaltet sind, als im deutschen Recht. Stärker noch als für die Kapitalschutzregelungen gilt für derartige Vorschriften ebenfalls, dass sie sich nicht als primäres Beurteilungskriterium für eine Erfüllungsgefährdung eignen. Dies wiederum deshalb, weil sie grundsätzlich eine abstrakte und somit nicht eine konkrete Gefährdung beschreiben. Ferner rechtfertigen Beeinträchtigungen, die auf einem niedrigeren Schutzniveau von Vorschriften fußen, die nur mittelbar dem Gläubigerschutz dienen, für sich genommen noch keine Erfüllungsgefährdung. Auch insofern gilt, dass derartige Einschränkungen nicht als primäres, sondern – wenn überhaupt – lediglich als sekundäres Beurteilungskriterium taugen.

(dd) Zwischenergebnis

Eine Erfüllungsgefährdung aufgrund der rechtlichen Grenzüberschreitung kommt in mehrfacher Hinsicht in Betracht.

Zunächst kann – ebenso wie bei der innerstaatlichen Verschmelzung – eine verschmelzungsbedingte Kapitalherabsetzung im Falle der Herausverschmelzung ein Sicherheitsverlangen rechtfertigen. Aufgrund der unterschiedlichen nationalen Kapitalschutzvorschriften ergeben sich hierbei allerdings im Rahmen der Prüfung Besonderheiten. So ist nach der Feststellung eines Verschmelzungsgewinnes auf einer zweiten Stufe zu prüfen, ob das ausländische Recht es zulässt, dass dieser Gewinn tatsächlich an die Gläubiger ausgeschüttet wird. Gelangt man im Rahmen der Prüfung zu dem Ergebnis, dass ein (Teil des) Verschmelzungsgewinn(s) gebunden ist, ist dieser bei der sich anschließenden Prüfung, ob eine

869 EuGH, Urt. v. 09.12.2003 – Rs. C-116/02 – Erich Gasser GmbH/MISAT Srl, Slg. 2003, I–0000, Rn 72; EuGH, Urt. v. 27.04.2004 – Rs. C-159/02 – Turner/Grovit u. a., Slg. 2004, I–0000.

Erfüllungsgefährdung tatsächlich besteht, unberücksichtigt zu lassen, da der Verschmelzungsgewinn den Gläubigern – wenn auch nicht mehr zum Stammkapital gehörend – wirtschaftlich weiterhin zur Befriedigung zur Verfügung steht.

Hinsichtlich der Kapitalaufbringungs- und Kapitalerhaltungsregelungen existieren zwar beträchtliche Abweichungen in den einzelnen Mitgliedstaaten. Aufgrund der höchst unterschiedlichen Mindeststammkapitalerfordernisse wirken sich diese Regelungen allerdings in der Praxis teilweise kaum eigenständig aus. Deshalb sind die Kapitalschutzvorschriften stets im Zusammenhang mit den Mindeststammkapitalerfordernissen der übertragenden und der aufnehmenden Gesellschaft und somit lediglich ergänzend zu würdigen. Als primäres Kriterium für die Beurteilung der Frage der Erfüllungsgefährdung eignen sie sich hingegen nicht.

bb. Glaubhaftmachung

Die Gläubiger müssen – wie auch im Falle des § 22 UmwG – glaubhaft machen, dass durch die Verschmelzung die Erfüllung ihrer Forderung gefährdet wird. Die Glaubhaftmachung bezieht sich folglich nicht auf die Existenz der Forderung. Diese ist vielmehr im Zivilprozess nach den Regeln des Strengbeweises gem. § 286 ZPO zu beurteilen.[870] Die Beweiserleichterung bezieht sich lediglich darauf, dass die Erfüllung der Forderung aufgrund der Verschmelzung gefährdet ist.[871] An die Stelle des Vollbeweises tritt hier eine Wahrscheinlichkeitsfeststellung. [872] Für sie gilt ebenfalls der Grundsatz der freien Würdigung des gesamten Vorbringens. Ein festes Beweismaß wie beim Vollbeweis gibt es hier aber nicht. Häufig wird die Formel verwendet, dass eine „überwiegende Wahrscheinlichkeit“ genüge.[873]

Zulässiges Mittel für die Glaubhaftmachung ist neben den Beweismitteln i. S. v. §§ 355–455 ZPO – sofern sie präsent sind – die Versicherung an Eides statt (§ 294 Abs. 1 ZPO), auch durch den Beweisführer selbst.

cc. Gesicherte Ansprüche

Sicherheitsleistung kann gem. § 122j Abs. 2 UmwG nur für solche obligatorischen Ansprüche verlangt werden, die vor oder bis zu 15 Tage nach Bekanntma-

---

870 OLG Celle, Urt. v. 02.11.1988, AZ: 9 U 54/88, BB 1989, S. 868 f.; Lutter-Grunewald, § 22 Rn 14; Kallmeyer-*Marsch-Barner*, § 22 Rn 4; Semler/Stengel-*Maier-Reimer*, § 22 Rn 37; Schmitt/Hörtnagl/Stratz-*Stratz*, § 22 Rn 14.

871 Lutter-*Grunewald*, § 22 Rn 14.

872 BGH, Beschluss v. 11.09.2003, AZ: IX ZB 27/03, BGHZ 156, 139 (142).

873 BGH, Beschluss v. 11.09.2003, AZ: IX ZB 27/03, BGHZ 156, 139 (142); Stein/Jonas-*Leipold*, § 294 Rn 6; Baumbach/Lauterbach-*Hartmann*, § 294 Rn 1; MünchKomm-*Prütting*, ZPO, § 294 Rn 24. Zur Kritik an der Ungenauigkeit dieser Formel: Zöller-*Greger*, § 294 Rn 6.

chung des Verschmelzungsplans oder seines Entwurfs entstanden sind.[874] Kein Anspruch auf Sicherheitsleistung besteht gem. § 122j Abs. 1 S. 1, 2. HS. UmwG, soweit der Gläubiger Befriedigung verlangen kann, also die Forderung bereits fällig ist. Voraussetzung ist also ebenso wie bei § 22 UmwG, dass die Forderung entstanden, aber noch nicht fällig ist.[875] Ferner ist ein Anspruch auf Sicherheitsleistung – wiederum ebenso wie bei § 22 UmwG – nach der ratio der Norm ausgeschlossen, wenn dem Gläubiger für seine Forderung bereits anderweitig ausreichend Sicherheit geleistet worden ist, denn in diesem Fall fehlt es an einem Schutzbedürfnis.[876] Umstritten ist, ob ein Sicherheitsanspruch ebenfalls ausgeschlossen ist, wenn die Gläubiger im Fall der Insolvenz ein Recht auf vorzugsweise Befriedigung aus einer staatlich überwachten Deckungsmasse haben (§ 22 Abs. 2 UmwG).[877] Letztlich dürfte die Anwendbarkeit des § 22 Abs. 2 UmwG über § 122a Abs. 2 UmwG aber dahinstehen, da es in einem solchen Fall in der Regel an einer konkreten Gefährdung mangeln dürfte.[878]

dd. Anmeldung

Die Anmeldung der Forderung bedarf – ebenso wie bei § 22 UmwG – der Schriftform (§ 126 BGB)[879] und muss den Anspruch nach Grund und Höhe[880] bezeichnen.

ee. Adressat des Sicherheitsanspruchs

Der Sicherheitsanspruch richtet sich bei § 122j UmwG abweichend von § 22 UmwG gegen die übertragende deutsche Gesellschaft. Insoweit unterscheidet sich § 122j UmwG maßgeblich von § 22 UmwG, der einen entsprechenden Anspruch erst nach Wirksamwerden der Verschmelzung gegen den übernehmenden Rechtsträger vorsieht.[881]

---

874 Der Gesetzgeber hat sich hierbei an § 15 HGB orientiert, vgl. BegrRegE zu § 122j Abs. 2, BT-Drs. 16/2919, S. 17.

875 Lutter-*Bayer*, § 122j Rn 16; Semler/Stengel-*Drinhausen*, § 122j Rn 14.

876 Semler/Stengel-*Drinhausen*, § 122j Rn 15; Lutter-*Bayer,* § 122j Rn 17.

877 Einen Ausschluss über § 122a Abs. 2 UmwG befürwortend: *Frenzel*, S. 366; Lutter-*Bayer*, § 122j Rn 18; ablehnend aber eine konkrete Gefährdung bezweifelnd: *Louven* in ZIP 2006, S. 2021 (2028); Semler/Stengel-*Drinhausen*, § 122j Rn 14; Kallmeyer-*Marsch-Barner*, § 122j Rn 21.

878 In diesem Sinne auch: *Louven* in ZIP 2006, S. 2021 (2028); Lutter-*Bayer*, § 122j Rn 18; Semler/Stengel-*Drinhausen*, § 122j Rn 14; Kallmeyer-*Marsch-Barner*, § 122j Rn 21.

879 Semler/Stengel-*Drinhausen*, § 122j Rn 7; Lutter-*Bayer*, § 122j Rn 12.

880 Semler/Stengel-*Drinhausen*, § 122j Rn 7; Lutter-*Bayer*, § 122j Rn 12.

881 Zu den Gründen und der Zweckmäßigkeit dieser Besonderheit ausführlich unter: Zweiter Teil C. I. 5. a bb.

ff. Frist

In zeitlicher Hinsicht kann der Anspruch auf Sicherheitsleistung nur binnen einer Ausschlussfrist von zwei Monaten geltend gemacht werden. Damit steht den Gläubigern in den Fällen des § 122j UmwG eine im Vergleich zu § 22 UmwG (dort gilt eine Sechsmonatsfrist) eine erheblich kürzere Frist zur Geltendmachung ihrer Ansprüche zur Verfügung.

Die Frist beginnt mit der Bekanntmachung des Verschmelzungsplanes bzw. seines Entwurfes gem. § 122d UmwG.[882] Da die Bekanntmachung gem. § 122d S. 2 Nr. 4 UmwG unter anderem auch einen Hinweis auf die Modalitäten für die Ausübung der Gläubigerrechte enthalten muss,[883] ist gewährleistet, dass die Gläubiger die Frist auch tatsächlich ausnutzen können.[884] Nach der ratio der Norm kann die Anmeldung – ebenso wie bei nationalen Verschmelzungen – auch schon vor Beginn der Frist erfolgen.[885]

Diesem Regelungsmodell wurde von bedeutenden Stimmen in der Literatur vorgeworfen, dass es zu nicht hinnehmbaren finanziellen Belastungen für die übertragenden Rechtsträger führe.[886] Auch könnten grenzüberschreitende Verschmelzungen verzögert, wenn nicht sogar verhindert werden.[887] Anknüpfungspunkt dieser Kritik ist, dass nach § 122k Abs. 1 S. 3, Abs. 2 S. 4 UmwG die Mitglieder der Vertretungsorgane der Gesellschaft bei der Anmeldung der Verschmelzung gem. § 122k Abs. 1 S. 3 UmwG eine Versicherung abzugeben haben, dass allen Gläubigern, die nach § 122j UmwG einen Anspruch auf Sicherheitsleistung haben, eine angemessene Sicherheit geleistet wurde. Erst wenn diese Erklärung abgegeben worden ist, stellt das Gericht die nach § 122k Abs. 1 S. 3 UmwG zur Eintragung der Verschmelzung erforderliche Bescheinigung aus. Das bedeutet, dass die Anmeldung grundsätzlich erst nach Ablauf von zwei Monaten nach der Bekanntmachung des Verschmelzungsplanes erfolgen wird, da erst ab diesem Zeitpunkt feststeht, welche Gläubiger überhaupt Sicherheit verlangen. Kritisiert wird ferner, dass man damit im Ergebnis die beteiligten Gesellschaften ihren Gläubigern ausliefere, die faktisch eine Stellung erlangten, von der jeder

---

882 Semler/Stengel-*Drinhausen*, § 122j Rn 8; Lutter-*Bayer*, § 122j Rn 13; Widmann/Mayer-*Vossius*, § 122j UmwG Rn 22.

883 Vgl. hierzu ausführlich oben unter: Zweiter Teil C I. 1. d. dd. (4) (b).

884 Lutter-*Bayer*, § 122j Rn 13.

885 Semler/Stengel-*Drinhausen*, § 122j Rn 8; Semler/Stengel-Grunewald, § 22 Rn 41.

886 Lutter/Hummelhoff-*Bayer*, Die Europäische Gesellschaft, S. 25 (43); Lutter/Hummelhoff-*Bayer*, Art. 24 Rn 15 SE-VO; *Brandt* in DStR 2003, 1208 (1214); *J. Schmidt*, S. 213; *Bayer/Schmidt* in NZG 2006, S. 841 (843).

887 So bereits die Kritik des Bundesrates zu §§ 8, 13 SEEG, BT-Drs. 15/3656, S. 4; diese Bedenken wurden von der FDP-Fraktion im beratenden Rechtsausschuss zur Änderung des UmwG und zur Einführung des § 122j UmwG aufgegriffen, BT-Drs. 16/4193, S. 4.

räuberische Aktionär nur träumen könne.[888] Denn es sei keinesfalls abwegig, dass eine Gefährdung von Gläubigern unberechtigt mehr als substanzlos behauptet werde.[889] Demgegenüber sei fraglich, ob die Mitglieder der Vertretungsorgane das gem. § 314 UmwG strafrechtlich sanktionierte Prognoserisiko auf sich nehmen.[890]

Dem kann entgegengehalten werden, dass die Sicherheitsleistung auch an eine Vielzahl von Gläubigern die Gesellschaft regelmäßig nicht in Liquiditätsprobleme stürzen wird, weil die Sicherheit auch durch Bankbürgschaften und gleichwertige Sicherheiten erfolgen kann.[891] Freilich entstehen auch hierdurch Kosten für die Gesellschaft. Diese belasten die Gesellschaft allerdings nicht in unzumutbarer Weise, insbesondere auch deswegen nicht, weil viele Gläubiger die Bekanntmachungsblätter, aus denen die bevorstehende Verschmelzung hervorgeht, überhaupt nicht lesen und schon deshalb keine Sicherheitsansprüche anmelden werden.[892]

Die unberechtigte Forderung nach Sicherheitsleistung führt ebenfalls nicht dazu, dass die Verschmelzung behindert wird. Denn sofern die Vertretungsorgane gute Gründe dafür anführen können, dass ein Verlangen nach Sicherheitsleistung einzelner Gläubiger unberechtigt ist, spricht nichts dagegen, die von § 122k Abs. 1 S. 3 UmwG geforderte Versicherung abzugeben, ohne dass einem unberechtigten Sicherheitsbegehren nachgekommen wurde.[893] Selbst wenn sich später herausstellen sollte, dass das Verlangen einzelner Gläubiger nach Sicherheitsleistung in der geltend gemachten Art und Weise gerechtfertigt war, wird es für eine Strafbarkeit nach § 314a UmwG jedenfalls am Vorsatz der Vertretungsorgane hinsichtlich der falsch abgegebenen Versicherung fehlen.[894]

Ferner verzögert die Zweimonatsfrist die Verschmelzung nicht übermäßig.[895] Denn zunächst muss der Verschmelzungsplan gem. § 122d Abs. 1 S. 1 UmwG spätestens einen Monat vor der Gesellschafterversammlung, die nach § 13 UmwG

888 DNotV Stellungnahme zum Diskussionsentwurf eines Gesetzes zur Einführung der Europäischen Gesellschaft vom 24. Juni 2003, S. 13; *Grunewald* in Der Konzern, S: 106 (107); Lutter-*Bayer*, § 122j Rn 4.

889 So die Bedenken bei: *Grunewald* in Der Konzern 2007, S. 106 (107).

890 *Grunewald* in Der Konzern 2007, 106 (107).

891 *Brandt* in DStR 2003, 1208 (1214).

892 Eine positive Mitteilungspflicht der Gläubiger hinsichtlich der Verschmelzung und der Möglichkeit Ansprüche geltend zu machen – ähnlich etwa dem schwedischen Recht – erscheint aber im deutschen Recht wegen der positiven Publizitätswirkung der Bekanntmachung im Handelsregister gem. § 15 Abs. 2 HGB entbehrlich.

893 KK-*Simon/Rubner*, § 122j Rn 18.

894 Widmann/Mayer-*Vossius*, § 122j UmwG Rn 13; KK-*Simon/Rubner*, § 122j Rn 18.

895 Ebenso: *Handelsrechtsausschuss des deutschen Anwaltsvereins*, Stellungnahme zum Regierungsentwurf eines Zweiten Gesetzes zur Änderung des Umwandlungsgesetzes, NZG 2006, S. 742.

über die Zustimmung zum Verschmelzungsplan beschließen soll, veröffentlicht werden. Zur Abgabe der Negativerklärung nach §§ 122a Abs. 2 UmwG, 16 Abs. 2 UmwG,[896] die Voraussetzung für die Erteilung einer Verschmelzungsbescheinigung durch das Registergericht ist, muss ferner nach dem Verschmelzungsbeschluss gem. § 14 Abs. 1 UmwG wiederum ein Monat verstrichen sein.[897] Denn die in §§ 122k Abs. 1 S. 2, 16 Abs. 2 Satz 1 UmwG geforderte Negativerklärung der Vertretungsorgane kann erst wirksam nach Ablauf der für Klagen bestimmten Monatsfrist (§ 195 Abs. 1 UmwG) abgegeben werden.[898] Im Ergebnis bedeutet dies, dass zwischen der Bekanntmachung des Verschmelzungsplanes und der Anmeldung der Verschmelzung ohnehin zwei Monate verstreichen.

Insgesamt belastet die Zweimonatsfrist die übertragenden Rechtsträger nicht übermäßig. Vielmehr verschafft sie dem schützenswerten Anspruch der Gläubiger auf Sicherheitsleistung wirksam Geltung, ohne den Verschmelzungsvorgang zu verzögern, da sie sich in den zeitlichen Ablauf des Verschmelzungsverfahrens einfügt. Sie ist deshalb nicht zu beanstanden.

d. Art und Umfang der Sicherheitsleistung

Mit dem Anspruch auf Sicherheit ist – ebenso wie bei § 22 UmwG – eine Sicherheit in den Formen der §§ 232 ff. BGB gemeint.[899] In Betracht kommen demnach eine Hinterlegung von Geld[900] oder Wertpapieren,[901] eine Verpfändung von Schuldbuchforderungen,[902] beweglichen Sachen,[903] mündelsicheren Hypotheken, Grundschulden oder Rentenschulden[904] oder die Bestellung einer Hypothek[905].

896 Bei der Anmeldung haben die Vertretungsorgane gem. § 16 Abs. 2 UmwG zu erklären, dass eine Klage gegen die Wirksamkeit eines Verschmelzungsbeschlusses nicht oder nicht fristgemäß erhoben oder eine solche Klage rechtskräftig abgewiesen oder zurückgenommen worden ist.

897 BGH, Urt. v. 05.10.2006, AZ: III ZR 283/05, ZIP 2006, S. 2312; OLG Karlsruhe, Urt. v. 10.04.2001, AZ: 11 Wx 12/01, NJW-RR 2001, S. 1326 (1327).

898 Das folgt daraus, dass erst nach diesem Zeitpunkt überhaupt beurteilt werden kann, ob eine Klage „nicht oder nicht fristgemäß" erhoben worden ist , vgl. BGH, Urt. v. 05.10.2006, AZ: III ZR 283/05, ZIP 2006, S. 2312.

899 Kallmeyer-*Marsch-Barner*, § 22 Rn 12; Lutter-*Grunewald*, § 22 Rn 23; Semler/Stengel-*Maier-Reimer*, § 22 Rn 52.

900 §§ 232, 233 BGB.

901 §§ 232, 233, 234 BGB.

902 §§ 232, 236 BGB.

903 §§ 232, 237 BGB.

904 §§ 232, 238 BGB.

905 § 232 BGB. Es genügt die Bestellung einer Sicherungshypothek; § 238 BGB steht dem nicht entgegen, da die Vorschrift nur die Hypothekenverpfändung betrifft, vgl. Palandt-*Ellenberger*, § 232 Rn 1.

Die Sicherheitsleistung durch Stellung eines tauglichen Bürgen[906] ist nach § 232 Abs. 2, 239 BGB nur zulässig, wenn Sicherheit nicht in anderer Weise geleistet werden kann. Das Wahlrecht steht der verpflichteten Gesellschaft zu.[907] Erst in der gemäß § 887 Abs. 1 ZPO durchzuführenden Zwangsvollstreckung geht das Wahlrecht analog § 264 BGB auf den Gläubiger über.[908]

Die Höhe der Sicherheit bestimmt sich nach dem Wert des zu sichernden Rechts.[909] Dabei sind eventuelle Gegenleistungen und bereits vorhandene Sicherheiten zu berücksichtigen.[910] Bei Dauerschuldverhältnissen kann auf Kündigungsmöglichkeiten grundsätzlich nicht abgestellt werden, da das Sicherungsinteresse, wenn keiner kündigt, bestehen bleibt.[911]

e. Ergebnis

Mit § 122j UmwG hat der deutsche Gesetzgeber eine neue Vorschrift zum Gläubigerschutz geschaffen. Die Vorschrift stellt allerdings keine echte Sondervorschrift zur grenzüberschreitenden Verschmelzung dar. Vielmehr passt sie in zulässiger Weise die bestehende Regelung des § 22 UmwG, die für den Fall der Herausverschmelzung keinen tauglichen Gläubigerschutz gewährleistet, an die Bedürfnisse einer grenzüberschreitenden Herausverschmelzung an. Denn ohne eine Vorverlagerung des Gläubigerschutzes bestünde die Gefahr, dass ungewünschte Schutzlücken zulasten der Gläubiger entstehen. Damit bewegt sich der Gesetzgeber auch im Rahmen seiner Regelungskompetenz, die ihn ermächtigt Anpassungen bestehender nationaler Vorschriften zum Gläubigerschutz vorzunehmen. Die so geschaffene Regelung des § 122j UmwG greift zwar in die Niederlassungsfreiheit der betroffenen Unternehmen ein, allerdings ist die Beeinträchtigung geringfügig, zwingend erforderlich und schließlich auch angemessen. Ebenfalls nicht zu beanstanden ist die vom Gesetzgeber vorgesehene Zweitmonatsfrist zur Geltendmachung des Anspruchs, denn sie verschafft dem schützenswerten Anspruch der Gläubiger auf Sicherheitsleistung wirksam Geltung, ohne hierbei den Verschmelzungsvorgang zu verzögern.

§ 122j UmwG erfasst in seinem sachlichen Anwendungsbereich alle Verschmelzungen, bei denen die übernehmende bzw. die neue Gesellschaft nicht dem deutschen Recht unterliegt. Nicht erfasst werden demnach die Fälle der

---

906 §§ 232, 239 BGB.

907 Palandt-*Ellenberger*, § 232 Rn 1.

908 Palandt-*Ellenberger*, § 232 Rn 1.

909 Palandt-*Ellenberger*, Überbl v § 232 Rn 1; Lutter-Grunewald, § 22 Rn 23; Kallmeyer-*Marsch-Barner*, § 12.

910 Lutter-*Grunewald*, § 22 Rn 23; *Soldierer*, S. 121 f.

911 Ausführlich hierzu: Lutter-*Grunewald*, § 22 Rn 3 mwN.

grenzüberschreitenden Hereinverschmelzung, für die sich der Anspruch auf Sicherheitsleistung über § 122a Abs. 2 UmwG nach § 22 UmwG regelt.

Einen Anspruch auf Sicherheitsleistung haben allerdings nur solche Gläubiger der übertragenden deutschen Gesellschaft, die glaubhaft machen können, dass durch die Verschmelzung die Erfüllung ihrer Forderung gefährdet wird. Der Begriff der *Erfüllungsgefährdung* ist hierbei autonom auszulegen und erfasst neben der Erfüllungsgefährdung im wörtlichen Sinne alle sonstigen konkreten Gefährdungen der Gläubiger, die sich aus der Verschmelzung ergeben, so etwa auch eine erschwerte Anspruchsdurchsetzung.

Gefährdungslagen können nach dem Willen des Gesetzgebers zwar sowohl durch die *tatsächliche* als auch durch die *rechtliche* Grenzüberschreitung entstehen. Entgegen dieser Prämisse dürfte eine Erfüllungsgefährdung im Falle der *tatsächlichen* Grenzüberschreitung allerdings nur in krassen Ausnahmefällen anzunehmen sein. Denn weder eine mit der Verschmelzung einhergehende Sitzverlegung – die im Übrigen in der Regel nicht zum Wegfall eines inländischen Gerichtsstandes führt – noch eine Vermögensverlagerung rechtfertigen für sich genommen die Annahme einer Erfüllungsgefährdung. Anders verhält es sich bei der *rechtlichen* Grenzüberschreitung. Insbesondere die verschmelzungsbedingte Kapitalherabsetzung kann hier die Annahme eines Sicherheitsanspruchs rechtfertigen. Unterschiedliche Schutzniveaus der nationalen Kapitalaufbringungs- und Kapitalerhaltungsregelungen eignen sich hingegen zwar nicht als primäres Kriterium für die Beurteilung der Frage der Erfüllungsgefährdung, können aber im Rahmen einer Untersuchung als wichtiges unterstützendes Argument für die Annahme einer Erfüllungsgefährdung hinzutreten.

6. Verschmelzungsbescheinigung, § 122k UmwG

Die Kontrolle der Rechtmäßigkeit der Verschmelzung erfolgt gem. Art. 10, 11, 13 RiLi 2005/56/EG in zwei Schritten. Zunächst wird gem. Art. 10 RiLi 2005/56/EG im Mitgliedstaat jeder an der Verschmelzung beteiligten Gesellschaft die Einhaltung der ausschließlich diese betreffenden Verfahrensvorschriften kontrolliert. Für die an der Verschmelzung beteiligten übertragenden deutschen Gesellschaften wird diese Regelung mit § 122k UmwG umgesetzt. In einem weiteren Schritt erfolgt dann im Mitgliedstaat der übernehmenden Gesellschaft eine Kontrolle im Hinblick auf die eigentliche Durchführung der Verschmelzung, die in § 122l UmwG umgesetzt wurde.

Demzufolge regelt § 122k UmwG die Rechtmäßigkeitsprüfung für die deutschen übertragenden Gesellschaften, § 122l UmwG diejenige für die deutschen übernehmenden Gesellschaften.

a. Anmeldeverfahren, § 122k Abs. 1 UmwG

Das Vertretungsorgan der deutschen übertragenden Gesellschaft muss das Vorliegen der diese Gesellschaft betreffenden Voraussetzungen der grenzüberschreitenden Verschmelzung beim Registergericht ihres Sitzes anmelden. Gegenstand der Anmeldung ist gem. § 122k Abs. 1 S. 1 UmwG zunächst die Erklärung, dass für die deutsche Gesellschaft die Voraussetzungen für die grenzüberschreitende Verschmelzung vorliegen. Der Erklärung sind gem. § 122k Abs. 1 S. 2 UmwG die in § 17 UmwG genannten Unterlagen (Verschmelzungsplan und Nachweis über dessen Bekanntmachung gem. § 122d UmwG), Niederschrift des Verschmelzungsbeschlusses, Verschmelzungsbericht (§ 122e UmwG), Verschmelzungsprüfungsbericht (§ 128f. UmwG), ggf. erforderliche Zustimmungserklärungen einzelner Anteilsinhaber sowie ggf. erforderliche staatliche Genehmigungen) beizufügen. Die Einreichung von Unterlagen und die Abgabe von Erklärungen im Hinblick auf Gesellschaften, die nicht dem deutschen Recht unterliegen, sind nicht erforderlich.

Die Anmeldung hat ebenso wie andere Handelsregisteranmeldungen gem. § 12 Abs. 1 HGB elektronisch in öffentlich beglaubigter Form zu erfolgen.[912]

aa. Negativerklärung, § 122k Abs. 1 S. 2 UmwG

Bei der Anmeldung muss ferner gem. § 122k Abs. 1 S. 2 UmwG eine § 16 Abs. 2 UmwG entsprechende Negativerklärung abgegeben werden. Auf Grund der Beschränkung der Kontrolle auf die Verfahrensabschnitte, welche die jeweilige übertragende Gesellschaft betreffen, ist Bezugspunkt dieser Erklärung ebenfalls nur die übertragende deutsche Gesellschaft.[913] Die Erklärung kann ebenso wie bei der innerstaatlichen Verschmelzung durch ein Freigabeverfahren nach § 16 Abs. 3 UmwG ersetzt werden. Da die erste Stufe der Rechtmäßigkeitskontrolle also nicht mit einer Registereintragung,[914] sondern mit der Erteilung der Verschmelzungsbescheinigung endet, bewirkt die entsprechende Anwendung des

912 Semler/Stengel-*Drinhausen*, § 122k Rn 7.

913 BegrRegE, BT-Drs. 16/2919, S. 17.

914 Anders die Rechtmäßigkeitskontrolle bei einer aufnehmenden deutschen Gesellschaft nach § 122l UmwG, vgl. hierzu sogleich unter: Zweiter Teil C. I. 7.

§ 16 Abs. 2UmwG bei der grenzüberschreitenden Verschmelzung an dieser Stelle keine Register-, sondern eine „Bescheinigungssperre“.[915]

bb. Versicherung nach § 122k Abs. 1 S. 3 UmwG

Gem. § 122k Abs. 1 S. 3 UmwG müssen die Mitglieder der Vertretungsorgane der Gesellschaft zudem eine Versicherung abgeben, dass allen Gläubigern, die nach § 122j UmwG einen Anspruch auf Sicherheitsleistung haben, eine angemessene Sicherheit geleistet wurde. Diese Versicherung ist nach dem zu § 122j UmwG Ausgeführten nur in den Fällen der grenzüberschreitenden *Herausverschmelzung* abzugeben.

(1) Allgemeines

Die Versicherung hat durch die Mitglieder der Vertretungsorgane der deutschen Gesellschaft in vertretungsberechtigter Anzahl zu erfolgen. Entsprechend der Rechtsprechung zu § 16 Abs. 2 UmwG kann die Erklärung erst dann wirksam abgegeben werden, wenn die Frist zur Geltendmachung des Sicherheitsanspruchs von zwei Monaten nach § 122j Abs. 1 S. 2 UmwG verstrichen ist.[916] Denn erst nach diesem Zeitpunkt kann überhaupt beurteilt werden, welche Sicherheitsansprüche durch Gläubiger überhaupt geltend gemacht worden sind.[917]

Der Gesetzgeber hat nicht nur der Leistung der erforderlichen Sicherheit, sondern auch der Abgabe einer entsprechenden Versicherung hierüber konstitutive Bedeutung für die Erteilung der Verschmelzungsbescheinigung zugemessen, da die Verschmelzungsbescheinigung gem. § 122k Abs. 2 S. 4 UmwG nur erteilt werden darf, wenn die Versicherung nach § 122k Abs. 1 S. 2 UmwG vorliegt.

(2) Europarechtskonformität

Die Ausgestaltung der Versicherung als Bescheinigungs- und damit Eintragungsvoraussetzung hebt den Gläubigerschutz bei der grenzüberschreitenden Verschmelzung also zu einem Verfahrensbestandteil von maßgeblicher Bedeutung.[918] Damit besteht ein bedeutender Unterschied zur rein innerstaatlichen Ver-

---

915 Lutter-*Bayer*, § 122k Rn 14.

916 BGH, Urt. v. 05.10.2006, AZ: III ZR 283/05, ZIP 2006, S. 2312; OLG Karlsruhe, Urt. v. 10.04.2001, AZ: 11 Wx 12/01, NJW-RR 2001, S. 1326 (1327); ohne nähere Begründung aA.: Kruse/Kruse in BB 2010, S. 3035 (3038).

917 Entsprechend die Argumentation des BGH zu § 16 Abs. 2 UmwG in: BGH, Urteil v. 05.10.2006, AZ: III ZR 283/05, ZIP 2006, S. 2312.

918 BegrRegE, BT-Drs. 16/2919, S. 18.

schmelzung, bei der die Eintragung unabhängig davon erfolgt, ob Sicherheitsansprüche der Gläubiger erfüllt sind. Diese unterschiedliche Behandlung wird in der Literatur kritisiert, und zwar sogar mit dem Vorwurf, dass die Richtlinienumsetzung insoweit gegen die Niederlassungsfreiheit verstoße.[919]

Dass die grenzüberschreitende Verschmelzung vom sachlichen Schutzbereich der Niederlassungsfreiheit umfasst wird, steht seit der Entscheidung des EuGH in der Rechtssache Sevic[920] außer Frage.[921] Auch dürfte der Schutzbereich der Art. 49, 54 AEUV durch die abweichende Regelung der Herausverschmelzung nach §§ 122k Abs. 1 S. 3, Abs. 2 S. 4 UmwG – namentlich der Erhebung der Versicherung, allen Gläubigern Sicherheit gewährt zu haben, zum zwingenden Verfahrensbestandteil – gegenüber innerstaatlichen Verschmelzungen betroffen sein.

Dieser Eingriff könnte aber gerechtfertigt sein. Hierzu müsste die Vorschrift aus zwingenden Gründen des Allgemeininteresses gerechtfertigt sein, in nichtdiskriminierender Weise angewandt werden, zur Erreichung des verfolgten Zieles geeignet sein und nicht über das hinausgehen, was zur Erreichung des Ziels erforderlich ist.[922] Zunächst verfolgen §§ 122k Abs. 1 S. 3, Abs. 2 S. 4 UmwG mit dem Gläubigerschutz ein anerkanntermaßen zwingendes Allgemeininteresse.[923] Auch ist die Vorschrift unzweifelhaft geeignet, dieses Ziel zu fördern.

Fraglich bleibt, ob die Regelung der §§ 122k Abs. 1 S. 3, Abs. 2 S. 4 UmwG erforderlich ist, also der mit der Vorschrift angestrebte Zweck nicht durch Maßnahmen ebenso wirksam erreicht werden kann, die den innergemeinschaftlichen Handel weniger beeinträchtigen.[924] Hierbei gilt – wie bereits dargestellt[925] – der Grundsatz, dass die Anforderungen an die Darlegungslast der die Grundfreiheit beeinträchtigenden Maßnahme mit der Intensität der Rechtsgutverletzung steigen.[926] Kritisiert wird an der Regelung der §§ 122k Abs. 1 S. 3, Abs. 2 S. 4 UmwG insbesondere, dass der Gesetzgeber den Gläubigerschutz über die Verschmelzungsbescheinigung letztlich zur Eintragungsvoraussetzung ausgestaltet,

919 *Passarge/Stark* in GmbHR 2007, S. 803 (806).

920 EuGH, Urt. v. 13.12.2005 – C-411/03 – Sevic Systems AG, Slg. 2005, I–10805.

921 Vgl. hierzu oben unter: Zweiter Teil 5. a cc.

922 EuGH, Urt. V. 31.03.1993 – Rs. C-19/92 – Kraus, Slg. 1993, I–1663, Rn 32, EuGH, Urt. V. 30.11.1995 – Rs. C-55/94 – Gebhard, Slg. 1995, I–4165, Rn 37; EuGH, Urt. v. 09.03.1999 – Rs. C-212/97 – Centros, Slg. 1999, I–01259; EuGH, Urt. v. 30.09.2003 – Rs. C-167/01–Inspire Art, Slg. 2003, I–10155, Rn 133.

923 EuGH, Urt. v. 5.11.2002 – Rs. C-208/00 – Überseering, Slg. 2002, I–09919, Rn 92; EuGH, Urt. v. 13.12.2005 – C-411/03 – Sevic Systems AG, Slg. 2005, I–10805.

924 Zur gemeinschaftsrechtlichen Erforderlichkeitsprüfung: EuGH, Urt. v. 14.07.1988 – Rs. 298/87 – Smanor, Slg. 1988, S. 4489,Rn 15; EuGH, Urt. v. 20.05.1992 – Rs. 106/91 – Ramrath, Slg. 1992, I–3351, Rn 31.

925 Vgl. Hierzu bereits oben unter: Zweiter Teil 5. a cc. (3).

926 Calliess/Ruffert-*Kingreen*, Art. 28–30 EGV Rn 93.

wohingegen er dies bei innerstaatlichen Verschmelzungen nicht für erforderlich hält. Wie bereits ausführlich erörtert, ist die Vorverlagerung des Sicherheitsanspruchs bei der grenzüberschreitenden Verschmelzung als solche nicht nur nicht zu beanstanden, sondern sogar äußerst sinnvoll.[927] Erfolgt die Sicherheitsleistung der grenzüberschreitenden Verschmelzung somit vorgelagert, bietet es sich an, die ohnehin schon bestehende rechtliche Verpflichtung, Sicherheit zu leisten, im Rahmen des Verschmelzungsverfahrens auch zu überprüfen. Denn dadurch wird sichergestellt, dass die betroffenen Gesellschaften ihren rechtlichen Verpflichtungen tatsächlich nachkommen. Vor dem Hintergrund, dass hier im Unterschied zur rein innerstaatlichen Verschmelzung, die Zielgesellschaft nicht dem deutschen Recht unterliegt, ist eine solche Kontrolle aus Gründen des Gläubigerschutzes sogar angezeigt. Denn anders als in den Inlandsfällen kann der deutsche Gesetzgeber mangels Regelungskompetenz nach der Verschmelzung nicht mehr sicherstellen, dass eine vor Vollzug der Verschmelzung versäumte Sicherheitsleistung noch nachgeholt wird. Vielmehr ist der Gläubiger nach der Verschmelzung darauf angewiesen, seinen Sicherheitsanspruch gegen die ausländische Zielgesellschaft durchzusetzen. Auch wenn hierdurch die Durchsetzung seines Anspruchs nicht verhindert wird, so führt dies jedenfalls zu einer nicht unerheblichen Beeinträchtigung für die Gläubiger, die sich plötzlich einer ausländischen und potentiell unbekannten Rechtsform und Rechtsordnung gegenübersehen.[928] Dagegen bestehen für die betroffenen Gesellschaften keine schützenswerten Interessen, die einer solchen Kontrolle entgegenstünden. Denn wenn sie rechtlich ohnehin verpflichtet sind, begründeten Sicherheitsbegehren zu entsprechen, stellt es für sie einen kaum spürbaren Mehraufwand dar, im Rahmen der Anmeldung nach § 122k UmwG auch zu versichern, dass begründeten Sicherheitsverlangen nachgekommen wurde.

Insbesondere würde es keine mildere Maßnahme darstellen, auf eine derartige Versicherung zu verzichten und stattdessen die tatsächliche Erbringung aller Sicherheiten durch das Registergericht überprüfen zu lassen.[929] Eine derartige Überprüfung würde von den Registergerichten etwas verlangen, was sie kaum zu leisten im Stande wären. Denn angesichts der häufigen Vielzahl von Gläubigern könnte die Überprüfung ohne einen immensen Zeit- und Kostenaufwand nicht bewerkstelligt werden.[930] Verzögerungen des Verschmelzungsverfahrens, die bei der bestehenden Regelung nicht zu erwarten sind, wären die denklogische Folge.[931] Da gerade die Erleichterung des Verfahrens durch die Richtlinie

927 Vgl. hierzu ausführlich oben unter: Zweiter Teil 5. a bb.

928 AA:*Passarge/Stark* in GmbHR 2007, S. 803 (806).

929 So die Forderung etwa bei: *Müller* in ZIP 2004, S. 1790 (1795).

930 *Kulenkamp*, S. 329.

931 Ähnlich: *Passarge/Stark* in GmbHR 2007, S. 803 (806); *Kulenkamp*, S. 329.

bezweckt werden soll,[932] würde eine derartige Regelung nicht nur dem Geiste der Richtlinie widersprechen, sondern wäre auch in hohem Maße unpraktikabel[933].

Schließlich ist es systematisch keineswegs fragwürdig dass der Gesetzgeber den Gläubigerschutz in § 122k UmwG über die Verschmelzungsbescheinigung letztlich zur Eintragungsvoraussetzung ausgestaltet, während dies bei innerstaatlichen Verschmelzungen nicht der Fall ist. Denn folgt der Sicherheitsanspruch – wie in den Fällen des § 22 UmwG – der Verschmelzung systematisch nach[934], besteht schon denklogisch keine Möglichkeit, sie in das Verschmelzungsverfahren, das mit der Eintragung beendet ist, zu integrieren. Verlagert man den Sicherheitsanspruch hingegen – wie in den Fällen des § 122j UmwG – zulässigerweise vor, entsteht erst die Möglichkeit einer derartigen Integration. Folglich ist die unterschiedliche Ausgestaltung ausschließlich dem nicht zu beanstandenden unterschiedlichen Zeitmoment der Sicherheitsleistung geschuldet. Inhaltliche Wertungen lassen sich hieraus nicht ableiten.[935]

Insgesamt verschafft die Versicherung nach § 122k Abs. 1 S. 2, Abs. 2 S. 4 UmwG den schützenswerten Gläubigerinteressen wirksam Geltung, ohne die Interessen der betroffenen Gesellschaften unverhältnismäßig zu beeinträchtigen. Denn müssen sich diese ohnehin im Rahmen der Anmeldung gegenüber dem Registergericht erklären, stellt es für sie eine kaum spürbare Beeinträchtigung dar, hierbei eine weitere Versicherung abzugeben ohne dass das Verschmelzungsverfahren verzögert wird.

(3) Strafbewehrtheit der falschen Versicherung, §§ 122k Abs. 1 S. 3, 314a UmwG

Gem. § 314a UmwG ist die vorsätzliche unrichtige Angabe der Versicherung nach § 122k Abs. 1 S. 3 UmwG strafbar. Eine entsprechende Parallelvorschrift befindet sich in § 53 Abs. 3 Nr. 2 SEAG und hat sich in der Praxis durchgesetzt, um die Mitglieder der Vertretungsorgane zur Abgabe einer ordnungsgemäßen Versicherung anzuhalten.[936] Strukturgleiche Normen finden sich etwa auch in § 331 Nr. 3a HGB, der seit Januar 2007 den sog. Bilanzeid strafrechtlich absichert, oder

932 Vgl. Erwägungsgrund 7 der RiLi 2005/56/EG.

933 Ebenso: *Passarge/Stark* in GmbHR 2007, S. 803 (806).

934 Nach § 22 UmwG ist Gläubigern Sicherheit zu leisten, wenn sie binnen sechs Monaten nach dem Tag, an dem die Eintragung der Verschmelzung in das Register bekannt gemacht worden ist, ihren Anspruch anmelden.

935 So hingegen: *Passarge/Stark* in GmbHR 2007, S. 803 (807), die dem Gesetzgeber vorwerfen, dass er es bei der grenzüberschreitenden Verschmelzung für notwendig erachte, den Gläubigerschutz als Eintragungs- bzw. Vollzugsvoraussetzung auszugestalten, wohingegen er dies bei innerstaatlichen Sachverhalten nicht für erforderlich halte.

936 BegrRegE, BT-Drs. 16/2919, S. 20.

in § 82 Abs. 2 Nr. 1 GmbHG. Die Vorschrift findet ebenso wie § 122k Abs. 1 S. 3 wegen des eingeschränkten sachlichen Anwendungsbereichs von § 122j UmwG lediglich auf die Fälle der grenzüberschreitenden *Herausverschmelzung* Anwendung.[937]

Dennoch bleibt festzuhalten, dass § 314a UmwG eine Sondervorschrift darstellt, die lediglich bei grenzüberschreitenden Verschmelzungen Anwendung findet. Mit anderen Worten werden die Vertretungsorgane bei der grenzüberschreitenden Herausverschmelzung nach § 314a UmwG mit Strafe bedroht, während sie eine vergleichbare Strafandrohung im Falle einer innerstaatlichen Verschmelzung nicht trifft. Deshalb stellt sich ebenso wie für die Versicherung nach § 122k Abs. 1 S. 2 UmwG selbst die Frage der Vereinbarkeit mit den Art. 49, 54 AEUV. Auch hier gilt, dass die Vorschrift unzweifelhaft geeignet ist, den Gläubigerschutz effektiv zu fördern. Hinsichtlich der Frage der Erforderlichkeit und Angemessenheit gilt im Übrigen, wie bereits zu § 122k Abs. 1 S. 3 UmwG ausgeführt, dass systematischer Ausgangspunkt des § 314a UmwG die Vorverlagerung des Gläubigerschutzes ist. Denn nur wenn die Sicherheitsleistung der Wirksamkeit der Verschmelzung vorgelagert ist, ist es möglich, sie – so wie dies §§ 122k Abs. 1 S. 3, 314a UmwG vorsehen – in das Verschmelzungsverfahren zu integrieren. Ist dies zulässigerweise der Fall, bietet es sich an, die Abgabe einer falschen Versicherung mit Strafe zu bedrohen. Denn hierdurch wird der vorgelagerte Gläubigerschutz bei der grenzüberschreitenden Verschmelzung abgesichert[938] und gewährleistet, dass die Vertretungsorgane der Gesellschaften ihren Verpflichtungen tatsächlich gewissenhaft nachkommen. Bliebe die Abgabe einer falschen Versicherung für die betroffenen handelnden Personen ohne Konsequenz, wäre die Regelung des § 122k Abs. 1 S. 3 UmwG ein vergleichsweise stumpfes Schwert. Im Ergebnis ist die Regelung des § 314a UmwG also – ausgehend vom Regelungskonzept der §§ 122a ff. UmwG mit einem vorgelagerten Gläubigerschutz – auch erforderlich.

Da nur der vorsätzlich handelnde Täter mit Strafe bedroht wird, dürften hinsichtlich der Angemessenheit der Regelung keine Bedenken bestehen. Insbesondere spricht nichts dagegen, die Versicherung nach § 122k Abs. 1 S. 3 UmwG abzugeben, ohne unberechtigten Sicherheitsverlangen zu entsprechen.[939] Denn selbst wenn sich später erweisen sollte, dass das Sicherheitsverlangen einzelner Gläubiger doch gerechtfertigt war, wird es jedenfalls am erforderlichen Vorsatz fehlen.[940]

937 Vgl. hierzu oben unter Zweiter Teil 5. b.

938 Ebenso: *Kulenkamp*, S. 330.

939 Erforderlich ist es, die Entscheidung nachvollziehbar zu begründen.

940 Ebenso: Widmann/Mayer-*Vossius*, § 122j UmwG Rn 13; KK-*Simon/Rubner*, § 122j Rn 18.

b. Prüfung und Ausstellung der Verschmelzungsbescheinigung

Das Registergericht hat nach § 122k Abs. 2 zu prüfen, ob für die übertragende Gesellschaft die Voraussetzungen für die grenzüberschreitende Verschmelzung vorliegen. Der Prüfungsumfang entspricht grundsätzlich dem bei der rein inländischen Verschmelzung mit der Einschränkung, dass das Gericht nicht zu prüfen hat, ob die Voraussetzungen für die Eintragung der Verschmelzung bei den an dem Verschmelzungsvorgang beteiligten ausländischen Gesellschaften vorliegen.[941] Die Prüfung umfasst die Verschmelzungsfähigkeit der beteiligten Gesellschaften (§ 122d UmwG), die ordnungsgemäße Erstellung eines gemeinsamen Verschmelzungsplans (§ 122c UmwG), die Bekanntmachung des gemeinsamen Verschmelzungsplans (§ 122d UmwG), den Verschmelzungsbericht (§ 122e UmwG), den Verschmelzungsbeschluss (§§ 122a Abs. 2, 13 UmwG) und ggf. die Genehmigung des Mitbestimmungsmodells sowie die Beachtung der relevanten Minderheiten- und Gläubigerschutzvorschriften, schließlich die Einhaltung der sonstigen auf den übertragenden deutschen Rechtsträger anwendbaren Vorschriften.[942] Nicht Gegenstand der Kontrolle gem. § 122k UmwG ist hingegen – entsprechend der Registerkontrolle bei nationalen Verschmelzungen – die wirtschaftliche Zweckmäßigkeit der Verschmelzung, die Angemessenheit des Umtauschverhältnisses oder das Angebot einer Barabfindung.[943]

Bei positivem Prüfungsergebnis stellt das Registergericht für den deutschen übertragenden Rechtsträger eine Verschmelzungsbescheinigung aus oder fertigt nach Eintragung der grenzüberschreitenden Verschmelzung in das Handelsregister des übertragenden Rechtsträgers hierüber eine Eintragungsnachricht (§ 122k Abs. 2 S. 2 UmwG) aus. Ob Letztere den Vorgaben der Richtlinie entspricht, wird in der Literatur bezweifelt.[944] Um etwaige Rückfragen der beteiligten ausländischen Stellen und damit unnötige Verzögerungen des Eintragungsverfahrens zu vermeiden, empfiehlt es sich jedenfalls, eine gesonderte Verschmelzungsbescheinigung auszustellen.[945]

Innerhalb von sechs Monaten nach Ausstellung der Verschmelzungsbescheinigung hat das Vertretungsorgan der übertragenden deutschen Gesellschaft gem.

941 Kallmeyer-*Zimmermann*, § 122k Rn 13.

942 Maulbetsch/Klumpp/Rose-*Becker*, § 122k Rn 15.

943 Lutter-*Bayer*, § 122k Rn 19 unter Verweis auf: Lutter-*Grunewald*, § 20 Rn 6.

944 Kritisch insofern: Bayer/Schmitt NZG 2006, S. 841 (843); *Beutel*, S. 217; *Frenzel*, S. 381; *Haritz/v. Wolff* in GmbHR 2006, S. 341 (344); *Kallmeyer* in GmbHR 2006, S. 418 (420); *Limmer* ZNotP 2007, S. 282 (286); Widmann/Mayer-*Vossius*, Vor §§ 122a ff. UmwG Rn 108; Lutter-*Bayer*, § 122k Rn 21.

945 Ebenso: Maulbetsch/Klumpp/Rose-*Becker*, § 122k Rn 16; ähnlich auch die Bedenken bei: Lutter-*Bayer*, § 122k Rn 21; Widmann/Mayer-*Vossius*, § 122k UmwG Rn 52 f.

§ 122k Abs. 3 UmwG die Verschmelzungsbescheinigung gemeinsamen mit dem Verschmelzungsplan bei der für die Rechtmäßigkeitskontrolle zuständigen Stelle desjenigen Staates vorzulegen, dessen Recht auf die übernehmende oder neue Gesellschaft Anwendung findet. Wenn die grenzüberschreitende Verschmelzung nach Abschluss der Rechtmäßigkeitskontrolle im Register der übernehmenden bzw. neuen Gesellschaft eingetragen ist, so meldet dieses Register die Eiintragung entsprechend den jeweiligen nationalen Umsetzungsvorschriften zu Art. 13 S. 1 RiLi 2005/56/EG an das Register der deutschen übertragenden Gesellschaft.[946] Sobald diese Mitteilung dort eingegangen ist, hat das deutsche Registergericht gem. § 122k Abs. 4 UmwG den Tag des Wirksamwerdens zu vermerken und die bei ihm aufbewahrten elektronischen Dokumente diesem Register zu übermitteln.

c. Zwischenergebnis

Den §§ 122k Abs. 1 S. 3, 314a UmwG kommt eine bedeutende Gläubigerschutzfunktion zu. Indem § 122k Abs. 1 S. 3 UmwG den Gläubigerschutz in das Verschmelzungsverfahren integriert, wird sichergestellt, dass den Sicherheitsverlangen der Gläubiger tatsächlich vor dem Wirksamwerden der Verschmelzung nachgekommen wird. Denn erst wenn die Erklärung nach § 122k Abs. 1 S. 3 UmwG abgegeben wurde, wird gem. § 122k Abs. 2 S. 4 UmwG die Verschmelzungsbescheinigung ausgestellt. Hierbei stellt § 314a UmwG sicher, dass die Vertretungsorgane der betroffenen deutschen Gesellschaften ihren Verpflichtungen tatsächlich gewissenhaft nachkommen.

Dieser Schutz kommt den Gläubigern freilich nur im Falle einer grenzüberschreitenden Herausverschmelzung zugute. Denn §§ 122k Abs. 1 S. 3, 314a UmwG knüpfen an § 122j UmwG an, der sachlich ausschließlich für die Fälle der Herausverschmelzung anwendbar ist.

7. Eintragung, § 122l UmwG

Unterliegt die übernehmende bzw. neue Gesellschaft dem deutschen Recht – so im Falle der Hereinverschmelzung –, regelt sich die Prüfung der Rechtmäßigkeit der grenzüberschreitenden Verschmelzung und das Registerverfahren nach § 122l UmwG.

946 BegrRegE, BT-Drs. 16/2919, S. 18.

a. Anmeldeverfahren, § 122l UmwG

§ 122l Abs. 1 UmwG regelt die Anmeldung sowie die dabei vorzulegenden Unterlagen. Hinsichtlich der Anmeldeberechtigung unterscheidet § 122l Abs. 1 S. 1 UmwG zwischen der Verschmelzung durch Aufnahme (allein das Vertretungsorgan der übernehmenden Gesellschaft) und der Verschmelzung durch Neugründung (Vertretungsorgane aller übertragenden Gesellschaften).

Zuständig für die Entgegennahme der Anmeldung und die Prüfung der Rechtmäßigkeit gem. § 122l Abs. 2 UmwG ist gem. § 122l Abs. 1 S. 1 UmwG das Registergericht am Sitz der deutschen übernehmenden bzw. neuen Gesellschaft.[947]

Gegenstand der Anmeldung ist bei der Verschmelzung durch Aufnahme die Verschmelzung (§ 122l Abs. 1 S. 1, 1. Alt. UmwG) und bei der Verschmelzung durch Neugründung die neue Gesellschaft (§ 122l Abs. 1 S. 1, 2. Alt.). Beizufügen sind der Anmeldung gem. § 122l Abs. 1 S. 2 UmwG die Verschmelzungsbescheinigungen aller übertragenden Gesellschaften, der gemeinsame Verschmelzungsplan und ggf. die Vereinbarung über die Beteiligung der Arbeitnehmer. Bei der Verschmelzung durch Aufnahme sind der Anmeldung gem. § 122a Abs. 2 UmwG ebenfalls die in § 17 UmwG aufgezählten Unterlagen betreffend die übernehmende Gesellschaft beizufügen.[948] Nicht erforderlich ist dagegen – wie durch den Ausschluss der diesbezüglichen Anwendbarkeit klargestellt wird – die Einreichung der Unterlagen für die übertragenden Gesellschaften.[949] Denn die ordnungsgemäße Erfüllung der die übertragenden Gesellschaften betreffenden Voraussetzungen ist bereits durch die – insoweit bindende – Verschmelzungsbescheinigung dokumentiert.[950]

b. Prüfung

Das Registergericht hat gem. § 122l Abs. 2 UmwG die Voraussetzungen der Eintragung zu prüfen. Die Prüfung der Rechtmäßigkeit umfasst insbesondere die in § 122l Abs. 2 UmwG spezifizierten Punkte, die Art. 11 Abs. 1 S. 2 RiLi 2005/56/EG entsprechen. Das deutsche Registergericht prüft weiterhin die Eintragungsvoraussetzungen des deutschen Rechts.[951] Die Voraussetzungen, die bereits Gegenstand einer von einem Registergericht oder einer zuständigen aus-

947 Kallmeyer-*Zimmermann*, § 122l Rn 2.

948 Semler/Stengel-*Drinhausen*, § 122l Rn 7; Lutter-*Bayer*, § 122l Rn 9; Widmann/Mayer-*Vossius*, § 122l Rn 14.

949 Lutter-*Bayer*, § 122l Rn 9; Semler/Stengel-*Drinhausen*, § 122l Rn 8.

950 BegrRegE, BT-Drs. 16/2919, S. 18.

951 BegrRegE, BT-Drs. 16/2919, S. 18.

ländischen Stelle ausgestellten Verschmelzungsbescheinigung waren, sind nicht erneut zu prüfen.[952]

Im Falle einer Verschmelzung durch Aufnahme hat das Registergericht sodann zu prüfen, ob die die übernehmende deutsche Gesellschaft betreffenden Voraussetzungen für die grenzüberschreitende Verschmelzung vorliegen. Denn diese Verfahrensschritte wurden für die übernehmende deutsche Gesellschaft – anders als für die an der Verschmelzung beteiligten (in- oder ausländischen) übertragenden Gesellschaften – nicht bereits durch eine andere Kontrollstelle geprüft.[953] Im Falle einer Verschmelzung durch Neugründung sind gem. §§ 122a Abs. 2 , 36 Abs. 2 UmwG die für die Gründung eines Rechtsträgers der jeweiligen Rechtsform geltenden Gründungsvorschriften anzuwenden. Das Registergericht hat dementsprechend im Falle einer Verschmelzung durch Neugründung insbesondere zu prüfen, ob die Gründungsvoraussetzungen erfüllt sind.[954] Die Ausstellung einer Verschmelzungsbescheinigung sieht § 122l UmwG – anders als § 122k UmwG für die übertragenden deutschen Gesellschaften – hingegen nicht vor. Vielmehr erfolgt hier die Prüfung durch das für alle Fragen zuständige Registergericht in einem Schritt.

c. Richtlinienkonformität

Die Regelung des § 122 UmwG steht damit im Widerspruch zum eindeutigen Wortlaut der RiLi 2005/56/EG.[955] Denn Art. 10 Abs. 2 RiLi 2005/56/EG[956] sieht vor, dass jeder der an der Verschmelzung beteiligten Gesellschaften in einer ersten Stufe eine Verschmelzungsbescheinigung auszustellen ist. Erst auf einer zweiten Stufe erfolgt nach dem Modell der Richtlinie die Kontrolle im Hinblick auf die eigentliche Durchführung der Verschmelzung. Der Aufteilung der Rechtmäßigkeitskontrolle auf die Kontrollstellen der verschiedenen Mitgliedstaaten nach dem Modell der Art. 10 und 11 der Richtlinie liegt der Gedanke zugrunde, dass jede Kontrollstelle nur für diejenigen Verfahrensschritte zuständig sein soll, welche die der jeweiligen Rechtsordnung unterliegende Gesellschaft betreffen.[957]

952 BegrRegE, BT-Drs. 16/2919, S. 18.

953 *Beutel*, S. 216; Semler/Stengel-*Drinhausen*, § 122l Rn 10.

954 Lutter-*Bayer*, § 122l Rn 17; *Beutel*, S. 209; Semler/Stengel-*Drinhausen*, § 122l Rn 9.

955 Aus diesem Grund wurden auch Bedenken hinsichtlich der Richtlinienkonformität geäußert von: *Haritz/v. Wolff* in GmbHR 2006, S. 340 (343).

956 Art. 10 Abs. 2 RiLi 2005/56/EG: *„In jedem dieser Mitgliedsstaaten stellt die nach Absatz 1 benannte Stelle jeder der sich verschmelzenden Gesellschaften, die dem Recht dieses Staates unterliegt, unverzüglich eine Bescheinigung aus, aus der zweifelsfrei hervorgeht, dass die der Verschmelzung vorhergehenden Rechtshandlungen und Formalitäten ordnungsgemäß vollzogen wurden“.*

957 Lutter-*Bayer*, § 122k Rn 6 unter Verweis auf Erwägungsgrund 7 der RiLi 2005/56/EG.

Allein deshalb wird das Verfahren in zwei Stufen aufgeteilt. Der deutsche Gesetzgeber hat sich nun dafür entschieden, sowohl für die Kontrolle der Verfahrensschritte, die den übernehmenden Rechtsträger betreffen (erste Stufe), als auch für die Kontrolle der Durchführung der Verschmelzung (zweite Stufe) ein und dieselbe Stelle für zuständig zu erklären. Dies ändert aber nichts daran, dass beide Stufen durch das Registergericht geprüft werden. Es wäre hierbei sinnlos über den Abschluss der ersten Prüfungsstufe einen förmlichen Bescheid zu erteilen, der dann von den Vertretungsorganen wieder bei der gleichen Stelle einzureichen wäre.[958] Hierdurch würde das Verfahren, welches durch die Vorgaben der Art. 10 und 11 der Richtlinie – so stellt es Erwägungsgrund 7 der Richtlinie ausdrücklich klar – erleichtert werden soll, unnötig verkompliziert. Deswegen widerspricht die deutsche Richtlinienumsetzung in diesem Punkt zwar dem Wortlaut der Richtlinie, nicht aber seinem Geiste[959] und dürfte damit richtlinienkonform sein.[960]

d. Eintragung

Sofern die Prüfung positiv ausfällt, hat das Registergericht die Verschmelzung bzw. die neue Gesellschaft in das Handelsregister einzutragen. Hinsichtlich der Bekanntmachung gelten §§ 122a Abs. 2, 19 Abs. 3 UmwG. Ferner hat das Registergericht gem. § 122l Abs. 3 UmwG den Tag der Eintragung von Amts wegen jedem Register mitzuteilen, bei dem eine der übertragenden Gesellschaften ihre Unterlagen zu hinterlegen hatte.

Unterliegt die übernehmende bzw. neue Gesellschaft dem deutschen Recht, so wird die Verschmelzung gem. §§ 122a Abs. 2, 20 Abs. 1 UmwG mit der Eintragung in dem für sie zuständigen Handelsregister wirksam.[961] Die Rechtsfolgen der grenzüberschreitenden Verschmelzung ergeben sich ebenfalls aus § 20 Abs. 1 UmwG. Nach den Vorgaben der Richtlinie gilt ebenso wie für die innerstaatliche Verschmelzung (§ 20 Abs. 2 UmwG), dass eine einmal erfolgte, für wirksam erklärte Verschmelzung nicht mehr für nichtig erklärt werden kann.[962]

958 *Müller* in ZIP 2007, S. 1081 (1088).

959 Lutter-*Bayer*, § 122k Rn 6.

960 Im Ergebnis ebenso: Lutter-*Bayer*, § 122k Rn 6; *Müller* in ZIP 2007, S. 1081 (1088); *Krause/Kulpa* in ZHR 171 /2007), S.38 (66f.); *Louven* in ZIP 2006, S. 2021 (2027); *Beutel*, S. 216; *Frenzel*, S 375.

961 *Müller* in ZIP 2007, S. 1081 (1088); Lutter-*Bayer*, § 122l Rn 24; KK-*Simon/Rubner*, § 122l Rn 18; Schmitt/Hörtnagl/Stratz-*Hörtnagl*, § 122l Rn 14.

962 *Bayer/Schmidt* in NJW 2006, S. 401 (404).

II. Gläubigerschutz a posteriori

Die Vorschriften der §§ 122a – 122l UmwG knüpfen allesamt an das Verschmelzungsverfahren an und beinhalten somit ausschließlich Sonderregelungen, die der Wirksamkeit der Umwandlung vorgelagert sind. Besonderheiten hinsichtlich eines der Verschmelzung nachgelagerten Gläubigerschutzes ergeben sich aus diesen Vorschriften nicht.

Ausschließlich die Strafvorschrift des § 314a UmwG, die die Abgabe einer falschen Versicherung nach § 122k Abs. 1 S. 3 UmwG penalisiert, greift unabhängig vom Verschmelzungszeitpunkt ein und entfaltet somit auch nach der Verschmelzung Wirkung.[963] Unabhängig von der der Verschmelzung nachgelagerten Verjährungsfrist dient die Strafvorschrift dazu, die Mitglieder der Vertretungsorgane zur Abgabe einer ordnungsgemäßen Versicherung – die der Verschmelzung vorgelagert ist – anzuhalten.[964] Folglich zielt die Wirkung dieser Vorschrift auch auf einen dem Wirksamwerden der Umwandlung vorgelagerten Zeitpunkt.

III. Ergebnis

Der verschmelzungsrechtliche Gläubigerschutz ist nach den §§ 122a ff. UmwG als a-priori-Protektion ausgestaltet. Das bedeutet, dass die Schutzinstrumente der Verschmelzung vorgeschaltet sind und somit deren Durchführung verhindern können.

Kern dieser a-priori-Protektion bildet das Recht auf Sicherheitsleistung gemäß § 122j UmwG. Die Vorschrift passt die bestehende Regelung des § 22 UmwG, die für den Fall der *Herausverschmelzung* keinen tauglichen Gläubigerschutz gewährleistet, an die Bedürfnisse einer grenzüberschreitenden Herausverschmelzung an. Im Zentrum dieser Anpassung steht die zeitliche Vorverlagerung des Anspruchs auf Sicherheitsleistung vor das Wirksamwerden der Umwandlung. Die Vorverlagerung ist zwingend, denn ohne sie bestünde die Gefahr, dass ungewünschte Schutzlücken zulasten der Gläubiger entstehen. Der Sicherheitsanspruch kann insofern abweichend von § 22 UmwG innerhalb einer Zweimonatsfrist geltend gemacht werden, die mit dem Tag der Bekanntmachung des Verschmelzungsplanes bzw. seines Entwurfes zu laufen beginnt. Diese Zweimonatsfrist verschafft dem schützenswerten Anspruch der Gläubiger

963 Die Verjährungsfrist des § 314a UmwG beträgt gem. § 78 Abs. 3 Nr. 5 StGB fünf Jahre; sie beginnt mit Beendigung der Tat (vgl. § 78a StGB), also regelmäßig mit Kenntnis des Registergerichts vom Inhalt der Versicherung, vgl. KK-*Rönnau*, § 314a Rn 15.

964 BegrRegE, BT-Drs. 16/2919, S. 20.

auf Sicherheitsleistung wirksam Geltung, ohne den Verschmelzungsvorgang zu verzögern, da sie sich in den zeitlichen Ablauf des Verschmelzungsverfahrens einfügt. Im Übrigen bleibt der Gesetzgeber bei der Konzeption des § 22 UmwG, wonach Sicherheit nur derjenige Gläubiger verlangen kann, welcher eine konkrete Erfüllungsgefährdung glaubhaft macht. Auch wenn Gefährdungslagen nach dem Willen des Gesetzgebers sowohl auf der *tatsächlichen* als auch auf der *rechtlichen* Grenzüberschreitung beruhen können, dürfte eine Erfüllungsgefährdung mit der *tatsächlichen* Grenzüberschreitung nur in Ausnahmefällen zu begründen sein. Denn weder eine mit der Verschmelzung einhergehende Sitzverlegung – die im Übrigen in der Regel nicht zum Wegfall eines inländischen Gerichtsstandes führt – noch eine Vermögensverlagerung rechtfertigen für sich genommen die Annahme einer Erfüllungsgefährdung. Anders verhält es sich für die *rechtliche* Grenzüberschreitung, bei der – ebenso wie in Inlandsfällen – die verschmelzungsbedingte Kapitalherabsetzung allein die Annahme eines Sicherheitsanspruchs rechtfertigen kann. Unterschiedliche Schutzniveaus der nationalen Kapitalaufbringungs- und Kapitalerhaltungsregelungen eignen sich hingegen nicht als primäres Kriterium für die Beurteilung der Frage der Erfüllungsgefährdung, können aber im Rahmen einer Untersuchung als wichtiges unterstützendes Argument für die Annahme einer solchen hinzutreten.

Flankiert wird der Anspruch auf Sicherheitsleistung nach § 122j UmwG insbesondere von § 122k UmwG, dem ebenfalls eine bedeutende Gläubigerschutzfunktion zukommt. Denn § 122k Abs. 1 S. 3, Abs. 2 S. 4 UmwG integriert den Gläubigerschutz in das Verschmelzungsverfahren. Hierdurch wird sichergestellt, dass den Sicherheitsverlangen der Gläubiger tatsächlich vor dem Wirksamwerden der Verschmelzung nachgekommen wird. Denn erst wenn die Erklärung nach § 122k Abs. 1 S. 3 UmwG abgegeben wurde, wird gem. § 122k Abs. 2 S. 4 UmwG die Verschmelzungsbescheinigung ausgestellt. Abgesichert wird die Regelung des § 122k Abs. 1 S. 3 UmwG durch § 314a UmwG, der die Abgabe einer falschen Versicherung unter Strafe stellt und damit die Mitglieder der Vertretungsorgane zur Abgabe einer ordnungsgemäßen Versicherung anhält.

Die beschriebenen Schutzmechanismen greifen ausschließlich für die grenzüberschreitende *Herausverschmelzung* ein. Denn für die *Hereinverschmelzung* ist der sachliche Anwendungsbereich der §§ 122j, 122k Abs. 1 S. 3, Abs. 2 S. 4, 314a UmwG nicht eröffnet, so dass sich diese Bereiche über § 122a Abs. 2 UmwG nach den Vorschriften über die innerstaatliche Verschmelzung regeln.

Unabhängig von der spezifischen Verschmelzungskonstellation erfüllt zudem – anders als bei der innerstaatlichen Verschmelzung – der Verschmelzungsplan bzw. dessen Bekanntmachung nach § 122 d UmwG teilweise gläubigerschützende Funktionen. Insbesondere ist gem. § 122d Abs. 2 Nr. 4 UmwG ein Hinweis auf die Modalitäten für die Ausübung der Rechte der Gläubiger jeder der an der grenzüberschreitenden Verschmelzung beteiligten Gesellschaften – also sowohl der inländischen als auch der ausländischen – bekannt zu machen. Hierbei dient allerdings nur die Bekanntmachung gläubigerschützenden Zwecken, nicht hingegen die in § 122 d UmwG vorgesehene Monatsfrist, die lediglich die Information der Anteilsinhaber für die nachfolgende Entscheidung über die Verschmelzung bezweckt und von diesen sogar abbedungen werden kann.

E. Gesamtbetrachtung und Ausblick

Im Umwandlungsgesetz gelangen durch die Einführung der §§ 122a ff. UmwG nunmehr zwei verschiedene Gläubigerschutzkonzepte zur Anwendung.
Einerseits findet für die Fälle der rein innerstaatlichen Verschmelzung und der *Hereinverschmelzung* im Kern ein der Verschmelzung nachgelagerter Gläubigerschutz über § 22 UmwG statt.

Andererseits wird der Gläubigerschutz für die Fälle der grenzüberschreitenden *Herausverschmelzung* über § 122k UmwG bereits in das Verschmelzungsverfahren integriert und der Verschmelzung vorgelagert (§ 122j UmwG).

Die Gründe für die unterschiedlichen Konzeptionen sind berechtigt. Ohne eine Vorverlagerung des Sicherheitsanspruchs würde der verschmelzungsrechtliche Gläubigerschutz bei der Herausverschmelzung trotz grundsätzlich beiderstaatlicher Zuerkennung – ob der Unterschiedlichkeit der Ausgestaltung in lediglich zeitlicher Hinsicht – unter Umständen leerlaufen. Denn es käme in Betracht, dass gegenüber der deutschen GmbH als übertragenden Gesellschaft nach § 22 UmwG *noch kein* Sicherheitsanspruch bestünde, während gegenüber der ausländischen Zielgesellschaft nach der gesetzlichen Konzeption des insofern maßgeblichen ausländischen Rechts ein Sicherheitsanspruch *nicht mehr* geltend gemacht werden könnte. Um derartige rechtliche Schieflagen zu verhindern, ist es mangels einer europäischen Angleichung des verschmelzungsrechtlichen Gläubigerschutzes zwingend erforderlich, die nach § 22 UmwG bestehende Rechtslage für die Fälle einer Herausverschmelzung zu modifizieren.

I. Gläubigerschutzkonzept basierend auf § 122j UmwG

Das zur Anwendung gelangte Gläubigerschutzkonzept der §§ 122a ff. UmwG schützt die Interessen der Gläubiger grundsätzlich in einer tauglichen Art und Weise.

Insbesondere die Integration des Gläubigerschutzes in das Verschmelzungsverfahren nach § 122k UmwG ist zu befürworten. Denn hierdurch wird sichergestellt, dass schützenswerte Gläubiger bereits Sicherheit erlangen, bevor die Verschmelzung wirksam wird. Dadurch wird im Rahmen der grenzüberschreitenden

Verschmelzung gewährleistet, dass sich Gläubiger bei der Geltendmachung ihres Sicherheitsanspruches nicht plötzlich einer unbekannten Rechtsordnung mit einer fremden Sprache gegenüber sehen. Die Regelung beeinträchtigt die an der Umwandlung beteiligten Unternehmen auch nicht übermäßig. Denn erstens decken sich die Anforderungen, unter denen Gläubigern nach § 122j UmwG Sicherheit gewährt wird – erforderlich ist dort wie hier eine konkrete Erfüllungsgefährdung –, inhaltlich mit denen der innerstaatlichen Verschmelzung, so dass sich lediglich das Zeitmoment verschiebt, die Belastungen für die Unternehmen aber dieselben bleiben. Zweitens wird durch die Vorverlagerung das Verschmelzungsverfahren nicht verzögert, weil der Zeitraum, in dem der Sicherheitsanspruch durch die Gläubiger geltend gemacht werden kann, in das Verschmelzungsverfahren integriert wurde. Schließlich werden die Unternehmen durch das Erfordernis, eine Versicherung abzugeben, dass allen Gläubigern nach § 122j UmwG Sicherheit gewährt wurde, auch kaum spürbar belastet. Denn im Rahmen der Anmeldung der Verschmelzung nach § 122k Abs. 1 S. 1 UmwG haben diese ohnehin Erklärungen gegenüber dem Registergericht abzugeben.

Indem die falsche Abgabe einer Versicherung nach §§ 122k Abs. 1 S. 3, 314a UmwG unter Strafe gestellt wird, hat der Gesetzgeber ein Instrument geschaffen, dass sicherstellt, dass die für die Versicherung zuständigen GmbH-Geschäftsführer bei deren Abgabe in der Praxis mit der notwendigen Gewissenhaftigkeit handeln.

Einzig die Regelung des § 122d S. 2 Nr. 4 UmwG, mit der sichergestellt werden soll, dass die Gläubiger tatsächlich Kenntnis von ihren Rechten erhalten, ist nicht gelungen. Die Vorschrift erfüllt zwar die Vorgaben des Art. 6 Abs. 2 lit. c RiLi 2005/56/EG, die eine Bekanntmachung im amtlichen Mitteilungsblatt des jeweiligen Mitgliedsstaates – also im Handelsregister – verlangt. Durch eine derartige Veröffentlichung ist allerdings keinesfalls sichergestellt, dass die Gläubiger tatsächlich Kenntnis von ihren Rechten erlangen. Denn in der Praxis lesen die Gläubiger regelmäßig nicht die Bekanntmachungsblätter, aus denen sich die bevorstehende Verschmelzung ergibt. Vor dem Hintergrund, dass die Frist zur Geltendmachung des Sicherheitsanspruchs bei § 122j UmwG mit zwei Monaten im Verhältnis zu § 22 UmwG (sechs Monate) erheblich kürzer ist und der Verschmelzung vorgelagert wurde stellt sich die Regelung also als Schwäche im Gläubigerschutzkonzept der §§ 122a ff. UmwG dar. Dies insbesondere, weil die Wahrscheinlichkeit, dass Gläubiger auf anderem Wege Kenntnis von der Umwandlung erlangen, vor der Verschmelzung ungleich niedriger ist als nach deren Wirksamwerden dieser. Bedenkt man, dass das Gesetz nach den Vorgaben des Richtliniengebers vorsieht, dass die Registergerichte einen Hinweis auf die Modalitäten für die Ausübung der Rechte der Gläubiger *jeder* der an der grenzüberschreitenden Verschmelzung beteiligten Gesellschaften – *also sowohl der inländischen als auch der ausländischen* – bekannt zu machen haben, kommt auf die Registergerichte zudem eine nicht unerhebliche Arbeit zu, von der abzuwarten bleibt, ob sie innerhalb eines zumutbaren Zeitrahmens geleistet werden kann.

Denkbar wäre es insofern auch gewesen, eine Regelung entsprechend dem schwedischen Recht vorzusehen, wonach jede Gesellschaft die ihr bekannten Gläubiger schriftlich von der beabsichtigten Verschmelzung – unter Hinweis auf die Modalitäten der Rechtsausübung – zu verständigen hätte. Hierdurch wäre einerseits sichergestellt gewesen, dass Gläubiger Kenntnis von ihren Rechten erlangen, und andererseits, dass die Registergerichte nicht übermäßig belastet werden.

II. Gläubigerschutzkonzept basierend auf § 22 UmwG

Demgegenüber weist das für die Fälle der innerstaatlichen Verschmelzung aber auch der *Hereinverschmelzung* zur Anwendung berufene Verfahren ein niedrigeres Schutzniveau auf.

Indem der Gläubigerschutz hier nicht in das Verschmelzungsverfahren integriert ist, sind die Gläubiger darauf angewiesen, ihren Sicherheitsanspruch nach Vollzug der Verschmelzung gegenüber der deutschen Zielgesellschaft geltend zu machen. Für die Fälle der verschmelzungsbedingten Kapitalherabsetzung entstehen für die Gläubiger Gefahren. Denn es kann im Zuge der Verschmelzung aufgrund der Entstehung eines Verschmelzungsgewinnes zu einem beträchtlichen Vermögensabfluss kommen, bevor den Gläubigern die begehrte Sicherheit gewährt wird. Dies gilt für den Fall der GmbH insbesondere deshalb, weil im GmbH-Recht keine Ausschüttungssperren bestehen, wie sie etwa § 150 Abs. 4 AktG i. V. m. § 272 Abs. 2 Nr. 1–3 HGB für die AG vorsieht. Unterliegt die Kapitalrücklage bei der AG derart strengen Bindungen, dass praktisch die gleiche Sicherung besteht wie beim Grundkapital, existiert bei der GmbH eine vergleichbare Kapitalbindung nicht. Hier darf vielmehr gemäß §§ 30 ff. GmbHG lediglich das zur Erhaltung des Stammkapitals erforderliche Vermögen nicht ausgeschüttet werden. Insofern stellt sich die Situation der Gläubiger im Falle der verschmelzungsbedingten Kapitalherabsetzung vergleichbar mit der einer Herausverschmelzung dar mit dem Unterschied, dass bei der *Herausverschmelzung* ein der Verschmelzung vorgelagerter Sicherheitsanspruch besteht, während die Gläubiger bei der *Hereinverschmelzung* ihre Rechte erst nach der Umwandlung geltend machen können.

Auch ist nicht von der Hand zu weisen, dass es zumindest aus Gläubigersicht schwer nachvollziehbar – wenn auch systematisch nicht zu beanstanden – erscheint, dass eine Kapitalherabsetzung nach § 58 Abs. 1 Nr. 2 GmbHG nur zulässig ist, nachdem Gläubigern Sicherheit gewährt wurde, während ihnen bei einer verschmelzungsbedingten Kapitalherabsetzung ein möglicher Sicherheitsanspruch erst nach erfolgter Umwandlung zusteht. Dies insbesondere vor dem Hintergrund, dass dem Stammkapital bei der GmbH nach wie vor eine bedeutende Gläubigerschutzfunktion zukommt.

Schließlich wird durch §§ 122k Abs. 1 S. 3, Abs. 2 S. 4, 314a UmwG wirksam sichergestellt, dass die betroffenen Gesellschaften berechtigten Sicherheitsbegehren zügig und freiwillig nachgeben. Denn andernfalls wird die Verschmelzung entweder erst gar nicht wirksam oder den Geschäftsführern droht eine Strafbarkeit aus § 314a UmwG. Eine derartige Motivationslage besteht für die Schuldner der Sicherheitsleistung außerhalb der grenzüberschreitenden Verschmelzungsvorschriften hingegen nicht. Zwar ergeben sich im Falle des Verzugs der Sicherheitsleistung bei § 22 UmwG Schadensersatzansprüche aus §§ 280, 286 BGB. Diese führen aber nur in seltenen Fällen weiter.[965] Wird der Anspruch ohne Sicherheitsleistung nach Fälligkeit erfüllt, ist in der Regel kein Schaden entstanden. Wird er wegen Zahlungsunfähigkeit des Schuldners nicht erfüllt, so ist auch der Schadensersatzanspruch nicht durchsetzbar.

III. Zusammenfassung

Zusammenfassend ergibt sich hinsichtlich des Schutzniveaus ein erheblicher Unterschied zwischen dem Gläubigerschutzkonzept der §§ 122a ff. UmwG und dem Gläubigerschutzkonzept, welches auf § 22 UmwG fußt. Die Richtlinienumsetzung durch den deutschen Gesetzgeber ist zwar in Bezug auf die gläubigerschutzrelevanten Regelungen rechtlich nicht zu beanstanden. Durch die hiermit einhergehende unterschiedliche Ausgestaltung des Gläubigerschutzes kommt es allerdings zu einer Schieflage, die sich mit den besonderen Gefahrenmomenten der Grenzüberschreitung nicht rechtfertigen lässt.

Denn vergleicht man die Gefährdungslagen der Gläubiger, so ergeben sich hinsichtlich der grenzüberschreitenden Herausverschmelzung im Vergleich zur innerstaatlichen und (Herein-)Verschmelzung letztlich keine nennenswerten Besonderheiten. Insbesondere die tatsächliche Grenzüberschreitung, also die mit der Verschmelzung einhergehende Sitzverlegung – die im Übrigen in der Regel nicht zum Wegfall eines inländischen Gerichtsstandes führt –, und die Vermögensverlagerung dürften für sich genommen die Annahme einer Erfüllungsgefährdung nur in Ausnahmefällen rechtfertigen. Auch die abstrakt unterschiedlichen Schutzniveaus der mitgliedstaatlichen Kapitalschutzvorschriften dürften

965 Ebenso der Hinweis bei: Semler/Stengel-*Maier-Reimer*, § 22 Rn 52.

alleine nicht ausreichen, um eine konkrete Erfüllungsgefährdung zu begründen. Rechtssicherheit kann insofern nur die Rechtsprechung schaffen, die den unbestimmten Rechtsbegriff der Erfüllungsgefährdung für die neuen Fälle der grenzüberschreitenden Verschmelzung mit Leben füllen muss. Es verbleibt als zweifelsfreies Gefahrenmoment lediglich die Erfüllungsgefährdung aufgrund einer verschmelzungsbedingten Kapitalherabsetzung, die allerdings kein grenzüberschreitendes Charakteristikum darstellt, sondern ebenso bei einer innerstaatlichen Verschmelzung droht.

Folglich sind die Vorverlagerung und die damit einhergehende Integration des Gläubigerschutzes in das Verschmelzungsverfahren in den §§ 122a ff. UmwG im Kern nicht den mit der Verschmelzung einhergehenden besonderen Gefahrenlagen, sondern den unterschiedlichen mitgliedstaatlichen verschmelzungsrechtlichen Gläubigerschutzmodellen geschuldet. Um hier ein potentielles Leerlaufen des Gläubigerschutzes im Falle der Herausverschmelzung zu vermeiden hat der deutsche Gesetzgeber als Kollateralschaden ein sachlich nicht gerechtfertigtes unterschiedliches Schutzniveau der Gläubiger für unterschiedliche Verschmelzungssituationen in Kauf genommen. Vorzugswürdig wäre es gewesen, die im Wesentlichen gelungenen Regelungen zum grenzüberschreitenden Gläubigerschutz – ausgenommen bleibt § 122d S. 2 Nr. 4 UmwG – auch für die Fälle der innerstaatlichen Umwandlung und der Hereinverschmelzung zur Anwendung zu berufen.

Literaturverzeichnis

Althammer, Christoph/Löhning, Martin: Zwischen Realität und Utopie: Der Vertrauensgrundsatz in der Rechtsprechung des EuGH zum europäischen Zivilprozeßrecht, ZZPInt 9 (2004), S. 23–38

Alversleben, Hans-Peter von: Die Rechte der Arbeitnehmer bei Betriebsübergang im Europäischen Gesellschaftsrecht, Baden-Baden 1992

Aristoteles: Rhetorik, übersetzt und herausgegeben von Gernot Krapinger, Stuttgart 1999

Ballerstedt Kurt: Gesellschaftsrechtliche Probleme der Reform des GmbH-Rechts, in: ZHR 135 (1971), S. 383–409

Bar, Christian von/Mankowski, Peter: Internationales Privatrecht, Band I, Allgemeine Lehren, 2. Auflage, München 2003

Bärmann, Johannes: „Europäische Fusion“, in: Festschrift für Heinz Kaufmann, Köln-Marienburg 1972, S. 13 – FS-Kaufmann, 1972, S. 13–37

Barnard, David/ Houghton, Mark: The New Civil Court in Action, London 1993

Barz, Carl Heinz: Kapitalfragen im Referentenentwurf eines GmbH-Gesetzes, in: GmbH-Reform, herausgegeben von Ernst Gessler, Roman Herzog, Reimut Jochimsen, Arthur Kaufmann, Bernd Rüthers, Horst Sanmann, Winfried Steffani, Fritz Werner, Bad Homburg u. a. 1970, S. 37–58

Bauer, Markus: Gläubigerschutz durch eine formelle Nennkapitalziffer Kapitalgesellschaftsrechtliche Notwendigkeit oder überholtes Konzept, Frankfurt am Main 1995

Baumann, Wolfgang: Kapitalerhöhung zur Durchführung der Verschmelzung von Schwestergesellschaften mbH im Konzern?, in: BB 1998, S. 2321–2326

Baumbach, Adolf/Hopt, Karl J.: Handelsgesetzbuch mit GmbH & Co., Handelsklauseln, Bank- und Börsenrecht, Transportrecht (ohne Seerecht) 34. Auflage, München 2010

Baumbach, Adolf/Hueck, Alfred: GmbHG, Gesetz betreffend die Gesellschaften mit beschränkter Haftung 19 Auflage 2010

Baumbach, Adolf/Lauterbach, Wolfgang/Albers, Jan/Hartmann, Peter: ZPO, 68. Auflage, München 2010

Bayer, Walter: 1000 Tage neues Umwandlungsgesetz – eine Zwischenbilanz, ZIP 1997, S. 1613–1626

Bayer, Walter: Zulässige und unzulässige Einschränkungen der europäischen Grundfreiheiten im Gesellschaftsrecht, in: BB 2002, S. 2289–2291

Bayer, Walter/Schmidt, Jessica: Der Referentenentwurf zum 3. UmwÄndG: Vereinfachungen bei Verschmelzungen und Spaltungen und ein neuer verschmelzungsspezifischer Squeeze Out, in: ZIP 2010, S. 953–963

Bayer, Walter/Schmidt, Jessica: Die neue Richtlinie über die grenzüberschreitende Verschmelzung von Kapitalgesellschaften, in: NJW 2006, S. 401–406

Bayer, Walter/Schmid, Jessica: Der Schutz der grenzüberschreitenden Verschmelzung durch die Niederlassungsfreiheit, in: ZIP 2006, S. 210–213

Bayer, Walter/Schmidt, Jessica: Der Regierungsentwurf zur Änderung des Umwandlungsgesetzes – Eine kritische Stellungnahme, in: NZG 2006, S. 841–846

Behrens, Frithjof Olaf: Die grenzüberschreitende Verschmelzung nach der Richtlinie 2005/56/EG (Verschmelzungsrichtlinie), Göttingen 2007

Behrens, Peter: Gemeinschaftliche Grenzen der Anwendung inländischen Gesellschaftsrechts auf Auslandsgesellschaften nach Inspire Art, in: IPrax 2004, S. 20–26

Beitzke, Günther: Internationalrechtliches zur Gesellschaftsfusion, in: Festschrift für Walter Hallstein, Probleme des europäischen Rechts, Frankfurt 1966, S. 15–35

Beutel, David: Der neue rechtliche Rahmen grenzüberschreitender Verschmelzungen in der EU, München 2008

Bitz, Michael/Hemmerode, Wilhelm/Rausch, Werner: Gesetzliche Regelungen und Reformvorschläge zum Gläubigerschutz, Berlin 1986

Blaurock, Uwe: Mindestkapital und Haftung bei der GmbH, in: Festschrift für Thomas Raiser zum 70. Geburtstag am 20. Februar 2005, Berlin 2005, S. 3–22

Boucourechliev, Jeanne: Die Harmonisierung des Gesellschaftsrechts in der Europäischen Union – Erreichtes und Perspektiven, in: RIW 1999, S. 1–6

Brandt, Ulrich: Die Hauptversammlung der Europäischen Aktiengesellschaft (SE), Diss. Frankfurt am Main 2004

Brandt, Ulrich: Der Diskusssionsentwurf zu einem SE-Ausführungsgesetz, in: DStR 2003; S. 1208–1215

Breit, Ernst: Europäischer Binnenmarkt : Wirtschafts- oder Sozialraum?, Bonn 1988

Brocker, Moritz: Die grenzüberschreitende Verschmelzung von Kapitalgesellschaften, in: BB 2010, S. 971–976

Bungert, Hartwin: Grenzüberschreitende Verschmelzungsmobilität – Anmerkung zur Sevic-Entscheidung des EuGH, in: BB 2006, S. 53–56

Büschgen, Hans E.: Zur Eigenkapitalausstattung der GmbH und GmbH & Co. KG (I), in: GmbHR 1974, S. 25–35

Büschgen, Hans E.: Zunehmende Fremdfinanzierung als Insolvenzgefahr in: BFuP 1975, S: 93–109

Calliess, Christian/Ruffert, Matthias: Kommentar des Vertrages über die Europäische Union und des Vertrages zur Gründung der Europäischen Gemeinschaft – EUG/EGV –, 3. Auflage, Neuwied 2007

Centrale für GmbH Dr. Otto Schmidt: Stellungsnahme vom 16.3.2006 zum Referentenentwurf eines Zweiten Gesetzes zur Änderung des Umwandlungsgesetzes, in: GmbHR 2006, 418–421

Chiusi, Tiziana J.: Zur Verzichtbarkeit von Rechtsscheinswirkungen, in: AcP 202 (2002), S. 494–516

Claussen, Lorenz: Gesamtnachfolge und Teilnachfolge, Baden-Baden 1995

Dallmayer, Peter/Eickmann, Dieter: Rechtspflegergesetz, Kommentar, München 1996

Dannemann, Gerhard: Die britische Limited in rechtsvergleichender und kollisionsrechtlicher Perspektive, in: Die GmbH im europäischen Vergleich, herausgegeben von Rainer Schröder, Berlin 2005, S. 11–25 (zitiert: Dannemann in Schröder)

Däubler, Wolfgang: grenzüberschreitende Fusion und Arbeitsrecht – Zum Entwurf der Zehnten gesellschaftsrechtlichen Richtlinie –, in: DB 1988, S. 1850–1854

Decher, Christian: Formwechsel – Allgemeine Vorschriften, in: Verschmelzung – Spaltung – Formwechsel, Kölner Umwandlungsrechtstage, herausgegeben von Marcus Lutter, Köln 1995, S. 201–222 (zitiert: Decher in Kölner Umwandlungstage)

Drinhausen, Florian/Keinath, Astrid: Referentenentwurf eines Zweiten Gesetzes zur Änderung des Umwandlungsgesetzes – Erleichterung grenzüberschreitender Verschmelzungen für deutsche Kapitalgesellschaften, in: BB 2006, S. 725–732

Drischler, Karl: Verfügung über die Führung und Einrichtung des Handelsregisters, Regensburg 1983

Drygala, Tim: Die Mauer bröckelt – Bemerkungen zur Bewegungsfreiheit deutscher Unternehmen in Europa, in: ZIP 2005, S. 1995–2000

Ebenroth, Carsten Thomas/Boujong, Karlheinz/Joost, Detlev/Strohn, Lutz: Handelsgesetzbuch, Band 1, §§ 1–342e, 2. Auflage, München 2008

Ebke, Werner: Überseering: Die wahre Liberalität ist Anerkennung, in: JZ 2003, S. 927–933

Ehrenberg, Victor: Handbuch des gesamten Handelsrechts : mit Einschluß des Wechsel-, Scheck-, See- und Binnenschiffahrtsrechts, des Versicherungsrechts sowie des Post- und Telegraphenrechts, Band 1, Leipzig 1913

Eidenmüller, Horst/Engert, Andreas: Rechtsökonomik des Mindestkapitals im GmbH-Recht, in: GmbHR 2005, S. 433–438

Eidenmüller, Horst/Rehm, Gebhard M.: Niederlassungsfreiheit versus Schutz des inländischen Rechtsverkehrs: Konturen des Europäischen Internationalen Gesellschaftsrechts, in: ZGR 2004, S. 159–188

Engel, Dirk/Kohn, Karten/Sahm,Anne/Spengler, Hannes: Unternehmensfluktuation: Aktuelle Entwicklungen und Effekte einer alternden Gesellschaft, in: Mittelstandsmonitor 2008, herausgegeben von KfW, Creditreform, IfM, RWI, ZEW, Frankfurt a. Main 2008, S. 37–102
Engert, Andreas: Die Wirksamkeit des Gläubigerschutzes durch Nennkapital Überprüfung anhand von Daten der Creditreform Rating AG und weiteren Rechtstatsachen, in: GmbHR 2007, S. 337–344
Eyles, Uwe: Das Niederlassungsrecht der Kapitalgesellschaften in der Europäischen Gemeinschaft : die Überlagerung des deutschen Gesellschaftsrechts und Unternehmenssteuerrechts durch Europäisches Gemeinschaftsrecht, Baden-Baden 1990
Erfurter Kommentar zum Arbeitsrecht, 10. Auflage, München 2010 (zitiert: ErfK-Bearbeiter)
Escher-Weingart, Christina: Reform der Deregulierung im Kapitalgesellschaftsrecht, Tübingen 2001
Fabricius, Fritz: Das Stammkapital der GmbH – zur Frage seiner Rechtfertigung und der Rechtfertigung seiner Höhe, in: GmbHR 1970, S. 137–144
Fahr, Ulrich/Kaulbach, Detlef/Bähr, Gunne: Versicherungsaufsichtsgesetz – VAG : mit Finanzdienstleistungsaufsichtsgesetz (FinDAG), 4. Auflage, München 2007
Fehrenbacher, Oliver: Registerpublizität und Haftung im Zivilrecht, Baden-Baden 2004
Fischer, Guido: Das Mindestkapital der Aktiengesellschaften, in: AG 1959, 310–312
Fleischer, Holger: Gläubigerschutz in der kleinen Kapitalgesellschaft – Deutsche GmbH versus englische private limited company, in: DStR 2000, S: 1015–1021
Forsthoff, Ulrich: Internationale Verschmelzungsrichtlinie: Verhältnis zur Niederlassungsfreiheit und Vorwirkung; Handlungszwang für Mitbestimmungsreform, in: DStR 2006, S. 613–618
Freytag, Lars F.: Der Regierungsentwurf zur Änderung des Umwandlungsgesetzes, in: BB 2010, S. 2839–2842
Frenzel, Ralf: Grenzüberschreitende Verschmelzung von Kapitalgesellschaften, Hamburg 2008
Frenzel, Ralf: Grenzüberschreitende Verschmelzung von Kapitalgesellschaften – nach dem Ablauf der Umsetzungfrist, in: RIW 2008, S. 12–20
Frenzel, Ralf/Axer, Georg: EG-Mitgliedstaat durch die Hintertür?, in: RIW 2007, S. 47–55
Fromm, Rüdiger: Gläubigerschutz durch Kapitalaufbringung und Kapitalerhaltung in Kommanditgesellschaft und Gesellschaft mit beschränkter Haftung, Bonn 1979

Ganske, Joachim: Umwandlungsrecht, Regierungsentwürfe des Gesetzes zur Bereinigung des Umwandlungsrechts und des Gesetzes zur Änderung des Umwandlungsrechts, Düsseldorf 1994 (zitiert: Ganske, Regierungsentwürfe)

Ganske, Joachim: Umwandlungsrecht, Textausgabe des Umwandlungsgesetzes vom 28.Oktober 1994 und des Umwandlungssteuergesetzes vom 28.Oktober 1994 mit Begründung, 2. Auflage, Düsseldorf 1995

Ganske, Joachim: Gesetz zur Bereinigung des Umwandlungsrechts, Referentenentwurf, Bundesanzeiger, Köln 1992 (zitiert: Ganske, Referentenentwurf)

Ganske, Joachim: Internationale Fusion von Gesellschaften in der Europäischen Gemeinschaft – ein neuer Ansatz, in: DB 1985, S. 581–584

Ganske, Joachim: Reform des Umwandlungsrechts – Ein Bericht, in: WM 1993, S. 1117–1129

Geiger, Rudolf: EUV/EGV : Vertrag über die Europäische Union und Vertrag zur Gründung der Europäischen Gemeinschaft, Kommentar, 4. Auflage, München 2004

Geimer, Reinhold: Die inländische Niederlassung als Anknüpfungspunkt für die internationale Zuständigkeit, in: WM 1976, S. 146–149

Geimer, Reinhold/Schütze, Rolf: Europäisches Zivilverfahrensrecht, 3. Auflage, München 2010

Gersch, Hartmut/Herget, Rudolf/Marsch, Reinhard/Stützle, Rudolf: GmbH-Reform 1980: Erläuterung mit praktischen Hinweisen, Stuttgart u. a. 1980

Geßler, Ernst/Hefermehl, Wolfgang/Eckardt, Ulrich/Kropff, Bruno: Aktiengesetz, Band VI, §§ 291–318, 6. Lieferung, München 1976 (zitiert: G/H/E/K-Bearbeiter)

Geßler, Ernst: Die Reform des GmbH-Rechts, Zu dem Referentenentwurf eines Gesetzes über Gesellschaften mit beschränkter Haftung, in: BB 1969, 589–595

Geyrhalter, Volker/Weber, Thomas: Transnationale Verschmelzungen – im Spannungsfeld zwischen SEVIC Systems und der Verschmelzungsrichtlinie, in: DStR 2006, S. 146–151

Geyrhalter, Volker/Weber, Thomas: Die Schlussanträge des Generalanwalts in Sachen SEVIC Systems AG, in: NZG 2005, S. 837–838

Gödde, Konrad: Die Nachvertragliche Verschwiegenheitspflicht des Arbeitnehmers, Bonn 1999

Goette, Wulf: Wo steht der BGH nach Centros und Inspire Art?, in: DStR 2005, S. 197–201

Goldschmidt, Levin: Handbuch des Handelsrechts, Band 1: Geschichtlich-literarische Einleitung und die Grundlehren, 3. Auflage, Stuttgart 1891

Gösche, Axel: Insolvenzen und wirtschaftlicher Wandel : eine wirtschaftsgeschichtliche Analyse der Konkurse und Vergleiche im Siegerland, 1951–1980, Stuttgart1985

Goutier, Klaus/Knopf, Rüdiger/Trulloch, Anthony: Kommentar zum Umwandlungsgesetz, Heidelberg 1996

Grabitz, Eberhard/Hilf, Meinhard: Das Recht der Europäischen Union, Kommentar, Band II, EUV/EGV, Loseblatt, Stand: 40. Ergänzungslieferung, München 2009

Gräfer, Horst: Bilanzanalyse, 9. Auflage, Herne 2005

Grambow, Tobias/Stadler, Ramona: Grenzüberschreitende Verschmelzungen unter Beteiligung einer Europäischen Gesellschaft (Societas Europaea – SE), in: BB 2010, S. 977–980

Gruber, Johannes/Weller, Marc-Philippe: Societas Europaea – Mitbestimmung ohne Aufsichtsrat?, NZG 2003, 297–301

Grunewald, Barbara: der Gläubigerschutz bei grenzüberschreitenden Verschmelzungen nach dem Entwurf eines zweiten Gesetzes zur Änderung des UmwG, in: Der Konzern 2007, S. 106–108

Grunewald, Barbara/Noack, Ulrich Zur Zukunft des Kapitalsystems der GmbH – Die Ein-Euro-GmbH in Deutschland, in: GmbHR 2005, S. 189–195

Grünwald, Alfons: Internationale gesellschaftsrechtliche Verschmelzungsrichtlinie ante portas, in: ÖStZ 2004, S. 373–376

Haas, Ulrich: Mindestkapital und Gläubigerschutz in der GmbH, in: DStR 2006, S. 993–1000

Habersack, Mathias: Europäisches Gesellschaftsrecht, 3. Auflage, München 2006

Habersack, Mathias: Der persönliche Schutzbereich des § 303 AktG, in: Festschrift für Hans-Georg Koppensteiner zum 65. Geburtstag, Wien 2001, S. 31–41

Habersack, Mathias/Mayer, Christian: Die überschließende Umsetzung der Richtlinie, in: JZ 1999, S. 913–921

Hachenburg, Max/Behrens, Peter: Gesetz betreffend die Gesellschaften mit beschränkter Haftung : (GmbHG); Großkommentar, Band 1: Allgemeine Einleitung : §§ 1–34, 8. Auflage, Berlin u. a. 1992

Hachenburg, Max: Kommentar zum GmbHG, Band 1: Gesetzestexte, Allgemeine Einleitung, §§ 1–12, 7. Auflage, Berlin u. a. 1975 (zitiert: Hachenburg-Bearbeiter, 7. Auflage)

Hager, Johannes: Verkehrsschutz durch redlichen Erwerb, München 1990

Haritz, Detlef/von Wolff, Bodo: Internationalisierung des deutschen Umwandlungsrechts, Zum Entwurf eines Zweiten Gesetzes zur Änderung des Umwandlungsgesetzes, in: GmbHR 2006, S. 340–345

Heckschen, Heribert: Die Reform des Umwandlungsrechts, in: DNotZ 2007, S. 444–465

Heidinger, Andreas: Der Kapitalschutz der GmbH auf dem Prüfstand, in: DNotZ 2005, S. 97–119

Herdegen, Matthias: Völkerrecht, 9. Auflage, München 2010
Herfs-Röttgen, Ebba: Arbeitnehmerbeteiligung in der Europäischen Aktiengesellschaft, NZA 2001, 2001, S. 424–429
Herfs-Röttgen, Ebba: Probleme der Arbeitnehmerbeteiligung in der Europäischen Aktiengesellschaft, NZA 2002, S. 358–365
Herrler, Sebastian: Ermöglichung grenzüberschreitender Verschmelzungen von Kapitalgesellschaften durch Änderung des Umwandlungsgesetzes, in: EuZW 2007, S. 295–300
Herrmann, Hans Joachim: Rechtsformen der grenzüberschreitenden Kooperation und Konzentration im Gemeinsamen Markt, AG 1969, S. 348–356
Heuschmid, Johannes: Unternehmensmitbestimmung nach der Richtlinie zur grenzüberschreitenden Verschmelzung von Kapitalgesellschaften, in AuR 2006, S. 184–192
Hoffmann von, Bernd/Thorn, Karsten: Internationales Privatrecht einschließlich der Grundzüge des Internationalen Zivilverfahrensrecht, 9. Auflage, München 2007
Hoffmann, Jochen: Die Bildung der Aventis S. A. – ein Lehrstück des europäischen Gesellschaftsrechts, in: NZG 1999, S. 1077–1085
Huber, Markus: Anteilsgewährpflicht im Umwandlungsrecht? : Fragen der Anteilsgewährung und des Gläubigerschutzes bei Verschmelzung und Spaltung, Bielefeld 2005
Huber, Stefan: Entwicklung transnationaler Modellregeln für Zivilverfahren, Tübingen 2008 (zitiert: Huber, Entwicklung)
Huhn, Diether/ Schuckmann, Hans Joachim von: Beurkundungsgesetz und Dienstordnung für Notarinnen und Notare : Kommentar, 5. Auflage, Berlin 2009
Hüffer, Uwe: Der Schutz besonderer Rechte in der Verschmelzung, in: Festschrift für Marcus Lutter zum 70. Geburtstag, herausgegeben von Uwe H. Schneider, Peter Hommelhoff, Karsten Schmidt, Wolfram Timm, Barbara Grunewald, Tim Drygala, Köln 2000, S. 1227–1244
Hüffer, Uwe: Aktiengesetz, 8. Auflage, München 2008
Heidel, Thomas, Aktienrecht und Kapitalmarktrecht ,Kommentar, 2. Auflage, Baden-Baden 2007
Ihrig, Hans-Christoph: Verschmelzung und Spaltung ohne Gewährung neuer Anteile, in: ZHR 160 (1996), S. 317–342
Ihrig, Hans-Christoph/Wagner, Jens: Diskussionsentwurf für ein SE-Ausführungsgesetz, in: BB 2003, S. 969–976
Inwinkl, Petra: Das österreichische Recht grenzüberschreitender Verschmelzungen, in: ZfRV 2008, S. 69–77
Inwinkl, Petra/Schneider, Georg: Fusionsstrategien, in: Der Konzern 2007, 705–716
Janott, Dirk/Frodermann, Jürgen: Handbuch der Europäische Aktiengesellschaft – Societas Europaea –, Heidelberg 2005

Kallmeyer, Harald: Umwandlungsgesetz, Kommentar, 4. Auflage, Köln 2010

Kallmeyer, Harald: Das neue Umwandlungsgesetz, Verschmelzung, Spaltung und Formwechsel von Handelsgesellschaften, in: ZIP 1994, S. 1746–1759

Kallmeyer, Harald: Der Ein- und Austritt der Komplementär-GmbH einer GmbH und Co KG bei Verschmelzung, Spaltung und Formwechsel nach dem UmwG 1995, in: GmbHR 1996, S. 80–82

Kallmeyer, Harald: Bereinigung der Finanzverfassung der GmbH, in: GmbHR 2004, S. 377–383

Kallmeyer, Harald: der gemeinsame Verschmelzungsplan für grenzüberschreitende Verschmelzungen, in: AG 2007, S. 472–475

Kallmeyer, Harald/Kappes, Stephan: Grenzüberschreitende Verschmelzung und Spaltung nach SEVIC Systems und der EU-Verschmelzungsrichtlinie, in: AG 2006, S. 224–238

Kalss, Susanne: Gläubigerschutz bei Verschmelzungen von Kapitalgesellschaften, in: ZGR 2009, S. 74–125

Kalss, Susanne/Hügel, Hanns F.: Europäische Aktiengesellschaft / SE-Kommentar, Wien 2004

Kalter, A.: Einige Gedanken zur unterkapitalisierten GmbH – Ein Fall der Durchgriffshaftung, in KTS 1970, S. 267–292

Kegel, Gerhard/Schurig, Klaus: Internationales Privatrecht, 9. Auflage, München 2004

Keidel, Theodor: FamFG : Kommentar zum Gesetz über das Verfahren in Familiensachen und die Angelegenheiten der freiwilligen Gerichtsbarkeit, 16. Auflage, München 2009 (zitiert: Keidel-Bearbeiter)

Kiem, Roger: Die Regelungen der grenzüberschreitenden Verschmelzung im deutschen Umwandlungsgesetz, in: WM 2006, S. 1091–1099

Kieninger, Eva-Maria: Grenzüberschreitende Verschmelzung in der EU – das SEVIC-Urteil des EuGH, in: EWS 2006, S. 49–54

Klein, Stefan: Grenzüberschreitende Verschmelzung von Kapitalgesellschaften, in: RNotZ 2007, S. 565–608

Kleinhenz, Holger Michael: Die grenzüberschreitende Verschmelzung unter Beteiligung deutscher Unternehmen nach Umsetzung der Richtlinie 2005/56/EG, Taunusstein 2008

Klose-Mockroß, Lydia: Gläubigerschutz im Kapitalgesellschaftsrecht am Beispiel der Lehre von der verdeckten Sacheinlage, Frankfurt am Main 1997

Klose, Andreas: Die Stammkapitalerhöhung der Unternehmergesellschaft (haftungsbeschränkt), in: GmbHR 2009, S. 294–298

Knott, Hermann J.: Gläubigerschutz bei horizontaler und vertikaler Konzernverschmelzung, in: DB 1996, S. 2423–2425

Kölner Kommentar zum Aktiengesetz, herausgegeben von Wolfgang Zöllner, Band 2, §§ 148–290 AktG, Köln u. a. 1985

Kolvenbach, Walter: Die Europäische Gemeinschaft und die deutsche Mitbestimmung (Teil I und II), in: DB 1986, S. 1973–1979

Koberg, Peter: Die Entstehung der GmbH in Deutschland und Frankreich, Köln 1992

Koppensteiner, Hans-Georg: Grundlagenkritische Bemerkungen zum EWG-Entwurf eines Übereinkommens über die internationale Verschmelzung von Aktiengesellschaften, in: RabelsZ 39 (1975), S. 406–443

Kramer, Stefan: Die Meistbegünstigung, in: RIW 1989, S. 473–481

Krause, Nils/Kulpa, Norman: Grenzüberschreitende Verschmelzung – Vor dem Hintergrund der „Sevic“-Entscheidung und der Reform des deutschen Umwandlungsrechts –, in: ZHR 171 (2007), S. 38–78

Kraushaar, Martin: Europäische Aktiengesellschaft (SE) und Unternehmensmitbestimmung, in: BB 2003, 1614–1620

Kremer, Matthias-Gabriel: Verschmelzungen auch für Restrukturierung attraktiv, in: Börsenzeitung vom 03.03.2010, S. 2

Kreuzer, Karl: Die allgemeinen Gläubigerschutzbestimmungen der GmbH-Novelle, in: ZIP 1980, S. 597–605

Krieger, Gerd: Sicherheitsleistung für Versorgungsrechte?, in Festschrift für Rudolf Nirk zum 70. Geburtstag, herausgegeben von Karl Bruchhausen, Wolfgang Hefermehl, Peter Hommelhoff, Herbert Messer, München 1992, S. 551–570

Kronke, Herbert: Deutsches Gesellschaftsrecht und grenzüberschreitende Strukturänderungen, in: ZGR 1994, S. 26–46

Kropholler, Jan: Internationales Privatrecht, 1. Auflage, Tübingen 1990 (zitiert: Kropholler, 1. Auflage)

Kropholler, Jan: Internationales Privatrecht, 5. Auflage, Tübingen 2004

Krüger, Markus E.: Mindestkapital und Gläubigerschutz, Baden-Baden 2005

Kruse, Constatin/Kruse, Cornelius: Grenzüberschreitende Konzernverschmelzungen – Vorgaben und Vereinfachungen der §§ 122a ff. UmwG, BB 2010, S. 3035–3038

Kulenkamp, Sabrina: Die grenzüberschreitende Verschmelzung von Kapitalgesellschaften in der EU, Baden-Baden 2009

Küting, Karlheinz/Weber, Claus-Peter: Die Bilanzanalyse: Beurteilung von Abschlüssen nach HGB und IFRS, 8. Auflage, Stuttgart 2006, (zitiert: Küting/Weber, Bilanzanalyse)

Küting, Karlheinz/Weber, Claus-Peter: Handbuch der Rechnungslegung, 3. Auflage, Stuttgart 1990, (zitiert: Küting/Weber-Bearbeiter, Handbuch der Rechnungslegung)

Lennerz, Ursula: Die internationale Verschmelzung und Spaltung unter Beteiligung deutscher Gesellschaften, Köln 2001

Limmer, Peter: Anteilsgewährung und Kapitalschutz bei Verschmelzung und Spaltung nach neuem Umwandlungsrecht: in Festschrift für Helmut Schippel zum 65. Geburtstag, herausgegeben von Bundesnotarkammer, München 1996, S. 415–436

Limmer, Peter: Der Identitätsgrundsatz beim Formwechsel in der Praxis, in: Umwandlungen im Zivil- und Steuerrecht, Festschrift für Siegfried Widmann zum 65. Geburtstag am 22.05.2000, herausgegeben von: Franz Wassermeyer, Dieter Mayer, Norbert Rieger, Bonn 2000, S. 51–66

Limmer, Peter: Zur Zulässigkeit einer Sanierungsfusion unter Einbeziehung einer bereits aufgelösten Gesellschaft, in: DNotZ 1999, 150–153

Limmer, Peter: Grenzüberschreitende Umwandlungen nach dem Sevic-Urteil des EuGH und den Neuerungen des UmwG (Teil 1), in: ZNotP 2007, S. 242–256

Louven, Christoph: Umsetzung der Verschmelzungsrichtlinie, in: ZIP 2006, S. 2021–2028

Lutter, Marcus: Umwandlungsgesetz, Kommentar, Band I, §§ 1–134, 4. Auflage, Köln 2009 (zitiert: Lutter-Bearbeiter)

Lutter, Marcus: Umwandlungsgesetz, Kommentar, Band II, §§ 135–325, SpruchG, 4. Auflage, Köln 2009 (zitiert: Lutter-Bearbeiter, Band II)

Lutter, Marcus: Umwandlungsgesetz, Kommentar, Band I, §§ 1–134, 3. Auflage, Köln 2004 (zitiert: Lutter-Bearbeiter, 3. Auflage)

Lutter, Marcus: Europäisches Gesellschaftsrecht, 2. Auflage, Berlin u. a. 1984 (zitiert: Lutter, Europäisches Gesellschaftsrecht)

Lutter, Marcus: Europäisches Unternehmensrecht : Grundlagen, Stand und Entwicklung nebst Texten und Materialien zur Rechtsangleichung, 4. Auflage, Berlin u. a. 1996 (zitiert: Lutter, Europäisches Unternehmensrecht)

Lutter, Marcus: Das Kapital der Aktiengesellschaft in Europa, Berlin 2006 (zitiert: Lutter, Kapital)

Lutter, Marcus: Die zivilrechtliche Haftung in der Unternehmensgruppe, in: ZGR 1982, S. 244–275

Lutter, Marcus: Zur Reform von Umwandlung und Fusion, in: ZGR 1990, S. 392–415

Lutter, Marcus: Die Eintragung anfechtbarer Hauptversammlungsbeschlüsse im Handelsregister, in NJW 1969, S. 1873–1879

Lutter, Marcus: Vom formellen Mindestkapital zu materiellen Finanzierungsregeln im Recht der Kapitalgesellschaften, in: Festschrift für Thomas Riesenfeld aus Anlass seines 75. Geburtstages, herausgegeben von Erik Jayme, Gerhard Kegel, Marcus Lutter, Heidelberg 1983, S. 164–185

Lutter, Marcus/Hommelhoff, Peter: GmbH-Gesetz, 17. Auflage, Köln 2009 (zitiert: Lutter/Hommelhoff-Bearbeiter)

Lutter, Marcus/Hommelhoff, Peter: GmbH-Gesetz, Kommentar, 13. Auflage, Köln 1991 (zitiert: Lutter/Hommelhof-Bearbeiter, 13. Auflage)
Lutter, Marcus/Hommelhoff, Peter: SE-Kommentar : SE-VO, SEAG, SEBG, Steuerrecht, Köln 2008 (zitiert: Lutter/Hommelhoff-Bearbeiter, SE-VO)
Lutter, Marcus/Hommelhoff, Peter: Die Europäische Gesellschaft, Köln 2005
Lutter, Marcus/Hommelhoff, Peter: Nachrangiges Haftkapital und Unterkapitalisierung in der GmbH, in: ZGR 1979, S. 31–66
Lutter, Marcus/Leinekugel, Rolf: Planmäßige Unterschiede im umwandlungsrechtlichen Minderheitenschutz?, in: ZIP 1999, S. 261–267
Maier-Reimer, Georg: Vereinfachte Kapitalherabsetzung durch Verschmelzung?, in: GmbHR 2004, S. 1128–1132
Manz, Gerhard/Mayer, Barbara/Schröder, Albert: Europäische Aktiengesellschaft – SE, Kommentar, Baden-Baden 2005
Maul, Silja/Teichmann, Christoph/Wenz, Martin: Der Richtlinienvorschlag zur grenzüberschreitenden Verschmelzung von Kapitalgesellschaften, in: BB 2003, S. 2633–2641
Maulbetsch, Hans-Christoph/Klumpp, Axel/Rose, Klaus-Dieter: Umwandlungsgesetz, Heidelberg u. a. 2009
Meilicke, Wienand/Rabback, Dieter E.: Die EuGH-Entscheidungng in der Rechtssache Sevic und die Folgen für das deutsche Umwandlungsrecht nach Handels- und Steuerrecht, in: GmbHR 2006, S. 123–127
Meißner, Reinhard: Die Erhaltung des Stammkapitals einer GmbH, Mainz 1974
Mertens, Hans-Joachim: Angleichung des Gesellschaftsrechts, europäische Handelsgesellschaft und europäischer Konzern, in: JR 1970, S. 321–328
Mertens, Kai: Zur Universalsukzession in einem neuen Umwandlungsrecht, in: AG 1994, S. 66–78
Meyer, Justus: Die GmbH und andere Handelsgesellschaften im Spiegel empirischer Forschung (II), in: GmbHR 2002, S. 242–256
Meyer, Justus: Die Insolvenzanfälligkeit der GmbH als rechtspolitisches Problem, in GmbHR 2004, S. 1417–1428
Meyer, Justus/Hermes, Judith: Das GmbH-Schutzschild in der Insolvenz, in: GmbHR 2005, S. 807–817
Morstiefer, Hans Jürgen/Rödl, Helmut/Mischon, Claudia: Zum Problem der Insolvenzverhütung in mittelständischen Betrieben, Dortmund 1982
Mülbert, Peter O: Zukunft der Kapitalaufbringung/Kapitalerhaltung, in: Der Konzern 2004, S. 151–162
Müller, Hans-Friedrich: Die grenzüberschreitende Verschmelzung nach dem neuen Richtlinienentwurf der EU-Kommission, in: ZIP 2004, S. 1790–1797
Müller, Hans-Friedrich: Die grenzüberschreitende Verschmelzung nach dem Referentenentwurf des Bundesjustizministerium, in: NZG 2006, S. 286–290

Müller, Hans-Friedrich: Internationalisierung des deutschen Umwandlungsrechts: Die Regelung der grenzüberschreitenden Verschmelzung, in: ZIP 2007, S. 1081–1088
Müller, Welf/Bärwaldt, Roman: Beck'sches Handbuch der Personengesellschaften : Gesellschaftsrecht, Steuerrecht, 2. Auflage, München 2002 (zitiert: PersGes-Hdb-Bearbeiter)
Münchener Handbuch des Gesellschaftsrechts: Band 3, Gesellschaft mit beschränkter Haftung, herausgegeben von Hans-Joachim Priester, 3. Auflage, München 2009 (zitiert: Bearbeiter in MünchHdb GesR)
Münchener Kommentar zum Bürgerlichen Gesetzbuch: Band 11, Internationales Wirtschaftsrecht, Einführungsgesetz zum Bürgerlichen Gesetzbuche (Art. 50–245), herausgegeben von Hans Jürgen Sonnenberger, Jürgen Rebmann, 4. Auflage, München 2006 (zitiert: MünchKomm-Bearbeiter, BGB)
Münchener Kommentar zum Aktiengesetz: Band 7, §§ 222–277 AktG, herausgegeben von Bruno Kropf, Jürgen Semler, 2. Auflage, München 2001 (zitiert: MünchKomm-Bearbeiter, AktG, Band 7)
Münchener Kommentar zum Aktiengesetz: Band 9,2, §§ 329–410 AktG, SE-VO, SEBG, Europäische Niederlassungsfreiheit, Die Richtlinien zum Gesellschaftsrecht, herausgegeben von Holger Altmeppen, Bruno Kropf, 2. Auflage, München 2006 (zitiert: MünchKomm-Bearbeiter, AktG, Band 9/2)
Münchener Kommentar zum Handelsgesetzbuch: Band 1, Buch 1, Nachtr.: Handelsstand : §§ 1–104 HGB, herausgegeben von Karsten Schmidt, 2. Auflage, München 2007 (zitiert: MünchKomm-Bearbeiter, HGB, Band 1)
Münchener Kommentar zum Handelsgesetzbuch: Band 4, Buch 3: Handelsbücher, §§ 238–342e HGB, herausgegeben von Karsten Schmidt, 2. Auflage, München 2008 (zitiert: MünchKomm-Bearbeiter, HGB, Band 4)
Münchener Kommentar zur Zivilprozessordnung: mit Gerichtsverfassungsgesetz und Nebengesetzen: Band 1, Einleitung, §§ 1–510c, herausgegeben von Thomas Rauscher; Peter Wax; Joachim Wenzel, 3. Auflage, München 2008
Münchener Vertragshandbuch: Herausgegeben von Martin Heidenhain und Burkhardt W. Meister, Band 1, Gesellschaftsrecht, 6. Auflage, München 2005 (zitiert: Münchener Vertragshandbuch)
Musielak, Hans-Joachim: Kommentar zur Zivilprozessordnung, 5. Auflage, München 2007
Naraschewski, Alexander: Gläubigerschutz bei der Verschmelzung von GmbH, in: GmbHR 1998, S. 356–361
Neye, Hans-Werner: Die neue Richtlinie zur grenzüberschreitenden Verschmelzung von Kapitalgesellschaften, in: ZIP 2005, S. 1893–1898
Neye, Hans-Werner/Teichmann, Christoph: Der Entwurf für das Ausführungsgesetz zur Europäischen Aktiengesellschaft, in: AG 2003, S. 169–179

Neye, Hans-Werner/Timm, Birte: Mehr Mobilität für die GmbH in Europa, in: GmbHR 2007, S. 561–565
Neye, Hans-Werner/Timm, Birte: Die geplante Umsetzung der Richtlinie zur grenzüberschreitenden Verschmelzung von Kapitalgesellschaften im Umwandlungsgesetz, in: DB 2006, S. 488–493
Niemeier, Wilhelm: Die „Mini-GmbH“ (UG) trotz Marktwende bei der Limited? in: ZIP 2007, S. 1794–1801
Oechsler, Jürgen: Die Richtlinie 2005/56/EG über die Verschmelzung von Kapitalgesellschaften aus verschiedenen Mitgliedstaaten, in: NZG 2006, S. 161–166
Oelkers, Janine: Mindestkapital und Nennkapital – Leistungskraft für den Gläubigerschutz (Teil I), in: GesRZ 2004, S. 360–371
Oplustil, Krzysztof/Schneider, Maximilian: Zur Stellung der Europäischen Aktiengesellschaft im Umwandlungsrecht, in: NZG 2003, S. 13–17
Palandt: Bürgerliches Gesetzbuch, 70. Auflage, München 2011 (zitiert: Palandt-Bearbeiter)
Passarge, Malte/Stark, Mario: Gläubigerschutz bei Verschmelzungen nach dem Zweiten Gesetz zur Änderung des Umwandlungsgesetzes, in: GmbHR 2007, S. 803–810
Petersen, Jens: Der Gläubigerschutz im Umwandlungsrecht, München 2001
Petersen, Jens: Vereinfachte Kapitalherabsetzung durch Verschmelzung? in: GmbHR 2004, S: 728–731
Pipkorn, Jörn: Zur Entwicklung des europäischen Gesellschafts- und Unternehmensrechts, in: ZHR 136 (1972), S. 499–516
Pipkorn, Jörn: Zur Entwicklung des europäischen Gesellschafts- und Unternehmensrechts, in: ZHR 137 (1973), in: ZHR 137 (1973), S. 35–69
Pöllath, Reinhard/ Philipp, Christoph: Unternehmenskauf und Verschmelzung: Pflichten und Haftung von Vorstand und Geschäftsführer, in: DB 2005, S. 1503–1509
Preis, Ulrich: Der Arbeitsvertrag : Handbuch der Vertragspraxis und -gestaltung, 3. Auflage, Köln 2009
Priester, Hans-Joachim: Mindestkapital und Sacheinlageregeln, in: Die GmbH-Reform in der Diskussion, herausgegeben von der Gesellschaftsrechtliche Vereinigung, Köln 2006, S. 1–24
Priester, Hans-Joachim: Notwendige Kapitalerhöhung bei Verschmelzung von Schwestergesellschaften?, in: BB 1985, S. 363–366
Priester, Hans-Joachim: Kapitalaufbringung, in: Festschrift 100 Jahre GmbH-Gesetz, herausgegeben von Marcus Lutter, Peter Ulmer, Wolfgang Zöllner, Köln 1992, S. 159–188
Priester, Hans-Joachim: Das neue Umwandlungsrecht aus notarieller Sicht, in: DNotZ 1995, S. 427–455

Priester, Hans-Joachim: Mitgliederwechsel im Umwandlungszeitpunkt, in: DB 1997, S. 560–567

Priester, Hans-Joachim: „GmbH light“ – ein Holzweg!, in: ZIP 2005, S. 921–922

Raiser, Thomas: Die neuen Gründungs- und Kapitalerhöhungsvorschriften für die GmbH, in: Das neue GmbH-Rech in der Diskussion, herausgegeben von der Centrale für GmbH Dr. Otto Schmidt, Köln 1981, S. 37–54

Ringe, Wolf-Georg: No Freedom of Emigration for Companies?, in: EBLR 2005, S. 621–642

Rodewald, Jörg: GmbH-Beratung Vereinfachte „Kapitalherabsetzung“ durch Verschmelzung von GmbH, in GmbHR 1997, S. 19–22

Roesner, Peter: Die Meistbegünstigungsklausel in den bilateralen Handelsverträgen der Bundesrepublik Deutschland, Heidelberg 1964,

Rogusch, Michael: Mindesteigenkapital, Haftungsbeschränkung und Gläubigerschutz bei der GmbH, Frankfurt am Main u. a. 1979

Röhl, Klaus F./Röhl, Hans Christian: Allgemeine Rechtslehre, 3. Auflage, Köln 2008

Roth, Günther/Altmeppen, Holger: GmbHG, Kommentar, 6. Auflage, München 2009

Roth, Günther H.: Gläubigerschutz bei der GmbH: Was ist unverzichtbar? in: Festschrift Peter Doralt zum 65. Geburtstag, herausgegeben von Susanne Kalss, Christian Nowotny, Martin Schauer, Wien 2004, S. 479–492

Rowedder, Heinz/Schmidt-Leithoff, Christian: Gesetz betreffend die Gesellschaften mit beschränkter Haftung (GmbHG) : Kommentar, 4. Auflage, München 2002

Rüthers, Bernd: Rechtstheorie, 4. Auflage, München 2008

Sagasser, Bernd/Bula, Thomas/Brünger, Thomas R.: Umwandlungen, Verschmelzungen – Spaltung – Formwechsel – Vermögensübertragung, 3. Auflage, München 2002

Schärtl, Christoph: Die Doppelfunktion des Stammkapitals als Schlüssel für ein wettbewerbsfähiges GmbH-Recht in Deutschland?, in: GmbHR 2007, S. 344–351

Schall, Alexander: Kapitalaufbringung nach dem MoMiG, in: ZGR 2009, S. 126–155

Scheifele, Matthias: Die Gründung der Europäischen Aktiengesellschaft (SE), Frankfurt 2004

Schindler, Clemens Philipp: Vor einem Ausführungsgesetz zur Europäischen Aktiengesellschaft, in: ecolex 2003, Skript 26, S. 1–10

Schlosser, Peter: EU-Zivilprozessrecht : EuGVVO, AVAG, VTVO, MahnVO, BagatellVO, HZÜ, EuZVO, HBÜ, EuBVO; Kommentar, 3. Auflage, München 2009

Schmidt, Jessica: „Deutsche“ vs. „britische“ Societas Europaea (SE), Jena 2006 (zitiert: J. Schmidt)
Schmidt, Karsten: Gläubigerschutz bei Umstrukturierungen – Zum Referentenentwurf eines Umwandlungsgesetzes, in: ZGR 1993, S. 366–395
Schmidt, Karsten: Gesellschaftsrecht, 4. Auflage, Bonn 2002
Schmidt, Karsten: Sein, Schein, Handelsregister, in: JuS 1977, S. 209–217
Schmidt, Karsten: Die Eigenkapitalausstattung der Unternehmen als rechtspolitisches Problem, in: JZ 1984, 771–786
Schmitt, Joachim/Hörtnagl, Robert/Stratz, Rolf-Christian: Umwandlungsgesetz, Umwandlungssteuergesetz, Kommentar, 4. Auflage, München 2006
Schneider, Dieter: Lücken bei der Begründung einer „Eigenkapitallücke“, in: DB 1986, 2293–2298
Schnorbus, York: Grundlagen der persönlichen Haftung von Organmitgliedern nach § 25 Abs 1 UmwG, in: ZHR 167 (2003), S. 666–701
Scholz, Franz: Kommentar zum GmbHG, Band I, §§ 1–34, 10. Auflage, Köln 2006 (zitiert: Scholz-Bearbeiter)
Scholz, Franz: Kommentar zum GmbHG, Band I, §§ 1–40, 7. Auflage, Köln 1988 (zitiert: Scholz-Bearbeiter, 7. Auflage)
Schön, Wolfgang: Die Zukunft der Kapitalaufbringung/ -erhaltung, in: Der Konzern 2004, S. 162–170
Schöne, Thorsten: Die Spaltung unter Beteiligung von GmbH gem. §§ 123 ff. UmwG, Köln 1998
Schröder, Rainer: Die GmbH im europäischen Vergleich, Berlin 2005 (zitiert: Autor in Schröder)
Schroer, Thomas: Sicherheitsleistung für Ansprüche aus Dauerschuldverhältnissen bei Unternehmensumwandlungen, in: DB 1999, S. 317–324
Schult, Eberhard/Brösel, Gerrit: Bilanzanalyse : Unternehmensbeurteilung auf der Basis von HGB- und IFRS-Abschlüssen 12. Auflage, Berlin 2008
Schwarz, Günther Christian: Verordnung (EG) Nr. 2157/2001 des Rates über das Statut der Europäischen Gesellschaft (SE) – (SE-VO), Kommentar, München 2006
Schwarze, Jürgen: Europäisches Wirtschaftsrecht : Grundlagen, Gestaltungsformen, Grenzen, Baden-Baden 2007
Semler, Johannes/Stengel, Arndt: Umwandlungsgesetz, Kommentar, 2. Auflage, München 2007
Siems, Mathias: SEVIC: Der letzte Mosaikstein im Internationalen Gesellschaftsrecht der EU?, in: EuZW 2006, S. 135–140
Simon, Stefan/Rubner, Daniel: Die Umsetzung der Richtlinie über grenzüberschreitende Verschmelzungen ins deutsche Recht, in: Der Konzern 2006, S. 835–843
Soldierer, Harald: Die Höhe der Sicherheitsleistung im Umwandlungsgesetz – § 22 UmwG –, Aachen 2004

Spindler, Gerald/Stilz, Eberhard: Kommentar zum Aktiengesetz, München 2007
Staub, Hermann: Handelsgesetzbuch : Großkommentar, Band 1, Einleitung: §§ 1–47b, 5. Auflage, Berlin 2009
Staudinger, Julius von: Kommentar zum Bürgerlichen Gesetzbuch mit Einführungsgesetz und Nebengesetzen, Buch 1: §§ 21–79 (Allgemeiner Teil 2), Berlin 2005
Stein, Friedrich/Jonas, Martin: Kommentar zur Zivilprozessordnung, Band 9: §§ 916–1068, EG ZPO, 22. Auflage, Tübingen 2002
Streinz, Rudolf: Der Vertrag von Lissabon zur Reform der EU, Einführung mit Synopse, 3. Auflage, München 2010 (zitiert: Streinz-Bearbeiter)
Strupp, Karl/Schlochauer, Hans J.: Wörterbuch des Völkerrechts, 2. Band, 2. Aufl. 1961
Süß, Rembert/Wachter, Thomas: Handbuch des internationalen GmbH-Rechts, Angelbachtal 2006
Tettinger, Peter W.: UG (umwandlungsbeschränkt)?, in: Der Konzern 2008, S. 75–78
Thomas, Heinz/Putzo, Hans: Zivilprozessordnung, FamFG Verfahren in Familiensachen, GVG, Einführungsgesetze, EG-Zivilverfahrensrecht ; Kommentar, 30. Auflage, München 2009
Ulmer, Peter/Habersack, Matthias/Winter, Martin: GmbHG, Großkommentar, Band II, §§ 29–52, Tübingen 2006 (zitiert: Ulmer/Habersack/Winter-Bearbeiter)
Veil, Rüdiger: Die Unternehmergesellschaft nach dem Regierungsentwurf des MoMiG – Regelungsmodell und Praxistauglichkeit, in: GmbHR 2007, S. 1080–1086
Vetter, Jochen: Die Regelung der grenzüberschreitenden Verschmelzung im UmwG, in: AG 2006, S. 613–626
Vetter, Jochen: Grundlinien der GmbH-Gesellschafterhaftung, in: ZGR 2005, S. 788–831
Vonnemann, Wolfgang: Haftung der GmbH-Gesellschafter bei materieller Unterkapitalisierung, Baden-Baden 1991
Watter, Rolf/Vogt, Nedim Peter/Tschäni, Rudolf/Daeniker, Daniel: Basler Kommentar zum Fusionsgesetz, Basel u. a. 2004
Weber, Johannes: Internationale Zuständigkeit und Gläubigerschutz nach dem Wegzug von Gesellschaften, in: ZVglRWiss 107 (2008), S. 193–229
Weitbrecht, Cornelius: Haftung der Gesellschafter bei materieller Unterkapitalisierung der GmbH, Köln 1990
Widmann, Siegfried/Mayer, Dieter: Umwandlungsrecht, Umwandlungsgesetz, Umwandlungssteuergesetz, Spruchverfahrensgesetz, Einbringung, Realteilung, Umsatzsteuer, Grunderwerbssteuer, Vertragsmuster ; Kommentar Umwandlungssteuergesetz, Kommentar, Loseblatt; Stand: 100. EL, Mai 2008, Berlin
Wiedemann, Herbert: Gesellschaftsrecht, Band I, München 1980

Wiedemann, Herbert: Haftungsbeschränkung und Kapitaleinsatz in der GmbH, in: Die Haftung des Gesellschafters in der GmbH : Verhandlungen der Fachgruppe für vergleichende Handels- u. Wirtschaftsrecht anlässlich der Tagung für Rechtsvergleichung in Berlin vom 27. bis 30. Sept. 1967, herausgegeben von Heribert Wiedemann, Rolf Bär, Léon Dabin, Frankfurt am Main u. a. 1968

Wiethölter, Rudolf: Die GmbH in einem modernen Gesellschaftsrecht und der Referentenentwurf eines GmbH-Gesetzes, in: Probleme der GmbH-Reform, zugleich Bericht über die Arbeitstagung „GmbH-Reform" in Bonn vom 29.9. bis 1.10.1969, herausgegeben von der Centrale für Gesellschaften mbH Dr. Otto Schmidt, Köln 1970, S. 11–41

Wilhelmi, Rüdiger: Das Mindestkapital als Mindestschutz . eine Apologie im Hinblick auf die Diskussion um eine Reform der GmbH angesichts der englischen Limited, in: GmbHR 2006, S. 13–24

Winkler, Karl: Formvorschriften und Rechtssicherheit im Handelsregister, in: Festschrift für Herbert Wiedemann zum 70. Geburtstag, herausgegeben Rolf Wank, Heribert Hirte, Kaspar Frey, Holger Fleischer, Gregor Thüsing, München 2002, S. 1369–1382

Winter, Martin: Anteilsgewährung – zwingendes Prinzip der Verschmelzungsrechts? In: Festschrift für Marcus Lutter zum 70. Geburtstag, herausgegeben von Uwe H. Schneider, Peter Hommelhoff, Karsten Schmidt, Wolfram Timm, Barbara Grunewald, Tim Drygala, Köln 2000, S. 1279–1294

Winter, Michael: Planung und Vorbereitung einer grenzüberschreitenden Verschmelzung, in: Der Konzern 2007, S. 24–34

Wissmann, Hellmut: „Deutsche" Europäische Aktiengesellschaft und Mitbestimmung, in: Festschrift für Herbert Wiedemann zum 70. Geburtstag, herausgegeben von Rolf Wank, Heribert Hirte, Kaspar Frey, Holger Fleischer, Gregor Thüsing, München 2002, S. 685–700

Wolf, Jens: Die Haftung des Kommanditisten beim Formwechsel in die GmbH, in: ZIP 1996, S. 1200–1205

Wüst, Günther: Beschränkthafter „fast ohne eigenes Geld", in: JZ 1989, S. 817–821

Zimmer, Daniel: Internationales Gesellschaftsrecht, das Kollisionsrecht der Gesellschaften und sein Verhältnis zum internationalen Kapitalmarktrecht und zum internationalen Unternehmensrecht, Heidelberg 1996

Ziemons, Hildegard: Freie Bahn für den Umzug von Gesellschaften nach Inspire Art?!, in: ZIP 2003, S. 1913–1920

Schriftenreihe zum Gesellschafts- und Kapitalmarktrecht

Herausgegeben von Lutz Michalski,
Axel Jäger und Klaus-Rudolf Wagner

Band 1 Volker Schulenburg: Bankenhaftung bei geschlossenen Immobilienfonds. Zugleich eine Untersuchung der Wissenszurechnung im Konzern. 2002.

Band 2 Jan Wittenberg: Der Bestandsschutz von Arbeitsverhältnissen im Umwandlungsrecht. 2002.

Band 3 Christian A. Eichner: Management-Buy-Out-Gestaltungen beim Konzern-Spin-Off. Unter besonderer Berücksichtigung der Unternehmenssteuerreform. 2002.

Band 4 Thomas Wunsch: Tracking Stocks – Geschäftsbereichsbezogene Gewinnbeteiligungen bei Aktiengesellschaften. Eine systematische gesellschafts- und steuerrechtliche Betrachtung. 2002.

Band 5 Jan Blumentritt: Die privatrechtlich organisierte Börse. Ein Beitrag zur Diskussion um die Neuordnung des Börsenwesens. 2003.

Band 6 Michael Grüner: Die Beendigung von Gewinnabführungs- und Beherrschungsverträgen. 2003.

Band 7 Holger Pittroff: Die Zurechnung von Stimmrechten gemäß § 30 WpÜG. 2004.

Band 8 Wolfgang Höhn: Ausgewählte Probleme bei Lock-up Agreements. 2004.

Band 9 Gunter Reiff: Gesellschaftsrechtliche Aspekte des regulären Delistings. 2004.

Band 10 Christoph Radke: Die Entsprechenserklärung zum Deutschen Corporate Governance Kodex nach § 161 AktG. Grundlagen und Haftungsfragen. 2004.

Band 11 Gordon Geiser: Gesellschaftsorganisation und Gesellschaftsinnenrecht virtueller Unternehmen. 2004.

Band 12 Gero F. Pfeiffer: Die Kommanditgesellschaft auf Aktien als Beteiligte eines Beherrschungsvertrags und einer Eingliederung. Ein Beitrag zum Konzernrecht einer hybriden Rechtsform. 2005.

Band 13 Markus Rasner: Die Pflichten der Zielgesellschaft bei unfreundlichen Übernahmeangeboten nach dem neuen deutschen WpÜG. Unter besonderer Berücksichtigung europäischer und US-amerikanischer Übernahmeregelungen sowie der Konzeption des Gemeinsamen Entwurfs einer EU-Übernahmerichtlinie. 2005.

Band 14 Julia Kraft: Die Europäisierung der deutschen Mitbestimmung durch das SE-Beteiligungsgesetz. Eine europa- und verfassungsrechtliche Analyse der Richtlinienumsetzung 2001/86/EG zur Ergänzung des Statuts der Europäischen Gesellschaft hinsichtlich der Beteiligung der Arbeitnehmer. 2005.

Band 15 Tobias A. Heinrich: Kapitalmarktrechtliche Transparenzbestimmungen und die Offenlegung von Beteiligungsverhältnissen. Eine rechtsvergleichende Untersuchung des europäischen, deutschen, englischen und US-amerikanischen Rechts. 2006.

Band 16 Hendrik Mielke: Die Rechtsstellung der Verfahrensbeteiligten im gesellschaftsrechtlichen Spruchverfahren. 2006.

Band 17 Florian Mahler: Rechtsgeschäftliche Verfügungen über sonder- und sammelverwahrte Wertpapiere des Kapitalmarktes. 2006.

Band 18 Ines Tauscher: Der Anwendungsbereich der §§ 293a–293g Abs. 1, 2 S. 1, Abs. 3 AktG. In einstufigen vertraglichen Unternehmensverbindungen. 2007.

Band 19 Wolfgang Böh: Die Aufklärungspflicht einer Bank bei der Finanzierung einer Beteiligung an einem geschlossenen Immobilienfonds. 2007.

Band 20 Angela Koch: Die Abkehr von der „bilanziellen Betrachtungsweise" und ihre Auswirkungen auf die Existenzvernichtungshaftung. 2007.

Band 21 Markus Käppler: Die Rücknahme von Erwerbs- und Übernahmeangeboten nach dem WpÜG. 2008.

Band 22 Lars M. Laeger: Deutsch-amerikanisches Internationales Gesellschaftsrecht. Festschreibung der Gründungstheorie durch den deutsch-amerikanischen Freundschaftsvertrag? 2008.

Band 23 Wolf Rainer Bussian: Due Diligence bei Pakettransaktionen. Zur Rechtsstellung des Vorstands zwischen Auskunftsanspruch der Aktionäre, Insiderverboten und Datenschutz. 2008.

Band 24 Arne Kießling: Der übernahmerechtliche Squeeze-out gemäß §§ 39a, 39b WpÜG. Analyse eines neuen Instituts zum Ausschluss von Minderheitsaktionären. 2008.

Band 25 Uwe Trafkowski: Kreditderivate und Versicherungsderivate als Risikotransferverträge. 2009.

Band 26 Jörg Christoph Bussian: Die Verantwortung der Organe einer Aktiengesellschaft bei Fehlinformation des Sekundärmarkts. 2009.

Band 27 Dennis A. Lepczyk: Rechtliche Aspekte internationaler Börsenfusionen. Gesellschaftsrecht – Organisationsrecht – Aufsichtsrecht. 2009.

Band 28 Anna Lucia Izzo-Wagner: Kollisionsrecht und Gesellschaftsrecht nach der EuGH-Rechtsprechung und europäischen Normgebung. Konsequenzen für grenzüberschreitende Sitzverlegungen nach Inspire Art und Restrukturierungen von Kapitalgesellschaften nach Sevic, der Verschmelzungsrichtlinie und SEStEG unter Berücksichtigung steuerrechtlicher Aspekte. 2009.

Band 29 Hans-Georg Schulze: Geschäfte der Kapitalgesellschaft mit ihren Organmitgliedern. Ein Rechtsvergleich zwischen Deutschland, England und Frankreich. 2010.

Band 30 Annette Christoph: Insiderhandel unter besonderer Berücksichtigung von M&A-Transaktionen. 2010.

Band 31 Magdalena Boguslawska: Das Verbot des Handels in eigenen Aktien und seine Ausnahmen. 2010.

Band 32 Philipp Storm: Alternative Freiverkehrssegemente im Kapitalmarktrecht. Zugleich ein Beitrag zur rechtsökonomischen Analyse emittentenbezogener Regulierung durch einen Marktveranstalter und zum System der Segmentierung. 2010.

Band 33 Manuel M. Meder: Die persönliche Unabhängigkeit der Aufsichtsratsmitglieder und Directors in börsennotierten Aktiengesellschaften. Eine vergleichende Untersuchung zum deutschen und US-amerikanischen Aktienrecht. 2010.

Band 34 Niko Oertel: Fungibilität von Anteilen an Publikumskommanditgesellschaften. Der Entscheidungsspielraum unter Vinkulierungs- und Erwerbsvorrechtsklauseln. 2010.

Band 35 Henning Blaufuß: Rechtsfähige Wohnungseigentümergemeinschaft und nicht rechtsfähige Gemeinschaft der Wohnungseigentümer. Entstehung der rechtsfähigen Wohnungseigentümergemeinschaft als Folge richterlicher Rechtsumgestaltung und ausgewählte Folgeprobleme. 2010.

Band 36 Christoph R. Wolter: Der Gläubigerschutz bei der grenzüberschreitenden Verschmelzung von Kapitalgesellschaften unter Beteiligung einer GmbH. 2012.